U0139920

Practicing Utopia

实践乌托邦

AN INTELLECTUAL HISTORY OF
THE NEW TOWN MOVEMENT

[美] 罗斯玛丽·魏克曼——著

周平——译

上海译文出版社

目　录

向当代重建过去，唯变化永恒不变

还记得，儿时我家楼下遍布摊铺，人流如织，于阳台上便能听见买卖吆喝、讨价还价。夜幕降临，对面歌舞厅霓虹升起，满屋红亮，不禁令人遐想。偶尔，也会因楼下砂锅米线和烤烧饼四溢的香味口里生津，盼着哪天能去解个馋……旧城生活在这鲜活的场景中有条不紊地进行着，直到河的对岸，高楼拔地而起，林立于山峦之间，新城镇建设如火如荼地展开，这散发着浓郁生活气息的巷陌邻里开始直面时代浪潮的冲击，最终走向落幕，那些旧城记忆的余温也在而后的城市更新中逐渐消退。

这或许是中国改革开放后城市化进程的典型缩影，亦是我对"旧城"与"新城"以及城市环境新旧交替的初次印象。新城宽阔明亮的街道、打理整洁的绿地草坪、井然有序的建筑群落，无一不在昭示其作为现代新生活空间模式的闪亮登场，成为几乎每个中国城市乐见其成的规划产物。这份乐见其成不仅在于新城对地方政府引资增税的政绩贡献，也在于其承载的上世纪国人对西方式现代生活的憧憬与向往。

改革开放以来，中国进行了史无前例的城镇开发与建设，城镇化率从 1980 年的 17％增长至 2022 年的 65％。新城在这场城镇化浪潮中功不可没，影响甚至可以说改变了千千万万的城市家庭。然而，新城之"新"具有相对性，成长于改革浪潮的青年一代恐怕很难将规模化的单位制邻里和工人新村与新城镇联系在一起，尽管这样的集体主义形态在其父辈年轻时也曾是承载无数激昂奋斗青春的新城市空间。

想要对"新城"形成统一认知是不切实际的。那么到底什么才是新城镇呢？虽然对于这个问题，魏克曼教授拒绝给出终极定义，但全书已经对此做出了详尽而丰富的解答：那些跨越国界、穿越时空，在不同政治制度和社会愿景下制订的新城镇计划及其实践，便是最好的注解。

当我们习惯所处时代造城运动的范式和叙事模式时，魏克曼教授的《实践乌托邦：新城镇运动思想史》一书为我们开启了一扇了解新城的新窗口：从英美的花园城市畅想到法西斯式集镇实验，从东欧社会主义钢铁城镇到北欧福利国家与环保主义模式，从以色列田园天堂式的定居点规划到伊拉克与巴基斯坦地缘政治博弈下致力于安置的卫星城项目，从印度后殖民时代拥抱现代主义的建设热潮到中东及非洲反乌托邦式的石油城开发……这些形形色色的新城镇无论是为应对难民危机、过度拥挤，抑或是作为种族工程、社会实验，都为战后世界增添了一抹亮色；既体现了权力机构开疆扩土的雄心壮志，也成为普通公民面对当下种种问题的现实出口，尤其是对国家稳定结构起着重要作用的年轻核心家庭，新城更承载了他们对未来美好生活的殷切期盼。

城市规划研究者和实践者总是对未来怀着无限期冀和畅想，对乌托邦（utopia）一词想必颇为熟悉。它最早由英国人文主义者托马斯·莫尔提出，在其 1516 年的著作《关于最完美的国家制度和乌托邦新岛的既有益又有趣的金书》（简称《乌托邦》）中，他依据古希腊语臆造了这个词。从词源学来看，u 来自希腊语 οὐ，意为"不、无"，暗含否定、不可能；topia 来自希腊语 topus，意为"地方"；两部分合起来，意为"不存在的地方"。但 οὐ 也可以与希腊语 εὖ 联系起来，即 utopia 也可以理解为 eutopia，εὖ 意为"好"，有完满之意，因而乌托邦具有"无"与"美好"的双重含义。但是，当乌托邦一词的使用逐渐普遍，成为人文科学，尤其是政治学、社会学、历史学描述理想社会的通用语时，"美好"之义却在此过程中被逐渐淡忘，只剩下"不可能、不存在"的含义。

说到城市规划中的乌托邦或者乌托邦主义，欧文和傅里叶不得不提。尤其是欧文，他的城市乌托邦理想实践对社会改革影响深远。最初，他尝试在苏格兰纽兰纳克纺织厂工人住宅区中建造学校和各种福利设施并推行社会改革，取得一定成效后，又提出在农村地带建造融合农业和制造业为一体的"互助居住单元"。1824 年，他更是变卖家产远赴美国，在印第安纳州建立"新协和村"。虽然运行不久即告破产，但他对理想城孜孜不倦的探索在英美引起了巨大反响，其社会改革思想也被后人广泛推崇并发扬，不断指引尔后的新城规划。欧文的规划设计对当时大城市过度拥挤的问题开出一剂良方，堪为埃比尼泽·霍华德"田园城市"规划理念的先声。

"田园城市"是城市规划的经典理论，寄希望于通过城乡一体的新社会结构形态取代城乡分离的传统社会结构形态，虽具有一定的乌托邦空想性，但对后世的城市规划思想产生了极其深远的影响，可谓新城镇运动之雏形。不过，提出于 19 世纪末的"田园城市"理论针对的是初代机械化、电气化工业革命背景下城市过度拥挤、环境恶化等问题。当今城市在资讯化、信息化、智能化深度工业革命进程下，已成为高度流动且精密的复杂系统，基于传统"田园城市"等经典理论的规划思路面对这样的"城市巨构机器"不免有些捉襟见肘。好在，规划工作中越来越不乏社会学家、历史学家、政治家、法律专家的身影，城市规划也融汇了越来越多的新理念、新思潮而展现出蓬勃生机。

一轮又一轮的新城建设和旧城改造重塑着我们所生存的地景风貌，当人们对破旧立新、面向未来习以为常，是否也意味着我们正在一路向前的狂奔中与初心渐行渐远？幸而有魏克曼教授这样的规划史学家为我们徐徐展开新城镇运动的历史画卷，以抽丝剥茧、细致入微的历史学视角解读新城，形成极富张力的叙事图景，历史学的魅力跃然纸上——向当代重建过去，以史明理。既然新城之"新"并无限定，那么与之相对的"旧"亦应各有不同。任何所谓的"旧"都曾以"新"面世，参与缔造辉煌与荣耀。从这一点来看，洞悉旧城与理解新城或许并无二致，时代才是那把开启智识的关键钥匙。

本书有丰富多彩的案例，不仅有助于专业研究者进行深度探索与思考，亦可为非专业爱好者带来丰富充盈的国际化阅读体验。这些案例涉及世界各地不同的地理人文，亦涵盖了催生其发展兴起的各种对立思潮。书中对近现代城市发展史和规划思想流变的深入反思，得益于魏克曼教授深厚的历史学积淀，其在美国西岸和欧洲大陆的教育经历本身就是一场新旧世界的对话，而对欧洲历史的熟知，更有助于追溯新城现象的本质与原初面貌。

不过，如果仅将本书视作一部关于新城的百科读物，而忽略其广博涉猎的社会、经济、人文、政治史实与深度探讨，将是一种显而易见的局限。全书立足新城，却又不止于新城。作者透过新城镇运动，以历史主义视角和插叙的事件展示了战后全球的城市建设图景，更借此揭示了世界格局的分化演进，以及城市规划在其中的角色和作用；参与新城缔造的规划师、建筑师、艺术家、哲学家、社会学家、社会改革者、梦想家、政治家等悉数登场，亦让读者真切感受到这场运动背后鲜活的人类力量。

如果将其视作一本思维启发性读物，书中对不同意识形态下新城作为乌托邦空间的层层追问将颇为引人深思，这些追问贯穿全书，透露出对战后秩序长远而冷静的思考。当然，新城镇的乌托邦气质除了源于战后重获新生的世界对理想社会的寄托，还因航天技术的爆炸性发展增添了诸多太空时代的幻想色彩。上世纪中叶对太空探索的飞速进展激发了人类对太空生活的遐想，随着加加林进入太空宣告这一新时代的来临，新城镇也成为这场遐想中的试验场，践行着人类对自身未来命运的关切。

太空新城的畅想不由让人想起科幻电影《战斗天使阿丽塔》（Battle Angel Alita）中的空中都市"萨雷姆（Salem）"——看似拥有完美秩序的乌托邦，其实是一台高度智能的主控电脑系统，生活其中的是大脑经芯片改造的"非人类"，高度发达的技术面前，人类沦为附庸；而钢铁城看似破败不堪、混乱无序，却生活着具有人类大脑和自主意识的居民，技术能修复躯体，却无法控制或改造人类思想，前提是接受现实秩序的不完美。技术并非构筑理想城市的万灵药。作品中梦想之城与人间炼狱的对比固然是一种艺术的夸张，却透露着对所谓乌托邦生活的审慎反思。完美秩序的真相可能是黑暗深渊，这样的解读或许有些悲观，但获知真相依然抱有战斗破局的勇气才是作品希望传达的精神，才是希望所在。这种战斗或许永远不会也不能停止，因为新的希望是相对的，唯有变化永恒不变。

正如书中所言，"每个社会都值得拥有自己的乌托邦"，它说的不是一劳永逸经设计改造的完美社会，而是时时保持的对未来更好社会的信心和奋斗动力。时至今日，新城镇已纷纷走过青年时期，太空探索的相对停滞，使得未来试验场的巨构建筑已有诸多降级为商业或娱乐中心。我们已然再次站在新时代的路口，这一次，新的希望和选择又会是什么？

同济大学建筑与城市规划学院副教授　李凌月

2023 年 6 月

导　言

　　新城镇并不是什么新鲜事。自从有史以来，就开始建造新城镇。古代腓尼基人称其殖民地为迦尔德·哈达斯特（Qart Hadasht），或新城，把这个词用于他们后来在北非迦太基和西班牙卡塔赫纳（Cartagena）的基地。古罗马人在一个庞大的帝国里穿梭往来，他们无疑是城镇建造大师，而我们从此就一直生活在他们建造的新城镇里。中世纪时期，各国沿领土边界修建了几十个驻防的新城镇。16世纪时期，针对米兰的拥挤状况，列奥纳多·达·芬奇提议在郊区建造十座新城镇。

　　在这些例子中，我们可以轻而易举地添加一长串城镇的名称，因为从理论上讲，每个城镇和城市在某个点上讲都是"新的"。这个形容词含义如此模糊，作为一个认知范畴似乎毫无意义。[①]可以这样说，新城镇这个标签在某个特定历史时刻被用来表达有意识的、高度象征性的领土控制和定居行为。一个新城镇无异于一面插进土里的旗帜。在一片领土上指挥城镇设计和建设，是一个不折不扣的霸权标志。新城镇的一切都不是自发的或未经演练的，它们都是精心策划的产物。为实现权力及权威的转换，它们需要一个近乎神奇的模板。每个城镇都是一个品牌、一个未来的形象，一个迈向新时代的台阶。关于一个城镇如何设计与布局的，又是如何建造的，社会在其中如何运作，任何曾经居住过或者经过的人都可以解说一二。

本书正是基于这些角度来考察 20 世纪中后期的新城镇运动的。1945 年至 1975 年是新城镇的黄金时代。在整个欧洲和北美，以及中东、澳大利亚、非洲和亚洲，新城镇以惊人的数量涌现出来。几乎无法确切地知道在这一时期究竟建造了多少新城镇，因为"新城镇"的含义并不精确，各地的定义也不尽相同。事实上，研究新城镇的复杂含义是我在本书中的目的之一：它可以表达为卫星城、新社区、新城市、工人城市、科学之城及田园城市。最后一个，是埃比尼泽·霍华德的提法，在规划史上引发了热烈的讨论，而事实上，几乎所有 20 世纪晚期的新城镇都声称自己是名副其实的田园城市。然而，对于随后的新城镇运动的规模和特点却鲜有提及。到 20 世纪下半叶，该运动主导了对城市乌托邦的思考，并成功建造了（就算没有数千个也有）数百个居住地。新城镇建设规模之大，地理范围之广，相关理论与修辞之丰富，使之成为一场不折不扣的运动。①

这个时代的新城镇是重建和资源开采、人口重新安置及领土统治的工具，是大城市问题的解决方案，也是区域规划和交通系统以及生活在大自然与外层空间的试验场。这样的未来蓝图永无止境。它们是由不同国家背景下的政府、私营企业以及有着不同政治议程的社会设计和创造的。尽管术语模糊，经验各异，但建设新城镇的不懈努力具

---

① 要广泛了解新城镇，参见 Miles Glendinning, "The New Town 'Tradition': Past, Present — and Future?," in *Back from Utopia: The Challenge of the Modern Movement*, ed. Hubert-Jan Henket and Hilde Heynen (Rotterdam: 010 Publishers, 2002), 206 - 15。

有一个共同的目标：每个项目都是为了建设一个全新的世界。① 立即浮现在脑海里的例子是柯布西耶在印度的昌迪加尔，以及奥斯卡·尼迈耶（Oscar Niemeyer）和卢西奥·科斯塔（Lucio Costa）在巴西的巴西利亚所建的社会主义乌托邦的风格。除却这两座著名的城市外，还有一些新城项目，它们鲜为人知，却定义了 20 世纪后期的抱负：比如芬兰的塔皮奥拉（Tapiola）、英国的米尔顿-凯恩斯、法国的塞吉-蓬图瓦兹、印度的新孟买、波兰的诺瓦胡塔（Nowa Huta）、巴基斯坦的伊斯兰堡，以及美国的尔湾等。这场运动无视东西方被冷战一分为二，也顶住了富国和穷国的南北两极分化。无论它们位于何处、规模是大是小，无论是在举世闻名的地方还是在被遗忘的角落，所有这些新城镇项目都有着乌托邦式的表达和构想。总而言之，新城镇就是明日的精彩一瞥。

形容词"新"（new）暗示了未来的模式或原型。建筑师和规划师为实现这一理想倾其所能。他们投入到设计和建设新城镇的精力是他们象征性力量的最佳体现，而相关问题的决定权则掌握在最高级别的政治人物手中。从第二次世界大战到 20 世纪 70 年代，关于新城现象的出版物如洪水般泛滥，也证明了人们在发明这种模式、从零开始设计和规划城市的过程中所付出的热情与辛劳。新城镇的定义、命名和分类让城市建设者乐此不疲。这一切意味着不仅要努力理解"新"的含义，还要努力理解"城"的含义。后一个词尤其将这些项目与大型住宅区区分了开来，比如在纽约和费城附近建造的莱维敦（Levittown），巴黎或德国的

---

① See Arnold Bartetzky and Marc Schalenberg, eds. , *Urban Planning and the Pursuit of Happiness: European Variations on a Universal Theme (18th – 21st Centuries)* (Berlin: Jovis, 2009), and Robert H. Kargon and Arthur P. Molella, *Invented Edens: Techno-Cities of the Twentieth Century* (Cambridge, MA: MIT Press, 2008) .

开发区（Neubaugebiet）周边臭名昭著的大型建筑群。新城镇在性质上是不同的。它们试图从字面上和象征意义上预制完整的城市体系：它们是整体的、不可分割的、完整的地方。正是这种宏大的意图使得对它们的定义和特征的描述变得如此重要，也使它们在形式上成为乌托邦。

除了提供了一系列的住房类型，新城也应用了前沿的城市设计，以城镇为中心、社区及邻里等经典理念，以及新的大都市区域视角。新城建设巧妙地设计了人、交通、水及废物的流动方式，提供了就业、学校和服务。新城被用作综合总体规划、消费主义和购物中心、满足娱乐和休闲理想以及公民领域的试验场地。它们是应用系统分析和计算机预测的实验场，也是建筑先锋的梦幻空间。这些庞大的项目都被想象成一个完美的社会秩序——一个完美无瑕的天堂，家家户户在那里可以找到所有的现代便利，享受幸福与和谐。一定程度的自治和自给自足是新城镇身份必不可少的组成部分。它们是作为未来行动方针的一个完整的城市配置。一些新城镇取得了成功，另一些则沦为现代粗野主义（modern brutalism）的反乌托邦代言者。但它们都在自己所处的时代为城市生活质量制定了开创性的标准。

乌托邦的诠释学

乌托邦总是历史磨砺出来的。关于即将到来的一切的最疯狂的梦想也都来自此时此地，这是幻想被诠释的时期的原始素材。[①] 乌托邦

---

① This point is made by Fredric Jameson, *Archaeologies of the Future：The Desire Called Utopia and Other Science Fictions* (London：Verso, 2007), xiii. See also Ruth Eaton, *Ideal Cities：Utopianism and the（Un）Built Environment*（Oxford：Thames and Hudson, 2001).

幻想阐明实现它们的可能性的历史条件。它们会问问题。在大卫·哈维看来，"我们想要什么样的城市，与我们想要什么样的社会纽带、与自然的关系、生活方式、技术和审美价值观息息相关"。我们试图通过改变城市来改变自己。① 而新城镇是一个奇妙的、前所未有的改造对象。它是现在和未来两个世界之间的神奇边界。其结果是时间扭曲。新城镇加快了进入一个即将到来的时代的步伐。这是一次巨大的飞跃，将我们带入了一个光明的、崭新的、无限的、幸福美好的世界。这些地方既不是无稽之谈（abracadabra），也不是建筑师和规划师随意想出的任意世界。相反，抓住了 20 世纪晚期想象力的新城镇为人们提供了欲望的坐标，尽管即使是想象力的范畴也有多种含义。这些奇思妙想之举，让人们了解了美好生活是怎么构成的，了解了我们应该如何生活，城市应该是什么样的。在 20 世纪下半叶，新城镇是人们了解自己需求的物质结构。

　　尤其是在二战之后的重建时期，以及 20 世纪 60 年代和 70 年代初发展现代主义的全盛时期，这些幻想似乎都是可以实现的。那是一个激烈变革的时期。事实上，乌托邦式的城市项目往往出现在历史剧变时期，战后社会显然符合这一要求。在各种事情分崩离析时，乌托邦的能量就会释放出来，于是那几年的空气中便会洋溢着一种充实、乐观和希望的基调。这种迫切感是显而易见的。重点是实现对未来的希望，加快进步和发展。尽管在我们看来，乌托邦主义不过是一场异想天开的追逐，但在 20 世纪末，它有着货真价实的、真诚的含义。改革者并不认为这是不切实际或不可能实现的，因为那是一种思维方式、一种心态、一种哲学态度。他们相信，可以彻底改变城市的状

---

① David Harvey, "The Right to the City," *New Left Review* 53（2008）：23.

况。例如，法兰克福郊外的西北新城（Nordweststadt）的规划始于《法兰克福时报》（*Frankfurter Allgemeine Zeitung*）上的一句话："我们拥有智识和物质手段来治理我们的环境。有了如此多的技术技能和科学知识，我们无需再忍受被污染的水和空气、恼人的噪音、支离破碎的景观和乱糟糟的社会。"① 由此出现了大量的致力于以不同的方式想象城市的乌托邦工程与宣言。② 解决城市问题的办法在于重新开始。新的城镇是所有城市弊病的止痛药———一剂迅速解决过去所有问题的灵丹妙药。它们是一声号角，抗议城市生活中的不公，抗议改革者将大城市变得如此拥挤和粗俗，让人痛苦不堪。1972 年，人类学家玛格丽特·米德在加州大学洛杉矶分校的一次关于新城镇的会议上声称，新城镇是一种"生活方式"的实验。她说：

> 如果新城镇能为我们提供一个发展社会形态和建筑风格的机会，使生活再次变得更为人性化，那么它们将会做出巨大的贡献……实验的时机似乎已经成熟；那些能够参与其中的人都在大声呼唤新的生活方式，他们认识到，如果没有良好的城市规划、区域规划，没有新的建筑形式精心设计的结构基础，他们期望看到的那种生活方式将不可能出现。③

这就是普罗米修斯式目标。向更好的城市社会转型不仅需要政策

① Quoted in Walter Schwagenscheidt, *Die Nordweststadt：Idee und Gestaltung = The Nordweststadt：Conception and Design* (Stuttgart：Karl Krämer Verlag, 1964)，8.
② 这一点参见以下著作中的序言：David Pinder, *Visions of the City：Utopianism, Power, and Politics in Twentieth-Century Urbanism* (New York：Routledge, 2005)。
③ Margaret Mead, "New Towns to Set New Life Styles," in *New Towns：Why — and for Whom?*, ed. Harvey S. Perloff and Neil C. Sandberg, Praeger Special Studies Program (New York：Praeger, 1972)，120.

和规划，而且需要远见卓识。卡尔·曼海姆（Karl Mannheim）在他1960 年的一篇文章中把乌托邦描述为一种"精神状态"，这种状态有助于"局部地或全面地打破当时盛行的事物秩序".[1] 即便如此，乌托邦式冲动的运作也是有利有弊的：它也可能强化既定的权力结构。弗雷德里克·詹姆逊（Fredric Jameson）指出，乌托邦有两条血脉：一条旨在建立一个新社会，另一条则是从自由主义改革到商业传递的梦想的一系列"此时此地的诱人骗局".[2] 新城镇展示了这种乌托邦式的诠释学。它们既是对 20 世纪中后期社会的反思，又是对它的批判。建筑和规划专业人士都坚信物理决定论。一个理想的社会氛围可以通过精心规划城市的所有物理元素来实现。对物理结构的设计将改变个人行为、社会关系、市民生活和社区。他们的假设是，在一个大众文化时代，理想城市可以批量生产。生活将是平衡而和谐的。

在解释新城镇的利好之处时人们反复提到平衡、和谐和生活质量等，但这些词语的确切含义至今仍然模糊不清。当然，有一所体面的房子让家人生活、一份能养家糊口的本地工作、清洁的空气和水，能获得教育和医疗福利，是大家最关心的问题，尤其是在战争刚刚结束那几年。新城深深植根于社会福利改革之中，甚至融入了 20 世纪 60年代，当时，约翰逊政府的"伟大社会"（Great Society）议程在美国启动。新城的想法也唤醒了自我认同和自我完善的意识，邻里和社区的归属感，以及享受工作和休闲之间平衡融合的意识。到了 20 世纪60 年代，新城镇还意味着自由，开着豪车在高速公路上兜风，吸收新的消费主义和浮华的流行文化。在那十年自由奔放的氛围中，建筑

---

[1] Karl Mannheim, *Ideology and Utopia: An Introduction to the Sociology of Knowledge* (New York: Harcourt, Brace, 1954), 173.
[2] Jameson, *Archaeologies of the Future*, 3.

先锋的大熔炉①繁荣起来。这些有远见的人炮制出了太空时代的新城市，玩玩生活方式和休闲娱乐，还不忘弄出一些科技小玩意儿来构思一种全新的生活方式。他们设计了会飞的汽车和空中列车，这些英雄般的城市建筑离开了地球表面，表达了生机活力和对未来的乐观。这些都与物质进步、现代化以及改变城市生活超越现实的可能性相关。

乌托邦的诠释学为解读新城镇运动的文字和视觉作品提供了一种有力的方式。与新城镇相关的出版物、规划书、统计调查和案例研究数量繁多。还举办了相关的辩论会、研讨会和座谈会，制作了大量的建筑图纸和设计图纸、控制论逻辑示意图以及令人惊叹的新城镇摄影和电影的记录。它们一起揭示了人们对浪漫化城市理想的复杂的迷恋。变出一个全新的世界真是一项令人如痴如醉的壮举。与新城镇运动相伴的宣传机器充斥着口号、图像和有关未来情景想象的引人入胜的戏剧。在理性的规划技术和系统分析的影响下，新城镇也被当作媒体的大众营销产品，并被广为宣传成展示乌托邦的剧场。它们以和谐与幸福的"幸福城市"形象进入大众视野。乌托邦的重要性体现在那些年制作出的成千上万份规划和政策文件中，体现在广告和宣传片中，体现在大众媒体的戏剧性文章以及生活在城市未来的大胆的新人类（New People）的照片中。这是一个广阔而开放的领域，到处都是证据。

我在这本书中的论点是，20 世纪中后期的新城镇运动代表了丰富的思想和影响，促进了城市乌托邦主义的传承。这部关于未来城市的作品不仅有助于构建关于如何生活的社会想象，也有助于改变大众

---

① 关于建筑先锋的出色分析可参见 Van Schaik and Otakar Mácel, eds., *Exit Utopia*：*Architectural Provocations 1956 -76*（New York：Prestel，2005）。

对现代化以及最终对技术官僚式规划的态度。这是一门在国际规划文化中广泛共享的学问，更是一种对进步和未来的态度或姿态。本书将尝试回溯这种乌托邦理想的话语与实践。

现代化与官方标准

在某种程度上，20世纪下半叶关于新城镇的术语与官方标准是分不开的。指定某个地点为新城，正式批准国家、私营公司、国际开发机构或极有可能是三者合作开发它。新城镇是资本和基础设施密集型大型项目，其中包括大规模住房、大规模交通、高速公路和道路、水和卫生设施、电力和通信，以及大型的自然资源开采基础设施等。然而，一个新城镇的编年史有时会让人难以把握。有时，甚至在当地的景观中也难以找到一个点。由于新城镇出现在不同的国家，并且有着不同的目的，其难以捉摸的特点变得更为突出。此外，关于新城镇的说辞可能听起来既单调又夸张，不值得给予太多关注。尽管如此，新城镇运动仍被视为现代化时代一项重要的智识事业和一件有意义的艺术品。

现代化进程中的时间概念被加快了。要保持这一势头，就需要全面调动资源。新城镇的标签意味着大量公共和私人资金流入基础设施、城市和区域规划。新城镇建设是一项经济刺激计划，也是在经济大萧条和战争危机之后清理过剩资本和劳动力的一种方式。借用詹姆斯·斯科特的话来说，这些属于"国家空间"（state spaces）。①

---

① James C. Scott, *Seeing Like a State: How Certain Schemes to Improve the Human Condition Have Failed* (New Haven, CT: Yale University Press, 1998), 187.

国家及其具有发展意识的盟友负责组织社会的福利和改善，并且认为社会是一个复杂的机器，只有技术官僚型专家才能把控。他们把城市社会变成了认知机器和合理干预的对象。"新鲜感"是技术官僚权力和掌控力的一个决定性特征。新城镇被用来重新安置难民，使边境地区军事化及增加人口密度，开发未开发的自然资源和发展国家基础设施，进行人口再分配，解决住房短缺和提供就业机会，为公民提供更好的生活。[①] 换言之，新城镇不仅仅是舞台布景，它们还产生并再现了国家权力、国家建设和现代化。新城镇试图把旧的生活条件和生活方式——以及人——改造一新。这是一个在一揽子规划中展示国家权威并将其合法化、辖域化（territorialize）的机会，也是展示国家善行的机会。无论住在哪个城镇，新城镇居民都是一群朝气蓬勃的人。他们身上洋溢着激情，他们很年轻，许多人都是有很高的专业技能的。他们是先驱，愿意告别过去，作为未来的公民奋勇前行。他们是现代社会的新人类。

这一现代化制度的力量和作用体现在精心地规划、刻板地给方案定型及跨越空间地进行重复。"乌托邦"的字面意思为"没有地方"（no place），而在乏味单调的郊区某处，新城镇肯定也被同样没有个性没有存在感的名声所累。这是一种占主流的后现代观点，它强烈反对乌托邦思想。有些东西不再仅仅是乌托邦：而是疑似乌托邦。本书试图通过探索乌托邦思潮及其如何服务于特定目标，从而避开这一观点。现代化政权热切地相信乌托邦式的启迪对产生新的可能性至关重要。它可以发挥出积极的作用。

[①] 相关讨论的例子，参见 Arie S. Shachar, "The Role of New Towns in National and Regional Development: A Comparative Study," in Perloff and Sandberg, *New Towns*, 30 - 47。

乌托邦主义也激发了 20 世纪 60 年代激进的政治能量、技术主义和未来主义的期望。新城镇是一个透明多空间，没有过去、没有旧城经历过的灾难，也没有妄想和政治冲突。他们承诺幸福、自决权和充分的公民生活。进步是这些普世理想的理性展开。城市的构成要素以及居住在那里的人们被理解为抽象的可转换类型。城市居民按种族、阶级、年龄和收入水平进行分类。城市基础设施和服务被干净利索地划分和按类型分类。从过去和政治动荡中解放出来的新城镇"人口"可以从事消费和休闲活动。米歇尔·福柯认为，人口普查和再分配、政府的管理技术及其发展手段、类群和等级制度的建立，都是西方现代性的学科工具。这是一个可以通过专家进行国际传播的模式。新的城市规划师和建筑师们游走于这股技术官僚的知识洪流中，后者知道发展中的现代主义以及实现现代主义的制度联结。

然而，现代主义和现代化从来就没有真正的国际化。新城镇跨越国界，经历了深刻的改造过程。现代化制度的讽刺之处在于，它是在地方范围内实施的。新城镇是一个标准化的处方：它们都有可识别的空间形式。然而，每个国家的新城镇计划都宣称自己与世界其他地方的计划不同。资本主义新城镇宣称自己与共产主义新城镇截然相反（反之亦然）：用现代主义的话说，被认为是"不发达"国家的新城镇被说成不同于发达国家的新城镇。每个国家都坚持自己的平衡与平等的区域发展愿景。新城镇乌托邦作为一种现代化战略，也与冷战时期的措辞和姿态紧密相关。在战后城市规划的传统历史中，几乎完全没有提及这些政治层面。然而，乌托邦总是通过政治和经济实践来实现的。城市乌托邦的想象流露出冷战时期的道德秩序和军国主义的影响。

在冷战时期的东方和西方阵营中，新城镇的设计都是为了"遏制"，为了控制政治动荡和抵消共产主义（或资本主义）的影响。它们是将冷战前沿军事化、现代化并控制领土的一种策略。福柯指出，在城镇、主权和领土之间的关系中，宏观世界和微观世界相互作用。庞大的基础设施建设和资源开采项目以及计划中的定居点，是对领土控制行为的补充。这些建筑物是铁幕两边政治力量的对话①。作为出于政治稳定考虑的一项战略，新城镇随后被输出到美国和苏联势力范围内外的国家。它们在国际舞台上发挥着新殖民主义代理人的作用，鼓动西方进步理念的转移，这些理想随后被直接纳入社会科学和城市规划。新城镇项目充满了自由、民主和繁荣的承诺，也承载了西方关于家庭和社区的观念。它们是对西方现代化的全面阐述。

　　然而，最近的学术界颠覆了这个论点，也推翻了现代主义和现代化在任何地方都建立了一种制度秩序和权力框架的说法。取而代之的观点是，现代主义是多元化的，它们与当地的城市环境相适应，并由城市历史和文化的迫切需求来塑造。在这个视角下，现代主义范式的开创性的修正能力得到了突出。用迪利普·帕拉梅什瓦尔·冈卡（Dilip Parameshwar Gaonkar）的话来说，就是"一个民族'使'自己现代化，而不是被外来的和不近人情的力量现代化"。他们奋起迎接现代主义，与之协商，并以自己的方式将其加以利用，② 在现代社会强大的普遍性面前彰显了自己的个性。

　　于是，现代化既产生了差异，也产生了一致性。它给无数的城市环境带来了多样性和复杂性。本书中选择的新城镇，在地理位置与规划文化方面纵横交错，目的就在于展示这种丰富性。尽管新城镇的建筑师和规划师们传播着他们认为有关城市未来的令人敬畏的话语，却

---

① Michel Foucault, *Security*, *Territory*, *Population*: *Lectures at the Collège de France*, *1977 - 1978*, trans. G. Burchell (Basingstoke, UK: Palgrave Macmillan, 2009).

② Dilip Parameshwar Gaonkar, ed., *Alternative Modernities* (Durham, NC: Duke University Press, 2001), 18, 21.

被当地从业者习惯性地加以修改和挪用。关于现代化力量的学术研究集中于公民-居民的非政治主观性，以及积极否认任何机构或政治行动的可能性。事实上，新城镇通常由监督其建设和进展的"发展当局"所控制。然而，除非我们考虑到当地文化以及隐含在任何城市或城区中的社会文化紧张关系，否则，就外部性来说，适用于任何地方的新城镇规划所能告诉我们的仅此而已。在被认为是最堂而皇之的国家威权主义案例之一的法国的新城镇计划中，新城镇先驱者们在社区和地方参与式民主的感觉之中自我陶醉。"我们都参与了地方政治……甚至以一种社区精神指导着 EPA（发展局）的参与式管理方式：社区就像个合作社一样运作。"埃弗里新城的一位居民回忆道。① 这是一个勇敢的新世界。

疏散与城郊居民

20 世纪晚期的新城镇在很大程度上不仅没有被研究过，甚至没有作为地点被认可为研究对象。造成这种疏忽的一个明显原因是它们的边缘性：它们地处偏远地带。另一原因是它们通常有着单调乏味的名声。在大多数人看来，如果你看过一个新城镇，就等于已经看过了所有的新城镇。这使得它们很容易被忽视，尤其是因为从传统来看，城市史关注的大多是西方的著名都市，甚至还会关注它们之中最壮观的中心城市的现代化体验。但到了 20 世纪中叶，正是中心城市因其

---

① Interview conducted by Philippe Estèbe and Sophie Gonnard, *Les Villes nouvelles et le système politique en Ile-de-France* (Paris: Ministère de l'Equipement, du Transport et du Logement, 2005), 35.

沉闷和肮脏而受到了严重诟病。过度拥挤、不堪的住房状况、肮脏的社区，这些使得进步的改良派变为了反对"旧城"的激进派。他们言辞激烈的批评近乎狂热，相比之下，19世纪的城市改革者显得温和许多。20世纪所有有关规划的文献，似乎都离不开"都市噩梦"、"危机"、"悲剧"等词汇。二战结束之后，"住房危机"愈演愈烈。"人口激增"有世界末日之危。环境灾难将接踵而至。对于所有这些即将到来的厄运，解决方案就是在市中心进行大规模的贫民区清理项目，并疏散人口。在大多数情况下，学者们将这一策略的结果解释为不受控制的郊区扩张。新城镇运动表明有必要推翻这一定论。崭新的城镇令人兴奋，因为它们为人们，尤其是年轻的家庭，提供了一个现代化的未来。区域配置中的发展规划得到了高度明确的表述，通过政治途径产生，并在比历史学家们认知的更为广泛的范围内实施。回溯这段历史是本书的目的之一。

20世纪末是区域规划的全盛时期，新城镇合理分布在整个大都市地区。埃比尼泽·霍华德的田园城市是这个乌托邦梦想的最初版本，但还有很多其他版本。它们融入了一个用于处理区域重新安置的广泛的行动纲领中，这个行动纲领在欧洲各国及美国，连同它们的前殖民帝国中都占有一席之地。这就是为什么20世纪的规划史会成为一个难题。相比向心性，它更注重的是扩散性。让城市梦想家们兴奋不已的想法、设计和规划，不仅涉及城市内部，还包括城市周边、郊区、新城镇和区域规划。规划者们花时间追踪"城市癌症"在某地区的蔓延，并绞尽脑汁地思考如何对它加以控制。他们苦苦研究人口统计数据、地图和图表，并学习使用早期的计算机程序，这些程序可以准确地预测广阔地理区域内的移动和变化。

第二次世界大战改变了整个规划发展的规模，并将其推进到战后重建时代。这场战争是一场具有里程碑意义的冲突，其特征是大规模的人口迁移、不断变化的领土边界、对物质资源和基础设施的庞大规划，以及国家对经济和社会前所未有的控制。这段历史对于理解 20 世纪下半叶人们对规划的异常推崇与接受态度，以及规划的实施规模至关重要。跨区域进行城市建设成为国策以及一种以前所未有的规模控制资产和领土的机制。它使新城镇成为政治和经济力量的工具。城市从业者阐释了关于如何实现大都市分散的复杂概念，并对如何形成聚落进行了广泛的理论探讨。他们对未来城市的设想远远超出了田园城市的概念。在他们看来，疏散将集中在特定的节点或城镇周围，这些节点或城镇将以更小、更人性化的规模再现大都市的城市化。这些城镇将作为一个完整的领土系统在通信和交通网络中相互连接。

分散与集中之间的这种紧张关系是 20 世纪规划中最重要的特征之一。它迫使我们从广泛的地理角度来考虑空间规划和社会工程之间的联系。它还需要我们探讨新的城镇愿景和区域规划是如何不仅在西方，而且在发展中国家制定的，在后者那里，它们与殖民和后殖民政治之间的关系是显而易见的，且不容忽视。规划从一开始就是一项跨国工程，新城镇的概念传遍了世界各地。对于城市和区域发展，规划师们有着共同的高瞻远瞩，而且得益于新城镇的发展，规划也的确在很大程度上变得专业化和国际化。这是一个动态的概念，全球众多城镇的经验为其理念的发展和实际运作做出了贡献。

从工艺到科学：规划师和新城镇

因此，研究建设新城镇的运动可以让我们了解，理想的地方是由哪些因素构成的，它们将如何影响规划文化，而这两点又是如何在全球传播的。规划师和建筑师在着手工作之前，头脑中已有了一套反复流传和套用的思想，以及源自复杂的政治与意识形态文化而形成的先入之见。对他们中的许多人来说，他们对城市乌托邦的研究受到了战争流亡岁月的制约，随后又受到了重建的紧迫性的影响。战争的废墟还在燃烧时，他们已经开始工作了。亲手创造一个更美好的世界、将全球性的社区团结为"一个世界"、打击社会不公和贫穷并促进自由等愿望，燃起了进步的城市改革者的激情。这些崇高的目标引起了他们的共鸣。他们的雄心壮志的产物是堆积如山的计划、图表和完美城市的草图。到20世纪60年代，控制论和系统论越来越多地产生了这样的愿景，这为网络化的"智能"城市开辟了前景。这两者，再加上20世纪60年代的激进文化，产生了一种乌托邦式的幻想，给这一组合注入了勃勃生机。城市改革者相信未来的可能性和他们创造未来的能力。他们预见了外太空的殖民，预言了庞然大物般的巨型建筑、机动车乌托邦、奇妙的"插入式"（plugged-in）城市网络以及遥远的宇宙定居点等。他们在世界各地的项目上辛勤工作，在一场为拯救地球免遭即将到来的城市灾难和生态灾难而进行的十字军运动中绞尽脑汁。这场由人、城市文本和乌托邦意象组成的激情之旅，如同一个全球共享的文献库，可以在当地环境中把控、修改和操作。

从某种意义上说，城市和区域规划已经成为一个全球性的生产网络，拥有自己的产业、行动者、机构和组织。作为专业技术，其范围覆盖了从工艺美术到技术官僚科学（technocratic science）。在本书中，我们将一次又一次地邂逅各种各样的行动者，他们在英国、加拿大、美国、以色列、伊朗、中国和非洲等地建设新的城镇。诸如康斯坦丁诺斯·多克夏迪斯（Constantinos A. Doxiadis）、维克托·格鲁恩

（Victor Gruen）和詹姆斯·劳斯（James Rouse）等从业者，都成了国际名人。另一些规划者默默无闻地为兰德公司（RAND Corporation）、福特基金会和联合国工作。更多的人在政府和新城开发公司取得了事业成功。在 20 世纪城市史的记载中，最后几类人至今仍鲜为人知。他们是建筑师、工程师、社会科学家，都为新城镇运动贡献了智慧。他们的工作性质包罗万象，从光彩夺目的前卫建筑师到朴实无华的公路工程师。总之，作为规划精英，他们成功地设计和建造了大量具有开创性的新城镇，留下了丰富的规划理论和乌托邦理想的智识遗产。

规划新城镇有助于在行业中培养新的自我意识和对专业规划的信心，而专业规划是一种完全可以输送的理性劳动。这些新城镇的建设者来自至关重要的两个世代，我对它们的讨论清晰地将此书分成了两部分。20 世纪二三十年代，第一代建筑师在包豪斯和国际现代建筑协会（CIAM）的影响下开始了他们的职业生涯，并形成了早期的新城镇和区域主义思想。他们经历了大萧条、战时的决裂和流亡，这一系列令人沮丧的事件阻碍了他们实现抱负。一些人被关押在集中营，遭受了残酷的政治迫害，而另一些人则设法避开了政治雷区。到了战后世界，他们热切地把自己的想法付诸行动，由此产生了第一批新城镇。战后重建为他们提供了一个平台，使他们能够实施在职业生涯早期难以想象的项目。他们的概念框架很大程度上来自战前世界，特别是带有邻里单位（neighborhood units）的田园城市的区域主义愿景。他们大多是受过训练的建筑师，接受的是将规划作为艺术的传统思想。

第一章介绍了这一代人战前传承的背景。第二章和第三章考察了他们在 1940 年代末和 1950 年代的战后重建时期建造的新城镇。对它们的分析集中在田园城市理想的应用和输出。这一理想源于英国和美国，在中东和非洲的资源城镇①开始消亡之前已经传播到了世界各地。

　　二战之后的 1950 年代和 1960 年代，第二代新城建设者达到了职业年龄。他们开始了自己的职业生涯，准备切断与过去的联系，翻开城市形态的未来篇章。其结果是在 1960 年代和 1970 年代的第二次新城镇大潮中出现的一个全新规模及其复杂的属性，这也是最后三章的主题。规划者与军事和国防工业的专家、社会学家和经济学家、电脑极客和土木工程师携手合作。他们形成了战后一个新的技术官僚精英阶层，处于决策的中心。他们到过许多地方、有着庞大的关系网，都拥有与控制论和系统分析相关的知识。他们的工作并没有陷入对田园城市的多愁善感之中难以自拔，而是展开了一场关于大众社会时代集体生活的实践和空间性的全面辩论。

　　控制论和系统论对这一代城市规划从业者的影响是巨大的。认识到这种智力上的影响是本书的目标之一。信息与传播理论、应用数学和博弈论被视为城市问题的解决方案。新城镇作为一个智能系统运行，计算机极大地增强了掌控所有相互交织的连接和反馈回路的能力。控制论也与航空航天的进步以及与太空时代相关的技术奇迹紧密相关。

　　第四章着重讨论控制论和太空时代对乌托邦实践的影响，以及知识和国际交流的技术和途径。美国和东欧集团版本的控制论城市是根据冷战和美苏之间的太空竞赛进行评估的。在第五章中，从综合的都市规划的角度梳理了 1960 年代这种尖端科技文化的影响，并对英国、法国、印度和美国的四个新城进行了个案研究。最后，在第六章中，

---

① resource towns，指以本地区矿产、森林等自然资源的开采加工工作为主导产业的城市类型。——译者

我们从先锋派建筑的优势及其产生的无数富有远见的城市设计和遥远未来的幻想城市的角度，对太空时代的进步给新城镇带来的影响进行了评估。

总的来说，在20世纪中后期发生了一场关于新城镇理论和形式的学术大辩论。对一些规划者来说，新城镇意味着从零开始新建一个居住区。另一些人则认为，这是一个基于精确的规模、人口、经济和就业特征公式而进行的全面规划、自给自足的社区。人们还痴迷于新城镇的类型和等级制度。新城迷们花了无数的篇幅试图描绘独立式新城镇、卫星城和公司城的面貌，以及小型和中型新城镇的特征。他们仔细研究了区域地图，这些地图把新城镇描绘成复杂的公路系统中的关键点。为了规划邻里和社区、公共空间和中心区域的精确品质，并进行正确的建筑风格和景观设计，他们与社会学家和心理学家一起进行了头脑风暴。他们反复斟酌正确的计算机建模技术。对一些人来说，新城的"心脏"最为重要，而对另一些来说，最重要的是如何维持生命和地球的环境。几乎没有规划者从一开始就对他们所设想的广阔的生活区域有任何了解或经验。如果真有什么的话，那就是他们把城市周边地区看作一种无序的虚空，一个需要合理化和现代化的空间。这就开辟了在虚无中创建城镇的可能性。

伴随着这场讨论，出现了无穷无尽的草图和插图、统计数据、地图和摄影证据、逻辑图和数学公式，它们以形象和文字描绘了城市乌托邦的愿景。它们成为先锋派视觉艺术的主体，理所应当被看作一种创造性的尝试。这本书试图对这些设计进行深入的解读——它们是如何将城市景观戏剧化的，又是如何赋予其壮观有时是大气且有感染力的外观的。

所有这些规划的结果都是意义重大的：城市和地区被视为具有合

理的土地利用和交通模式的复杂系统。每个新城镇本身就是一个由精心布置的建筑、空间和交通要道组成的统一系统。完善的空间领域将确保社会的稳定。新城镇将规划学高调呈现出来，并将城市愿景提升为科学先锋。这种规划话语的全球维度是引人注目的，尽管人们对它产生了 20 世纪规划中一些最有影响力的文本这一点谈得不多。这些文献作为设计和建造未来世界的模板在国际上广为流传。其结果是一场新城镇运动的兴起，也由此激发出超乎寻常的多元化的智力投入与成果。

反乌托邦阴影

当然，乌托邦是以善变著称的。它们总是远在天边，难以企及。与我们的讨论更为相关的是，在它们对未来的迷人憧憬之下，潜藏着反乌托邦的暗影。刘易斯·芒福德（Lewis Mumford）对战后的新城镇运动影响巨大，或许他能很好地解读这种深深植根于城市的辩证法，而将其描述为一种理想抱负。在 1960 年代的著述中，他将城市的历史起源描述为宇宙的象征。那是托马索·坎帕内拉（Tommaso Campanella）笔下著名的《太阳之城》（*City of the Sun*，1602）[1]，现在它从天堂降临人间。但这种理想的代价是"孤立、分层、固定、组织化、标准化、军事化"。最后，芒福德假设道："乌托邦融入了 20 世纪的反乌托邦。人们突然意识到，积极理想和消极理想之间的距离

---

[1] 意大利多米尼加哲学家托马索·坎帕内拉的哲学著作，是一部重要的早期空想主义著作，他笔下的太阳之城，是一个被叫做"太阳"的大祭司统治的共和国。——译者

从来没有像乌托邦的倡导者或仰慕者所宣称的那么大。[1]

就在它们被称为乌托邦的同时，新城镇也被宣告为彻底的失败。毕竟，乌托邦概念的核心是对现实的无情评判。在杰出的乌托邦哲学家恩斯特·布洛赫（Ernst Bloch）看来，"乌托邦的基本功能是对当前存在的东西的批判"。[2] 尽管新城镇被认为是一个理想的环境，但揭示生活在其中的痛苦则是对理想与崩溃之间潜在紧张关系的一种发泄。新城镇被认为是不人道的、残酷的，是愚昧心理的表现。它们从一开始就很丑陋，并且几乎立刻就走向了毁灭。它们是国家自大的发人深省的例证——投入巨资进行的庞大工程却以失败告终。正因为人们对它们抱有太高的乌托邦式的期待，所以反应才会如此激烈。人们对新城镇的感情在爱恨之间剧烈摇摆。这与乌托邦在现代想象中扮演的狂热角色有关，也与地方本身有关。对完美的追求可以轻而易举地滑向崩溃。

这正是为什么 20 世纪下半叶的新城镇运动值得研究的原因。与这一时期城市化和郊区化的其他巨大力量相比，新城镇似乎微不足道。人们极易对新城镇的实际状况产生怀疑，更不用说它们的偏僻位置了。此外，英美口语中"乌托邦"一词通常带有贬义，暗示了某件事天真而不切实际。实际上，这些项目是否成功并不取决于它们的乌托邦血统，而是取决于它们位于何处、如何维护、谁住在其中，以及各种本土的政治、社会和文化的需求。

---

① Lewis Mumford, "Utopia, the City and the Machine," *Daedalus* 94, no. 2 (1965): 277.

② Ernst Bloch, *The Utopian Function of Art and Literature*, trans. Jack Zipes and Frank Mecklenburg (Cambridge, MA: MIT Press, 1988), 12. This quote is given in the exceptional discussion of utopia in Carl Freedman, *Critical Theory and Science Fiction* (Middletown, CT: Wesleyan University Press, 2000), 67.

　　所有的城市都是通过某个复杂的、往往不透明的集体决策系统产生的，该系统由政府和行业、建筑师、规划师和建筑商以及可能合作或抵制的居民共同做出决定。尽管有不受政治影响的神话，但像新城镇这样的大型开发项目总是充满了错综复杂的因素，从地方政治角力到国家建设，再到冷战时期对领土权力的争夺等。在很大程度上，单个新城的发展与其他开发项目实际上大同小异。他们遇到了所有常见的问题，如成本超支、施工延误、住房和服务问题等。少数几个成了引人瞩目的憧憬，成为 20 世纪都市词汇的一部分。有些非常成功；有些则是惨败。有些成为了特权阶层独享的封闭社区，他们生活在规划完美、精心控制的郊区天堂里。更多单调乏味的新城镇项目逐渐发展起来，融入了随处可见的郊区杂乱无章的拓展中。还有一些干脆寿终正寝了。尽管它们看起来微不足道，但新城镇实际上在城市想象中扮演了一个巨大的、充满幻想的甚至可以说是任性的角色。

本书的框架

　　关于这本书，我经常被问到的第一个问题是明摆着的——到底什么是新城镇？我有意识地拒绝对此做出任何形式的终极定义，正如我拒绝对"邻里"或"社区"，甚至"城市"做出定义一样。这些概念的含义依时间与地点的情况而定。历史学家的任务是发现这些意义，并研究为什么新城镇是未来的一个如此强大的护身符。本书不打算对具体的新城镇进行详细描述或涵盖数量众多的新城镇，也不打算以任何方式进行一次新城镇普查，那样的结果将会是一长串单调的地名。人们还可以用无数种方法来评估新城镇运动：它的成功与失败，以及生活在乌托邦中的社会后果，有关这一切一直存有争议。例如，规划是如何影响实际居住在新城镇的人们的生活的，这个课题本身就值得研究。我的研究并不是对这些聚落实际建造的物理描述，也不是对它们的社会影响进行的评估，而是将其作为有远见的梦境（dreamscapes）进行理性分析。

为此，我选择了一些新的城镇作为案例研究，这些城镇涵盖了不同的地理位置，也涵盖了催生它们的各种对立的思潮。有些很普通，很快就被人遗忘了；另一些则是新城镇运动的超级巨星。选择的标准基于实践、文化和话语，而不是机制——研究它们到底是如何形成、最终结果如何。本书的研究重点是新城镇作为一个充满活力的运动在智识、文化和政治上的表现，以及这些想象中的乌托邦的呈现方式。它们证明了 20 世纪中后期关于城市未来的辩论所具有的非凡深度和广度，以及尝试过的一系列实验、思想和概念的流动性。众多规划师、建筑师、城市改革者和未来学家就如何设计和建造一个理想的城镇展开了国际对话。这本书关注的正是这些人和新城镇本身。他们留下的文物在覆盖面和多样性上都是令人瞩目的，值得我们予以学术上的关注。

写一本关于新城镇的书需要涉足大量异想天开的规划和空想。对此我没有采取严厉的批评态度，而是试图让这场新的城市十字军运动为自己发声。在研究文献和其他材料时，我运用历史学家的技能，扮演着调研员、神话终结者和怀疑论者的角色。与此同时，我也意识到了我们自己的 21 世纪城市危机：超大城市毫无逻辑地在广阔的腹地蔓延；数百万人生活在贫民窟，人们对城市郊区和难民营视而不见；环境恶化；全球变暖和海平面上升。站在这个角度，我越来越无法忍受将田园城市作为可持续发展的替代品的任何看法，也越来越不耐烦任何认为"成体系的系统"(systems of systems)、智能城市或智慧城市可以拯救当今世界这样的时髦说法。我也意识到了目前正在进行的建设新城镇的运动，以及似乎无处不在的新城市爆炸式增长的状况，尤其是在亚洲和中东地区。随着世界人口激增，城市化程度越来越高，建造新城镇再次成为一个真实的固定话题。眼下似乎是个恰当的时刻来挖掘被忽视的新城镇运动的历史，从而更好地确定规划者试图实现的目标和原因了。我选择的新城镇项目似乎很好地回答了这些问题，也体现出了城市理想的演变过程。

毫无疑问，还有许多其他的新城镇也符合这些标准：要研究的城镇的绝对数量令人震惊。研究跨国历史也是一项艰巨的任务。我在世界各地可预测和不可预测的地方寻找新的城镇。在选择所要研究的城镇时，证据是否充足、语言是否熟悉以及对当地情况理解的局限性等，于我的决定也有一定的影响。我要向那些专注于新城镇的个案研究的学者所做的艰苦卓绝的工作深表敬意。他们的学术研究成果以及档案和出版物使我受益匪浅。

对于西方以外，尤其是非洲和中东地区的城镇——无论是新城还是旧城，更多的研究有待进行。控制论和系统分析对建筑及城市规划史的影响也是如此。本书中有关系统革命的章节仅仅是对一个异常深刻和复杂的问题做了初步的探讨。鉴于这些局限性和约束，这里提出的证据把城市——此处指新城镇——视为一个具有时代辨识度的文物。本书中的一些新城镇仍然停留在纸上谈兵的阶段，而另一些则已经实际建成：一些城镇相当小，另一些则可谓惊世大作。我重点研究它们作为一种乌托邦式的愿景的影响力，这些项目是如何创造和传播现代西方理想的美好生活和城市形态的，并研究它们所处的 20 世纪环境。

我在本书中的目标是提供一个跨学科的新城镇运动分析，探讨其智力和意识形态基础，它对现代化和城市规划的政治建议，以及它如何塑造我们对城市世界的理解。我也希望能够对城市综合政策的优势和劣势提供一个新视角，并为理解当代城市化的挑战提供一个新的基本原则。我的立场归根结底是这样的：乌托邦是人类的一个基本属性，乌托邦规划会激励人们创造出更美好的未来。用卡尔·曼海姆的话来说，就是"乌托邦的消失会带来一种静止状态，在这种状态下，人本身会变得不过是个物"；他将失去理想，"将失去创造历史的意志，进而失去理解历史的能力"。①

---

① Mannheim，*Ideology and Utopia*，236.

第一章

新城镇运动的起源

从一开始，新城镇就有一种复杂的与生俱来的权利。在传统的规划叙事中，它们都将自己的血统追溯到埃比尼泽·霍华德的田园城市运动。但这种谱系是非常有选择性的：到 20 世纪中期，霍华德激进的社会主义规划和合作愿景已被人们放进了珍品柜。田园城市已成为一种田园牧歌式的幻想，它比任何东西都更能代表对过往生活的向往。然而，这种"田园"意象在整个 20 世纪末仍然是新城镇运动的根源之一，它融合了既进步又保守的意识形态，这种意识形态在促进人们思考的同时，也限制了他们的头脑。声称新城镇起源于田园城市，也回避了在霍华德具有开创性的提议之后的数年中对城市和区域规划产生的更成问题的一些影响。事实上，规划新城镇深深植根于殖民主义、战争、军事政策和国家权力扩张的经验。它被一系列地方主义愿景所裹挟，这些愿景极大地强化了安居战略的规模和影响力。因此，追溯新城镇运动的起源，我们首先会去霍华德堪称传奇的田园城市——英格兰的莱奇沃思（Letchworth），但它很快将我们带向其他方向。与英国田园城市运动一样，德国和苏联的改革举措对新城镇运动的诞生至关重要，美国的经验也是如此。因此，本章所举的例子集中在这些历史上，并把城市改革的斗争直接置于 20 世纪中叶的危机之中。

一、明日的田园城市

霍华德在《明日的田园城市》（*Garden Cities of To-Morrow*，1902）的最初构想中提议对社会和自然环境进行彻底的改造。清除世纪之交那些可憎的贫民窟。工人阶级将在自给自足的规划社区找到新的生活，个人和社区的需求将会得到平衡。这些愿景是所有乌托邦式城市实验的基础，也是整个新城镇运动的核心目标。按照霍华德的规划，3.2 万人将生活在 1000 英亩的土地上。城市将成为一家由本地管理的有限责任公司，吸引轻工业、零工和服务业。土地将成为公共财物。人们将在赠予的宅基地上发扬开拓精神，建造自己的家园，开设自己的小型商店。

霍华德受到了各种思想的影响，从早期的乌托邦社会主义和合作运动，到无政府主义者彼得·克鲁泡特金（Peter Kropotkin）的信念，后者认为新技术将使人口可以远离工业城市的恐怖。田园城市相信自然具有恢复性，相信城市可以与当地文化相结合，创造出一个完美的生活环境。它能同时提供城市生活和乡村生活的好处，并最终提供个人自由与社会合作。田园城市的外观被想象成半径约为一公里的圆形，这样人们就可以轻松往来于家和工作地点之间。市中心将有一个公园、一些公共建筑和一个购物中心。一旦某个聚落达到最大的规模，就会建立一个新的版本，它会带有一条将两个城市分隔开来的农业带，直到最终坐落于乡村的一群城镇通过快速交通系统连接到一起。霍华德将这种多中心的愿景称为社会城市（Social City）。这是一种"常识社会主义"（commonsense socialism），在他的标志性图表中被形象地描绘为"第三磁体"（Third Magnet），它结合了城市和乡村的优越性，比维多利亚式资本主义和中央集权式社会主义更为优越。①

霍华德将城市设计与社会改革巧妙地融合在了一起，人们对此反应异常热情。田园城市运动无缝融入了由进步的社会改革和社会慈善运动所确立的国际主义氛围。《明日的田园城市》出版后不久就被翻译成多种语言，而田园城市协会也如雨后春笋般在欧洲各地涌现出来。

1908 年，田园城市概念传入俄罗斯。1911 年，圣彼得堡的社会改革者出版了霍华德著作的俄文译本。1909 年，一小群俄罗斯人与德国田园城市的狂热爱好者一起去莱奇沃思朝圣，1911 年又与丹麦和德国代表团一起再次前往。颇有影响力的俄罗斯建筑杂志《城市建设》（*Gorodskoe Delo*）热情地推广田园城市项目，而建筑师弗拉基米尔·塞米奥诺夫（Vladimir Semionov）则与英国建筑师、城市改革家雷蒙德·昂温（Raymond Unwin）合作，撰写了大量关于田园城市理想的文章。根据塞米奥诺夫的设计，莫斯科-喀山铁路公司在莫斯科

---

① 关于这一点及其 20 世纪的所有规划史，参见 Peter Hall, *Cities of Tomorrow：An Intellectual History of Urban Design in the Twentieth Century*, 4th ed.（New York：Wiley-Blackwell, 2014）。See as well Stephen V. Ward, *Planning the Twentieth-Century City：The Advanced Capitalist World*（West Sussex, UK：John Wiley and Sons, 2002）。关于田园城市，参见 Peter Hall and Colin Ward, *Sociable Cities：The Legacy of Ebenezer Howard*, 3rd ed.（Chichester, UK：John Wiley and Sons, 2002），and Kermit C. Parsons and David Schuyler, eds., *From Garden City to Green City：The Legacy of Ebenezer Howard*（Baltimore, MD.：John Hopkins University Press, 2002），以及 Robert Fishman, *Urban Utopias in the Twentieth Century：Ebenezer Howard, Frank Lloyd Wright, Le Corbusier*（Cambridge, MA：MIT Press, 1982）。

以东 40 公里的普罗佐罗夫斯卡亚车站开始建造俄罗斯第一座田园城市的样板。[①] 此举大获成功，以至于俄罗斯交通部开始为铁路员工建造类似的居住点。田园城市风格的项目也出现在了西伯利亚，那里成立了一个全俄罗斯田园城市协会。

20 世纪进程中，俄罗斯建起了比其他任何国家都多的田园城市和新城镇。但是，田园城市、田园郊区和示范村的试验也在欧洲各地以及美国、加拿大、澳大利亚和日本等地涌现出来，[②] 尽管许多不过是装饰着绿色植物的住宅开发项目。与俄罗斯一样，这些项目中有很大一部分由热衷于为中产阶级通勤者提供郊区住房的铁路公司开发。铁路的发展带出了一种全新的大都市增长的空间地理学。

开拓新技术使得田园城市成为了进步改革者最重要的梦想和愿望的发生地，然而，它也奇特地融入了一种保守价值观。对乡土形式的怀念弥漫于田园城市的幻想之中，精英们对乡村的幻想和旧式乡村风格的偏爱也是如此。改革者们心目中的田园城市是坐落于林间树丛的景色宜人、无忧无虑的城镇和村庄。这些林中居所可以缓和现代生活的压力。在大自然中生活，与心灵的纯洁和健康，与"回归大地"和更简单的生活方式都息息相关。田园城市项目常常与一些古怪的另类社区联系在一起，这些社区由特权中产阶级改革者组成，他们信奉从素食主义到乌托邦社群主义等各种理念。

---

① Catherine Cooke, "Le Mouvement pour la cité-jardin en Russie," in *URSS 1917–1978*: *La Ville*, *l'architecture*, ed. Jean-Louis Cohen, Marco De Michelis, and Manfredo Tafuri (Paris: L'Equerre, 1979), 200–233. See also Stanley Buder, *Visionaries and Planners*: *The Garden City Movement and the Modern Community* (Oxford: Oxford University Press, 1990).

② 有关田园城市概念的国际传播问题的优秀论著，参见 Robert A. M. Stern, David Fishman, and Jacob Tilove, *Paradise Planned*: *The Garden Suburb and the Modern City* (New York: Monacelli Press, 2013), as well as Stephen V. Ward, ed., *The Garden City*: *Past*, *Present*, *and Future* (London: Routledge, 1992).

埃比尼泽·霍华德和雷蒙德·昂温是让田园城市的理想获得国际影响力的关键人物。他们是伟大的传教者，一个名副其实的双人环球旅行表演团队。"第三磁体"的图案和莱奇沃思的照片成为了传播福音的宣传图标。此外，诸如昂温这样的著名从业者的著作为早期从事规划的专业人员提供了一个概念性的经典范本。昂温的《城镇规划实践》（*Town Planning in Practice*，1909）和《过度拥挤一无是处》（*Nothing Gained by Overcrowding*，1912）也许都比霍华德的作品更具影响力，甚至远在澳大利亚阿德莱德周边的花园郊区实验也从中受益。英国田园城市协会成了一部运转良好的宣传机器，举办了各种会议和海外巡回演讲。莱奇沃思和约克郡的汉普斯特德田园郊区欢迎外国游客前去参观，布罗兹沃思煤矿为矿工建造的"林间宿舍"（Woodlands）以及利洁时（Reckitt's）化工厂为工人安排的赫尔花园郊区（Hull Garden Suburb）也对游客开放。

1912 年夏天，霍华德在前往俄属波兰的克拉科夫途中，宣布成立国际田园城市和城市规划协会。这既是为了充分利用国际活动，同时也是一种战略，以对当时泛滥成灾的田园城市项目有所控制。[1] 令追随者们懊恼的是，人们对昂温在田园式花园建筑中的工艺美术和建筑意象的关注，盖过了霍华德的社会改革初衷。霍华德对他的田园城市愿景的定义从未建立在建筑环境之上，而是建立在社会进程之上。但是，由于大众对乌托邦的热捧，所以从狭义上来说，田园城市正在蜕变为一种狭义上的城市设计策略。这些地方的物理条件是不可否认

---

[1] Michel Geertse, *Defining the Universal City: The International Federation for Housing and Town Planning and Transnational Planning Dialogue，1913－1945* (Amsterdam: Vrije Universiteit, 2012). 另可参见以下著述中的信息汇编 Ewart G. Culpin, *The Garden City Movement Up-to-Date* (London: Garden Cities and Town Planning Association，1913)。

的，城市改革者很容易避开更具挑战性的社会社群主义（social communitarianism），而对霍华德的构想至关重要的正是这种社会社群主义。英国田园城市运动激进的正统观点也与国际住房大会（International Housing Congresses）和国际城镇联盟（International Union of Towns）之间的竞争有关，两者都在争取拿下两个新兴的可与之匹敌的组织。尽管国际田园城市和城镇规划协会是个受欢迎的合作与思想论坛，但其成员几乎立即感受到了英国大佬们咄咄逼人的气势。

　　然而，田园城市运动领导权的最强大的竞争对手来自德国。英德关系是国际运动的轴心，这种关系笼罩在两国之间政治猜疑的迷雾之中。两国的改革者一面在田园城市的活动中愉快地笑在一起，一面却偷偷地在彼此的规划实践中寻找"国家活力"的迹象。然而，历史学家斯蒂芬·沃德（Stephen Ward）指出，尽管存在这些摩擦，英国改革者还是把德国视为一个富于想象力的创新之地，并将其作为灵感和创意的源泉。① 那个国家出现了大约 80 个田园城市试验。自 1912 年起，克虏伯军需品制造商家族就根据卡米洛·西特（Camilo Sitte）、霍华德和昂温的想法，开发了位于埃森市郊的花园村庄玛格丽特恩霍厄（Margarethenhöhe）。早期最著名的两个项目是柏林的花园郊区法尔肯贝格（Falkenberg）和德累斯顿附近的花园郊区赫勒劳（Hellerau）。赫勒劳是由 Deutsche Werkstätten② 赞助的，该项目旨在将应用艺术工作者培养成一个具有凝聚力的行业阶层，这与霍华德最

---

① Stephen V. Ward，"What Did the Germans Ever Do for Us? A Century of British Learning about and Imagining Modern Town Planning," *Planning Perspectives* 25，no. 2（2010）：117 - 40.

② 1898 年成立的一家德国企业，在世界范围提供高级定制化的室内设计和工程服务，深受富人喜爱。——译者

初的社会改革理想相距不远。Deutsche Werkstätten 和田园城市运动在共同肩负国家教育和经济繁荣的使命中联合了起来。[1]

到第一次世界大战前夕，德国田园城市协会已有 2000 多名会员。它吸引了城市改革者、市政官员、实业家以及一大批土地改革爱好者。一些追随者沉浸在对种族民俗历史的怀旧之中，而另一些人则追求一种进步的现代生活方式。然而，在很大程度上，城市规划仍然是"有钱人的玩意儿"。[2] 德国田园城市运动充斥着对避开种族意识的健康乡村生活的保守渴望。许多新招募的成员都是西奥多·弗里奇（Theodor Fritsch）的崇拜者。弗里奇是 1896 年出版的反犹主义小册子《未来之城》（*Die Stadt der Zukunft*）的作者，它与霍华德的田园城市理想有些许相似之处。弗里奇出版的期刊《铁锤》（*the Hammer*）警告说，大城市的住房条件侵蚀了德国人的活力。此外，它还支持在小城镇建立严格隔离的社会秩序，并对犹太土地投机者进行了抨击。

正如这项简短的调查所表明的，到 20 世纪初，田园城市运动已成为世界各地城市规划思想和经验的主要交流渠道。根据历史学家托马斯·西韦特（Thomas Sieverts）的说法，田园城市协会以及本世纪初兴起的小花园郊区和园林式住宅小区，被视为"现代性的试验田"，是可以尝试社会实践、场地规划和设计之间的相互作用的地方。[3] 先

---

[1] John V. Maciuika, *Before the Bauhaus: Architecture, Politics, and the German State, 1890–1920* (Cambridge: Cambridge University Press, 2008)，238。玛格丽特恩霍厄由 George Metzendorf 设计，赫勒劳由 Richard Reimerschmid 与 Heinrich Tessenow 主持设计，到 1913 年时，赫勒劳已拥有大约 800 名艺术家、手工艺者和知识分子。

[2] John Robert Mullin, "Ideology, Planning Theory and the German City in the Inter-War Years: Part I," *Town Planning Review* 53, no. 2 (1982): 118.

[3] Ilse Irion and Thomas Sieverts, *Neue Städte: Experimentierfelder der Moderne* (Stuttgart: Deutsche Verlags-Anstalt, 1991).

锋派城市规划师托马斯·亚当斯（Thomas Adams）的职业生涯诠释了这种人与文本之间的跨国旅行。亚当斯是莱奇沃思的第一任经理，也是田园城市协会的秘书。他受邀成为加拿大政府的顾问，并为该国的城镇制定了一系列规划样本，其中包括1919年由里奥丹纸浆和造纸公司沿圣劳伦斯航道修建的哈利法克斯的里士满区①和特米斯卡明（Temiskaming）的花园郊区。随后，他搬到了纽约，在那里主持编写了《纽约及其周边区域规划》（*Regional Plan of New York and Its Environs*，1929），② 这是纽约大都会地区的第一个总体规划。

二、第一次世界大战与新区域主义

社会学家克里斯蒂安·托帕洛夫（Christian Topalov）和苏珊娜·马格里（Susanna Magri）在他们对两次世界大战期间的对比研究中认为，第一次世界大战后的重建是城市规划史上的一个转折点。③ 埃比尼泽·霍华德的田园城市梦想转变为更广阔的区域科学管理愿景。惨无人道的战争点燃了重建的动人图景，激发了士兵们重返家园、过上美好生活的梦想。这些想法背后的情感将新城镇转化为涅槃重生的超越之地，它们直接激发了对萌芽中的新城镇运动的热情，这种热情赋

---

① 感谢大卫·戈登教授对于托马斯·亚当斯的加拿大项目的指导。Gerald Hodge and David Gordon, eds., *Planning Canadian Communities*, 5th ed. (Toronto: Nelson, 2007)。

② 有关纽约第一个总体规划的非凡影响力，参见 David A. Johnson, *Planning the Great Metropolis: The 1929 Regional Plan of New York and Its Environs* (New York: Routledge, 2015)。

③ Susanna Magri and Christian Topalov, "De la cité-jardin à la ville rationalisée: Un tournant du projet réformateur, 1905 – 1925; Etude comparative France, Grande-Bretagne, Etats-Unis," *Revue française de sociologie* 28, no. 3 (1987): 417 – 51.

予了人类走出黑暗，进入一个新的、更美好的世界的责任感。早期田园城市的尝试变成了建立新的社会秩序的责任。面对比利时战争的破坏，1919 年在根特召开的国际田园城市大会慷慨激昂地呼吁清除废墟，建设一个更美好、更和平的世界。人们有一种紧迫感，需要对城镇和地区进行全面规划，从而处理好每一件事，从交通到食品供应，尤其是住房问题。

　　在巨大的贫困面前，原始田园城市的古雅小屋的设计几乎提供不了任何帮助。在英国，大卫·劳合·乔治以其发起的为西线归来的军队建设"英雄家园"（Homes for Heroes）的运动，赢得了 1918 年的首相选举。田园城市运动最具影响力的倡导者之一弗雷德里克·J. 奥斯本（Frederic J. Osborn）在他的《战后新城》（*New Towns after the War*，1918）中敦促按照田园城市的原则建造 100 座新城镇。奥斯本和一小群熟悉媒体的热心人士组织起来，以"新城人"的身份在"英雄家园"运动期间宣传他们的想法。

　　与战争和重建的这种联系对于理解新城镇的远见卓识和方兴未艾的区域主义运动至关重要。詹姆斯·斯科特认为，现代主义项目的蓬勃发展发生在危机的特定时刻，"比如战争和经济萧条时期，以及国家相对不受阻碍的规划能力大大增强的情况下"。[1] 正是从第一次世界大战到大萧条，尤其是第二次世界大战的灾难，为国家主导的诸如新城镇这样的大型公共工程项目创造了机会。它们赋予了新城镇运动一种军事性质，一种与暴力动乱和复兴密切相关的激情及强度。例如，在第一次世界大战期间，雷蒙德·昂温为军需部工作，在苏格兰南部为军火工业的工人建造了格雷特纳-伊斯特里格斯定居点。他热

---

[1] James C. Scott, *Seeing Like a State: How Certain Schemes to Improve the Human Condition Have Failed* (New Haven, CT: Yale University Press, 1998), 97.

情地倡导按区域布局的卫星城。区域分散的思想与保护战时工业免受敌人攻击的现实直接相关。昂温的格雷特纳-伊斯特里格斯定居点的规划细节传到了美国，并在 1917 年美国参战后作为田园城市式军备定居点的基础。① 此外，昂温还加入了伦敦协会（London Society），这是一个改革派团体，有兴趣思考改建伦敦大都会区的规划。1921年，该协会出版了一本小型论文集，名为《未来的伦敦》（*London of the Future*）。

昂温不断完善他关于都市分权的想法，并在国际田园城市和城镇规划联合会的年度大会上提了出来。② 作为田园城市运动最具影响力的声音，他为将霍华德最初的概念注入到区域规划之中所付出的努力是非常重要的。到了 1927 年，他成为卫生部第一个委员会的技术顾问，该委员会负责制定大伦敦地区的规划。

由于大萧条和陷入经济衰退漩涡的地区的痛苦，英国更加迫切地需要进行区域分散。人们强烈要求进行区域规划和工业搬迁，以纠正地理不平等，并为深陷大萧条困境的地区提供救济。政府资助的《马利报告》（*Marley Report*，1935）和《马尔科姆·斯图尔特报告》（*Malcolm Stewart Report*，1936）概述了一项雄心勃勃的工业分散计划，并提出按照田园城市的模式建造新城镇。同样在 20 世纪 30 年代，城乡规划协会发起了一场旋风般的新城镇运动。大批城市改革者猛烈抨击英国的城市问题，并一步步推动政府官员采取行动。1933年，阿瑟·特里斯坦·爱德华兹（Arthur Trystan Edwards）化名"退

---

① Mervyn Miller, "Garden Cities and Suburbs: At Home and Abroad," *Journal of Planning History* 1, no. 1 (2002): 17. See also Dennis Hardy, *Utopian England: Community Experiments 1900–1945* (New York: Routledge, 2012).

② 在霍华德 1928 年去世后，昂温成为该国际组织的主席，一直担任到 1931 年，由弗雷德里克·J. 奥斯本接任。

伍军人 J47485"，出版了一本小册子《英国百座新城》（*A Hundred New Towns for Britian*），并创建了"百座新城协会"。他的计划是将 500 万英国人重新安置，每座新城镇容纳 5 万人。

内维尔·张伯伦在 1938 年成为保守党首相后，任命了一个由安德森·蒙塔古-巴洛爵士（Sir Anderson Montague-Barlow）担任主席的皇家委员会，首次将建设新城镇作为官方的公共政策。《巴洛报告》（*Barlow Report*）是一份具有分水岭意义的文献，它对英国城镇做了一次早该做的调查。根据历史学家彼得·霍尔（Peter Hall）的说法，该报告确立了城市遏制及人口和工业分散的原则，这为所有战后新城镇立法奠定了基础。报告还支持了由城乡规划部执行这项政策的想法。

大西洋两岸的进步改革者形成了广泛的共识。对他们来说，未来的发展不仅需要体面的工人阶级住房，还需要合理地提供服务和学校、清洁的空气、水和卫生设施，改善日常生活，以及与长期忍受贫民窟苦难的人们产生社会凝聚力。[1] 改革是为新的生活创造新的城市。建筑环境与社会生活相互依存。规划师面临的挑战是协调和平衡各部分与整个中心城市、卫星城和都市圈之间的关系。技术研究和社会科学方法不可或缺。这种科学方法需要调查、数据、图表和示意图。

与城市化有关的问题引发了地理环境的普遍合理化（rationalization）行为。例如，在英国，规划先驱帕特里克·艾伯克隆比（Patrick Abercrombie）为受灾地区制定了一系列区域规划。1920 年，德国的鲁尔工业区成立了一个名为鲁尔煤矿区聚落联盟

---

[1] See Daniel T. Rodgers, *Atlantic Crossings*: *Social Politics in a Progressive Age* (Cambridge, MA: Harvard University Press, 2000).

（Siedlungsverband Ruhrkohlenbezirk）的区域规划协会，以指导未来的发展以及人口向新城镇分散等问题，尽管该协会没有任何官方实权。此外，还为柏林、斯图加特、汉堡和美因茨等城市制订了区域计划。在荷兰，修建须德海大坝和收回荷兰南部艾瑟尔湖圩区的庞大工程项目引发了一项区域计划，最终成为兰斯塔德区[①]。[②] 法国城市改革家亨利·塞利耶（Henri Sellier）在 1916 年至 1939 年间规划了在巴黎周边修建的 16 个花园郊区。第一代法国城市规划者开始为"大巴黎"的区域愿景进行游说。规划大师亨利·普罗斯特（Henri Prost）在新成立的巴黎城市规划研究所（d'urbanisme de Paris）主持了对大都市区的初步调查。最终结果是绘制了一幅整个地区的综合规划图，并对大都市扩张有了新的理解。该图成为 1939 年正式颁布的最初的巴黎大区发展计划的基础。在纽约，当地的区域规划协会（Regional Plan Association，1922 年由商界领袖和进步改革者共同成立）正在为实施具有里程碑意义的《纽约及其周边区域规划》艰难游说。

在两次世界大战之间的那些年里，对于新城镇和区域主义的试验取得了各种成果。魏玛德国兴起的现代主义运动也激发了城市改革者的想象力。战前，布鲁诺·陶特（Bruno Taut）和沃尔特·格罗皮乌斯（Walter Gropius）都曾在田园城市住宅区，或称为定居点（Siedlungen）工作：前者是为布列茨（Britz）的项目，后者是为西门

---

① Randstad，该区域是荷兰的一个多中心城市群，包括阿姆斯特丹、鹿特丹、海牙和乌得勒支这四大城市，是荷兰的政治、经济、文化中心，也是欧洲最重要的城市群之一。——编者

② 关于荷兰城镇与区域的规划史，参见 Coen Van der Wal, *In Praise of Common Sense: Planning the Ordinary: A Physical Planning History of the New Towns in the Ijsselmeerpolders* (Rotterdam: 010 Publishers, 1997)，以及 Hans Van der Cammen and Len De Klerk, *The Selfmade Land: Culture and Evolution of Urban and Regional Planning in the Netherlands* (Antwerp: Spectrum, 2012)。

子施塔特（Siemensstadt）的项目。他们在很大程度上避开了风景如画的乡村建筑，转而选择建造简单的现代主义公寓街区，但依然不改其在花园和绿地之间重新安置城市满满当当的人群的理想。建筑师恩斯特·梅（Ernst May）在莱奇沃思和汉普斯特德田园郊区为雷蒙德·昂温工作，他的想法比陶特或格罗皮乌斯更为温和。他以昂温的理论以及在赫勒劳为 Deutsche Werkstätten 建造的田园郊区为基础，特别是在他 1919 年至 1925 年担任西里西亚乡村定居点管理局局长期间，建造了十几个定居点。

梅的理念运用得最为成功的案例是新法兰克福的规划。法兰克福是 20 世纪 20 年代和 30 年代初卓有成效地合并改革举措的焦点。该市新当选的社会民主主义市政府将边远城镇和郊区纳入扩大的都市区域规划，并任命梅为城市规划主任。在梅的帮助下，市长路德维希·兰德曼构想了一个新的法兰克福，这个城市将展现出一个现代性和社会改革的新时代。[1] 这两人有着高明的营销手段，他们设计了这个城市的 logo，在光鲜的《新法兰克福》（Das Neue Frankfurt）杂志上推广他们的想法，进行巡回演讲，并利用电台来宣传。

按照最初规划的 24 个卫星城，该城市 10％ 的人口将被重新安置进去。他们是在实践一种新的生活文化概念（Wohnkultur），这是现代主义者在试图将建筑与规划作为重组社会的工具时发展出的重要的乌托邦概念之一。只有在新的居住区里，才能全面创造这种社区文化，而不必受旧城过时的价值观的侵扰。在新法兰克福，住房采用了

---

[1] 关于法兰克福的经验，参见 Susan R. Henderson, *Building Culture：Ernst May and the New Frankfurt Initiative，1926 - 1931*（New York：Peter Lang International Publishers, 2013）。See also Barbara M. Miller, "Architects in Power：Politics and Ideology in the Work of Ernst May and Albert Speer," *Journal of Interdisciplinary History* 17（1986）：287 - 88。

最新技术来建造，包括预制混凝土板材、最先进的厨房和浴室以及自然光充足的房间。这些社区都采用了简单的几何形式，房屋排列呈 Z 字形，一排排置于大街小巷之间，而这些大街小巷又汇集成社区。长廊和人行道、倒影池①及涂有对比色的街道加强了设计的一体感。

梅把这些居住区设想为与"母城"法兰克福相连的"子城"的一个同心圆，但又由一系列花园和公园将两者隔开。每个新城镇都将自给自足，提供学校和日托设施、教堂、社区中心和娱乐场所、商店和工作场所，以及亲近大自然的机会。其中，罗默施塔特（Römerstadt）新城最能唤起人们对梅的理想的记忆。城镇规划因地制宜。功能性的、经济适用的住房被设置成排状和阶梯状，它们的外墙采用大地色的涂料，极为成功地将承自田园城市传统的有机设计原则与现代建筑的前卫思想结合了起来。②

新法兰克福在 1929 年于法兰克福举行的第二届国际现代建筑协会大会上赢得了国际上的高度评价，受到了包豪斯建筑学派成员的广泛赞誉。与莱奇沃思一样，新法兰克福也成为改革者寻找大都市规划和现代城镇形态模板的朝圣之地。美国住房活动家凯瑟琳·鲍尔（Catherine Bauer）与刘易斯·芒福德一同参观了这座城市，后者当时正在德国为自己的著作《技术与文明》（*Technics and Civilization*）做调研。两人与梅一见如故，他们的友谊一直持续到战争结束。

---

① reflecting pool，规划者认为，水体与建筑之间有着极其微妙的联系，建筑本身的光影与水体相互作用，是建筑环境中水景的精华所在，倒影池便是形成水景观的载体之一。传统的倒影池一般设置于纪念性园林空间中，以衬托主建筑的造型。——编者

② John Robert Mullin, "City Planning in Frankfurt, Germany, 1925 - 1932," *Jounal of Urban History* 4, no. 1 (1977): 3 - 28. 关于罗默施塔特，参见一本最近的著作：Susan R. Henderson, "Römerstadt: The Modern Garden City," *Planning Perspectives* 25, no. 3 (2010): 323 - 46。

第二年，梅带着 17 名员工从法兰克福来到苏联，希望为工人的斗争做出贡献，并为这个新的社会主义天堂建设全部的城市。这一时刻的巨大潜力也引来了布鲁诺·陶特、汉内斯·迈耶（Hannes Meyer）和柯布西耶。即使在布尔什维克革命之后，田园城市仍然是俄罗斯城市改革的运行框架，尽管它们现在已经经过了"红色"洗礼。直到 1928 年开始的第一个五年计划，政府才开始鼓励形成新的城市建设理论。随着苏联迅速推进城市和工业转型，围绕着社会主义城市（sotsgorod）的性质展开了激烈的辩论。这场论战最初是在两个阵营之间展开的：一方是反对城市化的人，他们主张去中心化、分散，很大程度上是遵循田园城市的理想，一方是支持城市化的人，他们要求扩大城市化和工业化的规模。折中方案是建设中型城市和新的工业城市。许多建筑师为社会主义城市的理想和对城市改革本质的积极思考做出了贡献。

在转变为共产主义意识形态的背景下，城市设计是大胆的，但也可能存在政治风险。线性工业城镇是由埃尔·利西茨基（El Lissitzky）和尼古拉·米留廷（Nikolai Miliutin）提出的，特别是后者，他在其开创性的著作《建设社会主义城市的问题》（*The Problem of Building Socialist Cities*，1930）中对此有所概述。[1] 线性城市具有政治吸引力，因为它似乎根据卡尔·马克思概述的原则废除了城市和农村之间的划分。米留廷为乌拉尔的马格尼托戈尔斯克、伏尔加河畔的斯大林格勒以及阿夫托扎沃德等新兴工业城镇制定了这样的规划，当时，阿夫托扎沃德正在福特汽车公司的指导下新建一个汽车制造厂。绿化带和交通干道将平行的工业区和住宅区分隔开。这些城镇将

---

[1] 米留廷的这本书由麻省理工大学出版社出版：N. A. Miliutin, *Sotsgorod*: *The Problem of Building Socialist Cities* (Cambridge, MA: MIT Press, 1974)。

成为一个连续发展地带的交通路线的节点。米留廷具有开创性的概念发表在恩斯特·梅的《新法兰克福》杂志上，并于 1931 年在柏林的无产阶级建筑展上展出。① 线性城市理想作为田园城市和卫星城的同心圆模式（concentric pattern）的最可行替代方案之一幸存了下来。1928 年，国际线性城市协会（Association internationale des Cités Linéaires）在巴黎成立以推广这一概念，并得到了国际现代建筑协会的认可。

"梅团队"介入的正是这场关于社会主义城市的旋风式辩论。他们为标准化工业城市信托基金（Standargoproject）工作，来到了一个"到处是传播政治和反宗教宣传的旗帜、口号、标语牌、纪念物和高音喇叭"的世界。"处处可见教堂被拆毁。所有车站的候车室里都装饰着一模一样的人造棕榈树。大多数人穿着很寒酸，很少见到人们的笑脸。"② 5 月 21 日，他和他的团队提议为莫斯科大都市地区建立一个由 24 个卫星城（gorod kollektiv）组成的系统。他们赢得了为马格尼托戈尔斯克进行规划的资格，并为另外 20 个左右的新城镇设计了方案，其中包括奥尔斯克、新库兹涅茨克和克麦罗沃，尽管这些设计最终都没有完全实现。马格尼托戈尔斯克的规划与新法兰克福的规划

---

① 阿瑟·科恩（Arthur Korn）组织了此次无产阶级建筑展，作为共产主义者对柏林建筑展的回应。Thilo Hilpert, " 'Linear Metropolis': The Forgotten Urban Utopia of the 20th Century," in *Megastructure Reloaded: Visionäre Stadtent-würfe der Sechzigerjahre reflektiert von zeitgenössischen Künstlern = Visionary Architecture and Urban Design of the Sixties Reflected by Contemporary Artists*, ed. Sabrina van der Ley and Markus Richter (Ostfildern, Germany: Hatje Cantz Verlag, 2008), 60。

② Ernst May, "Cities of the Future," in *The Future of Communist Society*, ed. Walter Laqueur and Leopold Labedz (New York: Frederick A. Praeger, 1962), 179. See as well Ernst May, "Villes nouvelles en U. R. S. S.," *La Cité* 9（July 1931）: 229 - 91. 已经有很多文章写过 1920 年代和 1930 年代的苏联城市规划理论。参见最近的一本著作：Heather DeHaan, *Stalinist City Planning: Professionals, Performance, and Power* (Toronto: University of Toronto Press, 2013)。

遥相呼应，均是围绕市中心建造一排排卫星住宅社区。但在经历了3年的挫折后，梅离开了苏联，之后这一规划彻底变了样。

在为新的社会主义公民构想城市的过程中，这些反复无常的行为掩盖了这样一个现实：在这些动荡的岁月里，规划工作充其量只是一种试错。实行功能分区，把工厂和住宅区之间用绿地隔开，这种规划第二次世界大战后最终在苏维埃集团的许多新城镇付诸实施，并且是以马格尼托戈尔斯克的规划为模板。但是，一旦苏联在20世纪30年代推行起了斯大林主义，任何形式的乌托邦式规划都被叫停，新的工业城镇变成了社会主义现实主义的仿制品，或是几乎没有任何规划或建筑组合的没有章法的定居点。之所以这样想一出是一出，原因之一是苏联城市化超常发展的速度和程度。1926年至1939年间，苏联的城市人口翻了一倍多，其中绝大多数是集体化和农村人口大规模迁移的结果。在第一个五年计划期间，60个新城市开始建设，在第二个和第三个五年计划中，又新增了数百个城市。虽然有些是从零开始的，但大多数城镇都是将旧的、杂乱无章的农村聚落连接在一起，形成未来的社会主义城市。

三、美国的影响

美国对田园城市的诠释同样体现出各种影响因素的融合，其中包括新城镇与生俱来的权利，以及构成它的区域愿景。1923年，克拉伦斯·斯坦因（Clarence Stein）和亨利·赖特（Henry Wright）乘船去英格兰，在那里会见了埃比尼泽·霍华德和雷蒙德·昂温，并前往莱奇沃思、汉普斯特德田园郊区和新建成的韦尔温花园城（Welwyn

Garden City）朝圣。显然，这段经历成为了斯坦因组建的"城市规划工作室"的灵感来源，而组建该工作室的目的在于讨论田园城市如何适应美国的需求。他和赖特说服昂温帮忙构建该组织的理论框架，于是昂温开始积极参与美国的规划工作。但田园城市运动并不是斯坦因思想的唯一灵感来源；很显然，他在纽约伦理文化协会（Ethical Culture Society）所受的教育、在该市切尔西社区的哈德逊公会社区服务中心的工作经历，以及在巴黎美术学院的岁月等，都对他有所启迪。

那个最终成为美国区域规划协会（RPAA）的"工作室"，是斯坦因、赖特、刘易斯·芒福德、克拉伦斯·佩里（Clarence Perry）和本顿·麦凯（Benton MacKaye）等人阐述进步的城市规划和社会改革思想的大熔炉。他们思想左倾，是世界主义者，推动了对美国城市体验的社会需求以及对城市物理布局的彻底反思。1925 年，国际城市规划和田园城市联合会①在纽约召开了一次会议，这给他们提供了一个机会将自己的想法发表在《调查图解》（*Survey Graphic*）杂志的特刊上。文章阐述了他们对新时代的区域主义的看法。他们的信念源于霍华德田园城市运动的社会主义基础、托尔斯坦·凡勃伦（Thorstein Veblen）的经济学以及帕特里克·盖迪斯（Patrick Geddes）的区域主义哲学。

盖迪斯无疑是区域主义和区域调查的伟大的首倡者。他乖僻的思维方式将生物学与艾里塞·雷克吕（Élisée Reclus）和维达尔·白兰士（Paul Vidal de la Blache）的法国地理学、彼得·克鲁泡特金的无政府主义以及保罗·奥特莱（Paul Otlet）的全球信息系统等融为一体。盖迪斯先以自然地理区域、地形和生态、文化和历史作为分析的

---

① 即 1912 年成立的国际田园城市和城市规划协会，该组织多次更名。——译者

基本单位，因为他将这些视为城市生活的动力和变革的种子。城镇是生活的环境：它将物质、社会和精神融在了一起。城镇和地区规划以及社会福利都是公民教育的形式，可以阻止变形虫般的带卫星城的大都市（conurbations）蔓延开去，为民主觉醒打开大门。盖迪斯呼吁采取公民行动，并对城市进行改造，这样的呼吁具有巨大的吸引力，对斯坦因和一个叫芒福德的年轻人来说更是如此。斯坦因正式确立了新区域主义的宗旨："通过对包括城市和农村社区在内的地区进行全面规划，特别是通过创建田园城市的方式来分散广大的城市人口，从而改善生活条件和工作条件。"[1]

聚集在斯坦因和芒福德周围的区域主义者们完全相信会出现"第四次移民"[2]，人们将离开大都市，进入一种区域模式，这将使定居点恢复到过去的分散模式，也就是芒福德所说的"暴君城"（tyrannopolis）或者帝国大都市造成如此大的破坏之前。公路网、电话网和电网将把规划在开放空间的新城镇群串联起来，并将先进技术带到该地区的每一个角落。然而，每个新城镇都将以人为本，具有自己的地方特色和小镇氛围。这是体量庞大的大都市与旧农村世界之间的新"中间地带"，是一个与特定的现代化阶段相关联的独特场所。这一空间概念源自盖迪斯，由芒福德和麦凯进一步发展，他们指出，"有机的人类社会的基本地理单位是具有明确物理界限和完整性的单

---

[1] Clarence Stein, quoted in Kristin Larson, "Cities to Come: Clarence Stein's Postwar Regionalism," *Journal of Planning History* 4, no. 1 (2005): 36.

[2] 对于"第四次移民"概念的全面讨论，参见 Robert H. Kargon and Arthur P. Molella, *Invented Edens: Techno-Cities of the Twentieth Century* (Cambridge, MA: MIT Press, 2008), 21–24. See as well Kermit C. Parsons, "Collaborative Genius: The Regional Planning Association of America," *Journal of the American Planning Association* 60, no. 4 (1994): 462–82, and Carl Sussman, ed., *Planning the Fourth Migration: The Neglected Vision of the Regional Planning Association of America* (Cam-bridge, MA: MIT Press, 1976)。

一城镇"。① 城镇是一个鲜活的有机体，是替代性价值和共有责任的源泉，是本土化的"地方精神"的集聚地，它为市民生活增添了活力。这些城镇是"介于两者之间"的多样化与分散的试验场，可以稳定美国人的生活，阻止大城市的徒劳无效的整合。②

这些想法构成了美国区域规划协会向纽约州住房和区域规划委员会提交的报告的基础。该计划基于一种分散式的城市居住模式，将这些城市规划于从纽约市向北沿哈得孙河，延伸至莫霍克河谷，然后向西延伸至布法罗。帕特里克·盖迪斯 1923 年访问了纽约，1925 年再次前去，这次他与美国区域规划协会进行了面谈。尽管会面不算太成功，但无疑对该计划的构想和设计产生了影响，尤其是对为了未来能"健康地活动与良好地生活"而打造的新纪元第三期（Epoch III）设计方案的影响。③ 出园城市网络将由限制利润（limited-profit）的私人组织与区域规划委员会联合开发。每个城镇都将围绕学校、社区服务和按社区规模规划的购物中心进行布局。

美国区域规划协会对区域主义的理解侧重于社区作为一个与自然和谐相处的平衡区域的基础。④ 最早的测试于 1924 年和 1928 年进行，地点分别在纽约市皇后区的森尼赛德（Sunnyside）和新泽西州的

① Benton MacKaye as quoted in Larry Anderson, *Benton MacKaye: Conservationist, Planner, and Creator of the Appalachian Trail* (Baltimore, MD: Johns Hopkins University Press, 2002), 229.
② See the powerful article by John L. Thomas, "Holding the Middle Ground," in *The American Planning Tradition: Culture and Policy*, ed. Robert Fishman (Washington DC: Woodrow Wilson Center Press, 2000), 33–64.
③ As recounted in Clarence S. Stein, *The Writings of Clarence S. Stein: Architect of the Planned Community*, ed. Kermit C. Parsons (Baltimore: Johns Hopkins University Press, 1998), xxiii.
④ See Lewis Mumford, "Regionalism and Irregionalism," *Sociological Review* 19, no. 4 (1927): 277–88, as well as "The Theory and Practice of Regionalism," *Sociological Review* 20, no. 1 (1928): 18–33.

拉德伯恩（Radburn）。拉德伯恩通过将人行道与车道严格分离，把田园城市升级到了汽车时代。其超级街区（superblock）布局的特点是，在居民区的尽头建造集群式住宅，以免受道路交通的影响，其结果是形成了一个房屋坐落于乡村花园和小径之间，与外界隔绝、自给自足的社区空间。

　　社会改革家克拉伦斯·佩里给这个自给自足的空间填上了"邻里单位"的内核。佩里最初是波多黎各一所高中的校长，后来加入了拉塞尔·塞奇基金会（Russell Sage Foundation），在那里，他研究了当地社区问题以及学校和娱乐改革，这些都与睦邻友好运动（settlement house movement）相关联。他认为，邻里既是人们个性的延伸，也是加强社会纽带的有机实体。在他的示意图中，小学坐落在邻里单位中心的社区公共区域，通常旁边有一个教堂。佩里在早期为拉塞尔·塞奇基金会撰写的两篇文章中，解释了学校建筑向社区多功能社会和服务中心的转变。这类举措提升了政治生活，激发了公民精神，培养了邻里意识和责任感。[1] 这些机构连同小型公园和游乐场、当地的商店以及周围的居住环境一起作为一个社会整体运作。

　　佩里的邻里单位是20世纪城市规划中最强大的概念之一，被认为是新城镇思想体系的基础。这是一个广泛适用的理想，在欧洲、美国等地的城市规划方案中得到了应用。[2] 这个令人神往的以家庭为导

---

① 佩里的愿景以其最详尽的形式出现在以下著述中，参见 "The Neighborhood Unit, a Scheme of Arrangement for the Family-Life Community," in volume 7 of the 1929 *Regional Survey of New York and Its Environs* sponsored by the Russell Sage Foundation，其中还发表了佩里的一篇报告："Wider Use of the School Plant"（1911）and "The School as a Factor in Neighborhood Development"（1914）as well as "The Neighborhood Unit"（1929）。

② See James Dahir, *The Neighborhood Unit Plan：Its Spread and Acceptance* (New York：Russell Sage Foundation, 1947).

向的社区愿景和社会建设机制，融入了拉德伯恩的超级街区的设计布局之中。这一理想的假设是，大城市可以被彻底改造，并缩小为拥有所有乡村生活优点的小城镇。

到 20 世纪 30 年代末，大西洋两岸的政治进步人士和保守人士都接受了在地区内建造田园城市的想法，他们认为这是解决所有困扰城市生存问题的一种必要方法。这一雄心壮志将作为基于科学规划原则的、广泛的住房和社会改革议程的一部分加以实现，政府在其中发挥了决定性作用。建筑师和规划师是一个经过足够磨炼的跨国"公民社会"① 的一部分，这个社会传播了这些想法和概念。在柏林，克拉伦斯·斯坦因作为美国区域规划协会的代表在国际住房和城镇规划联合会第十三届大会上会见了国际现代建筑协会的成员。沃尔特·格罗皮乌斯和何塞·路易斯·塞特（José Luis Sert）与刘易斯·芒福德会面，并受到了他的作品的启发。拉德伯恩的操作准则、像田纳西州诺里斯（田纳西河谷管理局的一部分）这样的项目以及绿带城镇（Greenbelt Towns）都是国际城市改革的典范。

在一次美国之行中，雷蒙德·昂温参观了马里兰州的格林贝尔特（Greenbelt），这是联邦政府新政移民管理局支持的三个田园城市项目之一。该项目的负责人雷克斯福德·图格韦尔（Rexford Tugwell）是富兰克林·罗斯福和埃莉诺·罗斯福的密友，他模仿英国田园城市和恩斯特·梅的新法兰克福实验设计了这些项目。他设想最终将 3000 个绿带城镇建成自给自足的合作社区。但这个计划遭到了媒体的口诛笔伐，称其为阴险的社会主义阴谋。美国人对于政府的干预计划仍然持高度怀疑态度。绿带计划才开建了三个原型就戛然而止：分别是马

---

① 这一术语参见 Geertse, *Defining the Universal City*, 116。

里兰州的格林贝尔特、俄亥俄州的格林希尔斯（Greenhills）以及威斯康星州的格林代尔（Greendale）。尽管它们的直接影响微不足道，但长远来看，它们却有力地证明了一个思想进步的社会福利国家能取得怎样的成就。

芒福德是阐述这种社区区域主义愿景的大师。1938 年，他的《城市文化》（*The Culture of Cities*）一书出版。这本书将芒福德推到了国际聚光灯下，并使他登上了《时代》杂志的封面。该著作是对美国区域规划协会理念最明确的阐述，也是 20 世纪最具影响力的规划文本之一。在大萧条期间，它呈现的改善城市环境、融入周边地区并适应日常生活节奏的梦想引起了广泛的共鸣。这一乐观而鼓舞人心的信息，在美国和整个欧洲泛起了涟漪。芒福德把自己定义为左翼进步政治和文化激进主义趋势的一分子。然而，正是他敏锐的情商和思想的说服力，在战争的鼓点日益逼近之际，激发了那些钻研《城市文化》的城市改革者。

这本书的理想在为 1939 年纽约世博会制作的纪录片《城市》（*The City*）中以视觉方式描绘了出来。该片是此次世博会的"未来城市"展览的一部分，由纽约卡内基公司资助，由斯坦因构思、芒福德撰写旁白，艾伦·科普兰（Aaron Copland）作曲。斯坦因请美国区域规划协会的成员来参与这部电影的宣传，其中包括他的姐夫和老朋友、纽约建筑师阿尔伯特·迈耶（Albert Mayer），以及田纳西河谷管理局的首席城市规划师特雷西·奥古尔（Tracy Augur）。[1] 影片开场展

---

[1] 相关的出色分析，参见 The City，see chapter 3 of Howard Gillette, *Civitas by Design*：*Building Better Communities*，*from the Garden City to the New Urbanism*（Philadelphia：University of Pennsylvania Press，2010）。On Lewis Mumford，see Mark Luccarelli，*Lewis Mumford and the Ecological Region*：*The Politics of Planning*（New York：Guilford Press，1995）。

示了如同失落的伊甸园般的新英格兰村庄，那里的社会体现了自然与技术和谐相处。但科克镇①（实际拍摄这些场景的地点是匹兹堡）摧毁了这种田园风光。在那里，观众宛若被抛入了工业地狱的烈火之中。随之，纽约这样的特大都市以机械化、拥挤和日常压力摧毁了余下的所有人。

这部电影情节充满戏剧性、不时冒出格言警句，形态在娱乐片、宣传片和社会评论片之间摇摆不定。该片拍摄于马里兰州的格林贝尔特，近一半的镜头与田园城市和社区规划解决方案相关。影片田园诗般的场景描绘了家庭和孩子们的幸福体验情景。显然，新城镇及其周边地区是社会和谐和幸福的地方。尽管芒福德哀叹自己对美国城市景观缺乏影响力，但无论是《城市文化》一书还是这部纪录片，都在国际上对进步的想象力产生了深远的影响，并被反复称为新城镇意识形态的来源。

四、法西斯主义新城镇实验

具有讽刺意味的是，恰恰是 20 世纪二三十年代的法西斯政权实现了社区区域主义与中央集权国家计划相结合的抱负。由此产生的新城镇项目充分证明了田园城市和区域主义可能会成为教条式政治实践的方式，尤其是在它们充斥着反城市言论和对小镇生活的怀旧向往时。乌托邦总是充满了道德色彩。在 1932 年至 1940 年间，墨索里尼政权在意大利建造了许多理想的新城镇，包括墨索里尼亚

---

① Coketown，也译作"焦煤镇"，是狄更斯小说《艰难时世》中一个虚构的工业中心。——编者

（Mussolinia）、索巴迪亚（Saubadia）、利托里亚（Littoria）、庞蒂尼纳（Pontinina）、圭多尼亚（Guidonia）和阿普里利亚（Aprilia）。每座城市都大张旗鼓地举行了揭幕仪式：墨索里尼本人也亲临奠基仪式。尽管它们刻意模仿乡村混搭，秉承传统主义，但其实这是一种提高经济生产力、对法西斯政权建立新的忠诚度的手段。它们的设计一般都是宏伟的建筑纪念碑性的，以法西斯党徽作为装饰。其中一些项目，比如索巴迪亚的城市规划，成为了年轻一代意大利城市规划师的榜样。最令人赞叹的是那些与罗马附近蓬蒂内沼泽（Pontine Marshes）的土地复垦工程相关的项目。像这样的项目被视为一种区域主义范式，在这种范式中，新城镇发挥了净化农村和促进乡村现代化的作用。[1] 它们按照大小与功能进行合理排序，再现了法西斯主义的等级观念。像所有的新城镇一样，意大利版也是宣传的场域。它们是国家权力和民族主义抱负的象征，是为法西斯新人类出现而设置的舞台。

　　在德国，第三帝国定居委员会委员戈特弗里德·费德尔（Gottfried Feder）成为纳粹党在区域规划及新城镇规划方面的主要理论家。他的《新城市》（*Die neue Stadt*，1939）一书宣扬了一种带有严重种族主义的田园城市理想。所有的城市增长都将停止，老式的工人阶级居住的集体住宅[2]也被废除了。城市人口将减少至 10 万以下，其余人口将分散到农村地区的小社区。费德尔的文本中使用的案例包括意大利的利托里亚和索巴迪亚新城镇以及美国的绿带城镇的设计。

　　正如许多田园城市概念一样，费德尔的书中充满了"有机城市"

---

[1] Federico Caprotti, *Mussolini's Cities：Internal Colonialism in Italy，1930 - 1939*（Youngstown, NY：Cambria Press, 2007），127. See also Diane Ghirardo, *Building New Communities：New Deal America and Fascist Italy*（Princeton, NJ：Princeton University Press, 1989）.

[2] Mietskaserne，字面意义是出租营，德国、奥地利在 19 世纪下半叶流行的一种简陋的多层集体住宅，共用浴室和厨房，卫生条件非常差。——编者

这个词汇，这个术语将城市生活设定在一种田园式的自然视野之中，在那里，城镇可以像植物一样生长在故土。这个词语还被包裹在一种关于文化和种族同质性的话语之中，一种对城市景观和环境的逼真性的幻想中。费德尔的新城镇遵循传统的田园城市设计原则，有着放射状同心街道布局和以主要道路为边界、以社区设施为中心的邻里单位。每个新城镇的最佳规模是 2 万名"定居者"。每个拥有 3500 名居民的社区的中心是小-中学（Volksschule），附近设有零售店和服务中心。费德尔的概念是克拉伦斯·佩里理想的法西斯版。新城镇将为其地区腹地提供服务，而周边的农场和乡村则保证了稳定的粮食供应。①

费德尔最终被免职，但其继任者瓦尔特·达雷（Walther Darre）同样是个反城市化的人。国家社会主义住宅项目成功地规划了数百个新村庄。其目的是便于德国东进，即执行纳粹为向生存空间②殖民而定下的"东方总计划"（Generalplan Ost）。换言之，这些新城镇将加速德国在东部边境地区生活空间的扩张。这一空间规划以卡尔·库勒曼（Carl Culemann）和瓦尔特·克里斯塔勒（Walter Christaller）的方案为基础，这两人受纳粹政府委托，创建了一个"标准城市"（Normalstadt），它可以大规模复制以重新分配德国人口。

克里斯塔勒于 1933 年首次发表的关于中心位置理论（central place theory）的论文表明，任何成功的经济体系的根本，都是一种使资源开发合理化的定居形式。定居模式并非偶然，而是取决于特定的

---

① 关于费德尔，参见 Tilman A. Schenk and Ray Bromley, "Mass-Producing Traditional Small Cities: Gottfried Feder's Vision for a Greater Nazi Germany," *Journal of Planning History* 2, no. 2 (2003): 107 – 39.——编者

② Lebensraum，德国法西斯侵略扩张理论中的术语，认为国家是一种有生命的机体，要满足它的生长和发展就要不断扩大领土和殖民地。这是希特勒发动二战的借口之一。——编者

地域结构和有序的城市中心层次。克里斯塔勒的研究为中小型城市的多中心网络提供了科学依据。第三帝国的到来提供了一个机会，可以围绕复兴的民族共同体概念来实施他的地区地理理想。

1940 年，克里斯塔勒加入了著名的地区规划师、党卫军成员康拉德·迈耶（Konrad Meyer）的团队，后者是海因里希·希姆莱的帝国加强日耳曼统治委员会下属的土壤和规划部门的领导人，负责制订生存空间政策和东方总计划。① 克里斯塔勒主张制定全面的区域规划，建立一个覆盖整个德意志帝国的有序的社区体系。他的中心地等级将从这个国家的首都柏林往下到省会城市，再到城镇、农业村，最后到集中营，所有这些地方都被规划到最小的细节，并且都将由强制劳动建造。这样以城市为中心的地区遍及德国、法国乃至整个东欧。为了使领土符合克里斯塔勒的理论，在任何需要的地方，新城镇都将从无到有地建造起来。每一个城镇都会按标准建一个纳粹党礼堂、一个中央阅兵场，采用纳粹社会的视觉装饰。例如，克里斯塔勒为德国吞并的波兰西部地区规划了 36 个新的中等规模集镇（Hauptdorf），也就是他们所说的"珠串式的居住区"。这些集镇将坐落于铁路和公路交会处，周围是理想的德国村庄网络。

作为安置计划项目的一部分，在德国北部不伦瑞克地区规划了两个大型工业城市，作为德国劳工阵线推动的"快乐力量"运动（KdF）的一部分。第一个新城镇与位于柏林以西约 175 英里的大众汽车厂（Volkswagen）有关。该镇始建于 1938 年，当时被称为"快

---

① 关于纳粹的定居政策，参见 Mechtild Rössler, "Applied Geography and Area Research in Nazi Society: Central Place Theory and Planning 1939 – 1945," *Environment and Planning D: Society and Space* 7 (1989): 419 – 31。See also John Robert Mullin, "Ideology, Planning Theory and the German City in the Inter-War Years: Part II," *Town Planning Review* 53, no. 3 (1982): 115 – 30。

乐力量之车"城，1945 年更名为沃尔夫斯堡（Wolfsburg）。建筑师彼得·科勒（Peter Koller）设计了一座可容纳 9 万人的田园城市，呈环形系统的街道围绕克利弗斯堡城堡而建。

第二个新城是赫尔曼-戈林生产基地，或称萨尔茨基特（Salzgitter），建于 1942 年，是根据纳粹四年经济计划建造的一个集铸造厂、化工厂和电气设施于一身的大型工业综合体的一部分。萨尔茨基特是为备战而建造的大型工业巨镇之一，另一个有如此规模的是苏联那边的马格尼托戈尔斯克，它也是由苦役建造的。建筑师赫伯特·里姆普（Herbert Rimpl）极其崇拜埃比尼泽·霍华德，他为 13 万人设计了三个由绿地间隔的大型住宅区。每两个住宅区的交会点都是市中心所在地，那里建有法西斯标配的纪念广场、体育场和大会堂。① 在法西斯分子手中，霍华德将城乡世界的精华融为一体的初衷可能会与诡异的政治论调产生共鸣。

五、战时乌托邦

正如德国的例子所证明的那样，重整军备和第二次世界大战极大地激化了关于城市和地区的争论，并将军国主义与空间规划之间的关系极大地凸显出来。显然，城市是空中军事轰炸的主要目标。从战争的第一天起，欧洲一些最古老城市里的地方就被夷为平地，其他地方也不断受到威胁。城市遭到破坏的程度和死亡人数令人震惊，但保护

---

① Klaus-Jörg Siegfried, *Wolfsburg — zwischen Wohnstadt und Erlebnisstadt* (Wolfsburg: Stadt Wolfsburg, 2002), 30. See also Christian Schneider, *Stadtgründung im Dritten Reich: Wolfsburg und Salzgitter* (Berlin: Heinz Moos, 1978). In English, see Kargon and Molella, *Invented Edens*, 38 – 46.

与战争相关的产业更是当务之急。这意味着须将它们分散到远离城市轰炸目标的偏远地区。因此，战时生产的规模创造出了一个广阔的新的工业地理。为了防备西方的入侵，斯大林将苏联西部地区的工厂全部打散，并撤离至东部地区。最著名的例子当然是 20 世纪 30 年代在乌拉尔山脉建造的马格尼托戈尔斯克，其目的就是为了保护斯大林刚刚起步的钢铁工业免遭袭击。

　　一个又一个国家将其关键产业从城市转移到受保护的中心地带。德国将生产基地迁往该国的中部和东部地区。英国政府的影子工厂计划将重要的工业，尤其是飞机制造厂分散到英格兰西部和西北部以及苏格兰。一旦伦敦遭到轰炸，工业甚至工程公司都已大致被疏散了。韦尔温花园城变成了一个军工厂。随着战时飞机制造厂的到来，又在利物浦郊外的斯皮克（Speke）仓促地建成了一个"自给自足的受保护的社区单位"。①

　　工业分散常常被看作从头开始建设一个理想城市的机会——也就是说，将那些在战前被证明是令人沮丧的不可能实现的计划付诸实践。为在搬迁工厂工作的工人提供住房是第一要务，但将他们安置在与重要交通干道相连的地方也是试验乌托邦式设计的机会。这一点在英国尤为明显，在那里，作为战时防护网而营造出来的民防区域（Civil Defense Regions）在战后成为了城乡规划部的行政地理区域。

　　居民与工业应该分散开来以保护人的安全，这样的主张在坚定的城市改革者中引起了共鸣。克拉伦斯·斯坦因在一本未完成的著作中写道，由于存在空袭的威胁，国家需要制定一项政策，将工业分散到

---

① Housing Committee, *A Report of the City Architect and Director of Housing on Speke, a Self-Contained and Protected Community Unit* (Liverpool: City of Liverpool, 1946).

现有人口与制造业中心之外的地方。作为进一步的保护措施，可以通过开放的绿化带将军工城镇的居民区与工厂隔开。[1] 在美国，军工生产地点从东海岸转移到中西部和西海岸。美国公共住房管理局、国防部和凯撒钢铁公司一起建起了二战期间最完整的新城镇项目中的两个：华盛顿州温哥华市郊外的麦克劳林高地，为飞机生产而建；以及俄勒冈州波特兰附近的凯瑟维尔，为战时造船厂而建。其中包括经济适用住房、节能基础设施、公共交通、行人与汽车交通隔离的设施、学校和医院、娱乐和日托中心，以及围绕中心社区广场规划的购物区。它们是新城镇乌托邦类型的一次胜利。它们也向欢欣鼓舞的城市改革者发出了一个明确的信号：政府不仅可以大规模干预工业生产，还可以大规模干预基础设施、住房，甚至是建立在进步规划原则基础上的全新城市的建设。

此外，战时战略行动被分散到了田纳西州的橡树岭、华盛顿州的里奇兰，与原子弹计划相关的产业则分散到了新墨西哥州的洛斯阿拉莫斯。在密歇根州的威楼峦（Willow Run）汽车厂，也就是福特汽车公司生产 B‑24 轰炸机的地方，一个包括埃罗·沙里宁（Eero Saarinen）、乔治·豪伊（George Howe）、路易斯·卡恩（Louis Kahn）和奥斯卡·斯托诺罗夫（Oscar Stonorov）在内的团队提出了一个"轰炸机城"的设计方案，虽然未被采纳，但它包括住房、公共交通和社区设施，如学校、儿童保育中心以及医疗诊所。《建筑论坛》（*Architectural Forum*）杂志称之为"我们迄今制定的战后规划的最佳

---

[1] See Greg Hise, "The Airplane and the Garden City: Regional Transformations during World War II," in *World War II and the American Dream*, ed. David Albrecht (Washington, D C: National Building Museum; Cambridge, MA: MIT Press, 1995), 150.

指南"。① 美国战时生产委员会开始围绕大都市地区的大城市来规划
卫星工业城镇。为飞机工业和未来机场选址是这个难题的关键部分。

　　私人飞机公司也开始寻找新的厂址。道格拉斯飞机公司在距加利
福尼亚州巴斯托 13 英里的莫哈韦沙漠创建了达格特镇。有魄力的社
区建筑商 W. P. 阿特金森（W. P. Atkinson）在俄克拉何马城东南 9
英里处，即道格拉斯公司的一家新的货运飞机工厂对面，买下了一块
330 英亩的土地。他与陆军航空兵司令部和联邦住房管理局合作，将
米德韦斯特市（Midwest City）建成了一个"航空工业城"。1944 年，
城市土地研究所（Urban Land Institute）在其《城市土地》（*Urban
Land*）杂志的封面上以"模范社区"为题，刊登了这座城镇的鸟瞰
图。② 总而言之，在战争期间，美国陆军建造了 1000 多个空军基地，
而海军建造了 60 多个大型机场。战争结束时，500 多个多余的军用
机场被移交给了市政当局，它们成为了城市发展的主要区域。

　　战争还改变了城市和地区地理的规模，极大地扩大了空中视野的
使用。在战前几年中，人们已经将空中视野作为城市和区域规划范围
的一部分。无论是帕特里克·盖迪斯和勒·柯布西耶③，还是法国城
市改革者保罗-亨利·雄巴德劳维（Paul-Henri Chombart de Lauwe），
都认为飞行视野的扩大是一种认知上和概念上的转变。建筑历史学家

---

① Quoted in Kargon and Molella, *Invented Edens*, 69. 关于威楼峦，参见近期的以下成果：Sarah Jo Peterson, *Planming the Home Front：Building Bombers and Communities at Willow Run* (Chicago：University of Chicago Press, 2013)。

② Hise, "The Airplane and the Garden City," 150 有这些例子的描述。

③ Christine M. Boyer, "Aviation and the Aerial View：Le Corbusier's Spatial Transformations in the 1930s and 1940s," *Diacritics* 33, nos. 3 - 4 (2003)：93 - 116. See the interesting articles in Mark Dorrian and Frédéric Pousin, eds., *Seeing from Above：The Aerial View in Visual Culture* (London：B. Tauris, 2013), as well as Jeanne Haffner, *The View from Above：The Science of Social Space* (Cambridge, MA：MIT Press, 2013).

米切尔·施瓦泽（Mitchell Schwarzer）称之为"空中全球主义"
（aerial globalism），它既启迪了景观和建筑的感知领域，又弃这两者
而去。① 飞越数英里的领土，观察地面景观的轮廓，从鸟瞰的视角想
象城市发展，构成了城市及其区域可视化规划的框架。这是一个视觉
奇观，很容易适应大规模的土地利用规划。地理被放大和扩展：它跨
越了政治边界，为广阔的区域格局以及信息和通讯的流动锦上添花。
通过高空俯瞰，将区域地理抽象为一个平面，完全可接近并可供开发
利用。用飞机来掌握地区景观不仅造就了一种新的观察方式，而且有
助于推动乌托邦式愿景的发展。规划可以在广大地区进行汇总，地理
可以带入经济生产中，并用于解决城市扩张中难以节制的混乱。

尽管像柯布西耶这样的建筑师可能只梦想有这种能力，但战争使
其成为了现实。在侦察任务中拍摄的航拍照片不同凡响。在世界各地
的战场上，白天或黑夜拍下的数千张高海拔和低海拔的照片，展示出
军事设施、城镇、关键基础设施和运输线以及工业场地。它们提供了
一种对景观的新解读，也是战时规划的重要工具。到 1945 年，英国
航空部的中央翻译局平均每天接收 2.5 万张底片和 6 万张照片。到了
欧洲胜利日，英国的图书馆已经收集了来自世界各地的大约 500 万张
照片。地理已被非人化和军事化。在军用飞机和空中侦察任务中，陆
地板块、基础设施地形和城市都被视为目标，飞行员通过投弹瞄准镜
和摄像机向下张望。

盖迪斯曾呼吁，航拍照片不管是垂直拍的还是斜角拍的都可解读
为客观的工具，它可以作为证据、提供详细调查和事实数据。在
1944 年的《大伦敦规划》（Greater London Plan）中持续使用了战时

---

① Mitchell Schwarzer, *Zoomscape: Architecture in Motion and Media*（New York:
Princeton Architectural Press, 2004), 158 – 59.

照片来证明城市的混乱和郊区的无序扩张状况，并提供了空间规划的可视化地图。[①] 在美国，规划师梅尔维尔·布兰奇（Melville Branch）在《城市规划与研究中的航空摄影》（*Aerial Photography in Urban Planning and Research*，1948）一书中指出，战时航空摄影技术对于更科学的规划方法和城市环境分析至关重要。私营公司开始向各州、市政府推销航空摄影测量图，以此作为评估土地征税、划定分区和规划区域环境的工具。[②]

1945 年时，在人们的想象中，飞机将是未来神奇的解决方案，此时刘易斯·芒福德在其有关战后时代的预言中指出："20 世纪初，两项伟大的发明出现在了我们的眼前——飞机和田园城市，两者都是新时代的先驱。"芒福德认为，新的交通技术将把城市地区转变为拥有大片开阔地带的田园城市。[③] 洛杉矶地区规划委员会直接提到了这样的愿景，即在新型的大都市地区，将各卫星社区通过简易机场连接起来。战时的洛杉矶是新兴的航空业重镇，有近 22.8 万名工人在以道格拉斯、洛克希德、北美和诺斯罗普这几家公司的制造厂为主的航空企业工作。[④] 道格拉斯飞机公司的轰炸机工厂位于长滩，它的存在对于洛杉矶盆地的经济和地理是举足轻重的。1945 年，正是道格拉

---

① See Tanis Hinchcliffe, "Aerial Photography and the Postwar Urban Planner in London," *London Journal* 35, no. 3 (2010): 277 - 88.

② Jennifer S. Light, *From Warfare to Welfare: Defense Intellectuals and Urban Problems in Cold War America* (Baltimore: Johns Hopkins University Press, 2003), 126 - 27. See also Melville Campbell Branch, *Aerial Photography in Urban Planning and Research* (Boston: Harvard University Press, 1948).

③ Lewis Mumford, "An American Introduction to Sir Ebenezer Howard's 'Garden City of Tomorrow,'" *New Pencil Points* 24 (March 1945): 73.

④ Jean-Louis Cohen, *Architecture in Uniform: Designing and Building for the Second World War* (Montreal: Canadian Centre for Architecture; Paris: Hazan, 2011), 86. See also Gerald D. Nash, *The American West Transformed: The Impact of the Second World War* (Bloomington: Indiana University Press, 1985).

斯公司基于其与美国空军签订的合同，建立了一个有空中实力能进行空中侦察的智库，即赫赫有名的兰德公司，其总部设在圣莫尼卡。

战争结束时，在该地区经济中维持飞机工业的地位至关重要。洛杉矶地区规划委员会与洛杉矶公共工程委员会一起在 1940 年制定出了《机场建设总体规划》（Master Plan of Airports，1945 年修订）。他们在一张结晶状示意图中确定了横跨该地区的 50 条机场跑道及其卫星社区。在长滩，开发商创建了规划中的莱克伍德社区，为道格拉斯飞机制造厂的工人提供住房。莱克伍德成为了一个模范新城，一个"未来之城"。[①]芝加哥也开始计划它有航空的未来。芝加哥规划委员会和当地的区域规划协会在 1941 年发布了一份报告，报告提出了一个设想，即围绕这座城市，以同心圆方式建设大约 30 个机场。该计划覆盖了 15 个县，并围绕航空旅行建立了新的社区。

规划者们相信，新机场能够振兴美国老牌工业城市的经济，而弗兰克·劳埃德·赖特（Frank Lloyd Wright）等著名建筑师则认为，遍布全国的分散的机场将成为未来。1945 年，工业设计师诺曼·贝尔·盖迪斯（Norman Bel Geddes）为俄亥俄州的托莱多建造了一个"未来城市"模型，该模型以 5 个不同的机场为基础，可以容纳从私人飞机到最大的喷气推进飞机在内的所有机型。航空交通作为都市区域规划的重要组成部分，仍是战后城市乌托邦最为一致的特征之一。未来城市的图景少不了直升机和纤长的飞行器，它们会在配备着陆点的超现代摩天大楼之间呼啸而过。随着太空时代对文化想象的把控，这种想象只会越来越甚。

---

① *Circle* (General Telephone Company magazine)，November 1954. 这些例子可见于 Hise, "The Airplane and the Garden City," 171 - 72。

六、战斗号令

这场战争也使城市危机成为一个迫切的、狂热的战斗号令。城市革命的呼声响彻四面八方。许多定义战后城市想象方式的文本，要么写于大萧条最严重的时期，要么是在战争阴影笼罩下写成。大多数与新建筑形式主义和包豪斯有关的建筑师都已流亡海外：有些人逃到了苏联；另一些人，如沃尔特·格罗皮乌斯、马塞尔·布劳耶（Marcel Breuer）和拉兹洛·莫霍利-纳吉（Lazło Moholy-Nagy）则逃到了美国。恩斯特·梅去了肯尼亚和罗得西亚。理查德·鲍立克（Richard Paulick）在中国工作。国际现代建筑协会的成员将他们的活动转移到了英国，更多是在美国，他们在纽约成立了国际现代建筑协会救济和战后规划分会。何塞·路易斯·塞特和他的国际现代建筑协会同事在那里写出了《我们的城市能幸存吗?》（*Can Our Cities Survive？*）一书。

当1942年这本书出版时，这个问题并不是一个反问句。塞特的分析展示了国际现代建筑协会的现代主义愿景及其对城市整体的关怀，尤其是建筑师将要面临"重建问题，以及新区域的发展要求创建新的社区"[1]，这些假设将在1943年出版的《雅典宪章》（*Athens Charter*）中重申。国际现代建筑协会只是众多呼吁者之一。城市变成了一个复杂的乌托邦项目——一个精心设计的、发散的、有时矛盾的理想的投射。

---

[1] J. Tyrwhitt, J. Sert, and E. N. Rogers, eds., *CIAM 8：The Heart of the City；Towards the Humanisation of Urban Life* (London：Lund Humphries, 1952), 3.

城市梦想家试图以这种方式在战争的黑暗时刻照亮前路，透着一种悲怆之感。1943 年，建筑师埃利尔·沙里宁（Eliel Saarinen）出版了《城市：它的成长、衰败和未来》（*The City：Its Growth，Its Decay，Its Future*）一书，他在书中希望，"这场战争——一旦结束——可能有助于实现战后时期的义务，以弥补战前时期的冷漠。事实上，这是一项基本义务，它本身必须是一场战争……必须是一场针对贫民窟和城市衰败的战争"。沙里宁主张分散原则，即"围绕最初紧凑的核心区，按照未来城市建设的最佳原则，将新的或经过改革的、功能有序的社区进行有机的组合"。① 在瑞典，斯文·马凯利乌斯（Sven Markelius）利用他斯德哥尔摩城市规划办公室主任的职位，制定了一项区域规划，以完成他和阿尔娃·缪达尔（Alva Myrdal）在 1930 年代开始的社会改革。到了 1944 年，他的办公室发布了《未来的斯德哥尔摩》（*Stockholm in the Future*）报告的初稿，该报告成为了首都周边地区卫星城建设的起源。

让·戈特曼（Jean Gottmann）在纳粹军队逼近之前逃离法国前往英国，他当时正奋笔疾书关于区域地理学的文章。尽管他的大都市愿景与刘易斯·芒福德的截然不同，但他同样呼吁摒弃关于城市、农村和郊区地理的陈旧观念。只不过，戈特曼提倡的是跨大都市区域进行合作协调的新做法。他对地理空间的理解是建立在将土地利用规划作为一门应用科学的基础之上。它提供了一个新的、理性的社会关系环境，一个可以确保整个区域地理系统的和谐与平衡的环境。②

在促进区域规划和新城镇的愿景以取代芒福德所谓的难以忍受的

---

① Eliel Saarinen, *The City：Its Growth，Its Decay，Its Future*（New York：Reinhold Publishing，1943），vii-viii，217.
② Jean Gottmann, *Essais sur l'aménagement de l'espace habité*（Paris：Mouton，1966），164－65.

像"坟场"一样的旧城这件事上，所有这些理论家都发挥了重要作用。对于市场及其因贪婪引发的不受控制的增长的坚决抵制，导致了对于建立公平和独立组织的结算系统的支持。这一理念已经渗透到了埃比尼泽·霍华德的田园城市理想之中，并且仍然是城市改革者设想未来城市的方式的基础。但是，这场战争增强了社会正义感和道德正义感，人们更加坚定地要求纠正诸多长期存在的错误。他们的事业是非常无私的。

眼前的危机是战争造成的巨大破坏。整个世界被战火蹂躏、满目疮痍，其程度令人瞠目结舌。不止一座城市整个被空袭夷为平地。在伦敦东区①，码头区和数英亩的工人阶级住房在闪电战中被摧毁。英格兰城市的部分地区已变成废墟。其他城市被激烈的地面战斗所摧毁，遍地瓦砾。无家可归者数量惊人：苏联有 2500 万人，德国有 2000 万人。美国联邦住房管理局在 1951 年撰写的一份报告中估计，战争已使全球 2500 万至 3000 万套住房变为废墟，另有 1000 万至 1500 万套住房因严重毁损，无法修复。所有这些都使"20 年来对……住房的严重忽视"② 情况雪上加霜，造成了全球范围都进入紧急状况。有关全球住房短缺的统计数据铺天盖地地出现在了大众媒体上。

住房危机成为 20 世纪最为热门的辩题和最激烈的政治问题之一。战后，这件事仅次于拼命找寻食物。大规模撤离、驱逐和种族清洗，再加上政治难民、流离失所者和被驱逐者、伤者和垂死者，人数高达数百万。一拨又一拨的人在迁移之中，或在官方的支持下，或在独自寻求安全与庇护。政治崩溃，领土边界的改变，一些地方迈向了非殖

---

① East End，传统上为工人居住区。——编者
② Jacob L. Crane and Edward T. Paxton, "The World-Wide Housing Problem," *Town Planning Review* 22, no. 1 (1951): 17.

民化的痛苦进程，另一些地方则在建立新形式的殖民政权，人类的灾难越来越深重。除此之外，来自 60 个国家的约 8000 万士兵正在以某种方式复员，他们期望找到一个安身之地并继续他们的生活。

面对这一压倒性的现实，改革派人士在需要新的城市主义和新的区域主义的问题上立场趋于一致。这是对旧城可悲的病态及混乱状况的无序蔓延强烈反感之后一次集体发声：大城市只能带来痛苦与瘫痪。这些对旧城和过去失败的愤怒指责是战争及其后果的产物。在英国政府概述战后重建的系列小册子《明日目标》(*Target for Tomorrow*，1945) 中，威廉·贝弗里奇爵士 (Sir William Beverage) 指责城市"过度拥挤、尘土飞扬、噪音扰民，烟雾遮天蔽日"已经到了令人震惊的地步。城市"滋生并传播疾病，切断了家庭生活的根基"。在同一份出版物中，作者约翰·马奇 (John Madge) 抱怨道："一方面，我们有城市的混乱、人满为患和贫民窟；另一方面，我们还有农村的贫穷与落后，这是几代人忽视的结果。"[1]

这种强烈反对旧城的情绪渗透了改良主义思想。乌托邦的愿望总是需要对当下的这种展示和贬低，而当下会逐渐消失，一个新的时代随之揭开。刘易斯·芒福德 1945 年为"重建英国"系列小册子撰写文章时指出："在战争期间发生的拆除工作还远不够深入……我们的大部分建筑已经不再能适应人类生活的需求和可能性。因此，我们必须以一种更加深思熟虑和理性的方式继续拆除工作，不管是被炸弹野蛮轰炸过的还是错过的地方。"[2] 这只是长篇大论地对城市的失败进

---

[1] Foreword by Sir William Beverage, page 5；Madge quote, page 9, in John Madge, *The Rehousing of Britain*, *Target for Tomorrow* (London：Pilot Press，1945)．

[2] Lewis Mumford, *City Development：Studies in Disintegration and Renewal* (New York：Harcourt, Brace, 1945), 157. First printed as *The Social Foundations of Post-War Building*, no. 9 in the Re-building Britain series (London：Farber and Farber, 1943)．

行口诛笔伐者之一。对疾病和污染、交通拥挤、人口过度稠密、令人厌恶的荒芜景象、丧失人类尊严等状况的口头和视觉描述，在全世界引起了反响。不仅像格拉斯哥、伦敦、巴黎这样的西方城市长期以来饱受诟病，现在连贝鲁特、卡拉奇和孟买贫民窟里拥挤的人群也让城市拯救者们吓了一跳。

　　改革者们为人口密度、社会混乱和失控城市的政治动荡而苦恼。对城市生活的理解被消极地定义为一堆问题。虽然最严厉的谴责针对的是大城市，但改革者们也把矛头指向了城镇或工业区周围，那里布满了乡村的无数凌乱的非正式定居点。在这些被遗忘的角落里，都是摇摇欲坠的自建住房和工人棚屋，缺乏基础设施、配套服务和政府权威，其状况令人震惊。在贫穷国家，这种普遍存在的贫困现象被解释为古老传统、种族和宗教冲突以及未能融入现代世界的副产品。在一场有着广泛基础，以理性计划拯救文明的运动中，这些问题受到了无休止的谴责。只有从区域甚至国家地理的角度，才能找到解决方案，以减小地区之间发展不平衡的现象。使这场拯救运动立即具有了说服力的是第二次世界大战，只有在战争和战后重建的背景下，这种区域规划才真正得以实现。

　　"人口问题"导致了恐惧的急剧增长。这个词困扰着20世纪中期城市改革的讨论。芒福德和让·戈特曼都指出，人口增长是一个"城市问题"。他们的著作中充满了证实人口增长达到无法维持水平的统计数据，充斥着对未来灾难的令人不安的预言。这个"人口问题"在很大程度上是因为专家们坚信，人口变化是可以理解和预测的。到了20世纪30年代，人口和住房调查已成为城市规划不可或缺的一部分。专业人口统计学家将人口普查数据与出生率和死亡率、年龄和性别、生育率、移民模式和家庭数量的统计调查纳入其方法论。数学公式、矩阵和建模技术被用于预测人口的增长情境。欧洲和美国的许多主要城市都在战前或战后立即进行了首次大规模的人口调查和人口估计。人口作为一种科学知识的发明，同时也是一种强有力的政治工具。二战后的"婴儿潮"和死亡率急剧下降的证据，被认为是未来浩劫的预兆。印度和亚洲人口稠密的城市地区成为了末日预言者眼中的奇观。

在智识辩论和政策制定的过程中，人们的疑惧越来越多，这是被一些危言耸听的通俗读物吓的，比如优生学家盖伊·伯奇（Guy Burch）和埃尔默·彭德尔（Elmer Pendell）的《通往和平或战争的人口之路》（*Population Roads to Peace or War*，1945），一度被人们遗忘的 1948 年的畅销书——费尔菲尔德·奥斯本（Fairfield Osborn）的《我们被掠夺的星球》（*Our Plundered Planet*），以及威廉·沃格特（William Vogt）的《生存之路》（*Road to Survival*）。休·埃弗雷特·摩尔的 22 页的小册子《人口爆炸！》（*The Population Bomb！*）引入了这一表述，该书于 1954 年首次出版，并在 20 世纪 60 年代初发行了 13 个版本。[①]"人口爆炸"成了国际一个流行语，1960 年还登上了《时代》杂志的封面。人口爆炸，拥挤不堪的城市挣扎在混乱的边缘，饥饿的灾祸近在眼前，这一切都深深地刻在了公众的脑海，并在各种规划和改革理想之间的影响力争夺战中被当作武器。持续的人口增长把城市变成了茫茫人群的支点，用埃利尔·沙里宁的话说，"处处无序的拥挤、衰落、破败、凋敝，还有贫民窟"。[②]

这场战争及其后果也使"人口"的想象转变成宏大的、一概而论

① See Pierre Desrochers and Christine Hoffbauder, "The Post War Intellectual Roots of the Population Bomb: Fairfield Osborn's 'Our Plundered Planet' and William Vogt's 'Road to Survival' in Retrospect," *Electronic Journal of Sustainable Development* 1, no. 3 (2009): 73 – 98.
② Saarinen, *The City*, 143.

的姿态。数百万士兵和数百万战时大后方的民众被动员起来。这场战争对人民群众实行严格管控甚至军事化。战时政治定居点造成的大规模移民潮，更是强化了世界范围内的人类奇观。这种空间愿景、移民和土地利用的嵌合模式（mosaic patterns）、定居点和基础设施的概观，形成了对改革具有深远影响的视角。

专家们居高临下地审视着这样一个累加出来的景观，谈论着宏大规模的"世界范围的规划"。危机局面下需要开辟一条新的前进道路。因政治上的讨价还价而削减的零敲碎打的城市重建项目，不足以满足数百万民众的翘首期盼。回应他们的期待就意味着建设全新的、现代化的生活场所。随着战争的结束，各国的规划者和建筑师开始了考察之旅，并怀着抓住这一时机的坚定决心参加了各种各样的国际会议。他们满怀激情和道义上的责任感在新生的联合国任职。他们围绕着克拉伦斯·斯坦因、克拉伦斯·佩里的田园城市和邻里单位理想展开讨论。刘易斯·芒福德的《城市文化》被城市改革者迅速翻译出来并如饥似渴地阅读，艾伯克隆比和福肖（Forshaw）1943年向伦敦郡议会提交的计划的第一版副本也是如此。对于芒福德和许多研究战后废墟的城市理论家来说，

> 乌托邦不再是地球另一端的一片未知之地：更确切地说，它是一片人们最熟悉的土地，经过重新分配、改造和开垦，供人类永久占领。这一结论在埃比尼泽·霍华德概述他的第一个田园城市项目并提出"每个国家的内部重新殖民"这一观点时，还只是一种理想的可能性，但在我们这个时代已经变成当务之急。①

---

① Lewis Mumford, *The Plan of London County*, Re-building Britain series, no. 12 (London: Faber and Faber, 1944), 167 - 68.

第二章

普通人的未来学

无论他们的个人癖好或政治倾向如何，到第二次世界大战时，城市改革者在一件事情上达成了一致：只有建设全新的规划社区才能解决城市危机。城镇建设和区域规划是 20 世纪中期的口号。改革者认为，这类项目需要领导班子和大量公共投资。这场战争清楚地表明了国家在全民动员和对资源及关键基础设施上的控制能力。改革者打算利用这一力量来进行全面的总体规划。他们决心重新开始。一方面是出于对社会和政治动荡的担忧，但也有一种从过去的灰烬中构建世界新秩序的热烈决心。

新城镇运动的热情在建筑师彼得·奥伯兰德（H. Peter Oberlander）的文章《新城镇：城市重建的方法》（*New Towns：An Approach to Urban Reconstruction*，1947）中表现得淋漓尽致。奥伯兰德是加拿大城市和区域规划方面的第一位教授，后来成为加拿大城市事务部部长。他宣称："我们全国各地的'特大城市'（megalopoli）都是病态的有机体，整体上都是病态的，因此必须将它们交给一个外科医生，这人不仅仅是个医生，还要一平方英里一平方英里地切除城市的腐肉。我们必须彻底重建……我们这个时代最大的挑战就是重新建设，创造新城镇，使之成为生活、工作、购物、学习和放松的地方。"①

　　规划文化创造出了一种新的词汇和空间句式，以此汇聚具有凝聚力的区域地理，并在区域规模上协调现代化。这些都是各国政府、联合国以及诸如福特基金会和洛克菲勒基金会等慈善机构的主要推动力之一。人们渴望平衡、安宁与和谐。从头开始建造的尽善尽美的新城镇是这场运动的领头羊，是战后重建的超级巨星，也是对承诺过的未来世界的证明。即使大多数新城镇地块已被人们所占据，但这些地方统统被视为可以填充未来希望的空间。现代城镇被想象成奇迹般凭空出现的东西，这一事实使国家及其规划机构显得很神奇。战后的头几年，这种点石成金术有一种温和的家长作风，国家就像你肩上的一只让你放心的手。新城镇计划是一种道德表达，是福利国家与其公民之间进步的社会契约的一部分。这种价值观是真诚、自信、积极向上的。

　　这片应许之地，从 1948 年由英国政府中央新闻署制作的、深受欢迎的卡通电影《查理在新城》（*Charley in New Town*）中可以窥知一二。该片由具有开拓精神的动画师乔伊·巴彻勒（Joy Batchelor）和约翰·哈拉斯（John Halas）执导，是系列动画片中的一部，剧中的普通人角色查理向英国公众介绍了新的政府项目。在《查理在新城》中，查理离开了大城市（显然是伦敦）的日常喧嚣和拥挤不堪，离开了单调乏味的房子和没有地方供孩子玩耍的丑陋街道，来到乡村之中的理想小镇："我们的小镇是个工作的好地方，也是个生活的好地方。"② 影片接着阐述了改革者一直在争取的所有规划原则，以及

---

① Peter H. Oberlander, "New Towns: An Approach to Urban Reconstruction," *Journal of the Royal Architectural Institute of Canada* 24（1947）: 202.

② Halas and Batchelor Cartoon Films, *Charley in New Town*（London: Central Office of Information, 1948）. YouTube video, 8: 13, https: //www. youtube. com/watch? v = 6ophEYd4A-Q.

建新城镇的所有理由：功能分区和绿地、从家到工作地点的 5 分钟通勤、"敞亮通风的现代化工厂"、体面的住宅和社区、公园和运动场、学校和购物中心……还有很多酒吧。无论是在福利国家、共产主义国家还是摆脱了殖民主义的新国家，这些都是人们对重建的期望，也是对国家指导下的新时代的希望。这是数百万人共同的梦想。

这种意识形态的终极标志是新的首都城市，比如柯布西耶为新独立的印度旁遮普邦所设计的备受称道的昌迪加尔城。到 20 世纪 50 年代中期，伊拉克巴格达的城市规划和巴基斯坦新首都伊斯兰堡的总体规划（后者的设计者为康斯坦丁诺斯·多克夏迪斯）标志着现代国家在中东诞生。在巴西，高度现代主义的首都巴西利亚是奥斯卡·尼迈耶和卢西奥·科斯塔在 20 世纪 50 年代后期构想的。澳大利亚的堪培拉被开发成新的政府所在地，卫星城环绕在城市周围。

这些由当时最杰出的建筑师设计的新首都大受追捧。然而，城镇建设远不止是这些备受瞩目的项目。重建的首要任务是为了"人民及其需要"。为了查理，为了所有的普通人，国家担负了重建一个强大而安全的战后社会的责任。与其说吸引战后想象力的是首都城市的壮观景象，不如说是普通人的未来学。日常生活是改革的舞台，而在新城镇，则是一种渴望和期待的展现。这些渴望反映了恩斯特·布洛赫关于乌托邦主义的概念，即它是一种扎根于日常生活的"希望原则"。① 新城镇令人着迷的梦想是体面的住宅、公园和游乐场、学校

---

① See Ernst Bloch's three-volume *The Principle of Hope*, trans. Neville Plaice, Stephen Plaice, and Paul Knight (Oxford: Blackwell, 1986), and the analysis of Bloch in Ruth Levitas, "Educated Hope: Ernst Bloch on Abstract and Concrete Utopia," *Utopian Studies* 1, no. 2 (1990): 13 - 26. 城市地理学者詹妮弗·罗宾逊认为，想象城市未来是一项综合性事业，这种想象不仅取自西方及其大都市，也取自世界各地的"普通"城市。Jennifer Robinson, *Ordinary Cities between Modernity and Development* (New York: Routledge, 2006)。

和俱乐部，以及邻里友好与社会和谐，这将使每个人的生活都变得更加美好。这是一种具有非凡力量的社会想象。

这种乐观的人本主义，即战后现代化话语中的社会公正性，也许是其最令人信服但也最有问题的特征之一。奥伯兰德在其关于重建的文章中写道："让我们的新城镇回归人类的生活尺度。城镇应该成为一个让人再次成为价值的标尺的环境。城市必须反映正直公民的精神，他们以自由为荣，并意识到对自己和邻居的权利及责任。"[①] 芬兰社会改革家海基·冯·赫尔岑（Heikki von Hertzen）也表达了同样的观点，他把自己的新镇塔皮奥拉描述为"一个适合每个人的小镇"。[②] 这座新镇形成了现代社会进步和生活质量的词汇。它是福利国家的解困良方，为个人和集体的期望设定了参数。然而，与此同时，其结果也被这样的社会概念所框定，即社会是一个有着独特界限的、内部整合的领域，人们在其中或多或少是一样的。着重点是作为国家稳定结构的年轻的核心家庭。新城镇的整个设计和建造环境都是为他们量身定做的，它所承诺的日常生活环境也是为了满足此类现代人的需求。

所有这一切的背景是，新城镇被视为一种获取和组装投资资本及基础设施资产的教科书式战略。它们是大规模的公共工程项目。国家的重建是根据凯恩斯主义经济模型，通过对大规模发展项目的公共支出来进行的。这些措施将以新的物质资源刺激经济，提供充分就业，扩大产出和提高生产力，并巩固领土主权。新城镇与土地复垦、工业

---

① Oberlander, "New Towns," 202，11.
② Erkko Kivikoski, dir., *Puutarhakaupunki Tapiola — Garden City Tapiola*（Helsinki：Filmiryhmä Oy, 1967）. YouTube video，7：50，https：//www.youtube.com/watch?v＝zoH0dQOuya4.

发展和原材料开采息息相关。它们被用于对人口和生产设施进行重新安置。通过交通网络相互连接的新城镇群定义了区域概念，最终定义了整个国土概念。因此，新城镇思想深深地嵌入了一个广阔而现代化的国家地理以及合理的社区、城市、地区和生产生活等级体系中。在这些规划政策中有一种社会公平感、一种公共责任意识，以及有意为之的使经济机会和生活水平均等之举。

在战争悲剧发生后，规划之举被视为高于政治且完全正当。冷战深渊中的双方——西方是美国式资本主义，东方则是以苏联为首的共产主义——都在寻求一个合理规划的领土和社会。巩固和扩大领土控制、加强边界、稳定人口、最大限度地提高财富和生产力是国家的坚定目标。在这方面，新城镇是为实现和巩固现代化服务的民族主义与爱国主义运动不可或缺的一部分。

本章首先对一些非常普通的地方进行了评估——这些城镇大多是人们不熟悉的，但在战争结束时，它们代表了为重建而进行的斗争以及从工业向和平时期生产转变的进程。跨越东西方界线和南北之间的鸿沟，重工业、矿业和水力发电都为战后的伟大"经济奇迹"提供了动力。新的工业和资源城镇引发了早期的城市改革运动。① 它们构成了与自然财富相关的整个生产地理，并将新城镇运动的这一阶段完全置于战后早期的产出与生产力的改革运动之中。正是这种与特定工业地点的联系，将这些新城镇作为一个功能集群聚集在一起，并确立了它们的乌托邦性质。它们也象征着福利国家的社会目标。对于带着随身行李搬进了这些完美世界的年轻家庭来说，这些新城镇最重要的就是工作机会、住房和学校。它们是重建理想主义的产物，也是社会对

---

① See the interesting articles in Clemens Zimmermann, ed. , *Industrial Cities*: *History and Future* (Frankfurt-on-Main: Campus Verlag GmbH, 2013).

幸福未来的梦想的产物。关注这些经常被忽视的工业城镇，凸显了它们对20世纪40年代末和50年代初的影响，强调了它们对乌托邦类型的重要性，以及它们看似平凡实则非凡的一面。

本章的第二部分探讨了通过将人口分散到大都市圈内的一系列新城镇来重塑大型首都城市的动力。这部分涉及的城市较为熟悉，涵盖了伦敦、斯德哥尔摩和赫尔辛基的著名的区域规划。到20世纪50年代末到60年代初，这些规划催生了一系列引人注目的新城镇，它们成为了未来的典范，并在规划界获得了神话般的地位——比如英国的斯蒂夫尼奇（Stevenage），尤其是瑞典的瓦林比（Vällingby）和芬兰的塔皮奥拉。在这些地方，区域规划是为了清空大城市，将其市中心变成一个吸引商业与消费主义的磁石。那些曾经被困在内城区的贫困家庭，将会在首都外围的青山绿水间找到幸福。它们提供了最好的住房，以及各种服务和娱乐便利。新城镇配备了公共交通、公园和公共空间等，其成就确实令人惊叹，尤其考虑到还是在战后资源持续匮乏的情况之下。

在所有这些早期的新城镇中，田园城市与邻里单位这种不切实际的意象是一个极具吸引力的正统观念。尽管克拉伦斯·佩里和克拉伦斯·斯坦因的研究成果在20世纪30年代已有一定的影响力，但他们的理论在重建期间及之后在国际上达到了顶峰。他们的改革成为恢复秩序之举的一部分，因为家庭是社会生活的基石。经过多年的残酷战争和暴力动乱，似乎没有什么比这更重要了。这些灾难的解药就是日常的社区活动，家庭、学校、操场等平凡日常。社区是一个显露生活常态的场所，是公民意识和公民美德的孵化器。这是渴望开始生活和养育孩子的年轻家庭所需要的自然环境。家庭被理解为父母和孩子，但它也记录了人们对日常环境的亲近与人际交往情况。

社区也是围绕一系列具体目标来协调国家投资的机制，这些目标包括家庭政策、教育改革、功能性住房、现代化和消费主义。新城镇是这些投资规划的样本，而"邻里"则是形成这些规划的社会工程空间。传统的规划在很大程度上是围绕着邻里单位的物质形态规划，特别是超级街区和行人与车辆交通的分离，比如克拉伦斯·斯坦因和亨利·赖特为新泽西州的拉德伯恩制定的规划。毫无疑问，这些都是社区发展的重要方面。然而，在第一波重建规划中，为邻里单位理想提供了清晰读解的恰恰是国家的社会福利机构。对社会建设模式至关重要的是幼儿园、中小学、社区中心和诊所。这些成为一个规划中的社区所必需的对象符号或转喻类型。它们源自克拉伦斯·佩里的作品，以及他设计的围绕学校和社区中心所配置的邻里环境（图2.1）。学校一次又一次地成为战后邻里单位设计的例行参照点。房屋的建造与学校相关联，而且与学校的距离应步行可及。国家和公民之间的关系通过一个教育框架得以阐明。

邻里单位作为欧洲、美国以及中东和亚洲理想城镇的基本建筑单位而风靡全世界。佩里1929年的那张著名的"邻里单位样板"图成为战后早期规划文本中无处不在的特色。它不仅仅是一种符号或表现形式，它还成为历史舞台上的一个演员。它被赋予了传奇的地位，并在全球范围内得到呼应，超过了埃比尼泽·霍华德的"三磁体"图。视觉与文本话语的再现创造出了邻里单位，将其作为仪式表演和不言而喻的类别。邻里和社区的想象使国家得以进入日常生活，并创造出它所期望的社会现实。在一个典型的乌托邦姿态下，这个街区成为了一片迷人之地。

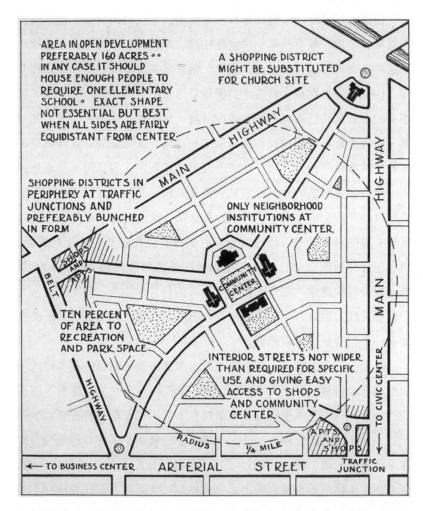

2.1 克拉伦斯·佩里的"邻里单位"插图，摘自拉塞尔·塞奇基金会出版的《纽约及其周围地区调查》(1929)。©拉塞尔·塞奇基金会。美国康奈尔大学洛克菲勒档案中心珍本与手稿收藏部门提供

一、"乌托邦一隅"：工业城镇和资源城镇

尽管新城镇是各种乌托邦星座中最耀眼的明星，但战后那几年，它们的实际占地面积通常与重工业和自然资源开采有关。在战争和重建的推动下，工业生产力达到了历史最高水平，同时实现了充分就业。大量投资涌入自然资产：煤炭、钢铁、铝、化工、原油、铜和镁、铀。这些资源推动了新兴的消费产业，对冷战时期的军事建设和核武器工业至关重要。作为这些行动中的一部分，新城镇运动在很大程度上一直被学术界专注于强调住房、建筑和城市设计。然而，事实上，新城镇形成了一种与军工结合的地区格局。新城镇是钢铁城：它们是飞机制造厂的所在地。它们如雨后春笋地兴起，以支持全球石油工业，开采矿藏和用于制造核武器的稀有的铀矿。与之毗邻的是巨大的水力发电和石化综合设施，还有大量港口装卸珍贵资源以便转运。它们被安放在"落后"或老化的工业区，以助于重新安排生产。它们的地理位置清楚地表明了资源开发和领土霸权。

这种与战后工业繁荣的联系使得新城镇与更广泛、更平民化的住房规划区分了开来，后者也是重建年代的一部分。国家与大型企业联手，将经济动力转化为国家重建和现代化，提供全面的城市基础设施和稳定、满意的劳动力。对经济地理的控制权转移到了国家政府手中，这些政府通常将凯恩斯主义政策纳入五年计划。军事设施和国有工业可以很容易转移为在新地方进行的和平时期生产。私营企业可能会受到慷慨的税收减免、廉价的土地和基础设施方面承诺的诱惑。从头开始的建设将创造一个由公民-工人组成的和谐世界，并彰显国家

的工业实力。

这些经济动机与福利国家哲学相融合，在广阔的空间范围内将生产和消费、家庭和社会服务联系在一起。这一综合愿景把新城镇提升到了乌托邦主义的范畴。在官员们考察了战争的废墟和真实的人类苦难后，政府对新城镇建设的投入既是情感的驱使，也是精明的经济战略使然。其目的远不止重建被摧毁的东西。改革者们满怀激情，决心要解决贫困地区的悲惨状况：肮脏的住房，充斥着被工厂冒出的滚滚浓烟所破坏的景观，还有大萧条时期的贫困和失业问题所造成的满目疮痍。实现激进思想的热情与意识是巨大的。家庭将生活得很好，将拥有工作，享受养老金、医疗保健和体面的公共服务。在大萧条和第二次世界大战的掠夺与牺牲之后，被压抑的欲望激发出了这种富足生活的幻想。这是一个宏大的姿态，是重建年代的乐观主义和国家承诺感的产物。

一场革命正在进行之中。就英国而言，战后世界不仅意味着重建，而且意味着国家的复兴。一系列立法赋予了国家政府非凡的权力，政府可以用战前无法想象的方式购买土地、控制规划和建造房屋。第一步是 1940 年的《巴洛报告》，该报告建议制定一项国家政策，规定工厂和工业劳动力如何以及在何处安置，这一点已经在战时关键工业的防御性分散策略中实施了。不过，最终，1943 年城乡规划部的建立是一个重大突破。1945 年，新工党政府任命刘易斯·西尔金（Lewis Silkin）为其第一任领导人，并表示他打算在地方当局恢复常年争吵之前解决新城镇的立法问题。同年 10 月，他任命了一个新城镇委员会，由约翰·里斯爵士担任主席。里斯委员会非常匆忙地通过了几项提议，这些提议成为 1946 年的《新城镇法案》（New Towns Act of 1946）。1946 年至 1950 年间，第一代 14 座马克一期

（Mark I）新城旋即破土动工。其中大多数是为了迎接来自伦敦和格拉斯哥贫民窟的家庭，就像战后两个伟大的地区计划所规定的那样，这两个计划分别是 1944 年的《大伦敦规划》和 1946 年的《克莱德山谷规划》（Clyde Valley Plan of 1946），都是由帕特里克·艾伯克隆比制定的。这些计划不仅是英国最重要的土地利用愿景，而且还具有深远的国际影响。它们提出了一个合理的空间和聚落模型，引领了整个战后时期的规划理论。

艾伯克隆比是规划史上的一个传奇。他的职业生涯始于利物浦大学，是那里的《城市规划评论》（*Town Planning Review*）的创刊编辑。1935 年，他成为伦敦大学学院的城市规划学教授。对艾伯克隆比来说，规划的道德使命是重建一种失去的和谐状态，这需要自上而下的安排。[①] 他作为一名专家，从历史和空间分析以及市民和区域调查着手，开始了城镇规划。正如他之前的帕特里克·盖迪斯一样，艾伯克隆比也意识到了地方的独特性和可辨性。区域是一个巨大的经济和地理单位，一个吸取了历史经验的"实体"。这种对历史和环境的过度关注，与艾伯克隆比战争前后在英国和其他地方帮助制定的几十个地区规划中反复强调的公式化策略存在着不协调的地方。然而，他是一位将地域结构与规划结合起来的大师，他将这作为一门充分涵盖社会经济发展的方方面面的科学。

在他 1944 年的《大伦敦规划》和 1946 年的《克莱德山谷规划》中，艾伯克隆比建议对伦敦和格拉斯哥的工业进行全面控制，并将其分散到国家规划框架内的卫星城镇和区域中心。这些计划不仅仅关乎

---

① 关于艾伯克隆比的规划理念，参见 Michiel Dehaene, "Urban Lessons for the Modern Planner: Patrick Abercrombie and the Study of Urban Development," *Town Planning Review* 75，no. 1（2004）：1 - 30，and Peter Hall, "Bringing Abercrombie back from the Shades," *Town Planning Review* 66，no. 3（1995）：227 - 41。

住房，其目标在于建立工厂和提供技术革新的机会。规划试图改造老化工业，重振萧条的经济。这些政策将提供就业机会，并创造一个更公平、更有效益的经济地理。例如，对于伦敦郊外的克劳利新城，艾伯克隆比推荐了一个以电气、印刷和医药产品为主打的轻工业模式。而同样位于伦敦郊外的斯蒂夫尼奇，目标则是将工业劳动力从3000人增至近3万人，主要集中在工程领域。在《克莱德山谷规划》中，艾伯克隆比主张在新城镇用现代工业取代格拉斯哥那些散乱过时的厂房。这是吸引新公司，并使城市工业基础多样化的最佳前景。马克一期工程的第一代新城因缺乏连贯的经济战略而在建起之后受到诟病，但它们的经济中有相当高的比例是基于制造业、重工业和资源开采的。

　　被指定为新城镇意味着老化的煤炭、钢铁和造船业有机会得到振兴。苏格兰的格伦罗斯新城就是这样，作为苏格兰中部和东南部"福斯谷规划"（Forth Valley Plan）① 的一部分，它取代了罗斯煤矿附近肮脏的贫民窟。该规划提议建四个新城镇以振兴煤矿开采。格伦罗斯的居民将在矿山工作，但也会在造纸厂和轻工业部门工作，这将促进该镇经济的多样化。位于南威尔士的新城镇昆布兰（Cwmbran）将翻新钢铁厂，并在尼龙厂和玻璃厂提供新的工作岗位。在英格兰东北部的彼得利（Peterlee）案例中，煤矿工人自己要求建造一座新城，以取代煤烟熏黑了的煤矿村。英格兰北部的艾克利夫（Aycliffe）被指定为新城则意味着那里的军工厂将转为和平时期的民用工厂。新城镇

① 苏格兰的这两个战后大型规划是艾伯克隆比和 R. 马修制定的，*The Clyde Valley Regional Plan* (Edinburgh：His Majesty's Stationery Office, 1949), and F. C. Mears, *A Regional Survey and Plan for Central and Southeast Scotland* (Edinburgh：Central and Southeast Scotland Regional Planning Advisory Committee, 1948). For a broader perspective on postwar reconstruction, see Nicholas Bullock, *Building the Post-War World：Modern Architecture and Reconstruction in Britain* (London：Routledge, 2002).

是一揽子经济刺激计划，旨在使疲软的经济现代化，吸引新的产业。但它们不仅仅是政府的施舍。每个城镇最终都要自立并且自食其力。

然而，这种工厂和人员的重组往往遇到重重困难。已经被过度拥挤的房屋和迫切的住房要求所困扰的当地市政当局，对唱反调者的梦幻居所没有多少耐心。例如，格拉斯哥市议会就竭尽全力地反对1946年的《克莱德山谷规划》。这座城市的媒体大肆渲染声名狼藉的贫民窟地区的情况：老鼠横行、疾病肆虐、被街头帮派和移民占据。除了城市的衰败之外，格拉斯哥在战时的闪电战中也遭受了严重的破坏。处于困境中的官员们希望清除城市瓦砾、拆除贫民窟、在城市里建造更好的住房，而不是承诺将人们送往一些工业区。

马克一期的新城镇也被反对者批评为政治上的权宜之计，而非真正的区域经济评估。在一些地区，当地居民对于被划为新城表示强烈抗议。群情激愤的公开会议和法庭上的质问时有发生。出现了不可避免的政治上的讨价还价和妥协情况。实业家们对在远离伦敦的穷乡僻壤建工厂持怀疑态度。一开始就是个错误的规划不止一次地发生过。劳动力也匮乏。从砖块到钢铁，重要的原材料仍在定量供应。在物资如此短缺的情况下，新城计划的大胆行动标志着一个勇敢的新开端。

位于英格兰中部的科尔比新城是一个更为详细的例子，说明了一个地方是如何被指定为新城的。科尔比位于英格兰最大的可开采铁矿的附近，也是约克郡和达勒姆的煤田附近。采矿权和钢铁生产权归"斯图尔特＆劳埃德公司"所有。到了20世纪30年代中期，这座城市正逐渐发展成一个一流的钢铁厂和钢管制造中心。成千上万人涌入这个1500人的寂静村庄，尤其是来自克莱德山谷的年轻的苏格兰工人。10年后的1945年，科尔比成为一个拥有1.2万人口的新兴城市，那里的钢铁厂大量生产战争物资，包括用于向欧洲大陆盟军提供燃料的跨海峡管道的钢管。这一改造也使科尔比成为一个渐进式社会改革实验的分层景观。斯图尔特 & 劳埃德公司建造了住宅、商店、电影院和足球场。它聘请建筑师为科尔比的未来设计道路系统，做城镇规划，其中包括一个城市广场和一条中央大道。但它对解决新移民和当地居民之间频繁发生的冲突收效甚微。城镇沿着铁路轨道的社会学边界一分为二，南边是老村庄，北边是炼钢厂周围的"公司镇"。五花八门的廉租公房星罗棋布地点缀着这片风景。科尔比作为一个"到处是破瓶、烂衫……酗酒现象严重"、暴力事件频发的钢铁小镇声名远播。①

当科尔比 1950 年被指定为新城镇时，其人口有 1.8 万，最早的移民为来自东欧的工人。与此同时，英国钢铁工业实行国有化，直接由政府控制。这提高了人们的预期，即科尔比的钢铁生产将对国家的复苏至关重要，工人本身也将重要起来。这个新城镇的地位"将持续100 年"，② 人口预计将达到 4 万。

新城镇的地位意味着有机会将分散的工业劳动力整合为"一个具有住房、基础设施及服务的综合性和社会平衡的社区"。③ 总体规划为科尔比安排了一个购物、娱乐和社交中心，包括 7 个低密度住宅区，以迎接预期的人口增长。每个邻里单位将包含一个小社区的所有典型设施。科尔比突然变成了一个巨大的建筑工地，里面有新的住宅区、新的商店和酒吧，还有一个新的汽车站。这个设计是国家支持的

---

① D. C. D. Pocock, "Some Features of the Population of Corby New Town," *Sociological Review* 8, no. 2 (1960): 218. See also "Making a New Town: Corby Ironworks, and Industrial Revolution," *Guardian* (Manchester), November 28, 1933.

② "New Town 'to last 100 years,'" *Guardian* (Manchester), November 30, 1949.

③ K. C. Edwards, "Corby — a New Town in the Midlands," *Town Planning Review* 22, no. 2 (1951): 129.

工业现代化和社会改革的典范。正如《曼彻斯特卫报》热情洋溢声称的那样，科尔比"呼吸的是钢铁……钢铁就是科尔比"。

> 它决心建立一种新型的工业社会，所有旧的工业生活的脏乱都将会一扫而光。一切都是温柔的，细腻的……好极了。几乎没有什么是丑陋的。几乎没有什么完全保留旧时的模样。科尔比开发公司已经着手打造一片合理的、体面的、健康的、友好的乐土，并取得了绝对的成功。①

这是一个新的英格兰。

这些新城镇很普通，然而矛盾的是，在国家现代化的巨大工程中又是具有典范意义的地方，那里将锻造出新的理想和新的公民。战后初期，英国城镇规划的国际声誉达到了顶峰，帕特里克·艾伯克隆比的地位也是如此，他周游世界宣传自己的想法，并在海法、卡拉奇、锡兰、亚的斯亚贝巴和香港等地开展项目。② 各国纷纷要求举办英国规划展，并邀请英国规划界大师进行巡回演讲。艾伯克隆比的克莱德山谷和大伦敦规划以海报、照片、电影的形式在世界各地展示了最早的新城镇面貌。同时亮相的还有艾伯克隆比的学生们，他们在英联邦国家找到了应用英国新城镇战略的工作。

在澳大利亚，战时的紧急状态和集中国家资源的需求开启了迈向

---

① James Morris, "Corby: Mirror of the New England," *Guardian* (Manchester), September 30, 1960.

② 关于艾伯克隆比的国际项目，参见 Marco Amati and Robert Freestone, "'Saint Patrick': Sir Patrick Abercrombie's Australian Tour 1948," *Town Planning Review* 80, no. 6 (2009): 597 – 626, and Lawrence Wai-Chung Lai, "Reflections on the Abercrombie Report 1948: A Strategic Plan for Colonial Hong Kong," *Town Planning Review* 70, no. 1 (1999): 61 – 87.

区域主义的第一步。新南威尔士州启动了一个"国家资源的区域调查，以促进计划的发展，尤其是在住房和公共工程方面，但也为调查……就业结构、权力下放、第一和第二产业提供了基础"。[①] 其他州也纷纷效仿，以至于到战争结束时，澳大利亚大陆的地图上已经布满了准备战后重建的地区。1951 年，作为保守的联邦政府"通过扩张实现繁荣"政策的一部分，澳大利亚城市规划者提出了"首批 6 个新城"[②] 运动。现代化爱好者设想在整个澳洲大陆进行广泛的开放式扩张，在 20 年内使该国人口翻一番，并广泛开发矿产资源和发展工业，尤其是在西部地区。对能源和自然资源的勘探成为民族爱国主义的焦点。

与此同时，人们普遍认为澳大利亚东海岸的几大城市太过臃肿，人满为患。它们被描述为道德堕落、疾病和贫穷的深渊。解决办法是把城市人口分散到全国其他地区。到了 20 世纪 50 年代初，疏散有了防御方面的考虑：担忧东海岸受到原子弹袭击，导致人们呼吁在布里斯班、墨尔本和悉尼之外的地方进行重新安置。围绕政府指定地区的工业建设的新城镇是最合乎逻辑的做法，并将鼓励外国投资。它们将实现国家一体化的梦想，使国家的广大地区本土化，使其成为进步的受益者。它们也是领土统治和主权的演习：为了寻求一个新的和更好的秩序，不可避免地要迁走那些被认为无关紧要的当地居民。但支持这些政策的政府官员和规划专家并不认为这是殖民，说这只是现代化的一部分。这样一个庞大的领土计划让人联想到一幅抽象的鸟瞰地理

---

① "Report of Regional Boundaries Committee," New South Wales, Sydney, 1944, as quoted in Macdonald Holmes, "Regional Planning in Australia," *Geographical Journal* 112, no. 1/3 (1948): 79.

② A. A. Heath and R. N. Hewison, "New Towns for Australia," *Town and Country Planning* 19 (1951): 363–66. See also Robert Freestone, *Urban Nation: Australia's Planning Heritage* (Clayton, Victoria, Australia: Csiro, 2010).

图景，即原住民要么从视野中消失，要么作为人类学研究的对象被转走。正是这种现代化的逻辑，使新城镇成为发展愿望中规模非凡的象征，却忽视了殖民主义的可憎后果。

从 1951 年开始，在珀斯南部的科克本湾，奎纳纳（Kwinana）新城作为大型石油化工综合体和深水港的一部分被建设起来。其中包括由英-伊石油公司（后来的英国石油公司）经营的澳大利亚大陆上最大的炼油厂，一家由必和必拓（BHP）公司运营的轧钢厂，一家化肥厂，以及由英国鲁格比波特兰水泥公司控股的水泥厂。最终，建成了美国铝业（Alcoa）的一家铝厂和必和必拓公司的一座生铁高炉，还有一个海军基地和许多其他行业。在现代化理论的推动下，霍克（A. R. G. Hawke，1953—1959）的工党政府为 4 万人口的土地征用、工业基础设施和综合城镇建设进行了前所未有的投入。国家住房委员会与英-伊石油公司都认为，奎纳纳的开发对西澳大利亚的工业发展至关重要。这个小镇成为了澳大利亚未来城市的原型。①

在人们拥入珀斯综合大楼找工作时，澳大利亚城市规划师玛格丽特·费尔曼（Margaret Feilman）（图 2.2）受聘来设计新的居住点。费尔曼是西澳大利亚公共工程部唯一的女性员工。1948 年，她获得了英国杜伦大学的奖学金，在那里研究了新兴工业城镇彼得利和艾克利夫，并参观了正在重建的欧洲城市。回到澳大利亚后，她深信有必要进行城市规划，并很快将英国新城镇的蓝图改编为奎纳纳所用。随后，她开始了现场分析和实地调查。

---

① See in particular Brian Head, "From Deserts the Profits Come: State and Capital in Western Australia," *Australian Quarterly* 57, no. 4 (1985): 372-83, 以及西澳大利亚政府制作的关于奎纳纳的出版物，*Kwinana* (Perth: Government of Western Australia, October 1969)。

2.2　1953 年时的玛格丽特·费尔曼，ⓒ《西澳大利亚人报》

　　费尔曼对当地环境的体察在一个充分利用景观和地形来完成的田园城市规划中表现得很明显。她将这座城市描述为围绕弗里曼特尔港和工业综合体建立的 4 个邻里单位的网络，它们分别是：梅迪纳、卡利斯塔、奥利亚和帕米利（图 2.3）。交通流畅是她设计中的一个主要因素：以吉尔摩大道将 4 个定居点连接到一起。每个项目都计划在中央主干道周围建造 1000 座木结构和砖砌住宅，略窄一些的道路则作为每个邻里单位的内部通道。

　　为了避免成排住房的千篇一律，大约有 20 种不同的住宅设计可供居民选用。每个街区的中心都有一所小学，还有商店、电影院、社

2.3 澳大利亚奎纳纳的航拍图，日期不详。©奎纳纳市议会。由奎纳纳市提供

区中心和露天花园。西澳大利亚州的另一新特点是，停车场和服务站被直接纳入规划之中。住宅区与奎纳纳的工业综合体则被公园和空地隔开。卡利斯塔附近被视为奎纳纳的市中心，银行和商业网点、市政厅、图书馆、音乐厅和博物馆都围绕着一个标准的广场修建。费尔曼的理想是创造一个"风景迷人的澳大利亚小镇"。她在 1955 年报告中说："一种有自己组织的社会生活已经开始运作，并赋予了小镇一个非常真实的社区身份，这本质上是一个社会实验。"①

---

① Margaret Feilman，"Kwinana New Town，" *Town and Country Planning* 23（1955）：385. See the excellent article by Ian MacLachlan and Julia Horsley，"New Town in the Bush：Planning Knowledge Transfer and the Design of Kwinana，Western Australia，" *Journal of Planning History* 14，no. 2（May 2015）：112–34.

　　上世纪 50 年代中期拍摄的一张奎纳纳的照片显示出了一个内陆区域，在大片的炼油厂和港口旁的空旷丛林中，有一栋栋平房。第一批搬进新家的居民是一位来自苏格兰的管道工和他的家人，当地报纸刊登了他们在自家的现代化厨房里吃过第一顿饭后，兴高采烈洗碗的照片。[①] 这张照片是庆祝新工人阶级与工业和国家联盟的写照。

　　奎纳纳是英国新城镇模式在澳大利亚最全面的应用之一，被誉为概念与设计上的成功范例。科克本湾建筑群和奎纳纳社区展示了战后 10 年工业现代化与福利国家之间的深厚联系。诸如此类大型基础设施项目上的大规模公共支出将使经济现代化，提供充分就业，巩固领土主权。在奎纳纳的社会投资将创造一个稳定、快乐的劳动力大军，并增加资本收益。

　　与澳大利亚一样，全国人口重新安置也是加拿大的官方政策。这个国家的整个领土被理解为无主土地，不属于任何个人。这是殖民者的梦想。到 20 世纪初，单一工业资源城镇的景观已伴随矿业和林业进入了边境地区。纽芬兰的科纳布鲁克是一个生产纸浆和纸的小镇，而马尼托巴省的汤普森是一个镍矿小镇。1953 年的一项调查表明，加拿大有超过 166 个单一公司定居点，总人口为 18.9 万人。[②] 随着加拿大公司对矿藏的寻找——尤其是铀矿这一原子时代最令人垂涎的元素，这类定居点的数量迅速增加。埃利奥特湖是安大略湖畔铀矿附近的一个新兴城镇，规划者希望能把从英国的哈洛和瑞典的瓦林比等备

---

① Government of Western Australia, Department of Housing, "Centenary Flashback: Creating Kwinana, Our First Industrial Township," www. housing. wa. gov. au. Document created August 21, 2012.

② Norman E. P. Pressman, *Planning New Communities in Canada* (Ottawa, Ontario: Ministry of State, Urban Affairs, August 1975), 9.

受赞誉的新城镇案例中获得的灵感用在那里。[①] 铀城就建在萨斯喀彻温省比弗洛奇镇铀矿附近。甚至在此之前，计划中的安大略的深河规划区（Deep River）就作为"曼哈顿项目"的一部分进行了建设。选择该地点是因为它靠近乔克河（Chalk River）沿岸的铀矿，并在那里建了原子能设施（图 2.4）。深河与美国和英国的"曼哈顿项目"地点，均为西方不为人知的科学城之一。[②]

2.4 安大略省深河新城的白垩河实验室，日期不详。加拿大国家研究委员会档案馆提供

---

① Norman Pearson，"Elliot Lake：'The Best-Planned Mining Town,'"*Canadian Architect* 3（November 1958）：55-57.
② 美国的几处地点为新墨西哥州洛斯阿拉莫斯、田纳西州橡树岭以及华盛顿汉福德。英国的研究是在比林汉姆和剑桥进行的。在白垩河建立研究实验室是为了将麦吉尔大学的研究设施从蒙特利尔搬到离铀矿和当地军事基地更近的地方。第一批原子弹中使用的铀来自白垩河那里。

　　此类地方受到严格监管，只有获得特别许可才能进入。这一秘密网络随着冷战进一步扩大。位于加拿大北部偏远地区的弗罗比舍湾建于20世纪50年代末，是北美防空司令部（NORAD）雷达网中针对敌方导弹攻击的防空警报系统"远程预警线"（Dew Line）的枢纽站。它最初是北极因纽特人的一个定居点，后来被加拿大政府以大胆的未来主义设计重新规划。在效果图中，36个圆柱形高层公寓楼环绕着一个被原子能加热的防护穹顶包围的市中心。尽管弗罗比舍湾从未建成，但它是太空时代乌托邦幻想的一个得意之作，钢铁、混凝土、铝和塑料都是用来对抗严酷的北方环境的。①

　　弗罗比舍湾和深河是核未来的护身符。但正如前者是纸上梦境，后者是实际地点一样，规划背后异想天开的理想掩盖了现实。讽刺的是，在深河生活可能很无聊。1958年，澳大利亚记者彼得·纽曼（Peter Newman）在为《麦克莱恩》（*Maclean's Magazine*）杂志撰写的一篇讽刺这座完美小镇的文章中，捕捉到了当时的氛围。他写道："深河是一个乌托邦式的尝试，它试图创造一个快乐的环境，让一切都安排得十全十美。深河镇没有重大犯罪、没有贫民窟、没有红绿灯、没有失业、没有墓地、没有啤酒店，也没有几个婆婆。"但是生活在科学天堂的高技能原子能工作者却发现它的完美令人厌烦。为了打发无聊，他们组织了68个俱乐部和协会，兴趣广泛，从吹玻璃到跳广场舞，应有尽有。一位物理学家把自己的感受写进了给社区报纸

---

① 关于弗罗比舍湾的设计，参见 "Frobisher Bay, N. W. T.：Federal Government Project for a New Town," *Canadian Architect* 3（November 1958）：44 - 49。对这个项目的调查，参见 Rhodri Windsor Liscombe, "Modernist Ultimate Thule," *RACAR：Revue d'Art Canadienne/Canadian Art Review* 31, no. 1/2（2006）：64 - 80, as well as by Matthew Farish and P. Whitney Lackenbauer, "High Modernism in the Arctic：Planning Frobisher Bay and Inuvik," *Journal of Historical Geography* 35, no. 3（2009）：517 - 44。

的一首诗里，这首诗表达了各地新城镇让人费解的地方："尽管小镇整洁无比/每条街道上都有舒适的房子/尽管这样说很不应该/但我讨厌这里。"①

所有这些发展比起被称为"加拿大大三角"（Canada's Big Triangle）的项目，都相形见绌。大三角是位于温哥华以北 400 英里处的一个 20 世纪 50 年代初建成的大型工业综合体，旨在开发不列颠哥伦比亚省的自然资源。该计划包括一条由 6 家大石油公司支持的 700 英里长的输油管道，大型油气勘探项目，在尼查科河上有着巨大通水隧道穿山而过的峡谷大坝，阿拉斯加—加拿大公路，输电线路和一个号称"有史以来最大的发电厂"的地下厂房，一个大型纸浆厂，以及"世界上最大的铝冶炼厂"的输电线路和地下发电站。② 用于生产铝的原材料经一个新的工业港口水运而来。为了确定环境的视觉效果，工程师们使用直升机和飞机对整个荒芜多山的地形进行了勘测，然后从鸟瞰视角绘制出规划图。这就是现代化对自然世界的掌控。

为了安置源源不断涌入该地区的工人，加拿大铝业公司（Alcan）在峡湾海岸线的冶炼设施旁开发了基蒂马特（Kitimat）新城。它原本是一个海斯拉族印第安人的渔村，后来被改造成一个能容纳 5 万居民的主要港口城镇。为了建这个定居点，加拿大铝业公司请来了克拉伦斯·斯坦因，他是美国田园城市和邻里单位理念的主要倡导者。他与纽约建筑师阿尔伯特·迈耶和朱利安·惠特尔西（Julian Whittlesey）合作，组建了一个多学科团队，着手规划新社区。

---

① Peter C. Newman, "The Utopian Town Where Our Atomic Scientists Live and Play...," *Maclean's Magazine*, September 15, 1958. Accessed July 16, 2015, at Scientific Technical Translation: http://www.sttranslation.com/deep-river/almost-perfect-place-live/.

② See the description in "Boom in the Big Triangle," *Popular Mechanics*, June 1952, 102 – 7.

迈耶本人自 20 世纪 30 年代以来就是田园城市和新城镇的著名倡导者，他与刘易斯·芒福德和亨利·赖特一道积极推动住房改革。与此同时，他还在印度为新德里及北方邦制定规划（见第三章）。他深受甘地的乡村生活理念的影响，并在制订加拿大荒野聚落计划时将其与印度城市进行了比较。

对于斯坦因和迈耶来说，这些国际行程是他们新城镇理念的重要创意来源。然而，最重要的是，基蒂马特是斯坦因漫长职业生涯的顶峰，也是他未完稿的著作的标题"未来城市"的愿景。斯坦因的基蒂马特社区的构想仍然是围绕着小学、社区中心、日用品杂货店、公园和操场，以及步行街的小规模定居点。它是"社区生活的中心，是邻里友好的象征"。① 在这种充满感情色彩的环境中，平凡的家庭生活是快乐和美好生活的乌托邦式奖励。然而，最能体现新城的吸引力的是基蒂马特第一批居民的热情以及他们对未来的信心。据小镇的第一部官方历史记载，这些人很年轻，来自世界各地不同的民族，

> 有个人 5 年前从中欧来到基蒂马特。从那时起，他和他的妻子就一直拥有稳定的工作。他们有自己的房子，从那里可以一览道格拉斯海峡令人惊叹的美景。他们的生活水平可以与北美任何一个城市媲美。他们在业余时间亲手改进自己的房屋。他们有一辆车，还修了一个漂亮的花园。②

---

① Clarence S. Stein, "Kitimat: A New City," *Architectural Forum* Special Reprint（July-August 1954）. Originally published in *Architectural Forum* 101（August 1954）: 125.

② Corporation of the District of Kitimat and Pixie Meldrum, "Kitimat: The First Five Years"（Kitimat: Corporation of the District of Kitimat, December 1958），37.

这些都是微不足道的愿望，但基蒂马特展现了一种田园诗般的平凡生活的想象。而大规模的工业发展计划让这种生活成为可能。1958年，联合国电影服务处去那里拍摄《人类的力量》（*Power among Men*）。基蒂马特被选中，作为影片中讲述有价值的开发项目的四个城市之一，影片由著名电影人索诺德·狄金森（Thorold Dickinson）和 J. C. 希尔斯（J. C. Sheers）执导。这部由镇上居民出镜的电影颂扬了人类改造社会的能力。[①]

在建设这个新城镇的努力中，加拿大铝业公司的出现不仅仅表现出了家长作风（图 2.5）。一家私营工业企业站在了新城镇规划的前沿，这是战后社会妥协的一部分。在加拿大铝业公司工作的 2000 多名男女不仅要求更好的工作条件，而且需要体面的住房、社会服务和规划良好的社区。新城镇是良好的劳资关系管理的舞台，还吸引了工业所需的训练有素的人才。有序的以家庭生活为导向的环境提高了生产力和利润。加拿大铝业公司副总裁对此表示赞同，他说："没有一支忠诚、能干、快乐的员工队伍，任何现代大型企业都不可能成功……我们希望基蒂马特尽最大可能提供好的生活和工作条件。"[②] 规划中的城镇也呼应了大规模公司的那种受规则支配的、可预测的氛围。事实上，这些新城镇通常由开发公司管理，开发公司往往属于公共实体，行事却类似于私人公司的模式。到 20 世纪 50 年代

---

① 感谢大不列颠哥伦比亚省基蒂马特博物馆和档案馆馆长路易丝·艾弗里关于此影片的介绍。马龙·白兰度旁白，纽约爱乐乐团配乐。United Nations Film Services, *Power among Men*, directed by Thorold Dickinson and J. C. Sheers in collaboration with Alexander Hammid, G. L. Polidoro, and V. R. Sarma（New York：United Nations Film Services, 1958）。其他几集分别是：意大利蒙特卡西诺附近一个被闪电击中过的村庄的重建，海地一个农业社区的现代化，以及挪威一个农村地区引进原子能反应堆等。

② Quoted in B. J. McGuire and Roland Wild, "Kitimat — tomorrow's City Today," *Canadian Geographical Journal* 59, no. 5 (1959)：150.

末，基蒂马特共有 11 个教堂和 60 多个文化、娱乐、民族和志同道合者组织：为一支心满意足的劳动队伍创造出了一种"忙忙碌碌"的自在氛围。[1]

2.5　加拿大铝业公司为不列颠哥伦比亚省基蒂马特市拟建的基蒂马特市中心商业建筑，1955 年。©加拿大铝业公司。北方前哨出版社收藏，由基蒂马特博物馆和档案馆提供

二、作为社会主义理想的钢铁城镇

政府、工业和劳工之间具有决定性的关键联盟定义了冷战双方战

---

① Ira M. Robinson, "New Industrial Towns on Canada's Resource Frontier," in *Program of Education and Research in Planning* (Chicago：University of Chicago，1962)，87 - 88.

后的现代化进程。新城镇预示着国家对自然资产和资本投资的控制，也预示着将建立一个新的、更加公平的社会。正如科尔比、奎纳纳和基蒂马特一样，从零开始建设的理想的社会主义城市，是一个新社会的试验场。和谐与幸福将在其中占据主导地位。[1] 这些理想化的城市是在全球资源格局中得以重现的。

苏联出现了大约 1000 个"新城镇"，其他的东方集团国家又建设了 60 个城镇项目。它们中的大多数被学者们当作钢铁厂和炼油厂的工人宿舍。的确，这些新城镇是五年计划的王牌项目。钢铁依旧在锻造国家的力量，它使这些定居点远不只是住宿而已，其思想内涵极其丰富。东方集团的每个国家都有着自己的社会主义样板：波兰的诺瓦胡塔和蒂黑（Tychy），东德的艾森许滕施塔特（Eisenhüttenstadt），匈牙利的斯大林城（Sztálinváros），保加利亚的季米特洛夫格勒（Dimitrovgrad），捷克斯洛伐克的哈维洛夫（Havirov）和沃罗西洛夫（Vorosilov），以及南斯拉夫的铁托格勒（Titograd）和韦莱涅（Velenje）等。作为政治象征，它们几乎和红旗一样重要。在人们的心目中，它们是"绝佳的生活环境，有着优越的经济和文化，将提升人类的集体生活"。[2]

有关建筑工程的新闻报道、电影、小说、诗歌、绘画和流行音乐等，都传达了这种宏大的憧憬。新城镇是迷人的地方。普通人将获得好工作和受教育的机会、现代化的住房、公园和游乐场，享受医疗保

---

① 关于幸福的公共叙事，参见 Cor Wagenaar, ed. , *Happy Cities and Public Happiness in Post-War Europe* (Rotterdam：NAi Publishers/Architecturalia，2004)。

② Grundsätze des Stadtebaus，Berlin 1950，quoted in Michel Grésillon，"Les Villes nouvelles en République démocratique Allemande：Problèmes d'intégration," *L'Espace géographique* 7，no. 1 (1978)：32. 关于冷战背景下美国人眼中的社会主义城市，著述不少，比如 Jack C. Fisher，"Planning the City of Socialist Man," *Journal of the American Planning Association* 28，no. 4 (1962)：251 - 65。

健以及各种社会和文化权利。这些希望是社会主义新人的先决条件，他们是伴随社会主义革命而出现的典型公民。显然，这一灵感主要来源于苏联的社会主义城市理想。新城镇的设计和建设与政治密切相关，就像所有的乌托邦一样。然而，人们之所以认为社会主义新城镇是"新的"、不同的，是因为它们是按规划而建，从而避免了资本主义城市的各行其是和资产阶级的世界主义。它们之所以新，还在于它们形成了"社会主义生活方式"，赋予了工人进入城市的权利，以及获得工作、住房、文化和娱乐的权利。它们代表了现代性空间历史的未来。新城镇将是没有冲突的，美好的，新一代的社会主义者将在新城镇的平安与幸福中成长。社会主义有能力使这样的城市未来即刻成为现实。

然而，在这种政治上的洋洋得意之下，理想的社会主义城市与资本主义世界的新城镇梦景并无本质区别。冷战时期界限分明的双方都对重建年代的再造乌托邦志向有着深刻的共识。重建给城市辖区的完善带来了巨大的希望。在苏联集团的背景下进行解读的话，社会主义新城镇都具有现代主义和现代化的特征。[①] 东方的规划师和建筑师在美学传承、专业关系和城市理论方面，与他们的西方同行有着广泛的共同之处。这些根源既存在于革命前的东欧，也存在于社会主义的意识形态蓝图中，而社会主义本身也不是一成不变的。

设计和建造东欧新城镇的建筑师与城市规划师，是20世纪20年代和30年代进入职业年龄的那些学生，他们是世纪中期关键的一代人。他们中的许多人在国家社会主义和战争期间的流亡岁月里强化了

---

① 提出这一点的还有 Christoph Bernhardt, "Planning Urbanization and Urban Growth in the Socialist Period: The Case of East German New Towns," *Journal of Urban History* 32, no. 1 (November 2005): 109 - 14。See as well Ivan Szelenyi, "Urban Development and Regional Management in Eastern Europe," *Theory and Society* 10, no. 2 (1981): 169 - 205, and David Crowley and Jane Pavitt, eds. , *Cold War Modern: Design 1945 - 1970* (London: V and A, 2008)。

自己的国际人脉，规划概念也有了转变。他们的知识和专业经验使他们能够经受住社会主义规划和建筑理论不断变化的意识形态浪潮。① 对于社会主义城市理想，这些跨国影响力的重要程度不输于苏联规划政策被大家认可的明智之处——而且前者可能更为持久。政府接受并推广规划方面的专业知识，将其作为设计理想的社会主义世界的框架。东西方集团都把重点放在重建、经济发展和社会秩序上，放在为集体和公民个人提供物质福利和社会福利上。

因此，邻里单位成为东方集团新城镇的官方运作方式，尽管在社会主义术语中，它被称为"微型街区"②。选择这个词是为了将此处的邻里规划作为一个特定的社会主义概念与西方的区分开来。1930年，著名经济学家、人口学家和政党理论家斯坦尼斯拉夫·斯特鲁米林（Stanislav Strumilin）③ 首先使用了这个术语，他将克拉伦斯·佩里的邻里单位样式应用于苏联的规划之中。社会主义理想与资本主义理想最初的区别在于前者在修辞上和设计上强调城市生活的集体性质。每个学校、日托机构和医疗设施以及社区会所，都体现了这种集体性。微型街区将会克服阶级分化。每一天都体现集体性的独特的社会主义空间将防止资本主义城市的异化和社会分隔现象。

---

① See the excellent discussion by Jay Rowell, "Du Grand ensemble au ' complexe d'habitation socialiste': Les Enjeux de l'importation d'une forme urbaine en RDA," in *Le Monde des grands ensembles*, ed. Frédéric Dufaux and Annie Fourcaut (Paris: Editions CREAPHIS, 2004), 97 - 107. See also Andreas Schätzke, "Nach dem Exil: Architekten im Westen und im Osten Deutschlands," in *Grammatik sozialistischer Architekturen: Lesarten historischer Städtebauforschung zur DDR*, ed. Holger Barth (Berlin: Dietrich Reimer Verlag, 2001), 267 - 78.

② microrayon, 或称 micro-district, 是苏联时期的基本规划单位，由可容纳 5000 至 10000 名居民的住宅区组成，提供必要的设施，如幼儿园、学校、医疗保健、杂货店以及电影院、图书馆等公共设施。——编者

③ 关于斯特鲁米林的社会主义城市愿景，参见 Michael Frolic, "The Soviet City," *Town Planning Review* 34, no. 4 (1964): 285 - 306。

　　然而，冷战时期的意识形态冲突在很大程度上夸大了对社区和集体的理解差别。社会公平、和平与和谐、对平凡幸福的渴望等，是重建时期的东西方集团都怀抱的梦想。理想的邻里关系已经完全融入了规划讨论中。1964 年在莫斯科举行的联合国新城镇专题讨论会上，来自铁幕两边的一批国际专家出席了，大家一致认为"邻里单位和居民区应成为衡量新城规划的基本尺度"。为了强调这一点，苏联国家工程与建筑委员会副主席巴拉诺夫（N. V. Baranov）补充道："作为基本结构组成部分的社区仍有其重要性。无论城镇规模大小，都在按照同样的方式规划。"[1]

　　以波兰为例，战争对这个国家巨大的破坏意味着将进行一场浩浩荡荡的重建运动，而他们所能依赖的资源非常匮乏。这个国家只剩下一片废墟。在雅尔塔会议上，波兰的边界被迅速西移，随之而来的是大规模的带有对立情绪的人口迁移。战后，这个国家的生产能力停滞不前，城市几乎无法运转。六分之一的人口已经死亡。受过教育的波兰精英几乎被屠戮殆尽。最初，国家成立了一个重建部，围绕着国家、地区和地方各级的宏伟规划，将剩余的技术专业人员和大学工作人员整合了起来。到 1949 年，随着管理体制逐渐稳定到位，重建的责任被分配给了一系列机构。波兰科学院建立了一个研究机构网络，进行了广泛的区域调查和制图分析。[2]

[1] Introduction and N. V. Baranov, "Planning of Metropolitan Areas and New Towns," in United Nations Department of Economic and Social Affairs, *United Nations Symposium on the Planning and Development of New Towns*, Moscow, 24 August – 7 September 1964 (New York: United Nations, 1966), 6, 213.

[2] 有关这些细节的珍贵资料详见 Kazimierz Dziewonski, "Research for Physical Planning in Poland, 1944–1974," *Geographia Polonica* 32 (1975): 5–22. See also Nicole Haumont, Bohdan Jalowiecki, Moïra Munro, and Viktória Szirmai, *Villes nouvelles et villes traditionnelles: Une comparaison internationale* (Paris: L'Harmattan, 1999)。

1950 年的全国人口普查提供了这个国家最新的人口状况。根据瓦尔特·克里斯塔勒的中心位置理论（见第一章）和英国关于新城镇的《里斯报告》，规划人员对聚落网络和城市结构进行了研究。他们仔细考虑了斯德哥尔摩周围一系列新城的规划。[①] 绘制国家领土的地图并进行评估是为了在全国范围的规划中使空间合理化，并为整合稀缺资源做好准备。鉴于波兰战后的可怕情况，这是一项需要勇气的事业。

波兰启动了一些新城镇项目。其中，诺瓦胡塔和蒂黑最为重要，并受到了广泛的研究。上西里西亚的维斯图拉河上的诺瓦胡塔（新钢铁厂）被誉为该国于 1953 年起实施的六年计划中最重大的项目。根据宣传，那里的列宁钢铁厂建成之后，其钢铁产量将相当于战前波兰所有钢铁厂产量的总和。这座新城镇由向东延伸至苏联境内的公路和铁路连接，苏联在该项目上投入了大量资金。技术援助、轧钢机和原材料则来自美国。[②]

诺瓦胡塔的选址也是出于政治动机。西里西亚是欧洲最具争议，也是政治上最不稳定的地区之一。第二次世界大战后，大部分领土已被移交给波兰管辖。拟议的上西里西亚土地利用图显示了一个理想的模式，即交通干线在新旧城镇之间以严谨的等级顺序纵横交错。大规模开发项目和新城镇建立了领土管控，巩固了与德国的新边界。诺瓦胡塔的建设也是为了取代之前的天主教城镇克拉科夫，克拉科夫曾是

---

① Anna Biedrzycka, *Nowa Huta—architektura i twórcy miasta idealnego*; *Niezrealizowane projekty* (Crakow: Muzeum Historyczne Miasta Krakowa, 2006), 20.

② Dagmara Jajeśniak-Quast, "Ein Lokaler 'Rat für gegenseitige Wirtschaftshilfe': Eisenhüttenstadt, Kraków Nowa Huta und Ostrava Kunčice," in *Sozialistische Städte zwischen Herrschaft und Selbstbehauptung: Kommunalpolitik, Stadtplanung und Alltag in der DDR*, ed. Christoph Bernhardt and Heinz Reif (Stuttgart: Franz Steiner, 2009), 101.

反抗苏联支持的共产党政府的中心之一。敌对的两镇相距只有 7 英里。官方媒体将克拉科夫描述为资产阶级的、反动的、守旧且软弱的。诺瓦胡塔人则是现代的、年轻的、健康且强壮的。

波兰规划人员面临的现实是，西里西亚是一个人口稠密、老化严重的工业区，80%的人口从事采矿和重工业。那里是一个社交火药桶。20 世纪 20 年代和 30 年代，波兰人和德国人爆发了两次全方位的暴乱，法国军队在边界全民公决期间占领了该镇，矿工不断罢工，而且常年粮食短缺。清洁水是一种稀缺资源。废弃的矿井和老化的工厂加工锌、铅、铁矿石和钢铁，到处都是令人沮丧的破烂不堪的贫民窟，战争时期的轰炸更使这一切雪上加霜。工业废物和污染使生活条件难以忍受。阴湿、拥挤的公寓楼与锌加工厂和工厂高炉比邻而立。① 正是这些可怕的条件，使波兰的未来规划势在必行。新城镇照乌托邦理想来运转，但是要在特定的历史条件下——此刻的状况是过去遗留下来的可怕场景。

诺瓦胡塔最初是为 10 万人口规划的，尽管它最终增长到了原计划的两倍多。由建筑师塔德茨·普塔茨基（Tadeusz Ptaszycki）领导的规划团队将这座新城打造成了一个社会主义现实主义版本，其设计则以文艺复兴理论为基础。历史传统成为了斯大林反对西方现代主义者的资本主义与形式主义影响、支持英雄的民族主义运动的标志。社会主义建筑和城市设计是以民族遗产为基础，作为人民政治生活和民族意识的表现。诺瓦胡塔以及战后早期的斯洛伐克新城镇新杜布尼察（Nová Dubnica）、斯洛文尼亚的新戈里察（Nova Gorica）、匈牙利的斯

---

① 关于上西里西亚的情况，参见 Emil Caspari, *The Working Classes of Upper-Silesia: An Historical Essay* (London: Simpson Low, Marston, 1921)。On the regional plan, see Adolf Ciborowski, *L'Urbanisme polonais 1945 - 1955* (Warsaw: Editions Polonia, 1956), 64 - 82。

大林城、东德的斯大林施塔特和保加利亚的季米特洛夫格勒等新城镇，都是社会主义现实主义风格的代表作。

诺瓦胡塔的布局为严谨的几何构图。从中央广场向外辐射出三条大道（图2.6），可以看到维斯图拉河和周围山谷的景色。中轴线上有两座古典风格的标志性建筑：剧院和市政厅。后者复制了波兰文艺复兴时期最著名的建筑之一——扎莫希奇的市政厅。整个城市的配置与东边的钢铁厂相关（图2.7、2.8）。列宁钢铁厂的大门有一个闪闪发光的现代主义标志，而其行政办公室的装饰却令人联想到波兰宫殿的华丽建筑。精心布局的集体住宅区从那里开始延伸，配有运动场、公园和绿地等。示范定居点具有包罗万象的叙事特点。

2.6　波兰克拉科夫的诺瓦胡塔中央广场，约1960年。亨里克·马卡雷维奇拍摄。世界图像基金会提供

2.7　1952 年 5 月 6 日，列宁钢铁厂的第一任总经理、工程师扬·安尼奥拉与波兰公共事业部工作队的志愿者在诺瓦胡塔 1 号高炉的建筑工地。摄影师不详。©扬·安尼奥拉家庭私人藏品，克拉科夫历史博物馆

2.8　1954 年 7 月 21 日，波兰克拉科夫的诺瓦胡塔列宁钢铁厂高炉启用。索夫托拍摄/UIG 集团。©盖蒂图片社

在东欧所有的新城镇中，诺瓦胡塔是最大胆的尝试。因此，不仅在官方宣传中，而且在文学、电影和音乐中，它都占据了超大的分量。[①] 这座城市被建成了一个具有表演性的城市剧院——一个充满奇迹的城市。正如作家玛丽安·布兰迪斯（Marian Brandys）的小说《故事的开始》（*The Beginning of a Story*，1952）和作曲家维托尔德·卢托斯瓦夫斯基（Witold Lutosławski）的《诺瓦胡塔之歌》（*Song of Nowa Huta*，1952）中所说，诺瓦胡塔是"民族的骄傲"、"造就了我们的繁华"，也是"波-苏友谊的结晶"。维斯拉瓦·辛波丝卡（Wisława Szymborska）在诺瓦胡塔的每周新闻简报《我们正在建设社会主义》（*Budujemy Socjalizm*）上发表了献给这座城市的诗歌。20 世纪 50 年代在诺瓦胡塔生活和工作的摄影师维克托·彭塔尔（Wiktor Pental），用一系列非凡的图像记录了这座完美城市的生活。除华沙外，诺瓦胡塔是波兰电影和媒体报道着墨最多的城市。人们制作了大约 300 部影片以及近 300 集的《诺瓦胡塔编年史》（*Nowa Huta Chronicles*），每周在电影院和电视上播放，详细描述这座城市的生活。

这座城市的名字意义非凡，人人都能直观地领会其象征意义：在华沙游行时，人们高举着写有"Nowa Huta"这八个字母的巨幅标语，这本身就足够了。此外，该镇的建设情况通过公告不断地向全国通报。诺瓦胡塔的街道名称有：六年计划大道、列宁大道、青年突击手大道、苏军大街、无产阶级大街。最重要的是，这个城镇代表了波兰的社会主义未来：其钢铁厂是劳动的圣殿，它的存在和形式被解读

---

① On Nowa Huta, see Katherine Lebow, *Unfinished Utopia*: *Nowa Huta*, *Stalinism*, *and Polish Society*, *1949 – 56* (Ithaca, NY: Cornell University Press, 2013). Also good is Alison Stenning, "Placing (Post-) Socialism: The Making and Remaking of Nowa Huta, Poland," *European Urban and Regional Studies* 7, no. 2 (2000): 99 – 118.

为政治意识形态。

这座理想的城市是人民自己建造的，他们组成了年轻的劳动大军，在重建时期这是一个普遍的特征。通过电台、印刷媒体和海报的宣传，波兰的年轻人被召唤到诺瓦胡塔寻找新生活。官方的纪录片，如波兰电影制片人安杰伊·蒙克（Andrzej Munk）的《目标：诺瓦胡塔！》（*Destination Nowa Huta!*）、扬·洛姆尼基（Jan Łomnicki）的《一座城市的诞生》（*Birth of the City*），以及博赫丹·科辛斯基（Bohdan Kosiński）的《我在建设这座城市》（*I Was Building the City*）等，捕捉到了工人营里的那些充满活力的年轻面孔。尽管他们最初住在简陋的建筑工地，排队领取食物，但媒体还是称赞这些新来的人为诺瓦胡塔的英雄。其中最著名的是皮奥特·奥兹安斯基，他因擅长砌砖被授予人们梦寐以求的"劳动模范"称号，并在五一节游行中走在了最前面。

诺瓦胡塔及那里的人是一台巨大的生产力机器。其公民是社会主义新世界的先锋，因此将获得大量的职业培训机会以及医疗服务和现代住房的承诺。然而，事实上，和英国的科尔比一样，诺瓦胡塔也是一个原始的地方，那里的酗酒人群变得越来越麻烦，对政治也越来越不满。年轻的劳动大军很容易变为具有强硬的政治优势的流氓。[1] 此外，波兰的罗姆人流离失所，辗转来到诺瓦胡塔，这座城市变成了逃离政治暴力的乌克兰和希腊难民以及苏联劳改营释放的前囚犯的避难所。建设滞后，服务匮乏，乌托邦式的承诺落空，这些都让人们怨声载道。除了官方宣传之外，规划文献和媒体也对该项目提出了令人惊讶的批评。边境的气氛，从以下节选的《写给成年人的诗》（*A Poem*

---

[1] Katherine Lebow, "Public Works, Private Lives: Youth Brigades in Nowa Huta in the 1950s," *Contemporary European History* 10, no. 2 (2001): 199 - 219.

for Adults）[1] 中可见一斑，这是 1955 年 8 月亚当·瓦兹发表在《新文化》（*Nowa Kultura*）上的：

> 他们坐着马车从乡村，从小镇，
>
> 去建造一座铸造厂，变出一座城
>
> 挖出一个新的埃尔多拉多[2]。
>
> 一支开拓大军，一群乌合之众
>
> 带着一大堆誓言，一个小小的羽毛枕
>
> 猛灌伏特加，吹嘘风流韵事
>
> 这支移民大军，这个没人性的波兰
>
> 在十二月的夜晚无聊地号叫着
>
> 成天听的是空话，日复一日疯狂地生活……

这种烂熟的印象最终在安杰伊·瓦伊达 1976 年的电影《大理石人》（*Man of Marble*）中被描绘了出来，该片的主人公是一位虚构的诺瓦胡塔的砖瓦匠马特乌斯·比尔库特。在这部影片中，比尔库特因出色的宣传工作而声名鹊起，但最终因参与抗议活动而失去官方的青睐。比尔库特死于 1970 年格但斯克造船厂的冲突之中，这预示了即将发生的事。

尽管如此，报纸上还是充斥着关于从泥沼中崛起的乌托邦世界的文章。诺瓦胡塔是波兰在预制混凝土建筑材料和现代建筑方法等方面

---

① 这首诗的英译出现在《异见》（*Dissent*）杂志的 1962 年春季刊中。参见 Marci Shore, "Some Words for Grown-up Marxists: 'A Poem for Adults' and the Revolt from Within," *Polish Review* 42, no. 2 (June 1997): 131－54.

② Eldorado, 比喻理想中的黄金国，富庶之乡。——编者

的第一个试验场。① 他们把混凝土的可塑性和实用性与进步、解放和社会正义联系到了一起。他们确信，一个完整的现代化城镇将产生新的社会行为和新的社会。该市的居民区被划为每 5000 至 6000 个居民一个邻里单位。在那里，年轻的家庭将享受幸福的家庭生活。在那个时代，在平凡日子里能享受到这样的现代化生活是非同寻常的。

到 1952 年，诺瓦胡塔已经有约 5.7 万人口，到 1956 年，居民人数超过了 10 万。在长久的等待之后，人们最终住进了配有现代化厨房、镶木地板和中央供暖系统的公寓。这些住宅代表了社会关系的革命，代表了工人阶级将享受到的尊重和生活质量。小镇慢慢地配置了医疗中心、学校、图书馆、剧院、电影院和商店。人们种下了数百棵树木，营造出一座绿意盎然的城市。这种社会主义城市原型将造就出成熟的现代公民。据预测，诺瓦胡塔将成为欧洲一流的旅游胜地。②

同样吸引人的话语也萦绕在德意志民主共和国新城镇的宣传中。四个官方新城在那里建成：斯大林施塔特、施韦德特、霍耶斯韦尔达和哈勒-诺伊施塔特（Halle-Neustadt）。斯大林施塔特建于 1950 年，位于法兰克福/奥德河附近的波兰边境，被誉为德国第一个社会主义城市（该市的官方名称在 1961 年改为艾森许滕施塔特）。它是一个钢铁城，与乌拉尔山脉以外的苏联模范城市马格尼托戈尔斯克同样具有神话般的地位。③ 对于东德建筑师来说，斯大林施塔特是"一个乌托

---

① Bolesław Malisz, *La Pologne construit des villes nouvelles*, trans. Kazimiera Bielawska (Warsaw: Editions Polania, 1961), 96 - 97.
② Bolesław Janus, "Labor's Paradise: Family, Work, and Home in Nowa Huta, Poland, 1950 - 1960," *East European Quarterly* 33, no. 4 (2000): 453 - 74.
③ 历史学家露丝·梅将斯大林施塔特描述成托尼·加尼尔的《工业城市》（*cité industrielle*）所说的传统理想城市和马格尼托戈尔斯克。Ruth May, "Planned City Stalinstadt: A Manifesto of the Early German Democratic Republic," *Planning Perspectives* 18 (2003): 47 - 78。

邦"，一个"社会样板"。早期的宣传小册子滔滔不绝地宣扬说，在那个地方，"未来会向你问好"。这座城市还将聚集更多的神话，这些神话与这个地方无关，而与共产主义民主德国看待自己的方式及其新身份有关。超过半数的工业基础设施在战争中被摧毁，剩下的大部分被拆除并运到苏联作为赔偿，或者落入西德或波兰之手。在这片荒凉的土地上，斯大林施塔特的建立被认为是国家复兴的一个重要标志。

斯大林施塔特被拔高为新的德-波和平边界上的诺瓦胡塔。在东欧集团经济互助委员会（COMECON）的监督之下，这两个昔日的敌人将在同一个新的经济版图内，在繁忙的钢铁生产中和解。根据它的多边贸易协定，焦炭和煤炭将从波兰运来，铁矿石将从苏联运来。民主德国通过重大生产和工程项目鼓励其欠发达的东北地区工业化。因此，斯大林施塔特作为乌克马克（Uckermark）农村地区工人的落脚点而建立起来。诸如此类从"资本主义手中继承下来的"的贫困地区"将被永远消灭"。社会主义城市将放松对反动的农村和小资产阶级的控制。[①] 而且该地区也远离美国在西德的空军基地。更重要的是，斯大林施塔特旨在接收被德-波新边界从东部驱逐的难民，并为他们在新的社会主义体系中提供稳定的工作和家庭生活。

该镇以民主德国的社会主义城市发展新原则为基础，旨在建设一个满足人类的工作、居住、文化和娱乐需求的和谐社会。1950 年春，东德的一个高级规划师和建筑师代表团赴莫斯科、列宁格勒、斯大林格勒和基辅考察。之后，他们在《莫斯科总体规划》的基础上，发布

---

① 施韦德特新城也将履行这一职能。Ökonomisches Forschungsinstitut der Staatlichen Plankommissions, *Planung der Volkswirtschaft in der DDR* (East Berlin: Verlag Die Wirtschaft, 1970), 191; cited in William H. Berentsen, "Regional Change in the German Democratic Republic," *Annals of the Association of American Geographers* 71, no. 1 (1981): 54。

了具有法律约束力的《城市设计十六项原则》（Sixteen Principles of Urban Design）。该文件被建筑史学家解读为对国际现代建筑协会《雅典宪章》做出的政治反应，《雅典宪章》与包豪斯一同被社会主义政权谴责为功能主义和世界主义的产物。有关美学和城市设计的问题充满了政治色彩。斯大林施塔特对城市规划的非一般关注，反映出了民主德国在城市景观方面的社会革命。新城镇规划受到党的领导人密切监督。决策是重建部的最高层做出的，也就是民主德国总统瓦尔特·乌布利希本人。

　　在回顾了一堆堆早期的实验性设计之后，建筑师库尔特·莱希特（Kurt Leucht）为一个拥有 3 万居民的新城镇设计的城市类型方案于 1951 年被正式批准用于斯大林施塔特（图 2.9）。小镇紧凑，具有文艺复兴时期古典主义传统的庄重而统一的风格。一条称为列宁大道的礼仪性交通要道通往中心广场。[1] 市中心是社会主义城市规划的重中之重。在 1950 年的第三次党代会上，共产党（SED）阐述了城市中心的重要作用。该镇的中心不是一个西式的熙熙攘攘的交通和商业中心，而是一个衡量政治人的标尺，是一个"宏伟而美丽"的地方，人人都会感到自己是受欢迎的。[2] 莱希特设计了它最重要的文化之家和市政厅，其两侧是进入钢铁厂的宏伟大门，建筑呈庄重的几何图形。这三个机构是社会转型的机制，它们带有纪念意义的舞台成了政治示威、游行和民众庆祝活动的背景；在这些活动中，工人们将宣称他们拥有这座城市的权利，而这城市应该是"全民族的、美丽的、慷慨

---

[1] See Kurt Leucht, *Die erste neue Stadt in der Deutschen Demokratischen Republik：Planungsgrundlagen und-ergebnisse von Stalinstadt* (Berlin：VEB Verlag Technik, 1957).

[2] 关于镇中心在社会主义乌托邦计划中的作用，参见 Elisabeth Knauer-Romani, *Eisenhüttenstadt und die Idealstadt des 20. Jahrhunderts* (Weimar, Germany：Verlag und Datenbank für Geisteswissenschaften, 2000)，89 – 108。

的"。莱希特向社会主义城市乌托邦致敬的经典设计还包括一座图书馆、剧院和电影院。

2.9　东德斯大林施塔特的设计图，库尔特·W. 莱希特，1952 年。摄影师不详。莱布尼茨区域发展和结构规划研究所提供［科学藏品部，A12（艾森许滕施塔特）］

　　在斯大林施塔特钢铁厂的工人中，约 50％是来自东部的难民，[1] 他们是新定居在这座未来之城的。其他人为农场工人和在工业界寻找工作的年轻人。他们入住的四个住宅区紧密围绕市中心呈放射状排列。这些建筑群以四层古典风格的建筑为特色，带有阳台和拱廊（图 2.10）。这些建筑分为一座座宽敞的现代公寓，周边环绕着花园、游乐场和步道。每个社区都是一个独立的板块，内部设有日托中心和学校、俱乐部、健康中心，以及按居民数量计算安排的社会服务设施。除此之外，还有花园、运动场和公园。这里的地形被融入城市设计中，展现出了地方特色。历史学家露丝·梅认为，莱希特方法的独

---

[1] Jajeś niak-Quast，"Ein Lokaler 'Rat für gegenseitige Wirtschaftshilfe，" 99.

特之处在于"试图在传统的城市特征和社会主义工业城镇的新特征之间构建一种理想的一致性"。在一种新的城市理想中，工作和生活得到了调和。[1] 这座城市将为工人提供无限的潜在机会。这是一个集体主义梦想。

2.10　东德斯大林施塔特的社会主义现实主义。弗里德里希·恩格斯大街上的住宅区，一楼有商店，约 20 世纪 50 年代末。©艾森许滕施塔特体育场

斯大林施塔特挪用并表达了欧洲城市理论的各种流派。为了准备他的设计，莱希特曾前往苏联，对马格尼托戈尔斯克以及 1948 年建立的格鲁吉亚工业城镇卢斯塔维（Roustavi）进行研究。边境另一端的诺瓦胡塔也是个样板。诺瓦胡塔和斯大林施塔特规划都以社会主义

[1] May, "Planned City Stalinstadt," 63.

现实主义的标志性古典主义风格为基础。布局中有一个正规的几何形状，中心广场和轴线以纪念性建筑及放射状林荫大道为标志。具有讽刺意味的是，古典主义也是国家社会主义设计的标志，也是柯布西耶为重建圣迪埃（Saint-Dié）甚至包括他的光辉城（Radiant City）等城镇而绘制的效果图。然而，社会主义现实主义话语为共产主义提供了美学上的合法性和意义。[1] 它与城市旧时的混乱与苦难形成了对比。重建为纠正这类罪恶提供了机会。古典秩序的回归也与西式风格的功能主义以及田园城市的田园风情并行不悖。

然而，这一社会主义现实主义阶段是短暂而矛盾重重的。尽管有官方的政治姿态和对现代主义的敌意，包豪斯校友的身影在中欧和东欧仍然随处可见。[2] 他们要么绕开，要么穿越官方宣传中关于国家建筑遗产和城市美学的雷区。在斯大林主义风格的表面渲染之下，东德建筑师仍然痴迷于预制化和标准化。他们对英国和瑞典的新城镇，以及法国和荷兰的建筑技术都有着浓厚的兴趣。[3] 斯大林施塔特的功能分区，对社区、学校、娱乐活动和公园区域的关注，与现代主义信

---

[1] See Katerina Clark, "Socialist Realism and the Sacralizing of Space," in *The Landscape of Stalinism*, ed. Evgeny Dobrenko and Eric Naiman (Seattle: University of Washington Press, 2003), 5. See also Anders Aman, *Architecture and Ideology in Eastern Europe during the Stalin Era: An Aspect of Cold War History* (New York: Architectural History Foundation; Cambridge, MA: MIT Press, 1992).

[2] 关于包豪斯的影响，参见 Wolfgang Thöner, "The 'Indestructible Idea' of the Bauhaus and Its East German Reception," *GHI Bulletin*, suppl. 2 (2005): 115–37。See also Eric Mumford, "CIAM and the Communist Bloc, 1928–1959," *Journal of Architecture* 14, no. 2 (2009): 237–45, as well as his *Defining Urban Design: CIAM Architects and the Formation of a Discipline, 1937–69* (New Haven, CT: Yale University Press, 2009)。

[3] Christoph Bernhardt, "Entwicklungslogiken und Legitimationsmechanismen im Wohnungsbau der DDR am Beispiel der sozialistischen Modellstadt Eisenhüttenstadt," in *Schönheit und Typenprojektierung: Der DDR-Städtebau im internationalen Kontext*, ed. Christoph Bernhardt and Thomas Wolfes (Erkner, Germany: Institut für Regionalentwicklung und Strukturplanung, 2005), 356.

条，甚至国际现代建筑协会的《雅典宪章》步调一致。正如田园城市运动和国际现代建筑协会一样，社会主义规划者设想的是在植被地带和公园里建造阳光充足的住宅。到了 20 世纪 50 年代，这已成为全球范围内共有的一种风气，其中大部分都沉浸在战后对自然疗愈益处的想象中。这是一次对美好生活的深刻而痛苦的探索。包含日常社会服务的邻里单位的设计，也象征着 20 世纪中期城市规划的跨国特征及其与普通人的深刻联系。

斯大林施塔特和诺瓦胡塔[①]都在社会主义想象中获得了寓言式的地位。这两个地方在重建初期都具有东欧新城原型的英雄特征。随着各国实施城市改革措施和迫切需要的住房计划，新城镇成为通往社会主义未来的试验性大门。作为意识形态和宣传策略，它们给了战后一代人进行社会主义伟大实验的希望。正如诺瓦胡塔或匈牙利的斯大林城以及捷克共和国的库尼茨一样，[②] 斯大林施塔特被描绘为一个"青年之城"。斯大林施塔特的宣传画通常把青年工人放在最上方，放眼凝视奥德河-尼斯河边境线的平原上乌托邦的崛起（图 2.11）。这是一群要实现自我的人，正在建设一个新世界。

这种全神贯注、纯洁而一览无余的凝视可以在卡尔·蒙德斯托克（Karl Mundstock）的《明亮的夜》（*Helle Nächte*，1952）这样的社会主义现实主义小说中找到。小说中，女主人公梦见自己站在起重机上，俯视即将成为斯大林施塔特的地方。令人敬畏的建筑工地变成了

---

① 关于斯大林施塔特与诺瓦胡塔的比较，参见 Ingrid Apolinarski and Christoph Bernhardt, "Entwicklungslogiken sozialistischer Planstädte am Beispiel von Eisenhüttenstadt und Nova Huta," in Barth, *Grammatik sozialistischer Architekturen*, 51 – 65。

② 关于东欧各钢铁城的比较，参见 Dagmara Jajesniak-Quast, "In the Shadow of the Factory: Steel Towns in Postwar Eastern Europe," in *Urban Machinery: Inside Modern European Cities*, ed. Mikael Hard and Thomas J. Misa (Cambridge, MA: MIT Press, 2008), 187 – 210。

2.11　1954年，东德人在附近一座山上眺望斯大林施塔特。ⓒ联邦档案馆。图片183－
　　　26012－0001/霍斯特·斯特姆摄

一个田园诗般的城市环境。在官方照片中，有带着孩子的年轻家庭，还捕捉到了在斯大林施塔特的街道上、学校、操场和医疗中心的年轻男女的身影。他们聚集在社区俱乐部里举行舞会和庆祝活动。他们是来造访未来的：他们的日常生活已经改变。在名为《斯大林施塔特，新生活—新人》（1958）的摄影作品集中，这个庞大的钢铁联合体主宰着这座城市，工人们在熊熊燃烧的熔炉和机器之间忙碌着。个人肖像、果敢的面孔、快乐的孩子和家庭等，组成了一个英雄般的劳动人民群像，他们"摆脱了对日常生活的焦虑……斯大林施塔特是这一切的开始"。①

———————————

① Heinz Colditz and Martin Lücke, *Stalinstadt*：*Neues Leben* — *neue Menschen*（Berlin：Kongress Verlag，1958），3.

三、建设地区性大都市

尽管在战后的城市史中，这些城镇很大程度上被忽视了，但科尔比、奎纳纳、基蒂马特与斯大林施塔特等工业和资源城镇是战后重建的前沿，并形成了决定性的经济地理。到 20 世纪 50 年代中后期，第二批新城镇开始在欧洲大城市周边形成。大伦敦规划、赫尔辛基的"七城计划"、哥本哈根的"指形计划"和斯德哥尔摩总体规划，成为大都市规划的国际典范。这些都是人口众多的著名都城的未来愿景，它们的复杂性和区域范围完全不同。

这些计划包含三个关键要素，这些要素使每座城市都自成一体。首先是大规模的城市更新，将老化的城市中心改造成现代商业和文化区。这本身就是一个关注历史城市核心区的话题。此处的目的是突出第二个要素：将城市人口分散到大都市地区的卫星新城网络中去。这些新定居点的位置与交通走廊相结合，形成了完全由规划创造的新的地理格局。最后，使这些新城镇成为社会民主改革的乌托邦景观的是社会福利框架。事实上，最直接、最成功的大都市计划是由那些竭力致力于进步社会福利的欧洲国家（特别是斯堪的纳维亚）实施的。[1] 使这些地方与众不同的，与其说是象征生产的工厂和钢铁厂，还不如说是社会福利部门，后者代表着国家的大度和人们可以享受的完美生活。这些崭新的城镇突然出现在一个地区的景观中，就像围绕

---

[1] 参见皮埃尔·梅林关于斯堪的纳维亚首都城市规划的章节，*New Towns*：*Regional Planning and Development*（London：Methuen，1971）。See also his "Villes nouvelles en Scandinavie," *Cahiers de l'IAURP* 9（1967）。

着首都的特权朝臣，就像闪闪发光的星星围绕着太阳。

最早吸引了战后初期规划者想象力的是大伦敦规划。作为世界上被模仿最多的范例，该规划被无数后代所接受和改编。在地区网络中，以独立的田园城市来抑制伦敦的扩张，当然是英国长期以来的传统，直接源自埃比尼泽·霍华德（见第一章）。然而，正是纳粹闪电战期间的轰炸造成的巨大破坏，将早期的田园城市实验变为一项影响深远的都市规划。在 1941 年纳粹轰炸最严重之时，英国工程与建筑部大臣约翰·里斯勋爵要求伦敦城和伦敦郡议会着手准备战后重建计划。他是伦敦还在熊熊燃烧之时就已在努力为伦敦的未来打算的人之一。另一个是现代建筑研究会（MARS），即国际现代建筑协会的英国分支，它提出了沿泰晤士河延伸的高密度大都市的线性规划。[①] 但毫无悬念，最终胜出的是帕特里克·艾伯克隆比和 F. J. 福肖提出的令人惊叹的地区愿景规划。

之前讨论资源城镇时，我们介绍过艾伯克隆比，因为他在整个英国工业振兴概念化中所起的作用非同小可。然而，他最杰出的成就是他的《伦敦郡规划》（1943）和《大伦敦规划》（1944）。两份规划都呼吁把人口和工业从过于拥挤的中心地区彻底分散到城市外围。伦敦的扩张将被控制在一系列同心环内，这些同心环建立了一个有序的、边界明确的区域格局（图 2.12）。从伦敦市中心向外延伸到伦敦郡，然后是大伦敦都会区，每一环的城市化程度都会递减，直至外围成为一个广阔的绿地。除此之外，大约 100 万人将迁移到首都周边的 10

[①] 现代建筑研究会的计划由建筑师阿瑟·林和阿瑟·科恩、工程师费利克斯·萨缪利和景观设计师克里斯托弗·特纳共同设计，定名为 "A Master Plan for London"，发表于 *Architectural Review* 91（January 1942）：143 - 50。它提议在伦敦市中心建一个范围广泛的文化和商业活动区，两侧各设置两个工业区。快速轨交系统延伸 25 英里，沿途设置 16 个高密度住宅区。

座新城镇里。真正建成的只有 8 座：赫特福德郡的斯蒂夫尼奇、赫默尔亨普斯特德（Hemel Hempstead）、哈特菲尔德（Hatfield）、韦尔温花园城，苏塞克斯郡的克劳利，埃塞克斯郡的哈洛和巴西尔登（Basildon），以及伯克郡的布拉克内尔（Bracknell）。每个城镇都将围绕道路系统勾勒出的超级街区进行设计，然后以邻里单位填充。这是一个大胆的设想，一个开创性的新规模的规划。这是一项为未来设定参数的长期战略。

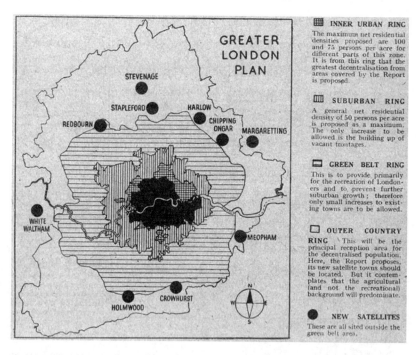

2.12　1944 年《大伦敦规划》的四个分区环，标明了新的卫星城镇和村庄。©英国皇家建筑师协会图书馆图片部

鉴于 1944 年英国的严峻形势，《伦敦郡规划》和《大伦敦规划》可谓奢华的作品，其中还包括全彩版规划图和测绘图。它们是迷人的未来视觉奇观，是权力与宣传的视觉美学。这些图表采用空中视角，从高处俯瞰伦敦地区，然后将其转换成社区和城镇的彩色绘图。该策略的基础是形式组合和局部与整体的均衡，最终形成了一个整体方案。随着地理成为研究与改进的对象，它被解释为设计和工程抽象的"空间"，在这一概念领域中，人们总是将人口按照一个合理的层次结构进行分类。准确地说，1033000 居民将被分散：其中 383250 人将被迁移到新的卫星城镇，125000 人将迁移到准卫星城镇，261000 人则被迁移到现有的城镇。诊断法（Diagnostics）被认为可以跨越地域和时间运用，规划解决方案也是一样。

自空中观测而来的大都市规划成为规划语言的主要媒介。它在艾伯克隆比理解城市发展，以及城市区域如何能够并且应该以规范的方式组织方面发挥了关键作用。

《伦敦郡规划》设想创建一个个社区，将其划分为 5000 至 10000 人的较小邻里单位。正如福肖和艾伯克隆比所指出的，"我们的提议意图在于让居住在这些单元的儿童从家到学校不需要横穿一条主干道……。除了规则分布的游乐场外，开放空间的设计尽可能环绕整个社区，在社区与街区之间形成一个天然的隔离带。他们还补充道："社区分组在很大程度上有助于培养当地居住者的自豪感，这有助于控制和组织。"[1] 该计划还包含一项基于克拉伦斯·斯坦因和克拉伦斯·佩里的概念的邻域理论研究（theoretical neighborhood）。优雅的全彩版生动地展示了一个伦敦社区的分步建设图，该社区整齐地划分

---

[1] J. H. Forshaw and Patrick Abercrombie, *County of London Plan : Prepared for the London County Council* (London : Macmillan，1943)，9，28 - 29.

为一个个围绕学校而形成的邻里单位。

《大伦敦规划》推进了这一步，并建立了一个实验模型，阐明如何将斯坦因和亨利·赖特的新泽西州拉德伯恩新城系统应用于伦敦东北部拟建的昂加尔新城（Ongar）。一共 6 个邻里单位，每个有 1 万居民，都是围绕其社区中心、两所小学和四所幼儿园规划的。每个邻里单位都有自己的购物中心、服务业和轻工业。每 2 个邻里单位共用一所中学、一所男校、一所女校。从独立住宅到公寓，各类住房选择散布在整个区域。然后，绿地和主干道系统将邻里单位分隔开来。这种空间设计几乎没有留下任何余地：邻里单位在内部被设计为一个整体的社区体验。这个想象中的昂加尔新城①的全彩版效果图，是在空白的画布空间上进行复杂的邻里单位模型叠加呈现。这些规划作品的审美满足感显而易见。他们创造了一种城市规划专家的崇高感，而在这种崇高感之中，英国的未来得到了保证。

这两个规划，除了支持将理性规划作为战后恢复的基础这一信念外，也发挥了宣传机器的作用。伦敦郡议会聘请了一家公关公司，发布了广受欢迎的郡规划的印刷版，举办了展览和几场市政厅会议，并派出新城镇意识形态的领军人物在广播和电影中亮相。② 1951 年夏天，在伦敦和全英举行的不列颠节（Festival of Britain）期间，公关活动达到了高潮。在由工党政府组织的宣传中，该规划被称为"振奋国家的动力"，英国的赞歌。这是一场社会福利改革的民粹主义展示，第一批新城镇受到了大张旗鼓地宣传。这是规划师和建筑师展示他们

---

① 关于昂加尔新城的细节讨论，参见 Patrick Abercrombie, *Greater London Plan 1944* (London：Minister of Town and Country Planning, 1945)。

② See Susanne Elizabeth Cowan, "Democracy, Technocracy and Publicity：Public Consultation and British Planning, 1939 - 1951"（PhD diss., University of California, Berkeley, 2010）.

的城市幻想，为普通英国人塑造现代形象的机会。每个刚刚开始建设的新城镇都组织了节庆展览，其中包括斯蒂夫尼奇。它位于伦敦以北30英里处，是英国第一个真正建成的新城镇。

斯蒂夫尼奇被认为是战后初期最值得关注的城市规划模式之一。其设计和步行空间被戏评为"具有节日风格"。斯坦因担任了"斯蒂夫尼奇新城镇公司"的顾问。1950年，他花了几个月的时间在英格兰为斯蒂夫尼奇制订了一项计划，该计划复制了他和赖特为拉德伯恩实施的原则：超级街区，其邻里单位由未开发的绿地和主干道分隔开来。建立了6个完整的、社会成分均衡的邻里单位，每个单位可容纳1万人口。这比它的美国规划版本的居民人数要多得多，并因此招致了大量的批评。英国规划者还用排屋取代了拉德伯恩的独栋住宅。[1] 这种极具创意的改动也体现在未来风格的4座和20座通勤直升机的停机坪上。

斯蒂夫尼奇镇中心是一个完全无车的步行购物区。小镇的建筑由钢、玻璃和石头覆盖的预制混凝土建成，形成了一个连贯的建筑群，并由檐篷和带喷泉的开放式购物中心将它们连接在一起。广告牌与照明灯直接融入了设计之中。在20世纪50年代的视觉形象中，[2] 市中心熙熙攘攘，购物者络绎不绝。商店里，与即将到来的富足时代相关

[1] 关于英国为适应当地情况而对拉德伯恩镇的设计原则和邻里单位进行的修改，参见 Anthony Goss，"Neighborhood Units in British New Towns," *Town Planning Review* 32，no. 1（1961）：66 – 82，as well as Kermit C. Parsons，"British and American Community Design：Clarence Stein's Manhattan Transfer，1924 – 74," *Planning Perspectives* 7，no. 2（1992）：182 – 210。

[2] "Stevenage New Town"（Stevenage，UK：Stevenage Development Corporation，n. d.）。关于斯蒂夫尼奇镇中心和英国所有新城镇的早期照片，参见 Anthony Burton and Joyce Hartley，eds.，*The New Towns Record，1946 – 1996：50 Years of UK New Town Development*（Glasgow：Planning Exchange，1997）。See also *Stevenage Master Plan 1966：A Summarised Report of the Stevenage Master Plan Proposals*（Stevenage，UK：Stevenage Development Corporation，1966）。

的消费品琳琅满目，而合作超市则提供新颖的自助购物。市集旁边是最新的休闲娱乐设施，从舞厅、保龄球馆到艺术中心和公园。

除了展示斯蒂夫尼奇等新城镇外，英国的"现场建筑"展也是一次尝试邻里配置的机会。展会位于伦敦东区被炸毁的道格斯岛（Isle of Dogs）上，在纳粹的大轰炸中，那里的100多万座房屋被毁，4.3万人丧生。为准备重建，斯特普尼-波普拉区①已被划分为11个邻里单位，兰斯伯里庄园（Lansbury Estate）就是其中之一。兰斯伯里的重建被艺术节的组织者视为对未来的生动展示。② 这次展示的目的并不是作为伦敦的一个样板，而是让人们一窥当时正在形成的、科学规划的"明日新城"。展会上的城镇规划馆是一个钢架搭建的帆布帐篷，里面展示了城镇规划的原则和对新城镇的迫切需求。它描绘了伴随这一天堂般憧憬的日常生活的转变。总之，本届展会彰显了大众生活光鲜夺目的一面。游客们面对的是一张巨幅的伦敦大都会地区的航拍照片，上面显示了通往《大伦敦规划》所设定的新城的梦幻之路。旁边是一幅田园乡村的全景壁画，田园城市运动的田园城市主义被搬到了未来图景中。

建筑师杰奎琳·蒂尔维特（Jaqueline Tyrwhitt）是现代建筑学会一名非常活跃的成员，也是现场建筑展览的策展人，她还为兰斯伯里的展示准备了规划设计。她致力于定义社区模型和类型，并在兰斯伯里的实验中尝试了自己的想法。③ 她将里卡多街的幼儿园和小学打造成了新社

---

① Stepney-Poplar，此处为英国议会选区。——编者

② Harriet Atkinson, *The Festival of Britain: A Land and Its People* (London: I. B. Tauris, 2012), 182 - 85, and Becky Conekin, *The Autobiography of a Nation: The 1951 Festival of Britain* (Manchester: Manchester University Press, 2003). See also John Westergaard and Ruth Glass, "A Profile of Lansbury," *Town Planning Review* 25, no. 1 (1954): 33 - 58.

③ 关于杰奎琳·蒂尔维特，参见 Ellen Shoshkes, *Jaqueline Tyrwhitt: A Transnational Life in Urban Planning and Design* (Surrey, UK: Ashgate, 2013)。

区的中心。在它们四周是小型的公共住房单元（由弗雷德里克·吉伯德设计，他也参与了哈洛新城的总体规划工作），一个有花园和草地的绿意盎然的环境。现场模拟了城镇规划馆帐篷内巨幅的摄影壁画中展示的英国田园村庄。壁画中的田园风光和重建的兰斯伯里街区都是为了吸引对未来持乐观态度，同时又向往昔日浪漫生活的广大英国公众。

文学评论家诺斯罗普·弗莱曾认为乌托邦是一种契约神话。一方面，它表达了恢复社会失去或丧失的东西的渴望；另一方面，它是一种预期的启示。它站在一个新现实的地平线上。兰斯伯里的展览属于这种乌托邦的暂时性呈现。它充满了哲学家恩斯特·布洛赫所谓的"意义的过剩"，一种对意识形态的过度追求，一种对新类型的空间和社会世界的激进想象。它和不列颠节上的其他展品如出一辙，都是一个富丽堂皇的宣传机器的一部分，在将新城镇运动的民粹主义本质描绘为普通人的幻想。但这场运动并未持续多久。展会结束才几个月，工党就被赶下台。赢得1951年大选的保守党对奢华且耗资巨大的新城幻想几乎没有兴趣。除了少数几个值得注意的例外（1955年，苏格兰的坎伯诺尔德被指定为新城），这个项目陷入了停滞状态。

四、瑞典模式

然而，其他的城市梦幻场景正在地平线上升起。斯堪的纳维亚的一些新城镇被誉为现代生活的迷人景观。从长远来看，它们比英国那边的新城镇获得了更大的成功。瓦林比和塔皮奥拉的规划图被无休止地复制，成为对理性规划法的最高礼赞。这两个新城镇都遵循了与伦敦相同的大都市区域逻辑：中心城区进行更新，人口分散到田园诗般的卫星城镇，在那里，人们可以享受到社会福利国家的安排。就像在伦敦和其他地方一样，这种逻辑也被在战前几年发起现代住房和城市改革运动的 20 世纪中叶的先驱者们所采用。

斯文·马凯利乌斯是将现代建筑和城市规划引入瑞典的关键人物。他是国际现代建筑协会的创始成员之一。在战前的几年中，他参与了作为社会民主改革进程一部分的合作住房的设计。马凯利乌斯帮忙组织了1930 年的斯德哥尔摩展上的功能主义住宅展览，并和建筑师乌诺·阿赫伦（Uno Ahrén）共同撰写了名为《接受！》（*Acceptera！*）的宣言，它于次年出版，其中最值得关注的地方是呼吁将功能主义和大规模生产视为一整套文化价值观。这一文本后来被纳入"人民之家"（folkhemmet）这一社会民主概念。[1] 这个概念寻求的是一条资本主义和社会主义之间的中间道路，并成为支撑整个瑞典福利国家计划的主体框架。

1942 年，阿赫伦出版了《建筑与民主》（*Arkitektur och Demokrati*）一书，并在建筑师、规划师和社会改革人士之间发起了一场跨学科讨论，其中包括冈纳·缪达尔[2]（Gunnar）和阿尔娃·缪达尔，两人都是"人民之家"理念的先驱。阿赫伦、冈纳·缪达尔将具有社会意识的技术人员理解为社会建设者和社会工程师。阿尔娃·缪达尔是倡导公共住房的领军人物，将它视为把劳动妇女从家务和抚养孩子的负担中解放出来的一种途径。她与马凯利乌斯合作，在斯德哥尔摩市中心设计了一套 57 个单位的集体住宅，包括儿童保育设施、公用厨房和社交空间。这套住宅的设计灵感部分来自俄罗斯社会住房

---

[1] 关于"人民之家"的理念和社会民主，参见 Eva Rudberg, "Building the Utopia of the Everyday," in *Swedish Modernism: Architecture, Consumption and the Welfare State*, ed. Helena Mattsson and Sven-Olov Wallenstein (London: Black Dog, 2010), 152 - 59。See also Cecilia Widenheim, ed., *Utopia and Reality — modernity in Sweden 1900 - 1960* (New Haven, CT: Yale University Press, 2002)。

[2] 瑞典经济学家，1974 年诺贝尔经济学奖得主。——编者

的先驱，比如莫斯科的纳康芬大楼（Narkomfin Building）。社区生活是一场关于街区和社区性质的广泛辩论的一部分，这场辩论的契机正是改革者寻求大都市破败的贫民窟和社会危机的解决方案之时。

　　瑞典的城市规划师一步一步从诸如此类具有开创性的集体住宅项目，转向了街区和市政规划，最终转向将所有这些层面结合起来的区域规划。对他们来说极有帮助的一点是，斯德哥尔摩市在旧的历史核心区外拥有大片空地，并且市里还拥有这部分土地的公共交通系统所有权。此外，瑞典于 1943 年立法，为城市主导的郊区发展建立了金融机制。随后又于 1947 年颁布了《建筑法》，该法律规定，地方政府有责任为城市提供足够的住房和总体规划。也就是说，对于城市扩张的方式，地方政府（而不是私人开发商）拥有专属权力。《建筑法》代表着权力决定性地转向了政治领导人和公共服务领域的技术专家。这些措施标志着瑞典成为福利国家，也预示了随之而来的大规模公共投资。最后，马凯利乌斯在 1944 年被任命为斯德哥尔摩市的城市规划办公室主任，并在接下来的 10 年里一直担任该职务，这也成为新城镇规划中最受推崇的模式之一。

　　选中马凯利乌斯的是资深政治家和曾长期担任城市规划专员的拉尔森（Yngve Larsson），他是交通、住房及城市规划一体化方案的领军人物之一，该方案凸显了瑞典的改革理念。1944 年 5 月，拉尔森提议为斯德哥尔摩制定一项新的总体规划，并出版了该规划的通俗版，名为《未来的斯德哥尔摩：斯德哥尔摩规划的纲要与原则》。① 乐观主

---

① Stockholms Stads Stadsplanekontor, *GeneralPlan för Stockholm 1952*：*Förslag uppraättat under aren 1945 - 52*（Stockholm：P. A. Norstedt，1952）. *Stockholm in the Future*：*Principles of the Outline Plan for Stockholm*（Stockholm：K. L. Beckmans），斯文·马凯利乌斯撰写，1946 年出版。参见 Yngve Larsson, "Building a City and a Metropolis: The Planned Development of Stockholm," *Journal of the American* Institute of Planners 28（1962）：220 - 28。

义精神和对进步的信念是该规划的基石。它预测，到 20 世纪末，斯德哥尔摩的人口将从现有的 100 万增至 200 万。这项计划由马凯利乌斯和戈兰·西登布拉德领导的团队制订，计划将旧斯德哥尔摩的几乎整个中心地区清空，以便为一个高楼林立、拥有公共空间和下沉步行区的现代化市中心让路。城市居民的数量将减少约 40%。人们将在郊区重新安顿下来，在一系列卫星城镇中找到幸福，每个卫星城都能容纳约 1 万到 1.5 万人。这些城镇将像珍珠一样沿新的区域铁路线串联起来，由乡村保护区将它们一一隔开：法斯塔（Farsta）和赫格达伦（Högdalen）位于斯德哥尔摩东南面；斯卡尔霍曼位于斯德哥尔摩西南面；西北面是汉斯塔；西面 8 英里外是瓦林比。

在将交通规划和区域定居模式之间建立重要联系方面，马凯利乌斯和西登布拉德都发挥了不小的作用。例如，马凯利乌斯于 1949 年发表了名为《斯德哥尔摩的城镇规划：住房与交通》的报告。在西登布拉德的指导下，城市规划办公室在 20 世纪 50 年代早期对斯德哥尔摩的交通进行了预测，并发布了预测报告。当时的想法是将新的城镇和铁道系统合起来开发。该计划将通过税收优惠措施，吸引工业企业和写字楼进驻卫星城，而不是在郊区修建宿舍区。新的定居点将为一半的居民提供当地就业机会，并提供社区服务和文化娱乐活动，使每个社区都成为斯德哥尔摩的一个缩影。

《未来的斯德哥尔摩》规划列出了这个福利国家的愿景：教育和儿童保育、卫生保健、职业培训、图书馆和社区中心、体育设施和游乐场等。大众生活将会发生革命性变化。每座新城镇中心区附近的公寓楼将建造低密度的、带有露台的独立住宅和开阔的绿地。城市与美丽的风景均被描述为有意识的规划的结果。其目标是创建一个标志着进步繁荣、理性而有序的区域性大都市。

拉尔森、马凯利乌斯以及创建了瓦林比和斯德哥尔摩周边其他新城镇的规划师团队，从日益丰富的新城镇方法学中汲取了大量的经验。他们的灵感来源从战前在瑞典非常具有影响力的德国传统的定居点（Siedlungen）观念，转到了 1940 年代和 1950 年代在国际舞台占主导的英-美概念。刘易斯·芒福德的《城市文化》一书于 1942 年被译为瑞典语，成为了规划界的宣言。1952 年的《斯德哥尔摩总体规划》中密布着对芒福德书中内容的引用，该书被认为是规划目标不可或缺的。① 在很多人看来，无论是英国的田园城市还是新城镇，都是斯德哥尔摩卫星城的灵感来源。帕特里克·艾伯克隆比和 F. J. 福肖的《伦敦郡规划》广为流传，拉尔森对艾伯克隆比的区域原则了如指掌。马凯利乌斯及其团队与英国的新城镇委员会有着密切的联系，1946 年，他们参加了在伦敦举行的国际住房和城镇规划大会。他们还参观了英国的新城镇斯蒂夫尼奇和坎伯诺尔德。

然而，马凯利乌斯对所有这些影响都轻描淡写，认为英国的新城镇只是灵感来源之一。他坦承，克拉伦斯·斯坦因在为拉德伯恩镇制订的计划中所体现的美国概念对他有所影响，尤其是将行人与车辆分开的想法。② 斯坦因在斯德哥尔摩很有名，与市政府和马凯利乌斯的关系都很好。1938 年，戈兰·西登布拉德在美国会见了斯坦因，并和拉尔森、马凯利乌斯一道去参观了拉德伯恩镇。作为礼尚往来，斯坦因于 1949 年前往斯德哥尔摩，1952 年又在瓦林比逗留了一段时间。

---

① Stadsplanekontor, *GeneralPlan för Stockholm 1952*, 113. See also Linda Vlassenrood, "Stockholm 1952：Generalplan för Stockholm," in *Mastering the City：North-European Planning 1900 - 2000*, ed. Koos Bosma and Helma Hellinga, vol. 2 (Rotterdam：NAI；The Hague：EFL Publications，1997)，290 - 97.

② David Pass, *Vällingby and Farsta — from Idea to Reality；The New Community Development Process in Stockholm* (Cambridge，MA：MIT Press，1973)，116.

瓦林比规划小组的成员也深受哥本哈根著名的区域"指形计划"的影响，该计划于 1947 年以多卷本形式出版。而丹麦的规划者也同样熟悉英国的概念，1942 年译为瑞典语的芒福德的《城市文化》在丹麦被热烈追捧。这个不断发展的世纪中期知识库建立在一些最重要的共享文本基础之上——区域规划、新城设计、视觉形象，以及诸如芒福德的理论著作等。它使都市规划成为一场跨越战后数年的有凝聚力的运动，到了 20 世纪 50 年代末和 60 年代，这场运动已经成为乌托邦理想的典范。对于 20 世纪中叶的这一代人来说，这是一个前所未有的机会，可以亲眼看到自己的理想在从无到有的现代城镇中实现。

很少有地方比瓦林比更接近这些乌托邦幻想（图 2.13）。它很快成为城市规划的典范，彼得·霍尔称之为"圣殿"[1]：成千上万人慕名前往，一睹这座城市天堂。1954 年 11 月，大约 10 万人参加了该镇的官方揭幕仪式，其中包括官方演讲和一场盛大的焰火表演。瓦林比立即成为一个轰动世界的城镇，其建筑速度和效率与小镇本身一样令人钦佩。当人们聚集在那里举行剪彩仪式时，已经有 1.5 万名新城镇开拓者入住那里。

瓦林比是瑞典第一个 ABC 郊区城镇——ABC 是瑞典语"工作-住房-中心"（Arbete-Bostad-Centrum）的首字母缩写，这个名称充分展现了马凯利乌斯规划理念的实现。其超现代的镇中心（图 2.14）、连接彼此的便捷的铁路线、花园景观中的白色公寓等，是瑞典福利国家的视觉符号。这个城镇建在国有公共土地上，政府对可以建设的项目拥有唯一控制权。瓦林比是人们梦想的规划项目，执行中几乎不需

---

[1] Peter Hall, *Cities of Tomorrow: An Intellectual History of Urban Design in the Twentieth Century* (New York: Blackwell, 1998), 373.

2.13 瓦林比的宣传册封面，斯德哥尔摩城市财产委员会委托制作，1952年。斯德哥尔摩市政住房公司和城市博物馆提供

2.14　瑞典瓦林比市中心鸟瞰图，1954—1955 年。奥斯卡·布拉德摄。©斯德哥尔摩
　　　城市博物馆

要做任何妥协；设计的统一性和建成后的环境质量都极其优异。镇上
一切都令人心醉。《观察家报》（Observer）将其与伦敦郊外的哈洛新
城相比较，报道称，瓦林比的"人行道图案、商业标志、文字、灯柱
和颜色一直是人们感兴趣和试验的对象"。[1]

　　就 20 世纪中期社会改革派的观点来看，这座城市的独特之处在
于它的公平感和"城市权利"。人们曾将它想象成一个平等自由的城
市景观。其魅力在于它的社会和谐、家庭幸福，以及便捷的交通和城
市效率。设计者希望，采用正确的设计理念后，随着时间的推移，居
民们会发展出一种"我们的意识"，这里会成为一个社会共同体。根
据 1952 年的《斯德哥尔摩总体规划》，这种感觉在大城市里难以找

―――――――――――――――

[1] Observer (London)，July 27，1958.

到，因为在那里，完整的家庭还不及半数。大城市人口密度太大，流动性太强。此外，郊区提供了社区感和社交机会，这是形成邻里单位必不可或缺的因素。①

斯德哥尔摩的规划包括一个适用于瓦林比的邻里单位的详细模型。它

> 呈现的是围绕着一个儿童游乐场、一个为幼儿设计的沙地游乐场和一个婴儿车停放处建造的几组住房——所有这些都在房屋附近，从窗户往外眺望就可以见到。这类住宅群形成了一个更大的居住单位，其大小足以撑起一个购物中心、托儿所、幼儿园和一个设施齐备的大型游乐场。按照这个较大单位的布局方式，所有行人都可远离道路交通，尤其是远离公路。②

这一理想概括了战后现代化和福利国家的核心家庭的标准愿景。

瓦林比是一幅城市日常生活的写照。几乎没有什么纪念性的建筑，也没有什么城市的徽章或标志。它也没有沉浸在田园诗般的遐想中，而是为普通人民提供了现代乡村生活。瓦林比的镇中心规划在建有火车总站的宽敞混凝土人行天桥周围（图 2.15）。这是一个市民广场，邻近的建筑展示出了混凝土的美学和用红砖进行的实验。旁边是瑞典第一家购物中心。它由钢、铝和玻璃建造，有着透明的悬挑屋顶和醒目的霓虹灯招牌，是现代建筑风格的缩影。人们在美国风格的百货公司科维克利（Kvickly）和得宝（Tempo）及其他约 40 家商店中

---

① Stadsplanekontor, *GeneralPlan För Stockholm 1952*, 118.
② Ibid., 118, 20–21. Introductory essay by Sven Markelius, "Swedish Land Policy," in *Sweden Builds：Its Modern Architecture and Land Policy Background*, *Development and Contribution*, by G. E. Kidder Smith (New York：Albert Bonnier, 1950), 28.

2.15 瓦林比中央广场，1954—1959 年。彼得森的伦纳特摄。ⒸⒸ斯德哥尔摩城市博物馆

漫步。第二年，又添了 30 家商店和餐馆、一个社区中心以及一个公共图书馆。按照一份营销手册的说法，"购物者可以专注于商品，享受购物，而无交通安全之虞"。总之，市中心集中体现了现代日常生活中"亲密、舒适的氛围"[1]。一个由行人和自行车道组成的路网从

_____

[1] Stockholm City Property Board，*Vällingby Företagens Framtidsstad*，marketing brochure，1952. Stockholm City Archive.

这里通向居民区。

瓦林比的居住区由三个线性区域组成，分别是沿铁路线规划出的布莱克伯格（Blackeberg）、拉克斯塔（Råcksta）和洛维萨隆德（Loviselund），每个区域大约有1万到1.5万居民。马凯利乌斯及其团队将每个街区区块想象成一个具有核心区域和清晰边界的功能单元。每个区都聚集在其轨交站周围，并设有社区中心、社会服务部门和学校。居民们的日常生活都将在这座新城镇进行，只有参加文化活动和需要去某些特殊场合时才乘火车前往斯德哥尔摩市中心。人们每天的通勤时间都不超过30分钟。

斯德哥尔摩市政住房公司（Svenska Bostäder）是一家公有建筑公司，建造了多种类多功能的住房供人们选择。所有这些房子都有最新式的厨房和浴室，周边是游乐场和公园。随着对大斯德哥尔摩地区人口预测的增长，规划者越来越依赖于预制的三层板楼和六到十层的"点式房屋"[①]，以便在每个地区的核心区域周围进行最密集的开发。

瓦林比是一个平凡的、日常的时空，因其乌托邦式的设置而变得神奇。揭幕之初发起的营销活动为确保瑞典新城镇模式的成功出了一份力。展品、宣传册和官方仪式旨在让潜在的雇主和居民抵挡不住这种完美理想的诱惑。美国建筑史学家乔治·埃弗拉·基德·史密斯的《瑞典建筑》（*Sweden Builds*，1950）在美国广受欢迎，书中描述了瓦林比，说它"比任何其他开发项目提供的教训都要多"。[②] 建筑师、规划师和市政工程师从世界各地蜂拥而至，研究这座未来之城。游客

---

① See Lars Nilsson, "The Stockholm Style: A Model for the Building of the City in Parks, 1930s - 1960s," in *The European City and Green Space: London, Stockholm, Helsinki and St. Petersburg, 1850 - 2000*, ed. Peter Clark (Aldershot, UJK: Ashgate, 2006). 斯德哥尔摩市政住房公司的住宅由建筑师 Sven Backström 和 Leif Reinius 设计。

② Kidder Smith, *Sweden Builds*, 94.

人数众多，以至于镇上安排了精通多种语言的"瓦林比小姐"导游。

有关瓦林比的图片和描述，其居民住宅、带有喷泉的公共广场等，成为了国际规划词典的一部分，作为社会改革和物理设计相结合的样板美学被源源不断地复制。这种视觉叙述和比喻性的语言混淆了一个事实，即瓦林比是由一个社会民主主义政府建起来的，这个政府全面致力于以"人民之家"为理想进行广泛的社会福利规划。反倒是由于几乎完全专注于使其建成环境自有特点，该城镇成为了一个可复制的模型。

五、城市的未来：塔皮奥拉

和瓦林比一样，到 20 世纪 60 年代，芬兰的塔皮奥拉新城成为未来城市最有影响力的愿景之一。在将首都赫尔辛基周边地区改造成现代都市区的"七城计划"中，塔皮奥拉是一个超级明星。城市翻新计划反映出了伦敦和斯德哥尔摩也遇到过的相同问题，要求减少赫尔辛基中心地区的人口，然后将其重新开发为一个现代商业中心。其50％的居民将被分散到邻近的乌西马海岸，分布在沿铁路和公路走廊规划的七个新城镇里。通过将赫尔辛基的人口分流到精心规划的新城镇，该地区约 90％的土地将被留作农业用途、开放的海岸线和森林。那些最美丽、最有历史价值的地方将得到保护。

在 20 世纪 60 年代的建筑报刊上，人们对塔皮奥拉进行了热情洋溢的报道。提到塔皮奥拉，美国建筑评论家艾达·路易斯·哈克斯泰伯（Ada Louise Huxtable）赞不绝口，称其"明净、美观，无与伦比地展示了规划社区的优点"，与"时下美国的做法形成了鲜明对照"。建筑评论家沃尔夫·冯·埃卡德（Wolf Von Eckardt）热情地称其为

"城市的香格里拉……一个最接近理想的新城镇"。① 诸如此类的赞誉绝非偶然。海基·冯·赫尔岑就是塔皮奥拉背后那个有远见卓识的人，也是它最伟大的推销员。冯·赫尔岑发起了一场声势浩大的媒体运动，在新城镇运动中几乎无人与之匹敌。② 他通过有选择地制作航空和建筑照片、电影、明信片和微缩模型来控制营销，芬兰的媒体和整个西欧的所有建筑杂志都收到了他提供的新闻资料包。1963 年，美国的城市随笔作家弗雷德里克·古特海姆发现了塔皮奥拉，他造访了该镇，随后在纽约市的建筑联盟和华盛顿特区的国家住房基金会组织了塔皮奥拉展览，之后又在美国巡回展出达三年之久。

1965 年，宾夕法尼亚大学新城镇研讨会的与会者访问了塔皮奥拉，人们对该城的兴趣达到了顶峰。该小组由一群美国规划界人士组成，其中包括联邦政府的新社区项目官员、纽约地区规划协会主席，以及正忙于开发自己的马里兰州哥伦比亚新城（见第五章）的开发商詹姆斯·劳斯等。冯·赫尔岑再次担任领队，并对芬兰新闻界大力宣传美国代表团的此次来访。③ 这一史无前例的报道恰逢已结束在美国巡展的塔皮奥拉展览的到来，该展到达芬兰时，以"塔皮奥拉和乌西马省，1965 年"为题，同时还展示了"七城计划"。即便这样的大肆宣传，冯·赫尔岑仍不满足，他走遍世界各地推广他的"城市香格里

① *New York Times*，October 24，1963. See as well "The City: Starting from Scratch," *Time*，July 3，1969：33 - 34，and "Finlande: Cité-jardin de Tapiola," *Techniques et architecture* 17（September 1957）：99 - 101.

② Juhana Lahti，"The Helsinki Suburbs of Tapiola and Vantaanpuisto: Post-war Planning by the Architect Aarne Ervi," *Planning Perspectives* 23（2008）：157 - 58. 办了一份本地的公报，免费提供给每个家庭，以营造社区精神。

③ Heikki von Hertzen and Paul D. Spreiregen，*Building a New Town: Finland's New Garden City Tapiola*（Boston: MIT Press，1971），198 - 99. Another excellent source in English is Timo Tuomi，ed.，*Life and Architecture: Tapiola*（Espoo，Finland: Housing Foundation and City of Espoo，2003）.

拉",并对包括伊朗国王在内的狂热信徒表示热烈欢迎（图 2.16）。
这座城镇的国际明星地位有利于当地接受"七城计划",将其作为赫
尔辛基大都市区域的框架。

2.16　1970 年 6 月 23 日,伊朗国王穆罕默德·礼萨·巴列维（左）与芬兰总统乌尔
　　　霍·吉科宁（中）、Asuntosäätiö 的代表伊尔霍·里科宁（右）以及一位塔皮奥
　　　拉导游一起参观芬兰的塔皮奥拉。©埃斯波市博物馆

备受赞誉的芬兰新城镇项目出自建筑师埃利尔·沙里宁的获奖作
品——大赫尔辛基总体规划：1910—1915 年的明克尼米 - 哈格
（Munkkiniemi-Haaga）规划和 1918 年的赫尔辛福斯[①]规划。这两个规

———————————

① Pro Helsingfors Plan，赫尔辛福斯为 1550 年古斯塔夫一世所建，也就是后来的赫尔
　辛基。——编者

划都是在一场血腥的内战和芬兰脱离沙俄独立之后编写的。史坦尼斯（M. G. Stenius）公司主办了这个新独立国家的首都规划竞赛。该公司还参与了大量的房地产投机活动，并促成了一项地区性计划，为赫尔辛基的扩张和利润丰厚的土地交易打开了大门。

沙里宁的获奖作品不可避免地融入了埃比尼泽·霍华德的田园城市概念，以及雷蒙德·昂温和巴里·帕克对英国田园城市的诠释。建筑师古斯塔夫·斯坦格尔（Gustaf Strengell）帮助沙里宁完成了规划文本，他于1910年访问了汉普斯特德田园郊区，并在芬兰的《建筑学》（*Arkitekten*）杂志上发表了一篇关于此行的文章。当年明克尼米-哈格计划书还包含了几幅来自昂温的《城镇规划实践》一书中的图片。

赫尔辛福斯计划提出在赫尔辛基老城周围建一系列卫星社区，这些社区由开放空间隔开，通过铁路线和有轨电车系统相互连接。每个卫星城的规模估计为1万至1.25万人。对于每一个社区，沙里宁都勾勒了一个密集的中心，一条多层次的主干道，周围是排屋和别墅。塔皮奥拉的所在地距离芬兰湾赫尔辛基市中心6英里，是他计划中的卫星社区之一。该地区被命名为哈格隆（Hagalund），为"林中草地"之意，在20世纪50年代被命名为塔皮奥拉之前，那里一直叫这个名字。

尽管有这些早期的举措，芬兰仍然是一个以农业生产和广阔的农村为主的农村国家。只有20％的人口真正居住在城镇。1939—1940年芬兰在与苏联的冬季战争中败北，丧失了大约11％的领土，情况因此发生了巨大变化。这些挫折是毁灭性的。超过40万难民从卡累利阿地峡（Karelian Isthmus）和萨拉（Salla）边境地区的失地涌入芬兰。1940年3月战争结束时，他们与士气低落的战斗人员一道撤退。

曾有人试着提议将撤离人员分散在乡村地区，但那些人偏偏奔向了赫尔辛基及其不断扩大的城市边缘地区。突然之间，赫尔辛基陷入了人口危机。随后，第二次世界大战的深刻影响和德国（芬兰的盟友）的战败带来了又一波难民潮：大约50万人逃离了破败和投降的芬兰领土，与复员的军队一道涌入赫尔辛基及其周边地区。住房条件变得极其恶劣。芬兰的新城镇运动也许植根于田园城市的传统，但与其他地方一样，其热情和紧迫性是残酷的战争造就的。

面对这些灾难，芬兰再次向盎格鲁-撒克逊世界寻求灵感。刘易斯·芒福德的《城市文化》于1946年以芬兰语出版，同时出版的还有帕特里克·艾伯克隆比的《伦敦郡规划》和《大伦敦规划》。1947年，奥托·伊瓦里·默尔曼（Otto Iivari Meurman）的《城镇规划理论》（*Asemakaavaoppi*）一书中引入了邻里单位的概念，它在芬兰被称为居住区邻里理论。默尔曼是这个国家第一位城市规划方面的教授，他的思想构成了塔皮奥拉规划的思想主体。在默尔曼看来，过去那些人口过剩的城市把环境变得死气沉沉，使人蜕变为一群群动物。他支持沙里宁对赫尔辛基地区计划的初衷，以及将中心分散并且以在大自然中生活来解决城市灾难的想法。

然而，对芬兰的规划最具影响力的是建筑师阿尔瓦·阿尔托（Alvar Aalto），在其小册子《芬兰的一个美国城镇》（*An American Town in Finland*，1940）中，他提供了一个示意性的规划原型，该项目是为因轰炸和疏散而无家可归的芬兰人建造的一个实验性小镇。阿尔托在战争年代频繁造访瑞典，与斯文·马凯利乌斯建立了深厚的友谊。两人都是国际现代建筑协会的活跃分子，且都是各自国家的现代功能主义的领军人物。

阿尔托为库莫河谷（1942—1943）制定了早期的地区规划，并为伊马特拉（Imatra）新城制定了总体规划。这些开发全都属于资源城镇的范畴。两个项目都由私人实业家提供资金——其中伊马特拉是由大型企业 Enso Gutzeit 公司资助，该公司正为自己的木材厂和砖厂在武克希河（Vuoksi River）开发水力发电。1948 年，伊马特拉城沿河而建，由附近的卡累利阿失守后留在芬兰境内的 3 个定居点组成。那些地方简直就是可怕的难民营，连基本的供水和下水设施都没有。新城镇的建立改变了人们的生活条件，稳定了劳动力，也巩固了与苏联的新边界。阿尔托的计划带有理想主义色彩，它要求在现代城镇中心的周围建立一系列农庄和独立社区。这些以及他在 20 世纪 50 年代中期为拉普兰所编写的规划，都主张采取区域性方法，将城市活动分散于建在广阔地区中密集的村镇里。①

沙里宁、阿尔托、默尔曼和海基·冯·赫尔岑共同领导了芬兰的区域规划，其目标是将人口从大城市分散到新城镇的网络中。冯·赫尔岑的城市概念源自他长期以来为家庭和住房改革发声的社会行动。在 1946 年发表的宣言《是我们孩子的家还是军营?》(*Koti vaiko kasarmi lapsillemme?*) 中，他谴责了赫尔辛基的悲惨状况。他认为规划是创造一个更好社会的工具，他借鉴了美国进步运动的模式：新泽西的田园城市拉德伯恩镇、马里兰的格林贝尔特，以及芒福德 1939 年在纽约看过的电影《城市》中动人的社会图景等。因此，他对塔皮奥拉的规划是一次社会理想主义实践。

冯·赫尔岑领导的家庭福利联盟（Family Welfare League）得到了占地 660 英亩的哈格隆地块，随后于 1951 年整合 5 个福利和贸易

① 关于阿尔托在芬兰的区域规划，参见 Mikael Sundman，"Urban Planning in Finland after 1850," in *Planning and Urban Growth in the Nordic Countries*, ed. Thomas Hall (London: E. and F. N. Spon, 1991)，86 - 89。

组织，组成了一个"住房联合会"①，将该项目作为一个模范社区来开发。这一目标被写入了建镇宣言中，并以隆重的仪式与未来购物中心的基石一道埋入地下：塔皮奥拉将被打造成一个"现代城市环境"和一个"大众"社区，为整个国家提供理想的住房愿景和标准的生活水平。② 这个小镇既是一个真实的地方，也是一个表达理念的地方。

塔皮奥拉还促使环保主义作为一种规划行为准则问世。整个社区都自给自足，与大自然融为一体。城市生活要服从于由广阔的绿地、维护良好的森林和传统农场构成的景观。这种自然的产物是现代化进程中不可分割的一部分。在 1956 年芬兰的《建筑师与建筑学》(*Arkkitehti-Arkitekten*) 杂志上的一篇文章中，冯·赫尔岑对人们将塔皮奥拉与瓦林比进行直接比较做出了回应，在他看来，瓦林比的建筑群和人群都让人心烦。相比之下，塔皮奥拉的特点则体现了"与自然和谐共生"（waldstat）的理想。③ 自然环境的美学价值和景观轮廓决定了塔皮奥拉的城市格局。建筑场地遵循的是自然地形，而不是街道的纵横。瑞典景观设计师尼尔斯·奥兰托（Nils Orénto）领导了这场创建花园和绿地的运动，激发了人们对土壤和天空的亲切感。这种新的环境设计理念开始取代田园城市的旧概念。

然而，尽管冯·赫尔岑的目标是"为每个普通人打造一个美丽的小镇"，让那里的"商人、大学教授以及任何人都可以比邻而居"，但

---

① Asuntosäätiö，这些组织包括曼纳海姆联盟、芬兰工会联合会（SAK）、公务员协会、中央租户协会以及芬兰残疾平民与军人协会。

② 这些描述可在以下著述中找到：von Hertzen and Spreiregen, *Building a New Town*，尤其是"导言与背景"章节。塔皮奥拉是为 1.5 万人口设计的。镇中心周围有 3 个居民区，每个居民区五六千人。

③ Heikki von Hertzen, "Tapiola Puutarhakaupunki: Tapiola Garden City," offprint from *Arkkitehti-Arkitekten* 1-2 (1956), 27 pp. 参见以下著作中对冯·赫尔岑的采访，Ilse Irion and Thomas Sieverts, *Neue Städte: Experimentierfelder der Moderne* (Stuttgart: Deutsche Verlags-Anstalt, 1991), 136-40。

社会等级制度还是嵌入了这一理想中。大房子住户的视野是朝西的，以便捕捉芬兰冬日的夕阳。他们享受着广阔的自然风光。而简朴一些的住宅则朝向城镇。^① 塔皮奥拉因此有了富人的世外桃源的名声，这最终激发奥西·希西索（Ossi Hiisió）出了一部挑起争论的书，名为《塔皮奥拉——体面者的村庄》（*Tapiola The Village of Better People*，1970）。这个污名从莱奇沃思镇那时候开始就一直伴随着田园城市。

在 20 世纪 50 年代和 60 年代，住房联合会聘请了芬兰最著名的建筑师来设计塔皮奥拉的各个部分，包括住宅和民用建筑。这座新城镇成了海湾沿岸树林中的先锋派功能主义的永久展馆。芬兰的塔皮奥拉镇首次引入了预制和系统建造技术。大部分住房由三层和四层的步行上楼式公寓（walkup apartment）组成。其室内设计的特色为开放式平面布置，有充足的自然光和最先进的电动厨房，厨房有足够的空间放置冰箱（战后最受欢迎的消费品之一）。1954 年的市中心设计比赛（图 2.17）获胜者为建筑师阿恩·埃尔维（Aarne Ervi）。他的提案让当时的每一位新城镇规划师都羡慕不已。他是芬兰（或其他地方）为数不多的受国际现代建筑协会启发而成功设计出郊区城镇的建筑师之一。^②

塔皮奥拉的市中心全都是步行区，并与被称为塔皮奥拉蒂的一条 1.5 公里长的可容步行和骑自行车的路相连接。道路被移至外围环路。也许埃尔维最大胆的设计元素是将一个丑陋的砾石坑改造成了一个宁静的倒影池，这为市中心增色不少。这是一个明智的决定，连同邻近的一座高层写字楼一道变成了塔皮奥拉的显著地标。最高的建筑物建在地形的最高处，以强调这一建筑形象。这个优雅的设计在世界

---

① Von Hertzen and Spreiregen, *Building a New Town*, 87.
② 关于这一点，参见 Lahti, "The Helsinki Suburbs of Tapiola and Vantaanpuisto," 156。

2.17　芬兰的塔皮奥拉鸟瞰图，镇中心为阿恩·埃尔维设计，约 1969—1971 年。阿特·马蒂莱宁摄。ⓒ住房联合会/埃斯波市博物馆

各地的照片中被不断重现，成为了新城镇运动的标杆。

与此毗邻的是芬兰第一家购物中心（维克托·格鲁恩提供过建议；见第六章）。它实际上是一条实行贸易保护的购物街，有百货公司、商店、会议厅、餐馆和迪斯科舞厅。设有游泳池、保龄球馆和体育馆的青少年中心提供了现代生活的所有休闲设施。

尽管塔皮奥拉以"生活在大自然中"而闻名，但它开创了一种致力于娱乐与消费的现代生活方式。在 20 世纪 60 年代的由住房联合会出品、冯·赫尔岑编剧和旁白的一部宣传片中，大自然之美正是因其娱乐价值而展现出来。冬季，人们从家门口滑雪到户外；夏日里，他

们会去芬兰湾的海滩滑水。① 这部电影成了现代生活方式的教学片，也宣传了冯·赫尔岑基于休闲方式而倡导的环保主义和自然保护。塔皮奥拉是一台幻想出来的机器，一个田园诗般的环境，与国家进步的社会福利政策无缝接合。

六、人民及其需求

田园城市原型和邻里单位作为重建时期新城镇的乌托邦原则占据了至高无上的地位，无论是在核心工业城镇还是围绕首都城市布局的时尚郊区城镇，都是如此。它们是防止社会混乱的堡垒。邻里和社区提供了一种城市幻想，以此来塑造社会团结和稳定。这幅视觉画面让人联想到一个可以唤醒人类善良天性的地方。田园式的城市景观是一种不变的、值得信赖的形态。在一场毁灭性的战争之后，年轻的家庭将在国家服务机构的支持下，在绿意盎然的环境中重建，并准备好迎接新一代人的到来。然而，在很大程度上，社区和邻里也是国家动员和展示现代主义宏伟壮观的工具。它们与工业生产力的促进、空间和领土的合理化密切相关。田园诗般的氛围使这一宏大主题不仅令人愉悦，甚至在重建的背景下也大受赞赏。

城市类型学、规模分类和人口数量在这片梦幻景观中都以非常精确的方式构建出来。规划人员潜心计算，将科学映射到社会领域，创建出了精心管理的城市社区。他们精心绘制图表，仔细斟酌城市中每个阶层和每一类人的需求。从前城市里沿街形成的传统街区结构，即

---

① Erkko Kivikoski, dir., *Puutarhakaupunki Tapiola — Garden City Tapiola*（Helsinki: Filmiryhmä Oy, 1967）.

工人阶级自发无序的"街头生活"被废除。个体不再亲自与城市打交道，而是通过集体性的社区空间来实现与城市的交流。这是一种"终端状态"（end-state）的设计方法。从理论上讲，新城镇的拓展将通过增加新的邻里单位来实现。然而，这个设计几乎没有考虑到变化的必然性。相反，规划人员把社区作为一种科学的衍生、一成不变的固定环境。这一视角表明了人们对社会机体完美性的信念。

重建时期，人们对这一设想坚信不疑，几乎没有任何反对的声音。最著名的反对派是哲学家卡尔·波普尔，他反对技术官僚统领的社会科学和乌托邦式的社会工程，认为它们是无法实现的，并且最终会产生意想不到的后果。他坚持认为，这样做的目的是强化国家的蛮力和控制。这种试图抹除历史，根据一个"伟大社会"的宏伟蓝图从零开始重新构建社会的尝试，将以灾难告终——波普尔把这一点与20世纪的极权主义政权联系了起来。[1]

事实上，随着缺点越来越明显，田园城市及其邻里单位的高贵形象开始变得暗淡。[2] 社会学家对社区规划提出了质疑，认为尽管其假设是建立在社会和谐基础之上的，却有意无意地强化了阶级和社会分化。想建一个封闭的社区，让花园小屋和公寓楼聚集在学校周围的念头，也被批评为不科学、不可行。有关规划社区的早期研究很少，也几乎没有具体的证据表明它们实际上对和谐幸福的概念有所促进。或许最具打击性的批评来自美国建筑师和城市理论家克里斯托弗·亚历山大（Christopher Alexander），他那篇经典的文章《城市不是一棵树》

---

[1] See chapter 3 in Karl Popper, *The Poverty of Historicism*, 3rd ed. (London: Routledge and Kegan Paul, 1961), as well as his *The Open Society and Its Enemies*, vol. 1, 5th ed. (Princeton, NJ: Princeton University Press, 1966), 168.

[2] 有关邻里单位概念的变迁，参见 Nicholas N. Patricios, "The Neighborhood Concept: A Retrospective of Physical Design and Social Interaction," *Journal of Architectural and Planning Research* 19, no. 1 (2002): 70–90。

（*A City Is Not a Tree*，1965），让邻里单位即为一种切实可行的城市形式的观点一败涂地。在规划者头脑中，那是一个井然有序的形式，但它与社会现实完全不相符。工作、娱乐和社交生活发生在日常生活中的无数场合。邻里的梦境实际上削弱了城市的概念。

在一个更实际的层面上，建造和维护拥有个性化的邻里单位的田园城市的成本高得离谱。其绿色环境被认为是对自然环境的操控，无论是当地居民还是国家都难以将之维系下去。在美国的《哈珀杂志》上，沃尔夫·冯·埃卡德对这个结果摇头否定，他说："毫无疑问，他们想象有着茂密的森林、清澈的小溪、鸟儿和蜜蜂，所以在计划上画上了绿色的斑点。但是更多时候，他们根本不知道如何在实际的景观中保持绿色，甚至不知道人们可能会对它们做些什么。通常，它们最终只会变成一片杂草丛生之地。"[1] 很少有人明白风景是一个有着自己生命轨迹的动态实体，或者说深层生态学方法是一种更有效的设计途径。广阔的绿地和公园区很容易将分散的居民区孤立起来，从而无法形成一个有凝聚力的连贯的城镇中心。任何城市辨识度都会消失或成为幻觉。

尽管来自重建年代的概念仍然是规划词汇中不可磨灭的一部分，而且确实得到了联合国等国际机构的大力推广，但这些概念还是发生了变化，并变得更加开放。此外，到了20世纪60年代，封闭的邻里关系可能会让年轻人感到窒息。汽车提供了一种逃离封闭的机会、自由漫步的机会。城市在召唤，新世界的愿景也在召唤。正是这种文化转变，比任何其他因素都更能击碎邻里单位的乌托邦理想。

---

[1] Christopher Alexander，"A City Is Not a Tree，" was originally published in *Architectural Forum* in two parts：vol. 122，no. 1（April 1965）：58－61 and vol. 122，no. 2（May 1955）：58－62. 后被包括《人类聚居学》（*Ekistics*）在内的杂志和互联网广泛再版。

第三章

输出乌托邦

在对发展中国家城市规划实践的所有影响中，认为重新开始是解决城市问题的办法的观点最为激进，从长远来看可能也是最具争议性的。在欧洲，新城镇是一种救赎，是幸福和进步的一线希望。在那些正走向独立的国家里，一切还是白板（tabula rasa），是未经开发的处女地，这一理想更加诱人。从零开始是一种突破殖民地过去的废墟，摆脱纷繁的旧城问题，并在地上开辟出新道的方法。它激发了新独立的国家对更美好未来的希望，最终促成了一些新的首都城市的花销巨大的建设，如西巴基斯坦的伊斯兰堡、东巴基斯坦的达卡和印度旁遮普邦的昌迪加尔。它也引出了在邻里单位、田园城市和新城镇等方面的花样百出的实验——其中一些是成功的，另一些不成功且还劳民伤财。尽管它们的本意是引导新兴的国家走向未来，但这些城市建设的雄心壮志却陷入了时下的困境，成为种族冲突、国家对抗、资源争夺和冷战期间超级大国之间争夺地缘政治地位的工具。

新城镇体现了人们对美好生活的梦想，但同时也植根于国家对经济资产和领土的控制之中。它们是大规模的公共工程项目，是现代化的催化剂。当新城镇策略应用于殖民地或前殖民地地区时，就会更具说服力。沃尔特·罗斯托（Walter Rostow）在其著名的现代经济增长"起飞"理论中证实了新城镇的价值，他在《经济增长的阶段：非共产党宣言》（*The Stages of Economic Growth*：*A Non-Communist Manifesto*，1960）一书中概述了这一理论。此书成为了美国政治精英的冷战哲学。罗斯托认为，受共产主义诱惑的欠发达国家或可通过进步和美国式的现代化进行重新定位。现代化作为一种发展战略，提出了仁爱和普遍适用的主张。这将创造一个更美好、更人道的世界。

罗斯托的理论始终强调社会和文化因素，这些因素赋予了国家进行现代变革的能力。根据热衷于追随其思想的决策者所说，在所谓的第三世界，进步受到本土因素的阻碍，如传统主义、地方性贫困、缺乏技能和教育以及缺乏基础设施等。这意味着，一个国家独立的先决条件是根除落后。人类学家阿图罗·埃斯科瓦尔（Arturo Escobar）指出，在第二次世界大战后，贫困已经现代化了。贫穷长期以来一直被认为是殖民地的现状。但是，一旦它们成为自决的国家，改革者就会把贫困及其状况视为需要立即干预的社会问题。[1] 此外，现代化爱好者还认为，西方式的发展将解决第三世界的城市里拥挤的贫民窟中的"人口问题"。唯发展论（Developmentalism）成为美国外交政策的信条，以及帝国主义复兴的基调。它作为一项全球管理任务，越来越多地体现在社会理论中，其基础建立于这样的信念之上——进步应该

---

[1] Arturo Escobar, *Encountering Development*：*The Making and Unmaking of the Third World* (Princeton, NJ.：Princeton University Press，1995)，22. "第三世界"一词1952 年由法国人口统计学家阿尔弗雷德·索维创造出来，用以描述既不是苏联共产主义也不是西方资本主义的国家。亦可参见 Michael E. Latham, *The Right Kind of Revolution*：*Modernization*，*Development*，*and U. S. Foreign Policy from the Cold War to the Present* (Ithaca，NY：Cornell University Press，2011)。

沿着欧洲和北美走过的道路前进。

新城镇策略作为这一宏观进程的一部分，在整个中东和亚洲被广泛采用，而该进程的制定和管理则是由西方专家与当地政治和规划精英联合进行的。它们是从战后这个特殊的历史节点衍生出来的强大的潜在世界。尽管其规模因城市和村庄而不同，但新城镇都被建设成一个新的殖民地城市主义发展和现代化的空间。作为基础设施项目，它们提供了许多优势。它们是资本投资、创造就业机会、管理有价值的资产和纠正劳动力供求偏差的战略。以新城为基础的综合聚落体系占领和巩固了国家空间，并将其纳入现代世界经济之中。这些行动可能包括公开的军事化和强迫人口迁移。然而尽管如此，新城镇仍被视为解决新兴国家面临的一系列最棘手问题的解决方案。对于那些面临政治动荡和种族暴力，绝望的难民和农村移民大举涌入业已人满为患的城市的国家来说，尤其如此。城镇建设是为这些人以及生活在贫民窟和棚户区的贫困人口提供现代生活便利设施的一种机制。

本章中来自亚洲、非洲和中东的例子凸显了新城镇作为发展现代主义（developmental modernism）的神乎其技的体现。它们还反映出作为现代化战略的新城镇的惊人数量和范围，以及它们对民族主义倾向的适应。新城镇成为与独立民族意识相关联的现代空间乌托邦。

战后初期掌权的后殖民精英对传统城市结构的记忆和历史几乎没有认同感。他们信奉唯发展论的意识形态，认为这是一条通向彻底现代化、世俗化国家的道路。建造全新的定居点似乎是一个鼓舞人心的解决方案，也是未来之蓝图。新兴独立国家的第一代规划者、建筑师和工程师深受西方影响，并将西方殖民实践和西方现代主义理念内化于建筑和规划之中。西方的影响力不仅来自殖民时期，还来自以福特基金会、国际复兴开发银行（俗称世界银行）为首的一系列国际发展机构，以及美国的"第四点计划"① （Point Four program） 等海外援助。他们派出了大批外国专家，在阐明和传播发展话语方面发挥了重要作用。美国和欧洲的社会学家、人类学家、建筑师和规划师都争相对非西方社会进行研究和评估。

然而，人们是自己变得现代化，而不是被现代化。初出茅庐的建筑师和规划师第一次将西方的乌托邦理想与自己对本土城市设计和建筑形式的理解融为一体。新城镇提供了一种现代视野，而且并没有公然挑战殖民前或殖民时期遗留下来的传统的社会差异。新城镇的建立超越了传统的社会隔离和权力结构。官方认可的社会等级制度嵌入了新的城镇住房、邻里单位和城市设计之中。但这些现实被人们对未来的热情所掩盖。

本章中介绍的各种新城镇项目展示了新独立的国家如何借用发展现代主义理论，使其话语转变为外来思想和本土现实的复杂混合体。② 这些例子也生动地说明了在西方以外的地方田园城市和邻里单位模式在应用方面的难度与两面性。最后，或许也更重要的是，为了理解规划知识和话语的相互影响，西方建筑师和规划师自身也受到了新兴国家项目的影响，并将这些经验移植到了新的城镇思想体系和大

---

① Point Four program，亦称"技术援助落后地区计划"，是 1949 年 1 月 20 日杜鲁门在其第二个总统任期的就职演说中提出的有关美国对外技术和经济援助计划的"四点主要行动原则"的第四点。主要内容为：美国向拉丁美洲、亚洲、非洲的"不发达"的"自由"国家提供技术援助和经济投资，以便促进这些国家的经济发展。——编者

② 有关这些动态的讨论，参见 Sibel Bozdogan, *Modernism and Nation-Building：Turkish Architectural Culture in the Early Republic* （Seattle：University of Washington Press, 2001），以及 Arturo Almandoz, *Modernization, Urbanization and Development in Latin America, 1900s - 2000s* （New York：Routledge, 2015）。还有 Joe Nasr and Mercedes Volait, eds., *Urbanism, Imported or Exported?* （New York：John Wiley and Sons, 2003），和 Anthony King, *Spaces of Global Cultures：Architecture, Urbanism, Identity* （London：Routledge, 2004）。

都会规划之中。

首先讨论的新城镇是在第二次世界大战结束时用来重新安置难民和流离失所者的城镇，其数量之大，难以计算。数以百万计的人不得不被遣送回国或在其他地方重新安置。联合国善后救济总署成立于1943年，旨在提供紧急人道主义援助，1947年该组织被"国际难民组织"取代，1950年改名为"联合国难民署"。但在枪炮声沉寂很久之后，难民危机仍在持续，并演变成了为人们重建生活提供住房和基础设施的长期挑战。为了应对，联合国成立了一个社会事务部，由著名的瑞典社会改革家阿尔娃·缪达尔领导（见第二章）。其经济委员会在欧洲、拉丁美洲、亚洲和远东设有分支机构，负责城乡规划和住房危机的解决。一批杰出的建筑师和规划师在各部门任职。他们对重建希望充满激情，随时准备投入工作。

该经济委员会的城乡规划部门最初由荷兰社会学家安·范德·古特（Ann Van der Goot）领导，后由南斯拉夫建筑师欧内斯特·魏斯曼（Ernest Weissmann）接任，两者都是国际现代建筑协会的成员。尤其是魏斯曼，他就像纽约的国际现代建筑协会救济和战后规划分会的指路明灯之一。在他任期内，城乡规划部门不仅与国际现代建筑协会的成员，也与国际住房和城镇规划联合会及国际建筑师联合会密切合作。该部门派出了数百个开发特派团，其成员都是在社会和住房改革中最负盛名的人士。

解决难民的悲惨处境，被认为是西方领导的现代化长期事业中的一部分。许多机构为西方改革精英提供了在第三世界考察条件并试验其理论的渠道。联合国教科文组织成立于1946年，领导人为查尔斯·S. 阿舍尔，他在美国新泽西州的拉德伯恩镇和纽约市皇后区的森尼赛德新城的创建过程中发挥了重要作用。卡内基基金会、洛克菲勒基金会和拉塞尔·塞奇基金会都远程资助了实地研究和社会科学研究。

最重要的是，福特基金会这个世界上最大的私人慈善机构，成为了在发展中国家推行发展现代主义的最强大的私人机构。该基金会在纽约的总部和在外地的无数国际办事处怀着满腔热情投入数百万美元，履行了促进人类福利的使命。福特与美国政府和中情局携手合作，实施美国冷战时期的现代化政策。曾任"马歇尔计划"负责人的保罗·霍夫曼（Paul Hoffmann）在上世纪 50 年代初领导了该基金会。负责基金会海外投资的唐·普莱斯（Don Price）在解释基金会的工作时说："自二战以来，世界上有大约四分之一的人口已经独立，我们所能做的一切，只要能帮助他们在自由政府和经济进步的基础上安居乐业就是好事。即使没有共产主义，我们正在与之合作的那一溜新国家也会有巨大的问题。"[1]

福特基金会的城市和大都市发展部设立了一个国际事务项目，该项目在支持城市研究和作为发展平台的新城镇建设方面起了重要作用。上世纪 50 年代，该基金会向中东地区投入了 3200 万美元用于开发项目，并为开展其广泛的业务而在开罗、贝鲁特、德黑兰、安卡拉和突尼斯等地设立了专任办公室。这些项目加上基金会 50 年代在印度和东南亚的项目投入，总计达 9000 万美元。[2] 应用社会科学技术

---

[1] Don Price, quoted in Dwight Macdonald, *The Ford Foundation: The Men and the Millions* (New York: Reynal, 1956), 64. See also Inderjeet Parmar, *Foundations of the American Century: The Ford, Carnegie, and Rockefeller Foundations and the Rise of American Power* (New York: Columbia University Press, 2012).

[2] Ford Foundation, "Tapestry for Tomorrow: The Ford Foundation Program in the Middle East," in *Ford Foundation Report* (February 1964), 6. See also Eugene S. Staples, *Forty Years: A Learning Curve; The Ford Foundation Programs in India, 1952 - 1992* (New Delhi: Ford Foundation, 1992).

是这个慈善机构实现世界现代化的使命的框架基础。资金投入到了社会科学研究和所谓的"社会分摊资本"中，这一术语不仅包括基本的基础设施，还包括住房、培训和教育项目，以及促进市民生活的方面。

一、难民危机

那时，战后最迫切的问题出在那些新成立的独立国家的地区，那里的共产主义革命、宗派暴力以及生活在苦难中的难民人口，可能会毁掉国家巩固的任何希望。在中东和印度次大陆以及东南亚地区，战后的各种定居点、托管地和独立运动等，造就了一系列不稳定并极易受到共产主义影响的国家。

新城镇的发展受到冷战格局和非殖民化政治影响的程度，在马来西亚生动地反映了出来。日本在战争结束时的撤军，让当时被称为马来亚的地区四分五裂，陷入混乱。成千上万人逃离了农村，以躲避日军的暴行和饥饿。他们在丛林中找到了避难所，在那里，他们加入了共产党军队的藏身地，并集聚在任何有食物可寻的巨大棚户区。疯狂攀升的失业率和严重的通货膨胀加剧了暴力及动乱，英国占领军则对此进行了残酷镇压。为击败马来亚的共产党游击队，英国驻马来亚高级专员杰拉尔德·坦普勒爵士（Sir Gerald Templer）领导了一场大规模的军事行动，然而随着灾难的持续，游击队员人数不断增加。

英国制定了一整套"平叛"战略，其中之一是强迫大约 60 万马来人（主要是华裔）从丛林边缘的棚户区迁移到安置区。这些建筑群被正儿八经地命名为"新村庄"，八打灵再也（Petaling Jaya）就是其中之一，它建于距离首都吉隆坡约 7 英里的巴生谷的一个橡胶种植园，位于通往海岸斯维坦哈姆港的联邦新公路上。尽管有带刺铁丝网包围，并被置于警察的持续监督之下，但难民们得到了适宜的住房、学校和医疗服务，并获得了土地的所有权。正如坦普勒的那句名言所说，这是一场赢得"民心"的软性运动，它将最同情共产主义事业的民众从游击战中拉了出来。

冷战时期的政治目标是遏制共产主义的蔓延，这是杜鲁门政府在 20 世纪 40 年代末在美国提出的，与之相对应的策略是在离散的封闭社区中遏制人口。遏制是战后新城镇教条的基本原则，体现了城市规划和军事政策所共有的话语和逻辑。因此，对坦普勒来说，成为一名新的城市规划师只是一步之遥。从 1952 年开始，八打灵再也被扩建成一个卫星城，囊括了首都周边的数以千计的寮屋家庭；土地办公室被淹没在雪片般的申请书中。八打灵再也以英国新市镇（尤其是斯蒂夫尼奇）为模型，包含了一切必要的有条不紊的特征，在外观上对邻里单位理想有所优化。围绕着一所学校和一片空地，建起一排排整齐的一层平房和两层独楼，配有自来水和电。按照自助的惯例，这些镀锌屋顶的木屋是由棚户区居民自己建造。[①] 对英国当局来说，这些社区已经成为远离共产主义威胁的幸福的居民小镇。

坦普勒的政策被誉为现代化战略的典范，是政治防御和稳定的力量。八打灵再也成为未来的蓝图，也是马来西亚工业和土地开发的重地。在政府财政和免税期的帮助下，到 20 世纪 50 年代中期，有 33 家工厂为社区提供了就业机会。市中心有商店和电影院。到 1957 年

---

① Vernon Z. Newcombe, "Housing in the Federation of Malaya," *Town Planning Review* 27, no. 1 (1956)：14. 关于八打灵再也的详情，参见 Lee Boon Thong, "Petaling Jaya: The Early Development and Growth of Malaysia's First New Town," *Journal of the Malaysian Branch of the Royal Asiatic Society* 79, no. 2 (2006)：1-22。

马来亚独立时，政府办公楼、医院和马来亚大学的校园都已在建设中。吉隆坡的中产阶级来到这里，买下了带有落地窗和石板露台的砖房，这些人家都有"家庭轿车和电视天线，从而给游客留下了富裕的西式郊区的印象"。[①]

第一个现代化购物中心、餐馆和银行在原区域以北的一个新城镇中心开业，该区域后来被称为老城区。这些标签显示了现代化思潮的加速瞬息即至。到 20 世纪 60 年代中期，八打灵再也成为一个名副其实的新兴城市，人口超过 3.5 万，主要是华裔。然而，这座新城镇再次重申了传统的社会分层：马来西亚穆斯林居住在自己的居住区。250 多家工厂，其中一些是西方知名公司百事可乐、胜家公司（Singer Company）和高露洁-棕榄公司旗下的，提供了 1 万个工作岗位。[②] 八打灵再也是西方现代生活的写照，是将西方发展现代主义作为通向独立之路的生动象征。整个努力是在英国军事占领以及冷战地缘政治变化之下进行的。

八打灵再也并非个案。尽管这些新独立国家的政府刚刚成立，但它们几乎立即启动了奢侈的总体规划方案。作为主权的象征，新城镇如雨后春笋般出现。这是一个深思熟虑的、完全自觉的乌托邦计划，也是一种得到西方列强热情支持和帮助的意识形态实践。尤其是在中东地区，战争结束时，英国和美国在当地建立的政权雇用了大量建筑师和规划人员。一大批国际援助项目在那里设立了办事处，并为建筑

---

① T. G. McGee and W. D. McTaggart, *Petaling Jaya: A Socio-Economic Survey of a New Town in Selangor*, *Malaysia*, Pacific Viewpoint Monograph, no. 2 (Wellington, NZ: Victoria University of Wellington, 1967), 3.

② 到那时，靠近首都的新村庄已经并入了吉隆坡郊区。参见 Lee Boon Thong, "New Towns in Malaysia: Development and Planning Policies," in *New Towns in East and South-east Asia*, ed. David R. Phillips and Anthony G. O. Yeh (New York: Oxford University Press, 1987), 156。

项目提供了资金。在外国专家的帮助下，新一代土生土长的年轻技术官僚开始开拓现代国家领土。每个新的定居点，无论多么小或微不足道，都被视为改革的象征，尤其是在那些此刻将受到国家恩泽惠及的贫穷偏远的地区。这些定居点将根除和抹灭过去。

可以说，所有这些充满激情的改革主义都促成了中央集权计划，不顾当地居民的需要，残酷地实施了西方强加的政治地理。然而，这套话语遵循的是一个更为复杂的思路，即强调以公民社会和自助精神作为发展战略。这是新成立的独立政府和人民之间的契约，后者将成为现代民族国家中积极主动、参与性强的公民。[①] 新城镇为这些新国家创造了定居点神话和培养公民的空间。联合国和福特基金会等国际组织遵循了这一思路，社会改革者和城市规划者也遵循了这一思路，他们因专业知识而备受追捧。他们是英雄的变革推动者，拥有社会科学知识，并在官方的赞助下进行了关于快速促进经济增长和现代生活的研究。通过教育和自助，穷人将充分参与民主治理和现代化建设。在对西方规划哲学的再次重申中，新城镇建设成为这一思想教育过程的物理空间。

二、以色列的定居点规划

虽然新城镇是为了应对难民危机和旧城过度拥挤的情况，但它们也是国家进行社会清洗和种族工程的工具，特别是在中东的新兴国

---

① See the interesting article by Tadd Graham Fernée, "Modernity and Nation-Making in India, Turkey and Iran," *International Journal of Asian Studies* 9, no. 1 (2012): 71 - 97.

家。以色列把自己描绘成一个接纳来自饱受战争蹂躏的欧洲、北非和中东的难民大熔炉。但就其阿拉伯定居点而言，新的城镇地位意味着有系统地消除其巴勒斯坦特色，并改造成有辨识度的现代犹太城市。联合国的巴勒斯坦分治计划失败，1948 年 5 月，犹太国成立，不受限制的人员迁移和重新安置行动即刻造成了灾难。犹太移民在难民营和匆忙建立的中转城镇中备受煎熬，而阿拉伯人则被迫流亡到巴勒斯坦难民营。这是一场毁灭性的人口交换，中东至今尚未从中恢复过来。

在以色列政治精英中普遍存在着一种担忧，即大批抵达新犹太国家的人会聚集在拥挤不堪的沿海地带以及耶路撒冷、特拉维夫、海法三个城市，这会使得这个国家的其他地方没有犹太人定居点。为了应对这一趋势，政府为以色列制定了一项物质规划（Physical Plan），以便在合理化的规划社区地理范围内，对这片土地上的 26.5 万人（1948 年人口为 87 万）进行重新安置。这是一次领土主权意义上的行动。按照该计划的起草者兼规划部门负责人阿里埃赫·沙龙的说法，对定居点、工业和服务业的全面规划，"从国家和国防的角度来看，都是必要的"，① 也是在这片土地上维护犹太人存在的一种方式。以色列被划分为 24 个规划区。在西方政府的全力支持下，大约 30 个开发城镇（ayarot pituach）项目开始启动，人们对犹太复国主义乌托

---

① Arieh Sharon，"Planning in Israel，" *Town Planning Review* 23，no. 1（1952）：72. 参见关于沙龙的网站：http：//www. ariehsharon. org. 2015 年 6 月 17 日访问。亦可参见 Elisha Efrat，*The New Towns of Israel*（New York：Minerva，1989）。关于以色列开发城镇和区域规划方面，参见 S. Ilan Troen，*Imagining Zion：Dreams，Designs，and Realities in a Century of Jewish Settlement*（New Haven，CT：Yale University Press，2003）。See also Haim Yacobi, ed. ，*Constructing a Sense of Place：Architecture and the Zionist Discourse*（Aldershot，UK：Ashgate，2004），and Eyal Weizman，*Hollow Land：Israel's Architecture of Occupation*（Verso：London，2007）。

邦的可能性感到兴奋不已。其中一些项目位于为新移民设立的大型中转营地（ma'abaras）；① 其他项目则是围绕自然资源的开采而开发的。一系列新的定居点充当军事前哨，以巩固边境地区的控制。他们的行动沿袭了巴士底德②的传统，那是一种小而理想的城市，是为了保护战后政治决定的定居点所创造的边界。新城镇将创造出一个可防御的军事化领土。

以色列的新城镇战略几乎直接从英国的规划手册中借鉴，然后被移植到中东的地缘政治动荡之中。20 世纪 20 年代，帕特里克·盖迪斯和他对特拉维夫总体规划的研究开创了挪用英国地区主义和新城镇思想的先河。20 世纪 40 年代初，以色列政治家大卫·本-古里安组织了一个专家组，为战后数十万人移居以色列制订了一项计划，这给英国规划者提供了一个交流的平台。巴勒斯坦的工程师和建筑师协会也是犹太人及英国专业人士讨论战后定居点问题的会面场所。在这些讨论中，反复提及了 1940 年的《巴洛报告》和帕特里克·艾伯克隆比 1944 年制定的《大伦敦规划》。③ 艾伯克隆比还经常访问以色列，并应沙龙之邀担任土地利用规划和新城镇规划顾问。沙龙本人就是包豪斯学院的毕业生，他帮助以色列引进了现代功能建筑和简洁设计的思想，此思想在特拉维夫城市建设中得以贯彻。

1950 年，以色列通过一系列新闻发布会、报纸文章，以及在特

---

① See Roy Kozlovsky, "Temporal States of Architecture: Mass Immigration and Provisional Housing in Israel," in *Modernism and the Middle East: Architecture and Politics in the Twentieth Century*, ed. Sandy Isenstadt and Kishwar Rizvi (Seattle: University of Washington Press, 2008), 139 - 60.
② bastide, 中世纪专为防御而建的法国的乡村城镇。——编者
③ S. Ilan Troen, "New Departures in Zionist Planning: The Development Town," in *Israel: The First Decade of Independence*, ed. S. Ilan Troen and Noah Lucas (Albany: State University of New York, 1995), 447.

拉维夫博物馆举办的城市规划展览，将其物质规划公之于众。作为精心策划的媒体宣传活动的一部分，博物馆的展览以精美的水彩画为特色，描绘了想象中的"应许之地"。它们是未来的城市氛围和情感的写照。简洁的粉刷一新的平房和公寓楼点缀着花园与空地。在国家宣传所培养出的抽象视觉和幻想中，绿色田园城市和包豪斯功能主义可以在干涸的沙漠中开花结果、长盛不衰。与众多的新城镇规划一样，这些图像将城市设计美化、浪漫化为现代乌托邦。人们像履行义务一样对一切新事物都充满着乐观和热情。博物馆对新城镇的描绘抹去了该地区的阿拉伯色彩，同时凸显了以色列的未来。

巴勒斯坦现有的阿拉伯人定居点，如阿克里、提比利亚和泽法特等，在 1948 年阿以战争期间被以色列军队占领，居民要么逃离，要么被迫离开。然后，这些土生土长的地区被贴上了乏善可陈的标签，并准备进行开发。根据曾在田纳西河谷管理局工作的美国工程师詹姆斯·海耶斯（James B. Hayes）的一项计划，美国暗示，南部内盖夫广袤的沙漠地区作为犹太人定居点的条件已经成熟。以色列军队进驻时，在内盖夫的比尔谢巴（Beersheba）阿拉伯人都逃走了。该镇随后被指定为该地区的犹太首府，据报道，此地建筑物和供水系统运转情况良好。尽管联合国呼吁比尔谢巴和内盖夫作为以色列与埃及之间的中立地带，但数百名以色列开拓者很快就在那里成家立业。到 1952 年，1 万名年轻的犹太以色列人正在把比尔谢巴重建成一座新城。

从前不过是内盖夫难民营，如今，新城镇梦想成真。在呼吁统一巴勒斯坦的宣传片《内盖夫之歌》（*Song of the Negev*，1950）中，该地区先前所有的文明都消失殆尽；除了废墟，没有留下任何过去的东西。这片土地的过往已被洗刷。沙漠空荡荡，随时可以开发。正如所有新城的视觉形象一样，年轻人正在创造他们的未来。不管如何艰难，他们都怀揣着社区和团结的梦想。在内盖夫，他们用铁锹迅速清除过去的废墟，用铁锤和钉子建造定居点。面对阿拉伯军队的袭击，他们坚守阵地，绝不撤离。[1]《纽约时报》的一名记者在 1952 年访问了比尔谢巴，他在一个星期六晚上，在愁苦的宗派政治中感受到了浓郁的先锋氛围：

> 你会看到中央咖啡馆里的年轻人带着狂野的西部风情在跳波尔卡舞和霍拉舞。他们是一群瘦削的、晒得黝黑的、看起来很快活的人，肯定比我在特拉维夫见过的任何人群都更快乐。到了白天，你会看到他们光着身子铺设管道、打井、挖矿、筑坝、修路，建设一个全新的城镇。他们中几乎很少有人带着公文包，有很多人拿着步枪。他们出城必带武器。仍有太多的阿拉伯人，包括 5 万名贝都因人，并不能完全接受以色列重新占领内盖夫的事实。[2]

掌控这片土地并建设新城镇将创造一个想象中的锡安。人们将这些定居点看作城市中的基布兹（即集体农庄）。它们是新移民作为正式成员融入这个新兴国家的风景线。此外，新城计划是管理和组织移民潮，并确定其庇护点和居住地的一种方式。到 1954 年，56％的人口被转移到了这个国家新开发的地区和新城镇。随着对人口增长的预测达到 400 万，以色列在 20 世纪 50 年代 6 次更新了国家人口分布计

---

[1] *Song of the Negev* (also known as *Ein Breira*), United Palestine Appeal (Josef Leytes Productions, 1950). YouTube video, 30：16, https：//www. youtube. com/watch? v＝1aKH-HrcMk.

[2] Dana Adams Schmidt, "Israel's Epic：Men against Desert," *New York Times*, April 27, 1952.

划。① 规划者念念不忘在新领土上创建理想的人口分布。定居点通过统计抽取而形式化，形成严格的人口规模层次结构：A 级为 500 人的村庄和基布兹，B 级为 2000 人的农村中心，C 级为 6000 至 1.2 万人的偏远城市中心，D 级为 4 万至 6 万人的中等城镇，最后 E 级为超过 10 万人的大城市。② 这种排序的推动者是城市规划师埃利泽·布鲁茨库斯（Eliezer Brutzkus），20 世纪 40 年代曾在犹太人事务局（Jewish Agency）工作，最终成为以色列城乡规划部主管。他认为，城市殖民是其他边疆社会（诸如澳大利亚、加拿大和美国）的一种战略。③

在规划早期，以色列的综合规划及其新城规划在西方国家广受赞誉，被认为是发展现代主义的一个有力案例，值得全世界效仿。这些定居点被演绎为公共的生活世界。1961 年的宣传片《阿什杜德》（*Ashdod*），讲述的是特拉维夫以南一座同名港口城镇（由建筑师和规划师阿尔伯特·迈耶协助设计）的故事，镜头捕捉到了一座由政府建造的住房构成的荒凉的居民点，以及一座被遗忘在沙海中的发电厂。但旁白说，阿什杜德是"一个有未来的城市，这一点才是真正重要的"。④ 这部电影将暂时性转变为永恒的状态，将主要来自北非

---

① Jacob Dash, *National Planning for the Redistribution of the Population and the Establishment of New Towns in Israel*, International Federation for Housing and Planning, 27th World Congress（Jerusalem：Planning Department，Ministry of the Interior，1964），9，21.

② Joan Ash, "The Progress of New Towns in Israel," *Town Planning Review* 45，no. 4 (1974)：388 - 89. See also Dash, *National Planning for the Redistribution of the Population and the Establishment of New Towns in Israel*，20 - 21.

③ E. Brutzkus, "The New Cities in the Framework of National and Regional Planning," *Journal of the Association of Architects and Engineers in Israel* 12（April-May 1956)：7 - 9.

④ Helga Keller, dir. , *Ashdod Yuli 1961*（Israel：Sherut ha-seratim ha-Yissre'eli, 1961)，YouTube video，14：25，https：//www. youtube. com/watch? v = eQWpgkT6T4A. See also Keren Filman, "Israeli New-Towns and Propaganda Films in the 1950s," *International Journal of the Arts in Society* 4，no. 2（2009)：229 - 37.

的移民视为拓荒者，他们在征服荒野，日复一日地创造一个新世界。

但要保持这种乌托邦式的伪装很困难。过度扩展的定居点造成了一堆被荒无人烟地带分割的杂乱的无实体单位。投资稀少，而且很快就枯竭了；过度拥挤和失业现象比比皆是。早期的定居者成群结队地离开了被称为"坏城镇"的地方，而其他城镇则被称为"好城镇"。① 因争夺稀缺资源，地区之间的竞争愈演愈烈。然而，不管这些问题如何，这些边疆世界都尽职尽责地遵循着西方的规划原则，并被描绘成以色列的田园天堂。

三、伊拉克与巴基斯坦的新城镇及地缘政治

随着地缘政治格局开始形成，加之冷战时期超级大国之间的争权夺利，中东各地的土地使用和定居点建设计划激增。阿拉伯国家地下的石油成为苏联与美国及其盟国外交政策和意识形态定位的焦点。当沙漠炼油厂成为西方经济的命脉，中东地区的稳定与安全成为绝对优先事项。被困在大城市拥挤的贫民窟中的人被认为是对这种稳定最具威胁（以及那些最易受共产主义吸引）的人口。

例如，在伊拉克巴格达等地的人口流动，以及随后发生的逊尼派-什叶派冲突都是前所未有的情况。从 20 世纪 20 年代到 40 年代，这个城市的人口增加了 2 倍，1947 年达到 80 万。到 1957 年，人口又

① 有关以色列新城镇成败的研究，参见 Raphael Levy and Benjamin Hanft, eds. , *21 Frontier Towns* (New York: United Jewish Appeal; New York: Jewish Agency for Israel, 1971). See also Max Neufeld, *Israel's New Towns: Some Critical Impressions*, Wyndham Deedes Scholars no. 31 (London: Anglo-Israel Association, June 1971)。

翻了一番，达到 130 万人。[①] 诸如巴格达这样有着几百年历史的城市中心被茫茫的荒废街区和棚户区所包围。带着不祥预兆的政治动荡和迫在眉睫的人道主义紧急情况使西方城市改革者长期以来坚信，旧城只会带来绝望和肮脏。解决办法在于分散人口。

由于英国占领了伊拉克这个新成立的国家，哈希姆王朝得以复辟，并开始实施一项五年计划，其中包括将全国各地的人分散到新的定居点连成的网络中。其初衷是通过将人们从巴格达、摩苏尔和巴士拉那些万恶的贫民窟中转移出来，实现某种程度的稳定和控制。许多新的定居点都是自助式农村社区，是一个庞大的土地复垦项目的一部分，该项目为新国家带来数千英亩的耕地。新定居点计划的第一次实施是在幼发拉底河沿岸的大穆萨伊布（Greater Musayyib）地区，那里有大约 5000 户人家，占用了刚排过水灌溉过的农田。该区域规划将"基本村庄"、"大型村庄"和"市场中心"纳入城市等级体系，模仿的是瓦尔特·克里斯塔勒的中心位置理论，所有这些都由道路和运河相互连接。而农村推广和社区发展计划等项目由福特基金会、联合国和美国国际开发署（USAID）直接资助。

定居的神话正在引起人们的注意。它将殖民土地，解决社会问题，并把国家带入现代时空。根据发展部的一份小册子所言，这些发展计划"将给国家带来新的面貌和新的生活"。"当伊拉克公民目睹这样一个工程时，他们自然会很满足、很乐观。他们可以想象，在政府的努力下，不久的将来，这个国家将呈现给观察者一幅壮丽的景象。"[②]

---

① L. W. Jones, "Demographic Review: Rapid Growth in Baghdad and Amman," *Middle East Journal* 23 (Spring 1969): 209.

② Development Board, Ministry of Development, Government of Iraq, and prepared by Doxiadis Associates, *The Housing Program in Iraq* (［Athens, Greece?］: Ministry of Development, Government of Iraq and Doxiadis Associates, 1957).

战后最糟糕的情况是 1947 年 8 月印巴分治造成的。数百万穆斯林在恶劣的情况下越过印度边界，进入新的巴基斯坦自治领，而大约 1000 万印度教教徒和锡克教徒则为了逃离混乱和屠杀，越境进入印度。家家四分五裂，户户支离破碎。流离失所、暴乱和残酷的种族暴力以及贫民窟化，摧毁了这两个新主权国家的城市。数百万人无家可归。抵达巴基斯坦的穆斯林难民搬进了拥挤不堪的卡拉奇、拉合尔和海得拉巴等城市，在那里巨大的贫民窟里艰难度日，几乎无望获得生计或像样的住房。在陷入灾难和对未来寄予厚望的双重压力之下，西方国家扶植的巴基斯坦政府立即着手实施该国的现代化计划。在福特基金会和哈佛大学发展咨询服务中心顾问的帮助下，该国制订了首个五年计划。①

巴基斯坦的动荡，将通过在乡村一级建立国家而得到平息。作为该国五年计划的一部分，乡村农业和工业发展计划（V-AID）启动了诸如巴基斯坦旁遮普省塔尔土地复垦等项目。福特基金会和联合国经济委员会为这项计划投入了大量资金和技术援助，打算将 200 万英亩的沙漠用于耕种，并将难民安置在 12 个新城镇和 1000 个新村庄里。这样的项目塑造了新的国家领土，巩固了动荡的边境地区局势，创造出一幅现代化和乌托邦雄心的图景。

规划设置了一些体面的备用房屋，作为包括学校、诊所和当地服

---

① 福特基金会、哈佛大学与巴基斯坦政府之间的合同始于 1954 年，合作一直延续到 1960 年代初。Ford Foundation, *The Ford Foundation and Pakistan* (New York, 1959)；提及哈佛的参考资料自第 32 页始。See also the "Request for Allocations," May 27, 1957, and the Center for International Affairs, Harvard University, *Planning in Pakistan: Progress Report of the Development Advisory Service*, September 1960 - October 1962. 有关福特在巴基斯坦的计划的早期概述，参见 George Gant, "The Ford Foundation in Pakistan," *Annals of the American Academy of Political and Social Science* 323 (1959): 150 - 59。

务业在内的新社区的一部分。失业的难民被安排去种树，建造乡村道路、俱乐部、药房和学校等。这些村庄在受过西方培训的推广人员的指导下被划分为区域发展区，推广人员传授从铺设排水沟到改善家居环境等各种知识。虽然这些社区宣扬自助的口号，但每个村庄的布局、住房以及社会生活都是由规划专家从上层设计的，他们将自己视为教育工具。

尽管政府官员努力将国家认同根植于乡村体系，但仍有数十万人涌入巴基斯坦城镇，寻找工作和新生活，尤其是在巴基斯坦西部。[①] 最大的困境在新指定的首都卡拉奇，那里被难民占领，部分地方已经被印度教教徒和穆斯林之间的恶斗所摧毁。到 20 世纪 40 年代末，卡拉奇人口翻了两番，接近 150 万，到 50 年代末，那里的人口已经超过 200 万。瑞典建筑师林德斯特罗姆（S. Lindström）和奥斯特纳斯（B. Ostnas）为该城市的线性延伸制订了一个早期计划。但鉴于这个新国家的政治不稳定和领土边界漏洞百出，结果一事无成。直到 1958 年阿尤布·汗军事政权上台后，在安置数万无家可归者和贫民窟居民方面才取得了一些进展。

阿尤布·汗的大卡拉奇地区计划将这座被占领的大都市分成 5 个地区，科朗吉（Korangi）是其中之一。位于首都东南部沙漠中的科朗吉被建成一个样板社区，安置了 50 万处境绝望的人（图 3.1）。其终极目标是建成一个能吸引巴基斯坦新中产阶级的自给自足的城市社区。1958 年，科朗吉项目作为美国对新国家承诺的一个信号，获得了美国国际开发署和福特基金会的资助。

---

① Mian M. Nazeer, "Urban Growth in Pakistan," *Asian Survey* 6, no. 6 (1966): 312.

3.1　1959年，来自印度的穆斯林难民在巴基斯坦科朗吉卸下他们的财物。Keystone-France/Gamma-Keystone 摄。©盖蒂图片社

　　康斯坦丁诺斯·多克夏迪斯的规划公司被聘为项目顾问。多克夏迪斯建筑事务所（Doxiadis Associates）是战后初期最大的规划公司之一。本书中会反复提及它的名字，因为它在新城镇运动中发挥了巨大的作用。该公司在中东地区的许多项目都得到了福特基金会和世界银行的支持。事实上，福特基金会对多克夏迪斯事务所项目的投资比其他任何一家私人咨询公司都多，该公司也是福特基金会最有影响力、最引人注目的合作伙伴。该公司在巴基斯坦参与了无数的住房、移民安置和"卫星城"项目。

科朗吉是阿尤布政权的现代化事业的标志。它作为当时亚洲最大的城市改造项目，受到了国际媒体的热烈追捧。多克夏迪斯事务所计划在这个示范城镇的所有社区都建立学校、市场和清真寺（图3.2），以"满足社区需求"，并提供"和谐、平衡的生活方式"。[1] 在不到半年的时间里，第一批带有阳台和花园的简易混凝土住房就建成了，并以"先租-再买"的方式供应（图3.3）。阿尤布·汗亲自把钥匙交给

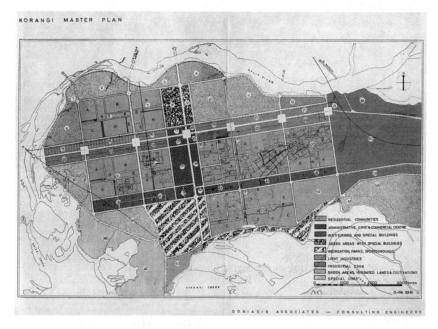

3.2 巴基斯坦科朗吉的总体规划（DOX-PA 147），1961年11月18日。由康斯坦丁诺斯·多克夏迪斯档案馆提供。©康斯坦丁诺斯和艾玛·多克夏迪斯基金会

---

[1] Ministry of Rehabilitation, Government of Pakistan, and prepared by Doxiadis Associates, *Development of Korangi Area: A Model Community for 500,000 People* （[Athens, Greece?]: Ministry of Rehabilitation, Government of Pakistan and Doxiadis Associates, 1960), unpaginated. 有关巴基斯坦发展背景下的科朗吉的有趣分析，参见 Steve Inskeep, *Instant City: Life and Death in Karachi* （New York: Penguin, 2011), chapter 6。

了第一个到达定居点的难民家庭。照相机拍个不停。1959 年，美国总统艾森豪威尔访问了科朗吉。这里也是 1961 年伊丽莎白女王和菲利普亲王以及美国副总统林登·约翰逊的巴基斯坦之行中的一站。在徒步游览小镇时，这些名人游客对于此地基础设施缺乏的状况并不太在意，因为在小镇创建那一刻他们就在那里。与所有新兴的新城项目一样，科朗吉同时在体验着当下与未来的生活。在规划时它就是按照它未来可能的模样想象的。

3.3 科朗吉的住宅，巴基斯坦《多克夏迪斯评论》（多克夏迪斯建筑事务所），第 80 期第 8 页（1972 年 4 月）。康斯坦丁诺斯·多克夏迪斯建筑事务所档案部提供。©康斯坦丁诺斯和艾玛·多克夏迪斯基金会

四、新城镇之国：印度

在刚刚独立的印度，为了促进进步和国家的稳定，贾瓦哈拉尔·尼赫鲁总理领导的政府也开始了一场精心策划的区域发展和现代化运动。历史学家吉安·普拉卡什（Gyan Prakash）认为，这样做带有分

裂的意识形态逻辑[①]，在许多方面反映了尼赫鲁不与任何联盟或集团结盟的外交政策，也反映了后殖民主义精英整合美苏经验的要素的意愿。一方面，苏联是社会主义社会中能够取得的成就的一个有教益的案例。五年计划成为开发资源、提高生活水平、实现法律和秩序、改造文化和社会的国家拯救运动。另一方面，以大都市为导向、以西方为榜样的印度新一代精英阶层，在许多方面推进了西式现代化的进程。

尼赫鲁坚持把新颖性作为后殖民时代印度的决定性特征。现代主义意味着摆脱传统的束缚，摆脱殖民前和殖民时期的保守习俗。这种暂时的断裂让印度可以自由地规划自己的现代道路。与此同时，还必须将这些愿望想象成是印度独有的东西。尼赫鲁认为，科学和技术专长是发现印度作为一个真正的现代国家的工具。他这样阐述了自己的愿景："我们希望……在不破坏旧基础的前提下，建立更高规格的社区生活。我们希望利用现代技术，并使之与印度的资源和条件相适应。"[②] 技术专家和计划发展领域将权力交给了国家，作为实现国家未来和提供一个确定无疑的印度现代化试验的工具。新城镇是启动和约束这一激进变革的一个机制。

印度独立后的新政府上台时，德里市区一片混乱。分治后，大批难民和贫穷的农村移民涌入首都，使其不堪重负。德里的人口从

---

① See chapter 7, "A Different Modernity," in Gyan Prakash, *Another Reason: Science and the Imagination of Modern India* (Princeton, NJ: Princeton University Press, 1999). See also Balkrishna Doshi, "The Modern Movement in India," in *Back from Utopia: The Challenge of the Modern Movement*, ed. Hubert-Jan Henket and Hilde Heynen (Rotterdam: 010 Publishers, 2002). Also see chapter 6, "Nation and Imagination," in Dipesh Chakrabarty, *Provincializing Europe: Postcolonial Thought and Historical Difference* (Princeton, NJ: Princeton University Press, 2000).

② Letter from Jawaharlal Nehru to Albert Mayer, June 17, 1946. Albert Mayer Etawah Papers, box 1, folder 7, Archives and Manuscripts Division, New York Public Library, New York.

1941 年的 70 万猛增到 1950 年的 140 万，到 1951 年又增至 230 万——这使一个原本就拥挤不堪的城市面临不可收拾的局面。成千上万人生活在绝望的边缘，临时难民营搭建起来，郊区建起了聚居屋。① 但这些做法立即遭到嘲笑。而唯一的其他选择是挤进古老的、种族分隔的社区里用泥土和稻草搭建的棚屋区。德里的伊斯兰纪念碑被印度难民占领，这是一种政治挑衅行为。一场可怕的黄疸传染病蔓延开来，整个城市的形象变得肮脏、拥挤、混乱，成了疾病的温床。为了应对这个局面，尼赫鲁政府利用首都作为大都市区域规划的实验室，解决了这场危机。按照这个国家的科学观，政府进行了一项公民调查并制定了一项总体规划，堪称亚洲最雄心勃勃的规划之一。

这项计划是在德里发展局和国家城市规划组织的支持下实施的，这两个新机构都将为印度城市规划确定方向。德里的总体规划得到了福特基金会的资助，该基金会派出了一支由阿尔伯特·迈耶召集的英美社会科学和规划顾问团队。② 迈耶是美国田园城市运动的积极领导者，战争期间，他曾在印度为美国陆军工程兵团修建机场。后来，在与克拉伦斯·斯坦因合作在不列颠哥伦比亚省完成基蒂马特等项目时，他回到了印度，成为尼赫鲁的朋友和他身边的城市规划顾问。

除迈耶外，福特基金会的团队对印度的情况几乎一点也不熟悉。尽管如此，团队里的人还是渴望帮助该国实现现代化，他们的专长加

---

① 参见相关手册，Government of India's Ministry of Information and Broadcasting, *Housing the Displaced* and *Housing in India* (Delhi: Publications Division, 1951 and 1954)。

② Ford Foundation, "Roots of Change: The Ford Foundation in India," *Ford Foundation Report* (November 1961), 50. 美国规划团队包括社会学家乔治·戈奇乌斯和普林斯顿大学的杰拉尔德·布里斯、芝加哥大学的发展理论家伯特·霍塞利茨、宾夕法尼亚大学的城市地理学家布里顿·哈里斯、土地利用和交通专家爱德华·埃切维里亚和沃尔特·海登，以及国际开发专家阿奇·多斯顿。其中许多人对系统分析的发展产生过重大影响。戈登·库伦也对城市设计研究做出了贡献。

在一起令人印象深刻。实际上，该团队还在加州大学伯克利分校时举行了第一次会议，从一个西方学术机构的安全角度，对印度棘手的城市问题进行了反复考量。迈耶随后前往印度，安排印度部长和城市规划组织的人观看 1939 年的著名纪录片《城市》。那是个伟大的时刻，这个做法太值了。此外，对于印度的规划者来说，德里是他们新独立国家的第一次大演习，他们中的大多数人都曾在美国和英国接受教育。他们对独立带来的潜能感到欢欣鼓舞，并热切地相信实体设计（physical design）可以塑造社会目标。

总体规划的代号为"德里要事"（the Delhi Imperative）。尽管德里的非正式社区已经是高效的、自我运作的社区，但仍被指责为过度拥挤的贫民窟，"城市中几乎所有地方的土地使用都混乱而不合理"的情况也遭到诟病。所有这些传统的城市生活方式都将被淘汰和简化。在公众的强烈抗议之后，大规模的贫民窟清理工作放慢了节奏。作为一种妥协，旧城墙围起来的城市之内的人口只会逐渐减少到"可城市化的极限"，并由一片绿化带围起来。在城市外围，棚户区、群居房以及城镇的随意扩张将得到控制。人员和工业将聚集在 6 个主要的卫星城镇，每个城镇 7.5 万人至 10 万人，一个高速公路系统将把这些城镇相互连接起来，这 6 个卫星城镇是：加兹阿巴德、古尔冈、巴哈杜尔加尔、洛尼（Loni）、纳雷拉（Narela）和费尔达巴德。[1]

---

[1] Delhi Development Authority, *Delhi Master Plan*, *1962*（Delhi：Delhi Development Authority, 1962）. 更多信息可见 Gerald Breese, *Urban and Regional Planning for the Delhi-New Delhi Area：Capital for Conquerors and Country*（Princeton, NJ：Gerald Breese, 1974）。普林斯顿大学的社会学家布里斯担任总体规划委员会的协调员。See also Robert Gardner-Medwin, "United Nations and Resettlement in the Far East," *Town Planning Review* 22, no. 4（1952）：283 - 98. 相关综述，参见 Nilendra Bardiar, *A New Delhi — urban*, *Cultural*, *Economic and Social Transformation of the City 1947 - 65*（CreateSpace Independent Publishing Platform, 2014：https：// www. createspace. com）。

例如，为费尔达巴德做的规划向大约 4 万名赤贫的难民提供了重新安置和就业机会。拥有 1.1 万人口和一个不断膨胀的难民营的纳雷拉镇，被改造后有了若干学校、娱乐设施和一个与拟建的公路系统相连的新工业区。最终，这个小镇将容纳 6 万人。总而言之，德里周围的卫星城是民族融合以及作为现代公民的种族和宗教群体和谐共处的理想文本。这些崭新的地方不受历史和地域的限制，将把印度大地母亲（Bharat Mata）带入现代世界。

除了德里周边的卫星城镇，印度还初步建成了大约 30 个新城镇。在海得拉巴周围新建了 4 个卫星城，马德拉斯（即现在的钦奈）郊区建了 3 个，加尔各答建了 2 个。分治意味着在古吉拉特邦建立新的邦首府甘地讷格尔，在奥里萨邦建立布巴内斯瓦尔，在东旁遮普邦建立昌迪加尔。① 旁遮普邦的主要城市拉合尔被分到了巴基斯坦。代之而起的昌迪加尔是尼赫鲁的梦幻之城，是印度现代化未来的闪亮象征。它使印度一跃成为国际明星。一开始，阿尔伯特·迈耶被要求为新首都制订一个计划。他与克拉伦斯·斯坦因合作，根据拉德伯恩镇的原则设计了一座包括邻里单位的田园城市。但是尼赫鲁否定了这个与印度的殖民历史联系得过于紧密的过时观念。反倒是对柯布西耶大胆的现代主义视野的变革潜力大为赞同。昌迪加尔为印度引入了一种新的城市风格，一种令人惊叹的城市形态和空间处理方式。这是对一切传统和保守的规避，也是尼赫鲁在寻求印度未来的过程中试图摆脱的东西。②

---

① 关于三个地区首府，参见 Ravi Kalia, "Modernism，Modernization and Post-colonial India：A Reflective Essay," *Planning Perspectives* 21（2006）：133 – 56。

② 关于昌迪加尔，参见 Norma Evenson, *Chandigarh*（Berkeley：University of California Press，1966）。Also Ravi Kalia, *Chandigarh：The Making of an Indian City*（转下页）

最大的那批新城镇中的一些坚持了传统的功能：它们是旨在启动印度的工业经济的钢铁城镇。钢铁在印度民族主义话语中既具有象征意义，又具有战略重要性，也见证了苏联对其持续的影响力。这些钢铁城镇是在公众持股的印度斯坦钢铁公司的支持下，作为第二个五年计划的一部分开发的。其中最重要的项目是迈索尔（Mysore）的巴德拉瓦蒂和比哈尔邦的贾姆谢普尔。奥里萨邦的鲁尔克拉镇（Roukela）被选为一座大型钢铁厂的建造地点。紧随其后的是中央邦的比莱、西孟加拉邦的杜尔加布尔和比哈尔邦的博卡罗。[①]

苏联派出了数百名工程师和技术人员，并提供了资金，与印度合作开发了比莱和博卡罗的钢厂。当然，这一事态的转变大大加强了美国及其西方盟国对印度的援助力度。英国与之合作建造了杜尔加布尔钢铁城；德意志联邦共和国与之合作建造了鲁尔克拉。久负盛名的德国钢铁联合公司克虏伯和德马格公司为鲁尔克拉钢铁厂提供了资金及技术支持。西德派去了数千名技术人员，来自亚洲各地的工人则来到鲁尔克拉从事建筑工作。到了 20 世纪 50 年代末，鲁尔克拉和贾姆谢普尔的人口已经激增至数十万。根据历史学家斯里鲁帕·罗伊（Srirupa Roy）的说法，这个乌托邦式的钢铁小镇作为一个典型的国家空间的身份与其独特性有关；与之相关的时代、空间、主体性和实

（接上页）（Delhi：Oxford University Press，1999），and Vikramaditya Prakesh，*Chandigarh's Le Corbusier：The Struggle for Modernity in Postcolonial India*（Seattle：University of Washington Press，2002）。关于与西方城市的现代性理念的冲突，亦可参见 Ravi Kalia，*Gandhinagar：Building National Identity in Postcolonial India*（Columbia：University of South Carolina Press，2004）。

① 有关印度的钢铁小镇，参见 Srirupa Roy，"Urban Space，National Time，and Postcolonial Difference：The Steel Towns of India," in *Urban Imaginaries：Locating the Modern City*，ed. Thomas Bender and Alev Cinar（Minneapolis：University of Minnesota Press，2007），182 - 207。

践方式将明显不同。① 随着钢铁城镇的出现，一个包括铝、水泥、采矿和炼油以及工程等单一产业和资源组成的城镇网络形成，组成了一个全新的工业版图。

尽管进行了这场工业化运动，但绝大多数印度人仍然生活在农村地区，极度贫困。实现农村经济现代化以及将印度文盲农民转变为模范公民是最重要的发展目标。为了实现这些目标，印度政府提出，到20世纪末至少建造300个新定居点。城市化示范村建了起来，它被看作一种法律和秩序以及新的平等主义机制。根据确定的空间和人口规模来安排城市发展，被视为解决全国各地无数非正规居住区所特有的贫困和恶劣条件的办法。城镇建设将会稳定公民社会，活跃日常生活。普通民众将成为自力更生的公民，参与现代化和公共事务。

为此，阿尔伯特·迈耶投入了与尼泊尔接壤的印度北部北方邦边境地区定居点的现代化建设。他在那里启动了一个试点项目，覆盖了埃塔瓦地区的100个村庄及5万多人。后来，该项目扩大到包括邻近的戈勒克布尔区的另外约112个村庄和7.9万人。迈耶将这些社区视为合作自助和民主化的社会试验场，也是推动开发项目的出发点，这些项目将激发出印度的潜力。他还受到了甘地的影响，甘地认为村庄是一个自给自足、亲密无间的集体，它既富有创造力，又富有经济效益。迈耶还把这些想法融入了他在北美的新城镇项目中。1952年，在斯沃斯莫尔学院的一次演讲中，他解释道："统计信息很重要，但实际上，如果用它取代鲜活的实地考察，取代与当地居民的面对面交

①　有关印度的钢铁小镇，参见 Srirupa Roy，"Urban Space，National Time，and Postcolonial Difference：The Steel Towns of India，" in *Urban Imaginaries：Locating the Modern City*，ed. Thomas Bender and Alev Cinar（Minneapolis：University of Minnesota Press，2007），191。

谈，取代亲眼看看他们在做什么、怎么做以及为什么做，并且由此直接受此激发得出解决方案，那将是有害的。"[1]

迈耶采取的"帮助村民自助"的自我实现方法得到了西方媒体的热烈报道。[2] 在福特基金会和美国"第四点基金"的帮助下，该试点项目被扩大为印度政府的一项重大举措。福特基金会派遣社会工作者进入新成立的乡村社区，教授农业技术、手工艺、道路作业和卫生设施体系如何建立，并为妇女传授现代烹饪、缝纫和卫生保健知识。道格拉斯·恩斯明格（Douglas Ensminger）曾在印度指导福特基金会的工作达19年之久，他本人也是一名乡村社会学家，为迈耶的开创性想法提供支持。

迈耶的城中村概念实际上是甘地的村庄概念和邻里单位理想的结合。这是一个尝试将社会和社区组织技术嵌入物质规划中的实验场。[3] "我们的目标，"他解释说，"是重组和重建物质结构，并因此重建村庄的社会生活……。目前的村庄布局往往很不经济，道路和车道弯弯曲曲，无用且脏兮兮的空地上到处可见断壁残垣和令疟疾滋生

---

[1] Albert Mayer, "Working with the People," speech given at Swarthmore College, Swarthmore, Pennsylvania, February 24, 1952, pp. 16‑17. Albert Mayer Etawah Papers, box 2, folder 11, Archives and Manuscripts Division, New York Public Library, New York. See also Albert Mayer, *Pilot Project*, *India*: *The Story of Rural Development in Etawah*, *Uttar Pradesh* (Berkeley: University of California Press, 1958). 迈耶为印度众多城市项目提供了咨询，包括加尔各答和孟买，以及艾哈迈达巴德的古吉拉特邦大学、费尔达巴德和昌迪加尔的规划项目。有关他的工作，参见 Thomaï Serdari, "Albert Mayer, Architect and Town Planner: The Case for a Total Professional" (PhD diss. , New York University, 2005)。关于印度对迈耶的思想的影响，参见 Andrew Friedman, "The Global Postcolonial Moment and the American New Towns: India, Reston, Dodoma," *Journal of Urban History* 38, no. 3 (2012): 553‑76。
[2] 参见以下印度英语报纸中众多例子中的三例：*the Statesman*, October 11, 1949; *the Pioneer*, May 4, 1952; *Times of India* (Mumbai), August 15, 1952。
[3] Ford Foundation, "The Ford Foundation and Foundation Supported Activities in India" (New Delhi, January 1955), 28‑31. See also Nicole Sackley, "Passage to Modernity: American Social Scientists, India, and the Pursuit of Development, 1945‑1961" (PhD diss. , Princeton University, 2004).

的洼地。"① 迈耶的最初几个项目通常是建造一个社区中心和一个厕所。村民们将要学习讲卫生和与人合作。迈耶设想了村委会②（村民代表的会面地点），围绕着小小的市民广场而建的学校和种子商店，那里的树木将以某种庄严的方式有序种植。规划者认为，将人们安置在核心社区周围是一种创造现代公民价值观、培养适应国家需要的现代人的方式。

尼赫鲁政府为东旁遮普邦的尼洛赫里、西孟加拉邦的卡利亚尼（Kalyani）和西印度的乌拉斯讷格尔等新城镇设立了试点项目，并为印度西海岸的新港口城镇甘迪达姆制订了城建计划。尼洛赫里由在美国接受培训的工程师和社会梦想家苏伦德拉·库马尔·戴伊（Surendra Kumar Dey）创建（他最终会成为印度社区发展部部长），那是一个为来自西巴基斯坦的印度教和锡克教难民建立的自助合作示范社区（图3.4）。它从德里北面旁遮普邦的一片丛林沼泽地拔地而起，戴伊曾在那里的难民营工作，教人们制作手工艺品。在尼赫鲁的支持下，他开始构建一个新城镇，为7000名流离失所的难民重建家园。

定居者卷起袖子，热火朝天地清理干净了热带荒野，建造了尼洛赫里，这是一次象征性的集体责任行动。尼赫鲁称之为"用肌肉发出的音乐"。戴伊借用这个说法，将它作为新三位一体信仰的信条："肌肉可以做到，肌肉可以通过训练做到，条件可以通过创造达到。"一排排配备了自来水和电力的泥砖房子以低廉的价格租给了家庭，在30年后，这些家庭将拥有房屋的所有权。道路从一个紧凑的城镇中

---

① Albert Mayer, "Community Projects in U. P. : Observations and Recommendations," April 26, 1953, p. 14. Albert Mayer Etawah Papers, box 1, folder 5.
② panchayat ghar，印度独特的一种基层自治制度。——编者

3.4 联合国技术援助署考察团成员在印度尼洛赫里采访村民。村里妇女生产的纺织品被拿出来展示，而妇女则和孩子们待在屋顶上。1955 年 11 月 6 日—1956 年 2 月 12 日。ⓒ联合国图片部

心向外辐射，这样可以"使人们能够相互了解"。[1] 那里建有卫生所、学校、市场和商店、工作中心和手工艺实训场等。运动会和露天剧场表演也安排了起来。尼赫鲁称尼洛赫里为他的梦想之城。"你为印度树立了一个榜样，"他宣称，"这将改变这个国家的面貌。"[2]

印度议会议员参观了这座由难民建造的城镇，以了解其进展情

[1] S. K. Dey, *Nilokheri* (London: Asia Publishing House, 1962), 19, 21.

[2] Speech by Jawaharlal Nehru, February 22, 1950; cited in Syresh K. Sharma, *Haryana: Past and Present* (New Delhi: Mittel, 2005), 248. See also Srirupa Roy, *Beyond Belief: India and the Politics of Postcolonial Nationalism* (Durham, NC: Duke University Press, 2007).

况。它成了社会理想主义者的圣地。1952 年，美国驻印度大使切斯特·鲍尔斯（Chester Bowles）参观了位于埃塔瓦的尼洛赫里和阿尔伯特·迈耶规划的几个城中村，并提供了 5000 万美元的援助，用于扩大印度的社区发展。到 20 世纪 50 年代初，尼洛赫里已是一个繁华的社区，其工业为 700 个家庭提供了就业机会，而更多的家庭则以建筑和农业为生。诸如这样的地方是理想城市类型和社会乌托邦主义的国家实验基地。处境悲惨的难民可以变成一个自信而英勇的公民。通过训导、共同劳动和合作，现代社会将消灭种姓、阶级和文盲的可怕祸害。对于战后新兴的第三世界国家来说，这种自助或自力更生的发展模式至关重要。像尼洛赫里这样的乌托邦秀场是国家建设大胆设想的一部分。一个繁荣、自给自足的城镇网络将覆盖现代印度全国。当然，它们在一开始只不过是些帐篷营地，但它们的言语表述和规划都是顶级的。

毫不奇怪，这些项目最初是由英国的城市规划传统和经过实践检验的田园城市形态所主导的，有着由花园、公园和开放空间环抱的平房。这种做法的源头依旧可以追溯到帕特里克·盖迪斯，他 1919 年到 1925 年在印度工作，并撰写了一系列详尽的关于印度城市的规划报告。他与印度诗人泰戈尔合作，开发教育机会并传播他的思想。1947 年，盖迪斯的儿子和建筑师杰奎琳·蒂尔维特共同出版了编辑过后的盖迪斯报告，名为《帕特里克·盖迪斯在印度》（*Patrick Geddes in India*），以宣扬盖迪斯的理念与印度现代化和城镇建设规划的相关性，尤其是与甘地的民主自治以及乡村将工作和生活融为一体的理念的相关性。

蒂尔维特获得了联合国驻印度政府技术援助顾问的职位。1954 年，她以这一身份在新德里组织了一次联合国住房和社区规划区域研讨会，会议迎来了宾夕法尼亚大学和麻省理工学院国际研究中心的美国规划专家代表团。出席会议的还有康斯坦丁诺斯·多克夏迪斯，他当时正在创建自己的咨询公司。与此同时，蒂尔维特正在拼凑一个印度乡村中心的工作模型，这个模型融合了盖迪斯的原则以及国际现代建筑协会关于在实验性住房区建立一个城市中心的设想。那些用晒干的砖块盖成的简易建筑围出了一个空地，可供举行乡村节日，附近还建有学校、诊所和手工艺中心。

不过，盖迪斯在印度的主要弟子是德国建筑师奥托·柯尼格斯伯格（Otto Koenigsberger），他是蒂尔维特的朋友和旅伴。柯尼格斯伯格曾与汉斯·波尔齐格（Hans Poelzig）和布鲁诺·陶特一起在柏林学习，并曾与恩斯特·梅在法兰克福短暂共事过。他于1933年逃离德国来到印度，在那里迅速晋升，成为进步的迈索尔土邦的首席建筑师，后来又成为印度卫生部住房司司长。最后一个职位使柯尼格斯伯格要负责安置逃离巴基斯坦的数十万难民。之后他又担任了1949年成立的印度城市规划委员会主席，该委员会在1951年成为印度城市规划研究所。

柯尼格斯伯格和穆克·拉吉·阿南德领导下的印度知识界，正是在20世纪40年代末孟买的国际化氛围和对印度独立的期盼之中，创办了"现代建筑研究小组"（MARG）及其同名专业期刊。*MARG* 杂志成为了这个国家开创性建筑和城市设计的首要渠道，并努力弥合印度和西方建筑争论之间的鸿沟。阿南德在该杂志的创刊号中写道："规划就像做梦——梦想一个新世界。"①

柯尼格斯伯格还参与了印度众多新城镇的规划，包括塔塔集团的

① Mulk Raj Anand, "Planning and Dreaming," *MARG* 1, no. 1 (1946): 1 - 2. 关于 *MARG* 杂志的历史，参见 Rachel Lee and Kathleen James-Chakraborty, "*MARG* Magazine: A Tryst with Architectural Modernity," *ABE Journal* [*Online*] 1 (2012). http: //dev. abejournal. eu/。

钢铁城贾姆谢普尔、首府城市布巴内斯瓦尔和昌迪加尔，以及费尔达巴德、拉杰普拉、甘迪达姆、辛德里和尼洛赫里等新城镇。他试图将盖迪斯的理念和田园城市理想与现代主义运动的理念融合起来，创造出一种具有鲜明印度特色的现代主义风格。[①] 对于聚集在现代建筑研究小组周围的建筑师来说，印度的传统建筑遗产因其打上了英国殖民主义时期的烙印而无法被一个独立国家采用。通过将传统的建筑设计与欧洲大陆和美国的科学方法相结合，为印度打造一个城市的未来面貌，这一遗产就会更为人们所接受了。

柯尼格斯伯格在他的新城镇项目中，经常与联合国和美国开发机构进行密切合作。1952 年，他在《英国城市规划评论》（*British Town Planning Review*）的一篇长文中概述了自己的规划策略。柯尼格斯伯格在其初步显露出的热带主义语言中，把当地的气候和环境、景观和地形视为现代风格中具有决定性作用的民族要素。他和蒂尔维特以及阿尔伯特·迈耶共同推动了一种具有地方特色的现代主义，这种现代主义是理性的和进步的，同时也是本土文化的一种表达。他们将印度的难民城镇和村庄视为帕特里克·盖迪斯的传统中自力更生的"民间规划"和"家园"观念，与甘地的创造性自治并对乡村层面的群众赋权这一战略相结合的产物。他们认为，这样的愿景可以缓解印度的宗教和社会冲突，并改善经济状况。当地环境和本土传统将是发展的基础。[②] 事实上，发展中国家的建筑主要受制于材料的短缺和对

---

① 柯尼格斯伯格也是联合国特派团的长期捐助者。对于他的城市设计和建筑，参见 Jon Lang, Madhavi Desai, and Miki Desai, eds. , *Architecture and Independence：The Search for Identity — India 1880 to 1980*（New Delhi：Oxford University Press, 1997）。See also Rachel Lee, "Constructing a Shared Vision：Otto Koenigsberger and Tata & Sons," *ABE Journal [Online]* 2（2012）. http：//dev. abejournal. eu/。

② Otto H. Koenigsberger, "New Towns in India," *Town Planning Review* 23，no. 2（1952）：96.

建造成本低廉的需求。在这些条件下，本土化是最实际的做法，并且确实被视为一种创造本土身份、进行建筑行业培训的策略。

在柯尼格斯伯格的世界观中，田园城市和邻里单位可以通过将其融入当地环境而变得具有印度特色。因此，他不认为它们是外来的东西。考虑到印度内陆地区的极度贫困，几乎没有必要去重新审视西方的规范和标准。西方的理想可以简单地移植到印度，并与当地的文化传统和环境相结合。作为克拉伦斯·佩里和帕特里克·艾伯克隆比的《伦敦郡规划》的仰慕者，柯尼格斯伯格在其迈索尔土邦工业设施扩建计划中向印度引介了邻里单位的概念。在小学周围建造 3000 至 4000 人的低密度邻里单位，然后这些单位合起来形成了一个高中学区。合理的居民人数是通过每英亩人口密度的数学计算而确定的。理性的计算取代了宗教和社会阶层的划分，而这两者正是使印度各城市彼此分隔的原因。

印度钢铁城镇博卡罗是对邻里单位概念进行移植的另一个实验项目。小学是每个社区（或住宅区）的活动中心，每个社区有 750 个家庭。邻里单位将促进邻里关系和家庭联系，减少阶级摩擦。其规模大致与莫哈拉（mohalla），即传统的印度居住区相当，是将西方理想转化为本土文化模式的一种尝试。[①] 就像在迈索尔一样，每个住宅群都会与邻近的中学区相连。这些地区也会相应地形成一个有着 1.8 万到 2 万居民，有购物区、服务业、卫生所、社区中心以及公园的城区。与克拉伦斯·斯坦因的拉德伯恩镇模型一样，每个邻里单位的边界都由外环路划定的，而其通道则供当地公用。自然景观作为社区生活的

---

① 关于用"莫哈拉单位"概念内化邻里单位概念的情况，参见 Sanjeev Vidyarthi, "Inappropriately Appropriated or Innovatively Indigenized?: Neighborhood Unit Concept in Post-Independence India," *Journal of Planning History* 9, no. 4 (2010): 267 - 68。

必要场所的概念，通过铺设大量的绿地和公园得以实现，而事实上，在许多早期的示范社区中占用了过多的地表面积。尽管这样做很快导致了城市扩张和极高的基础设施成本，但这样一来，田园城市的乌托邦愿景得到了精准的实现。这是运用西方规划技术促进印度现代化的一种手段。基于这一信念，田园城市成为了在发展中国家应用的模板，同时也融入了本土主义想象。

这些理想主义的愿望和模范社区属于独立后的英雄年代的产物，是在紧张的社会、种族冲突和政治动荡时期建立起来的。最终，邻里单位被描绘成一个近乎神奇的空间，它将创造一个无种姓的世俗的印度。① 奥托·柯尼格斯伯格的规划轨迹证明了包含世纪中期规划的全球化景观的折中影响，其中有德国现代主义、盖迪斯和英国田园城市传统、自助思想和西方国际机构的发展信条、热带建筑及规划、美国风格的邻里单位等。历史学家罗德里·温莎-利斯科姆（Rhodri Windsor-Liscombe）也指出，柯尼格斯伯格代表了世纪中期现代主义者的矛盾立场，他们正为他们努力改造的政权而工作。他得到了迈索尔大君的支持，还有来自最后一任英国总督蒙巴顿勋爵和尼赫鲁政府、塔塔钢铁家族，以及国际权威组织联合国的支持，联合国认为：这是"想象中的未来解决方案与急需解决的历史问题之间的一种还不确定的调停方式"。② 新城镇和邻里单位术语被翻译为甘地惯用的本

---

① See Sanjeev Vidyarthi, "Reimagining the American Neighborhood Unit for India," in *Crossing Borders: International Exchange and Planning*, ed. Patsy Healey and Robert Upton (New York: Routledge Press, 2010), 73-94.

② Rhodri Windsor-Liscombe, "In-dependence: Otto Koenigsberger and Modernist Urban Resettlement in India," *Planning Perspectives* 21 (2006): 161. See also Vandana Baweja, "Otto Koenigsberger and the Tropicalization of British Architectural Culture," in *Third World Modernism: Architecture, Development and Identity*, ed. Duanfang Lu (New York: Routledge, 2011), 236-54.

土语言，融入了本土的建筑风格，并被重塑为无所不在的改良主义，被国家官方完全接受为现代发展的路径。虽然它们被认为是土生土长的，但它们也是一种同质化的影响力，这种影响力提供了稳定与克制、遏制与控制，以及民主赋权和村集体的幸福愿景。

最终，尼赫鲁认为甘地的愿景太过传统而弃之不用，反而是昌迪加尔高度现代主义的规划给他留下了深刻印象。柯尼格斯伯格、杰奎琳·蒂尔维特和阿尔伯特·迈耶都失去了影响力。但城镇建设理想仍然是社会管理和现代化的战略。整个发展中国家范围内新城镇的地理分布是根据一个经过仔细校准的人口和地域逻辑来确定的。其话语体系围绕着对人与空间的约束，通过分类与层次、优选规模与维度来进行构建。人口流动的有序和管理将确保城市与人口在新获得的国土上均衡分布。

尽管从定义上说，确定空间类型是新城镇修辞学的一个重要组成部分，但新成立的国家对此是尤其热衷的。新城镇很少挑战传统的社会和种族界限。对于稳定的需要太迫切了。无休止的宗派和社会动荡、为逃离混乱和暴力而出现的大规模人口流动、棚户区和贫民窟遍布整个城市，充满绝望的人们倾向于接受共产主义的召唤等，都是战后立即摆在眼前的现实，是调节和控制人口与领土行为的基础。它揭示了人们对难民、移民和不受控制的人口肆意在争夺激烈的政治领土上流动的深切担忧。

此外，对未来梦境的宣扬推广并不一定意味着糟糕现状的结束。临时定居点和临时集聚地在某种程度上成了永久性固定设施。其中许多地方只剩下一些光秃秃的围墙。其中最糟糕的是 1948 年第一次中东战争后建立的巴勒斯坦难民营——联合国救援机构最初试图建立大规模的公共工程项目，以促进经济发展，但最终没有成功。在整个中东地区，成千上万的人在被美化为乌托邦实验地的肮脏的移民营中组建家庭并养家糊口。一旦重建时期的热情消退，国家的优先事项变了，模范社区就会被遗忘和忽视。对完美的追求可能会轻而易举就滑向崩溃。就在这令人着迷的未来景象下面，隐藏着反乌托邦的阴影和生活在耻辱中的残酷现实。

五、作为反乌托邦的石油城镇和田园城市

20世纪50年代和60年代的石油城镇证明了田园城市的玫瑰色愿景会以多快的速度变为丑陋的现实。它们是全球石油生产的城市所在地。石油业是殖民帝国建设中不可磨灭的一部分。随着私营公司和新独立的政府争夺对宝贵的自然资源的控制权，非殖民化加剧了整个中东和非洲对石油和天然气储量的争夺。随着勘探力度的加大、油田的发现和石油的开采，石油生产网络在20世纪形成了自己独特的地理格局。长期以来，石油资源丰富的地区到处都是未充分开发的新兴城镇和在油井与出口码头周围建立的工作营地。

但是，一旦它们的霸权被独立运动和政治危机所打破，石油公司就会鼓吹田园城市的理想，以此向新兴国家证明它们的良好意愿。英-伊石油公司的情况就是这样，① 该公司在今天伊朗的胡齐斯坦地区经营着一个由大约10个油田组成的网络。这家公司一直不重视其

---

① 英-波斯石油公司 1935 年更名为英-伊石油公司，1954 年再更名为英国石油公司，参见 James Bamberg, *British Petroleum and Global Oil*, *1950 - 1975*: *The Challenge of Nationalism* (Cambridge: Cambridge University Press, 2000), as well as Hossein Askari, *Collaborative Colonialism*: *The Political Economy of Oil in the Persian Gulf* (New York: Palgrave Macmillan, 2013)。

位于阿巴丹的大型炼油厂的生活福利设施，该炼油厂自 1908 年以来一直生产石油，并通过管道输送出口。那是位于波斯湾底格里斯河-幼发拉底河河口泥滩上的一个拥挤的非城市地区，也是世界上最大的石油设施。但是，当 1941 年盟军占领伊朗并废黜了礼萨·巴列维政权之后，该公司在阿巴丹开始了"建筑和城市主义的新宣传"，以此作为一种姿态，表达诚意、平息大众的不满情绪。确保油田和盟军补给线的安全对战争至关重要。

到 20 世纪 40 年代中期，约有 6.5 万人在这个庞大的炼油厂生活和工作（图 3.5、3.6）。建筑材料通过驳船和火车运进厂区。英国建筑师詹姆斯·威尔逊（他曾在新德里担任埃德温·鲁琴斯的助理）设计了巴瓦尔达郊区的样板花园城，那里建有一条轴向大道和一个配有环岛（rond-point）、花园、电影院、餐厅和社交俱乐部的镇中心区。社区严格按照等级和地位分隔开来，公司服务和娱乐设施也是如此。公司的经理们住在炼油厂上游的街区大院里，那里有严密的安保措施、宽敞的房屋、修剪整齐的草坪和枣林，还有游泳池。下游建造了一排排由泥砖砌成的房屋和宿舍，将石油工人按欧洲人和非欧洲人分隔开来。广阔的空旷地带"将一些社会病态行为规规矩矩地保留了下来"，以防相互混杂。炼油厂的非欧洲裔工人只能在城镇外围的棚户区和贫民窟自己想办法，比如塞古什-布雷姆（Segoushi-Braim）和巴尔（Bahar）。[1] 在西方人的观念中，这些地区是卖淫和毒品犯罪团伙

---

[1] 引自 Mark Crinson, "Abadan: Planning and Architecture under the Anglo-American Oil Company," *Planning Perspectives* 12（1997）: 350。See also Kaveh Eshani, "Social Engineering and the Contradictions of Modernization in Khuzestan's Company Towns: A Look at Abadan and Masjed-Soleyman," *IRSH*（*Internationaal Instituut voor Sociale Geschiedenis*）48（2003）: 361 - 99。Also good is Mohammad A. Chaichian, *Town and Country in the Middle East: Iran and Egypt in the Transition to Globalization, 1800 - 1970*（London: Lexington Books, 2009）, 89 - 92。阿巴丹及其炼油厂在 1980 年两伊战争中被炸毁，之后重建。

的栖身之地。这些乱七八糟的居住区，与为石油公司高管、技术人员以及精心挑选的当地高级职员建造的豪华整洁的花园郊区形成了鲜明对照。1951 年，当英-伊石油公司被仓促地逐出伊朗时，伊朗政府为将石油业占为己有而给出的理由之一，就是该公司实行排斥性政策，并且贫民区条件恶劣。

3.5 伊朗阿巴丹地区，1946—1951 年。英国石油公司档案馆提供，©英国石油公司

3.6　伊朗阿巴丹为已婚员工提供的住房，1950 年。英国石油公司档案馆提供，©英国石油公司

　　尽管他们有着乌托邦式的愿望，但田园城市和新城镇可能会体现出一些最令人厌恶、最具腐蚀性的社会习俗。非洲的情况尤其如此。如果在伊朗这样的发展中国家实践这种理想只能产生一种空纸壳似的乌托邦，那么在西方国家争夺非洲自然资源的过程中，隐藏在表面之下的真正的反乌托邦特质就会显现出来，令人苦恼。

　　从非洲大陆开采矿产资源无疑是一项长期的殖民任务。采矿营地中令人震惊的条件是殖民地景观的一个固有特征，将人们从传统村庄迁移到简陋的定居营地的强制搬迁计划也是如此。田园城市是这一可悲的遗产的附属品，战后的非殖民化和非洲独立国家的建立使这一遗产变得更为复杂。如果说有什么不一样的话，那就是田园城市和邻里单位的表述并不是生来就含有利他性，任何规划形式也都不是先天就具有解放或压迫的属性。[1] 作为设计方法，它们已成为西方现代化的永恒象征，这归咎于后殖民世界地缘政治的不断变化以及资源开采规模的日益扩大。一旦在非洲发现了大量的原油、天然气和铀储量，情况就更是如此。石油公司竞相争夺开发非洲大陆稀有资源的特许权。1963 年，11 家炼油厂已经建成，另有 17 个油田开始钻探，产量将比之前翻一番。[2] 石油经济创造了一个由新兴城镇和高度设防的油田组成的新网络，在这些地方，严格的种族隔离和对当地居民的剥削是一种常态。

撒哈拉沙漠的第一个石油"喷泉"出现在法国殖民地阿尔及利亚东部的哈西-迈萨乌德（Hassi-Messaoud），距离阿尔及尔大约 600 英里。该油田于 1956 年阿尔及利亚战争期间被发现，是撒哈拉最大的潜在石油储量之一。戴高乐很乐见此事，他宣称，法国"可能找到了新的命运"。[3] 这个油田受到全力保护，同时还修建了一条 400 英里长的输油管道，将开采的石油运到阿尔及利亚的菲利普维尔港出口。法国军队对油田周围进行了军事扫荡，驱逐了闹革命的阿尔及利亚民族解放阵线和任何与之合作的当地人。

两家开发油田的法国公司与阿尔及利亚政府合作，制定了一项未来城市的规划，其中将哈西-迈萨乌德设想成一个"宜居、热情好客、充满人性"的地方，"人们将在那里的沙漠中获得自由"。[4] 法国 SN

---

① 相关讨论见 Gwendolyn Wright, "Building Global Modernisms," *Grey Room* 7（2002）：124 – 34。

② B. S. Hoyle, "New Oil Refinery Construction in Africa," *Geography* 48（April 1963）：190 – 91.

③ Henry Tanner, "France Discovers an Oil Oasis," *New York Times*, January 10, 1960.

④ 关于哈西-迈萨乌德，参见 Mémoire de thèse by Jean Carail, "Exemple de création urbaine au Sahara pétrolier：Hassi-Massaoud, 1956 – 1962"（Institut d'urbanisme, Université de Paris, 1962）. Quotation is from page II – 8。See also Louis Kraft, "The French Sahara and Its Mineral Wealth," *International Affairs* 36（April 1960）：197 – 205。

REPAL石油公司运去了数吨土壤、肥料、棕榈树和其他植物，并建造了一座作为城镇纪念性建筑的混凝土水塔，以及不少巨大的挡风玻璃、一个桉树花园和柑橘林——所有这些都是为了给居住在这里的年轻石油专家创造出田园城市绿洲的错觉。花坛和草坪每天都有人精心浇水。阿尔及利亚法国石油公司建造了一个名为"绿色家园"（Maison Verte）的公司建筑群，这是一个全空调的法式示范村庄（图3.7）。传统的邮局、警察总部、市长办公室紧挨着面包房和烟草店。在哈西-迈萨乌德的两个营地（相距约10英里）都配备了自来水和电力，公共花园、游泳池和体育中心、电影院各一，以及数家餐馆。

3.7　阿尔及利亚的哈西-迈萨乌德"绿色家园"大本营鸟瞰图，日期不详。ⓒ伯纳德·维尼斯

西方公司有能力在撒哈拉沙漠中凭空创造出一个人为的电影场景般的伊甸园，以此展现出他们作为现代化创造者的力量。在对石油的

争夺大战中，田园城市的理想只不过是些绿色的小把戏。1960 年，哈西-迈萨乌德的两个定居点大约有居民 6000 人，两处都被高度军事化，沙丘路堤和带刺铁丝网将其团团围住，以确保安全。石油工人团队被组织成军事单位，配备了步枪，附近永久性驻扎着一个法国军营。在安全边界外的为阿拉伯工人单独设立的一个帐篷营地则不仅未经规划，而且疏于照顾。

新城阿尔利特（Arlit）虽然不是石油城，但遵循的逻辑如出一辙。该城镇是 20 世纪 60 年代由尼日尔军事政权建立的，当时，在撒哈拉沙漠和阿伊尔山脉之间荒凉的北部地区发现了世界上最大的铀矿之一。该矿床被认为是该国未来经济的命脉，第一家铀矿开采公司 SOMAIR 也由法国投资者出资建了起来。① 法国对浓缩铀的兴趣完全取决于法国核武库对浓缩铀的需求。法国原子能委员会和几家矿业公司持有该公司的大部分股份。

阿尔利特是全球原子武器制造版图中的一个节点，这个系统由采矿营地、铀浓缩设施、研究实验室和原子工厂组成，其中原子工厂被列为样板定居点（包括加拿大的深河）。到了 20 世纪 70 年代，这里已成为一个繁荣的市镇，约有 2.5 万名矿工、商人、淘金者和外籍人士在此享受着铀生产带来的短暂美好生活。人称"小巴黎"的阿尔利特，以咖啡馆和夜生活、商店和超市、现代化医院、游泳池和在撒哈拉沙漠中打造出的娱乐设施而闻名。树木和灌木被空运过来，装点着铀开发者们的生活。欧洲管理人员和工程人员的住宅区位于市中心的对面，与受过培训的当地工作人员的居住区相对。而数千名黑人矿

---

① See R. I. Lawless, "Uranium Mining at Arlit in the Republic of Niger," *Geography* 59 (January 1974): 45 - 48. 关于阿尔利特铀价暴跌及铀矿遭废弃后的状况，参见纪录片 Idrissou Mora Kpai, *Arlit*, *Deuxième Paris* (Niger/France: MKJ Films/Noble Films, 2005), DVD。

工，其中许多人受到了辐射毒害，则住在城镇外围拼凑起来的棚屋里。

这样的例子在整个非洲的资源版图中比比皆是，但在尼日尔三角洲地区情况尤为恶劣，在那里，像奥罗伊比利（Oloibiri）这样贫穷的非洲村庄就坐落在大型炼油厂旁边。1956 年，在尼日尔三角洲的奥罗伊比利首次发现了具有商业价值数量的石油。在英国壳牌石油公司的领导下，邻近的哈科特港一夜之间变成了一个新兴的国际城市，成千上万的石油工人来到这里开采尼日尔的黑金。到 1963 年，哈科特港的人口增长了 370%，有 25 万人居住在这座城市及其广阔的腹地。

第一次世界大战期间，这个城镇曾是一个殖民地的煤炭补给站以及英国军事行动的终点站。20 世纪 40 年代拿出了一个城市规划，为殖民地行政人员和控制该镇的欧洲煤炭经纪人建设了林荫大道和一系列邻里单位。该镇的第一批市政举措之一是建造高尔夫球场和乡村俱乐部。这足以让英国人将哈科特港称为田园城市，它和非洲地区的其他城镇被一片开阔的绿地隔开。1956 年，就在该城镇即将成为独立国家尼日利亚的石油经济中心之际，英国人在哈科特港举行了最后一次仪式性的帆船赛，以此欢迎伊丽莎白女王和爱丁堡公爵访问西非。迎接他们的是由一支独木舟组成的船队鸣响的皇家礼炮。历史学家安德鲁·阿普特（Andrew Apter）认为，尽管帆船赛充满了帝国式的壮观场面，但这些独木舟的神奇亮相，展示了这个沿海地区在新兴的尼日利亚国家的崛起。[①] 3 年后，也就是 1959 年，以色列规划师埃隆（Y. Ellon）起草了一份总体规划，其中包括在跨阿马迪河（Trans-

---

[①] British Pathé, *Queen's Tour of Nigeria*，February 16，1956，Film ID 569. 18，British Pathé video，3：04，http：//www. britishpathe. com/video/royal-tour-3/query/regatta. Andrew Aptner, *The Pan-African Nation: Oil and the Spectacle of Culture in Nigeria* (Chicago：University of Chicago Press，2005)，159 - 62.

Amadi）修建的一个新的大型工业和住宅小区，那里迎来了诸如海湾石油、埃尔夫和美孚等石油业巨头的设施。英国壳牌石油公司在鲁默克洛地区为其管理人员建造了一个全新的社区，一个名副其实的"城中之城"。带高尔夫球场和游泳池的高级员工俱乐部是这里的社会生活中心。公司的办公楼则是镇上最大、最显眼的建筑物。

与此同时，非洲（主要是伊博族）劳工和该地区的穷人要么生活在巨大的海滨建筑群附近的贫民区，要么生活在世界上最大的湿地之一上的高度戒备、安保极严的炼油厂外围的肮脏村庄里。在尼日利亚著名的花园绿洲，现实生活却是污染、有毒废物和垃圾成堆的贫民窟。哈科特港一半的家庭生活在一房的赤贫环境里，上厕所用的是便桶，做饭在没有自来水的共用厨房。[①] 干净的水、废物处理和基本卫生设施在这个反乌托邦的地方是不存在的，而它紧挨着为外国石油公司建造的原生态田园城市，这个田园城市是外国石油公司与接掌尼日利亚政权的腐败的军政府沆瀣一气的结果。在非洲，想象中的田园城市除了支撑种族关系的扭曲，以及后殖民时代石油景观中压迫与赤裸裸的腐败相结合带来的致命危害外，几乎没什么别的作用。其结果是暴力、愤怒和幻灭感不断升级，使得石油城成为了政治激进主义和武装斗争的温床。在奥罗伊比利这样的穷乡僻壤，残酷的贫困和对环境

---

① See C. V. Izeogu, "Urban Development and the Environment in Port Harcourt," *Environment and Urbanization* 59, no. 1 (1989): 59 – 68. See also L. B. Dangana, "Dynamique urbaine de Port Harcourt, Nigeria," *Annales de Géographie* 89, no. 495 (1980): 605 – 13, as well as Marc Antoine Pérouse de Montclos, "Port Harcourt: La 'Cité-jardin' dans la Marée Noire," *Politique Africaine* 74 (1999): 42 – 50. Also A. T. Salau, "The Oil Industry and the Urban Economy: The Case of Port Harcourt Metropolis," African Urban Studies, no. 17 (1983): 75 – 84. Lastly, Daniel A. Omeweh, Shell Petroleum Development Company, the State and Underdevelopment in Nigeria's Niger Delta: A Study in Environmental Degradation (Trenton, NJ: Africa World Press, 2005).

的掠夺引发了 20 世纪 60 年代以撒·阿达卡·波诺（Isaac Adaka Boro）领导的暴乱。

六、人类聚居学与世界城市

从 20 世纪中叶田园城市理想在发展中国家逐渐衰竭的事实，不难理解康斯坦丁诺斯·多克夏迪斯和他的城市与区域规划运动的惊人成功。田园城市被证明运作效率低下而且不实用，在非洲，它是一种种族统治和激进的新帝国主义的空间战略。看来多克夏迪斯为福特基金会等开发机构提供了一种更具创新性、更强大的替代方案。

多克夏迪斯建筑事务所成立于 1952 年，是世界上最大的工程、建筑和规划咨询公司之一，其项目涉及 40 多个国家的住房和新城镇规划。多克夏迪斯本人就是个坐着喷气式飞机穿梭各地为现代化政权服务的经理人。他就自己的城市理念出版过几十本著作，发表过几百篇文章和规划报告。与他的名字紧密联系在一起的是他的设计理论，这一理论被称为"人类聚居学"（ekistics），或者称关于人类居住区域的科学。人类聚居学也是一种宣传工具：世界人类聚居学学会（World Society for Ekistics）与一大批国际赞助商一道孜孜不倦地为多克夏迪斯的远见卓识做宣传。

人们对多克夏迪斯及其城市建设理论进行了广泛的研究。① 在新

---

① 有关多克夏迪斯的生活和工作的简述，参见 Ray Bromley, "Towards Global Human Settlements: Constantinos Doxiadis as Entrepreneur, Coalition-Builder and Visionary," in Nasr and Volait, *Urbanism, Imported or Exported?*, 316 - 40。See also Ahmed Zaib Khan Mahsud, "Rethinking Doxiadis' Ekistical Urbanism," *Positions* 1 (2010): 6 - 39。Also useful is the illustrated article "Greek City Planner Constantinos Doxiadis" in *Life*, October 7, 1966。

市镇运动的背景下，他的等身著述有两个方面值得关注。首先是其新城镇项目本身。其次，多克夏迪斯及其世界人类聚居学学会吸引了一批富有魅力的未来学家，他们针对全球人类居住环境的不同愿景进行了探讨；其中许多人参加了他著名的德洛斯研讨会（Delos Symposia），并定期为他与杰奎琳·蒂尔维特于 1955 年共同创办的《人类聚居学》（*Ekistics*）杂志撰稿。雅典研究院（成立于 1958 年）及其人类聚居学研究中心成为了城市未来的指挥中心。其研讨会和大型会议促成了与刘易斯·芒福德、克拉伦斯·斯坦因（1960 年出席）等人的激烈讨论。著名的英国建筑师理查德·卢埃林－戴维斯（Richard Llewelyn-Davies）和富有远见卓识的美国工程师巴克敏斯特·富勒（Buckminster Fuller），参与了 1966 年研讨会的领导工作。来自中东和非洲新兴国家的政府部长们长途跋涉，来到作为地理规划技术圣地的雅典。从真正意义上讲，正是多克夏迪斯及其全球规划精英网络推动了 20 世纪 50 年代末和 60 年代有关新城镇的学术辩论。

在多克夏迪斯看来，定居点是一个根据功能和规模合理地组织成一个等级体系、同时不断进化的生物和技术的有机体。他定义了人类居住区的五个要素：人、自然、社会、网络及壳状物（即建筑物）。这些概念最初源于瓦尔特·克里斯塔勒的中心位置理论。多克夏迪斯在雅典和战前的柏林接受过学术训练，他最初同时受到了克里斯塔勒以及戈特弗里德·费德尔在自己的《新城市》一书中概述的定居点概念的影响（见第一章）。随后，他在雅典担任总规划师，并担任美国"马歇尔计划"中希腊重建项目的协调人。在那里，他开始建立自己的人类聚居学理论。

多克夏迪斯认为，人类聚居学完全是跨学科的。根据帕特里克·盖迪斯的方法论，他的现场调查基于对统计数据、文本、照片、生态和环境以及空间和视觉等线索的深入解读。这些调查不仅考虑到一个地区的景观、地理和现状，而且还会考虑其历史与传统。多克夏迪斯把他的相机对准过去和现在，寻找能揭示空间与场点奥秘的线索。他以复杂的图表形式呈现其调研结果，同时采用创造性的技术术语加以描述，然后再从这些数据中得出他的城市设计方案。由于多克夏迪斯将一个地点的空间模式想象成复杂的矩阵和信息流，他将城市设计制作成了经过校准的网格、树形图和抽象图表，而不是传统的艺术效果图。

同时，他的人类聚居学概念为西方式的现代化提供了一个令人信服的策略。他们形成了一个预先包装的发展计划，是与机构赞助商和现代化制度共同制作的。[①] 多克夏迪斯将自己的想法详尽地阐述成一个有别于其竞争对手的全球品牌。他不仅给出了替代田园城市方案的想法（他认为卫星城市和小城镇是一种危险的倒退），还给出了取代柯布西耶那种毫不妥协的现代主义的思想。此外，他的理论提出了"人口问题"的解决方案，以及摆脱遍布整个地区的、过度发展的多头蛇状的城市困境的策略。

人类聚居学是一个看起来既有效又实用的折中方案。它设想了一种本土城市模式和西方发展模式的融合，它符合国家建设进程和多克夏迪斯的赞助商（尤其是福特基金会）的发展思想。他们极希望能在非洲和中东新成立的国家中稳定那些易受共产主义革命诱惑的人口。这些地区是多克夏迪斯的理论的试验场。他的作品受到了冷战和非殖民化的影响，显露出社会控制与和谐的表达。正如他在给福特基金会

---

① 关于这一点，参见 Sheila Jasanoff, "Ordering Knowledge, Ordering Society," in *States of Knowledge: The Co-production of Science and Social Order*, ed. Sheila Jasanoff (London: Routledge, 2004), 13 – 45。

主席保罗·伊尔维萨克（Paul Ylvisaker）的信中所说："在寻求······为欠发达国家创造一种生活方式和思维模式，引导他们'认同西方'的过程中，我们应该设想'发展'概念中包括经济和社会文化发展，后两者旨在提高生活水平，为更好的生活创造条件。"①

多克夏迪斯认为，现代城市应该围绕公共交通系统建造的密集的、低层的、多功能的房屋。它们应该在一个网格平面上进行设计，具有超级街区和小规模社区分区集群（这是对邻里单位理想的改造）。这种模式将产生以公共空间和广场、学校和社区中心为特色，并提供日常社交机会的宜居社区。他的设计创造了"社区精神"。按多克夏迪斯的说法，它们将是"人们可以在那里幸福生活的真正的社区"。他强调了自助和地方行动主义（local activism）的重要性，即现代性和民主的结合，这与 20 世纪 50 年代的发展思想相吻合，对第三世界国家的政府以及为庞大的基础设施计划提供资金的西方资助机构具有巨大的吸引力。多克夏迪斯的希腊背景和他的定居理论使他不同于那些大量涌入发展中国家的西方高级顾问和咨询师。多年来，他成功地协调了"马歇尔计划"在希腊的实施，并与华盛顿特区和联合国的政策制定者积极接触，这成功地证明了他的规划方法。

对多克夏迪斯来说，城市的真正维度不是空间，而是时间。他的主要论点涉及沿革过程、城市增长模式和空间性。他预测，"人口问题"只有在两个世纪后才将趋于稳定，届时，混乱的城市增长将蔓延到地球的每个角落。在这种疯狂的扩张摧毁地球生态系统之前，必须

---

① Letter to Paul Ylvisaker, October 2，1959，Doxiadis Associates，General Correspondence 1959，microform. Ford Foundation Archives，Rockefeller Archive Center，Sleepy Hollow，New York. 关于多克夏迪斯与福特基金会和美国冷战机构的关系，参见 Michelle Provoost，"New Towns on the Cold War Frontier，" *Eurozine*，June 28，2006，www. eurozine. com。

进行科学管理，稳定其状况。它应该向一个方向扩展，形成一个逐渐扩大的"沿交通干线有计划发展的城市"（dynapolis）。定居点单元和社区集群可以沿着一个动态的、相互连接的网格无休止地生成。

多克夏迪斯的术语中充满了控制敌对人口的严格的，甚至是军国主义的措辞。将人们分组集中安置在道路网格沿线孤零零的、自给自足的单元住宅中，以便进行监控，并便于部队行动，这是城镇之战的经典策略。"沿交通干线有计划发展的城市"很容易被理解为防御和安全协作的一种设计方案。但是，仅在第三世界政治动荡地区实施的城市愿景的潜台词却被隐藏起来，不为人们所知。非但如此，"沿交通干线有计划发展的城市"还被描绘成一个和谐、稳定的无边界城市，是一个多克夏迪斯称之为"世界性都市带"（ecumenopolis）的包罗万千世界的城市。[①] 它将以都市花园的形式——一个广泛适用的生命系统——覆盖整个地球，在一个由定居点单元、交通和通信流组成的连绵不断、相互交织的自然网络中延伸。

无论是作为一个总体概念的"人类聚居学"，还是"世界性都市带"意象，两者都符合战后在全球范围内的前瞻性思维。尽管人们通常将多克夏迪斯的城市理论与国际现代建筑协会和柯布西耶的现代主义思想相比较，但后两者在参加巡回举办的德洛斯研讨会的未来主义者的心目中占据了更为重要的位置。正是在研讨会上，巴克敏斯特·富勒、加拿大媒介理论家马歇尔·麦克卢汉与多克夏迪斯会面，并就全球网络和复杂系统的愿景展开了激烈的辩论。

富勒是那个时代最受尊敬的梦想家，他完全接受了多克夏迪斯的

---

① 多克夏迪斯最重要的人类聚居学理论著作是：*Between Dystopia and Utopia* (London：Faber and Faber, 1966)，*Ekistics：An Introduction to the Science of Human Settlements* (London：Oxford University Press, 1968)，*Ecumenopolis：The Inevitable City of the Future* (New York：Norton, 1979)。

观点，还是雅典研究院的常客，并于 1975 年至 1977 年期间担任了世界城市与区域规划协会主席。他提出过许多开创性的思想，其中之一就是终结世人所理解的那种城市化观念，他认为"自给自足的永久性定居点的概念已经过时了"。由此，他勾勒出了一个"非定居型"的城市未来景象，一个由遍布全世界的、高度机动运行并通过无线电相互串联起来的城市网络。[1] 这与"世界性都市带"的意象颇为相似。《人类聚居学》杂志的各期封面展示了富勒的戴马克松地图[2]，该地图将整个地球表面视为一个人类共享的栖息地（Habitat）。

富勒与多克夏迪斯的概念都符合战后现代化政权塑造人类环境整体的雄心壮志。两人均通过复杂的系统设计和技术理念，对全球发展提出了积极的、包罗万象的规划。在他们看来，新城镇是培育未来世界的温床。而新的定居点则可以将可能性转变为现实，是实现他们振奋人心的预言的试验田。

康斯坦丁诺斯·多克夏迪斯实现这一全球理想的最初尝试，始于20 世纪 50 年代末他的"未来之城"项目获得福特基金会的资助之时。那是为巴基斯坦东北部新首都伊斯兰堡进行的一个概念设计。尽管福特基金会怀疑过其资助的是一个"多克夏迪斯建筑事务所的宣传之作",[3] 伊斯兰堡还是演变成了一个著名的示范项目。雅典研究院成为了培育国际专家的温床，他们在那里为这座首都绞尽脑汁，想在这片"处女地上创建一个全新的人造城市"，并力求使之成为世界的

---

① Mark Wigley，"Network Fever，"*Grey Room* 4（Summer 2001）：121 - 22.

② Dymaxion Map，又称富勒投影地图，是唯一一张显示地球整个表面的平面地图，它显示我们的星球是海洋中的一个岛屿，没有任何视觉上明显扭曲的陆地相关形状和大小的区域，也没有分开任何大陆。——编者

③ Memo by Paul Ylvisaker，Ford Foundation，April 28，1961. Grant Files，PA 60 - 216，Ford Foundation Archives，Rockefeller Archive Center，Sleepy Hollow，New York.

典范。^① 福特基金会派遣年轻有为的巴基斯坦规划师直接赴雅典接受城市与区域规划专业培训，将他们培养成真正的"城市与区域规划师"，^② 准备让这个国家变得现代化的巴基斯坦新技术精英。尽管如此，还是要求他们听从指令，作为执行多克夏迪斯规划意图的初级合作者。

1958 年，阿尤布·汗将军在兵不血刃地接管政府后，决定抛开卡拉奇，为巴基斯坦建立一个全新的首都。不可避免的政治纷争几乎立刻开始。东巴基斯坦对于西巴基斯坦另择一地作为联邦首都并不满意。但该国军方希望首都靠近其位于拉瓦尔品第的总部，而另一些人则主张保住卡拉奇作为首都的地位。反驳后者的理由是卡拉奇的公务员很容易被腐败腐蚀。伊斯兰堡将有着道德上更健康的氛围，能远离导致政治僵局的混乱和内乱。多克夏迪斯认为，卡拉奇从来就不是首都。他没有花费数百万美元去竭力重建一个已经陷入困境的地方，而是拿出了一个尚未开发的空间的愿景，它将被赋予象征意义，更别提建设过程可能创造出国家急需的就业机会。巴基斯坦人也将从中学到新的技能和现代建筑技术。^③

这样一幅前景令人难以抗拒，也是衡量多克夏迪斯的开发及推广才能的一个标杆。他与巴基斯坦当地官员的关系并不稳定，但其深谋

① Constantinos Doxiadis, "The City of the Future: Anticipated Research and Planning Programs for the Federal Capital." Grant Files, PA 60 - 216, Ford Foundation Archives, Rockefeller Archive Center, Sleepy Hollow, New York.

② Housing and Settlements Agency, Government of West Pakistan, "Housing in West Pakistan: Monthly Report for October 1966" (Lahore 1966), as well as letter to Ford Foundation from Ekistics trainee Tariq Masud Durrani, June 7, 1965. Grant 61 - 0101, Ford Foundation Archives, Rockefeller Archive Center, Sleepy Hollow, New York.

③ C. A. Doxiadis, *The Federal Capital: A Preliminary Report Prepared for the Government of Pakistan* ([Karachi?]: Doxiadis Associates, 1959), 7 - 9. See Glenn V. Stephenson, "Two Newly-Created Capitals: Islamabad and Brasilia," *Town Planning Review* 41, no. 4 (1970): 317 - 32.

远虑的计划显然与不畏艰难的国家建设、发展和现代化的宏伟形象——都是他在中东和非洲尝试他想法的许多新国家所特有的——产生了共鸣。乌托邦项目出现在历史性临界点的那些时刻，尤其是作为新国家认知图景的一部分。[①] 多克夏迪斯的项目获得福特基金会的支持，正是因为这些项目与国际发展战略高度一致。他的新城镇代表了被认为落后且不稳定的社会独特的现代转型，同时也保留了对本土环境和文化的尊重。阿尤布·汗与多克夏迪斯合作，也是为了使自己的统治在西方人眼里具有合法性。

　　总而言之，多克夏迪斯的伊斯兰堡计划提供了国家认同、经济繁荣、政治稳定的外表。[②] 艾森豪威尔总统的政府很快就将阿尤布·汗视为对抗苏联和中国在该地区的共产主义影响的重要盟友，同时也以其来衬托日益社会主义化的印度。福特基金会和世界银行的大量资金流入了伊斯兰堡项目，英国建筑师和工程师也根据"科伦坡计划"[③] 的要求抵达，提供技术援助和培训。

　　与新伊斯兰堡配套的是邻近的拉瓦尔品第镇，以及一个之后将成为"沿交通干线有计划发展的城市"的国家公园。[④] 在最初的概念

---

① 关于这一点，参见 Phillip E. Wegner, *Imaginary Communities: Utopia, the Nation, and the Spatial Histories of Modernity* (Berkeley: University of California Press, 2002), 34 - 40。

② See Annie Harper, "Islamabad and the Promise of Pakistan," in *Pakistan: From the Rhetoric of Democracy to the Rise of Militancy*, ed. Ravi Kalia (New Delhi: Routledge, 2011), 64 - 84.

③ 科伦坡计划于 1951 年启动，是一个英联邦（澳大利亚、英国、加拿大、锡兰、印度、新西兰和巴基斯坦）政府间经济和社会发展的组织，旨在为发展中国家提供各种发展项目的技术援助和培训。

④ C. A. Doxiadis, *The Federal Capital of Pakistan: 3 Principles of Planning. Prepared for the Government of Pakistan* ([Karachi?]: Doxiadis Associates, 1959). 关于伊斯兰堡总体规划的介绍，参见 "Islamabad: The Creation of a New Capital," *Town Planning Review* 36, no. 1 (1965): 1 - 28. See also Leo Jamoud, "Islamabad — the Visionary Capital," *Ekistics* 25 (May 1968): 329 - 33。

里，这两个城市被理解为横穿玛加拉山脉下方山谷的大干线沿线的同一城市空间。拉瓦尔品第将成为商业中心和军事中心，而伊斯兰堡将成为行政中心。多克夏迪斯将城市布局在一个三角形的网格平面上（图 3.8），意在让它沿着一条与山平行的直线向西发展，最终成为一个拥有 300 万人口的大都市。和所有的新城项目一样，规划始于对场地的详细勘查。为了拔高其建筑的宏伟性和象征性，展示首都的"理想景观"，自然景观设计只能退而求其次。[①] 为了突出其高大地位，城市行政中心被安排在三个小山丘之上。宽阔的草坪和约 70 万棵树是新种植的，以营造一种花园氛围。

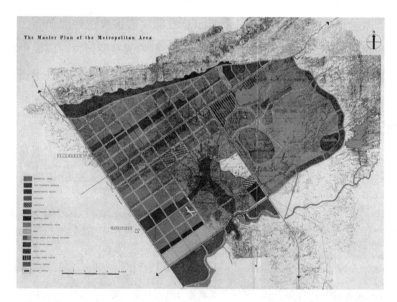

3.8 巴基斯坦伊斯兰堡，大都市区总体规划（《多克夏迪斯建筑事务所月报》第 64 期 [1964 年 3 月]）。康斯坦丁诺斯·多克夏迪斯档案馆提供。©康斯坦丁诺斯和艾玛·多克夏迪斯基金会

---

① Orestes Yakas, *Islamabad: The Birth of a Capital* (Oxford: Oxford University Press, 2001), 41.

　　未来城市的每一平方英尺都被赋予了特定的用途。城市的网格被划分为一英里见方的"社区单位"（community cells）。15 种不同的单位按对数的规模分类。每一个较高级别的社区单位都包含其所有较低级别的社区单位。伊斯兰堡的每个五级社区（Class V）都是自立和自给自足的。其中心地带是一个社区中心、清真寺、集市和诊所。然后，根据其 1.2 万名居民的收入情况，再细分为更小一些的社区单位，或者叫四级社区单位。这样的计划建立在严格的社会隔离基础上，通过收集数据，绘制出工资分布和收入类别的空间映射（spatial mapping）。人根据其收入分到住所和住房面积。高级政府官员住在一个社区单位，低阶官员住在另一个社区单位，工人则住在属于他们自己的社区。住房的分配是根据同样严格的社会类别进行的。多克夏迪斯计划了每一个细节，包括采用当地材料建造的小平房和为办公室清扫工建造的传统庭院（图 3.9）。一个四级社区配一所中学。之后，

3.9　巴基斯坦伊斯兰堡一个中低收入社区的步行街，日期不详。康斯坦丁诺斯·多克夏迪斯档案馆提供。©康斯坦丁诺斯和艾玛·多克夏迪斯基金会

再进一步划分为约 3000 人、有一所小学的三级社区，然后是有儿童游乐场地的二级社区。社会服务、娱乐设施和运动场地也按同样等级规模铺设。这种系统化的空间等级秩序将保证城市社会的正常运转。之后，伊斯兰堡将通过增加更多的社区单位和向同一方向扩展的网格来实现发展。

参与规划的巴基斯坦委员会和会内小组不可避免地对"未来之城"方案进行了修改。伊斯兰堡和拉瓦尔品第并没有成为一个统一的"沿交通干线有计划发展的城市"，而是在不断妥协中实现了功能上的分离。在接受西方规划模式的问题上，巴基斯坦人是矛盾的：有时过分夸大，有时又不屑一顾。人类聚居学就这样被一个尚处于萌芽状态的民族意识操纵着，其中还带着追求文化真实性的想法。

在伊拉克和巴基斯坦的项目中，多克夏迪斯完成了对本土建筑形式的广泛调研，这为他理解伊斯兰文化奠定了基础。他在伊斯兰风格方面最重要的合作者是著名的埃及建筑师哈桑·法塞（Hassan Fathy），[1] 后者开创了将新技术与当地建筑传统相结合的先河。法塞是雅典研究院和德洛斯研讨会上的常客。虽然两人联手制定出了适合伊斯兰城市的现代设计，但真正构成伊斯兰风格的东西却是难以捉摸的。在 1967 年的《建筑设计》（*Architectural Design*）上的一篇评论中，对于伊斯兰堡的私人建筑的描述是：展示了"战后中东流行艺术中糟糕透顶的东西，犹如陈词滥调"。[2] 巴基斯坦人想要的是沿地形轮廓蔓延而建的曼妙的弯路，而不是按网格状设计的道路。由于当局拒绝将国家的仪式性大道建设成交通和行人分隔开来的双层结构，多

---

① 关于哈桑·法塞，参见 Malcolm Miles, "Utopias of Mud? Hassan Fathy and Alternative Modernisms," *Space and Culture* 9 (May 2006)：115–39。

② Maurice Lee, "Islamabad — the Image," *Architectural Design*, January 1967；reprinted in *Ekistics* 25 (May 1968)：335.

克夏迪斯差一点退出不干了。①

为了将新首都建设成孕育伊斯兰现代主义的地方，许多著名的西方建筑师应邀来为其政治中心的建筑做设计（图 3.10）。他们以东方主义主题为媒介，引入了现代功能主义。能容纳约 6000 名公务员的秘书处大楼由意大利建筑师吉奥·庞蒂（Gio Ponti）设计。丹麦建筑师阿尔恩·雅各布森（Arne Jacobson）和美国建筑师路易·卡恩（Louis Kahn）关于总统府及议会大厦的设计被阿尤布·汗断然否决。最终，这座遍体白色的总统府出自美国建筑师爱德华·杜雷尔·斯通（Edward Durell Stone）之手。英国的"科伦坡计划"负责人杰拉德·布里格登（Gerard Brigden）对于仿莫卧儿时代建筑的政府大楼看不顺眼，评价说它"像桑拿浴室一样，跟穆斯林文化风马牛不相及"。他抱怨教巴基斯坦建筑工人预制混凝土技术简直太难了，还批评多克夏迪斯的行政中心布局"显示出'理性主义'的规划是多么缺乏理性"。随后，他草草对它进行了改动。② 现代化和城市规划不是一件单纯的事，其间会发生各种妥协，得出各种调和出的结果，出现或优或劣的判断。伊斯兰堡正是这些分歧与让步的结果。

人类聚居学概念随后被应用于加纳的新城特马（Tema）的建设，这是多克夏迪斯最值得关注的示范项目之一。为开发自然资源和发展工业生产，西非的加纳等新兴国家启动了由西方大国和世界银行资助的大型资本密集型项目。这些现代化计划规模宏大，需要一个全新的城市基础设施。从表面上看，特马在领土获取和资源型城镇建设方面

---

① 关于这些交锋，在以下著述中有转述，参见 Yakas, *Islamabad*, chapter 4. See also Hasan-Uddin Khan, "The Impact of Modern Architecture on the Islamic World," in Henket and Heynen, *Back from Utopia*, 174 – 89。

② Gerard Brigden, "Islamabad: A Progress Report on Pakistan's New Capital City," *Architectural Review* 141 (1967): 211 – 12.

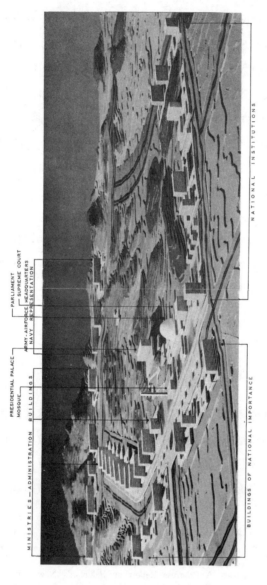

PERSPECTIVE VIEW OF THE ADMINISTRATIVE SECTOR OF ISLAMABAD

3.10 巴基斯坦伊斯兰堡行政板块的透视图（《多克夏迪斯建筑事务所月报》，第 28 期 [1961 年 5 月]）。康斯坦丁诺斯·多克夏迪斯档案馆提供。©康斯坦丁诺斯和艾玛·多克夏迪斯基金会

的努力与其他项目——比如为了加拿大铝业公司而在加拿大西部建设的新城基蒂马特，或者在西澳大利亚州的石油大港珀斯建设奎纳纳等——如出一辙。世界各地战后几年的发展，是由对现代化进程至关重要的重要资源的寻找和开采所推动的。然而，非洲的情况显然充斥着公然的种族主义和对当地人民肆无忌惮的剥削。铀矿城镇阿尔利特和石油资源丰富的尼日尔三角洲哈科特港的情况更加凸显了这种不公现象。新的非洲政权也陷入了冷战时期全球对抗的格局中，在争夺联盟和重要资源的过程中被冷战双方所操纵。

尼日尔河上的卡因吉大坝项目就是随着非洲独立而来的宏大发展计划的例证。该项目是尼日利亚这个新生国家的六年发展计划的基石，旨在为该国迈向现代化提供水力发电。该项目被称为"田纳西河谷管理局的尼日利亚升级版"，[1] 由世界银行、英国、美国、意大利和荷兰资助。其蓝图包括桥梁和公路、铁路枢纽、海运港口、机场和新城镇。城镇建设被定为瞄准经济发展的高效战略。它要求把旧集镇布萨没入大坝建设所形成的湖中：这是把过去实实在在地淹没，并代之以乌托邦式的未来。当地 6 万人口被强行安置在"新布萨"，建筑工人、外籍工程师和尼日尔水坝管理局雇用的熟练技术人员也加入了他们的行列。尽管现场已经另辟了一些单独的建筑营地，但政府还是打算着手创建一个模范城镇作为新尼日利亚社会的象征，并把这个城镇建成未来的旅游中心。[2]

新布萨由简·德鲁和麦克斯韦尔·弗莱（图 3.11）这一对英国

---

① "Blueprint Is Drawn for a 'T. V. A.' in Nigeria," *New York Times*, February 5, 1962. 卡因吉大坝项目和新布萨位于尼日利亚尼日尔州。尼日利亚 1960 年彻底脱离英国独立。

② 关于新布萨的开发，参见 Brian C. Smith, "New Bussa, a New Town on the Niger," *Urban Studies* 4, no. 2（1967）：149–64。

夫妻搭档设计，他们是二战前后在英国领土上工作的最具影响力也最具工作效率的建筑师之一。简·德鲁在伊朗为英-伊石油公司的马斯吉德-苏莱曼炼油厂设计了住宅和办公大楼，并为该公司规划了新的石油重镇加奇萨兰。她与弗莱双双参与了在哈科特港建造田园城市的计划。在他们漫长的职业生涯中，二人在西非完成了 17 个正式批准的现代主义设计项目以及不少现代建筑学的培训项目。他们俩都属于20 世纪中期那一代建筑师和规划师，深受先锋派现代主义和田园城市传统的影响，努力通过热带主义的视角去适应殖民地的环境。

3.11 简·德鲁和麦克斯韦尔·弗莱为他们规划的黄金海岸（现称开普敦海岸）众多建筑之一制作的模型。加纳教育部，约 1950 年。ⓒ英国皇家建筑师协会图书馆

　　对于弗莱和德鲁（以及奥托·柯尼格斯伯格）来说，殖民主义那些有缺陷的政策可以通过表现出对本土文化和社会的敏感性来加以纠正。功能现代主义可以在对本土建筑风格、本土习俗和家庭生活表示出赞同的同时，仍然强调卫生、理性规划以及一个有变革能力的未来。于当地气候、地形和社会中诠释现代主义设计，将殖民地变成一个神奇的环境。[1] 其结果往往是一种奇特的异国情调混合体，这也成为 20 世纪中叶标准的改良模式。热带主义极易滑入英国殖民主义的话语体系，它基于对本土臣民的共情心理，并相信英国有独特的能力增强民族文化多样性，因而有能力在自己的海外领土上实现社会改良。这种态度在战后昔日英国领土转变为独立地位的过程中变得尤为明显。

　　新布萨簇拥在埃米尔的宫殿、清真寺和行政大楼所在地周围。人们在干旱的气候下种植了约 8000 棵树，以此打造一片园林城市景观。为避免混凝土砖块排屋的单调乏味，也在一个合理的网格上对建筑群进行了重新布局，将建筑方向交叉安排。住宅小区按传统社会地位分布。尽管它们被想象为多种族住宅区，但很快就变成了种族隔离区。不过仍有一个突破性的进步现象，即所有的院落都与镇上的电力、水和废物处理系统相连。政府大可宣称，它已经成功地散播了物质富足和幸福。新布萨为未来指明了方向。

　　康斯坦丁诺斯·多克夏迪斯对特马新城的规划，可以视为对新布萨展示的热带主义殖民传统的最佳回应。他的方法提供了一个令人振

---

[1] See the excellent article by Rhodri Windsor Liscombe, "Modernism in Late Imperial British West Africa: The Work of Maxwell Fry and Jane Drew, 1946 - 56," *Journal of the Society of Architectural Historians* 65, no. 2（2006）: 188 - 215. See also Iain Jackson and Jessica Holland, *The Architecture of Edwin Maxwell Fry and Jane Drew: Twentieth Century Architecture, Pioneer Modernism and the Tropics*（Farnham, UK: Ashgate, 2014）.

奋的替代方案，以取代 20 世纪 60 年代已经行将就木的"热带田园城市"的幻想。特马建于夸梅·恩克鲁玛（Kwame Nkrumah）统治时期，其地点位于加纳的阿克拉以东 17 英里的大西洋海岸。这是一个宣扬独立国家梦想的宏大工程。现代化掺和进了作为国家主权和爱国主义之表现的国家身份认同的构建。从英国殖民统治到独立的转变也使得该项目国际化，并被纳入冷战的地缘政治之中。

看到如此规模的非洲项目开始与苏联的发展模式眉来眼去，世界银行与艾森豪威尔政府以及之后的肯尼迪政府都加入进来，抛出了提供资金的甜头。恩克鲁玛前往美国向美国债权人示好，热切希望美国为他的计划提供援助。[①] 加纳的特马开发公司负责协调与多家英国建筑公司、诸多外国技术顾问以及包括俄罗斯和意大利利益集团、英国帝国化学工业集团（I. C. I.）和美国凯撒铝业化工公司等方面的工作合同。多克夏迪斯事务所是西方利益集团的一部分。他对科学规划提供了一种非政治化的途径，与在非洲大量投资的西方公司一拍即合。其方案既没有以对殖民地历史的联想来羞辱当地领导人，也没有煽风点火鼓吹转向共产主义东方集团的激进的非洲政治。[②] 多克夏迪斯对自己的定位是远离所有这些可能威胁到收益的因素，只致力于将城市与区域规划作为发达国家和发展中国家之间的桥梁。

新城镇项目甚至有着更为深远的意义，因为它被视为撒哈拉以南非洲第一个独立国家的民主试金石。按加纳发展部的说法，特马所讲述的是一个"规划者和承包商、普通民众和社会工作者、实业家和政

---

① See chapter 3 of Latham, *The Right Kind of Revolution.*
② 关于这几点，参见 Christophe Bonneuil, "Development as Experiment: Science and State Building in Late Colonial and Postcolonial Africa, 1930 – 1970," *Osiris*, 2nd ser., 15 (2000): 258 – 81.

治家"为了"和平和进步的目的"而共同奋斗的故事。[①] 特马将成为加纳经济的神经中枢，它是庞大的沃尔特河项目的一部分，该项目建造了阿科松博大坝和"世界上最大的人工湖"。在特马城周边规划了一个工业综合体和港口，由大坝水力发电提供燃料，生产和出口铝土矿与铝。这个非洲最大的人工港口由英国人设计，每年可处理 200 万吨货物运输。这一庞大的基础设施需要迁移当地人口，还需要安置为施工建设而引进的非洲工人。这些人将在 52 个规划中的新城镇找到新的生活。

20 世纪 50 年代初，由麦克斯韦尔·弗莱和奥托·柯尼格斯伯格起草了特马城的初步规划方案。该方案以英国田园城市传统为基础，融入了本土设计的热带风格。但多克夏迪斯抛弃了这种殖民类型，提出了自己的设想，他将特马视为一个容纳 10 万人口的现代"沿交通干线有计划发展的城市"，拥有从公路到图书馆、电影院和豪华酒店等当代生活所需的所有设施。[②] 最终，该镇还将包括加纳的赛马场和运动场。特马将与阿克拉和阿科松博市一道形成一个动态增长的现代化三角洲。这种奢华的梦境以及使之成为现实的投资，完全符合西方现代化事业在后殖民时代的非洲开展活动的庞大规模。田园城市概念在向宏伟的发展计划的彻底转变过程中被抛在脑后。而作为其城市组成部分，多克夏迪斯的城市与区域规划的框架是无可挑剔的。

在宣传资料中，特马城是"一个勇敢，也许还是独一无二的城市化实验，一个虽然大胆但精心策划的尝试，旨在将不同背景和信仰的人团结在一个社会、工业和商业角度上的综合社区之内"。[③] 这是一

---

① Keith Jopp, "Tema, Ghana's New Town and Harbour," ed. Development Secretariat (n. p.: Ghana Information Services, 1961), 3.

② 关于特马的现代面貌，参见 Anonymous, "Tema, West Africa's New Town," *West African Review* 33, no. 414 (1962): 4 - 9。

③ Jopp, "Tema," 23.

个适用于多克夏迪斯的所有新城镇项目的梦幻工程。根据他的城市与区域规划模型，这个小镇被分成 7 个社区，每个社区都由根据收入水平划分的结构紧凑的邻里单位组成（图 3.12）。较富裕的居民会住在靠近该镇的市民和商业中心的带有华丽的滨海大道的高层建筑中。工人们则将住在港口、炼油厂和铝冶炼厂附近的低矮木屋中。虽然社会隔离概念深深地嵌入了设计中，但多克夏迪斯认为，这样仍然可以在社会阶级之间促进有限却适当的融合。[①] 这是针对西方对政治激进化的担忧而量身打造的，因为这样一方面允许现代化的迅速推进，同时也不会受到社会或宗派动荡情况的威胁。社会改革将在一个稳定的、相互关联并小心控制的社区体系内逐步推进。

　　每个社区单位都有自己的诊所、学校、社区中心和社会服务。人们种植了成千上万棵树木和灌木，以此营造田园城市的氛围。32 种不同的社区设计类型打造出了一幅由林荫道、广场、公园和游乐场组成的马赛克式的图景。从基督教青年会和特马男童俱乐部到足球场、高尔夫球场，几十个社交俱乐部和娱乐设施已初具规模。1 万名当地村民因为一家现代化酒店的开建而被迫离开他们的祖屋，被安置在环礁湖对岸的"特马新村"。在这个村庄范围内，麦克斯韦尔·弗莱和简·德鲁被允许展开他们的热带主义想象。不出所料，他们的设计复制了传统的加纳部落社会，将按性别隔离的场院分成四个部分，并增加了产科诊所、学校和社区中心。新建的独木舟海滩和渔港保证了该村传统维生方式的延续（图 3.13）。

---

① Government of Ghana and C. A. Doxiadis, *The Town of Tema*: *Existing Conditions on 1st May 1961* (Accra and Tema, Ghana: Tema Development Organisation, 1961), 20 – 21.

3.12　加纳特马的低收入住房和步行道，日期不详。康斯坦丁诺斯·多克夏迪斯档案
　　　馆提供。©康斯坦丁诺斯和艾玛·多克夏迪斯基金会

3. 13 1968 年，加纳人在沃尔塔铝业公司圆顶仓库对面的环礁湖附近的特马新村从事渔业活动。帕梅拉·约翰逊摄。Ⓒ世界银行图片部

　　一条精心设计的大道将特马的城镇中心、港口和工业区连接在一起。交通工程师们建立了一个多级公路交会网络，这是该镇现代经济活力的标志。但这种大规模空间设计的结果是造成了社区孤立而拥挤，那里的租金之高，远远超过了建造这座城市的工人的收入。沿着阿克拉-特马公路扎根的无边无际的阿沙曼（Ashiamang）棚户区成为"特马开发公司的问题孩子"。[1] 到 20 世纪 60 年代中期，约有 1.2 万人生活在赤贫中，仅靠 6 个公共水龙头维系生存。

---

① J. Yedu Bannerman, *The Cry for Justice in Tema*（*Ghana*）（Tema, Ghana：Tema Industrial Mission, 1973），9.

　　但这些贫民窟无人问津，住在那里的居民也被遗忘了。相反，特马却让其城市景观和城市空间作为清晰可辨的独立非洲的意象，用西方认识论的术语表述为现代主义发展的标杆。这个城镇充满了被创造出来的现代土著人形象。在特马的宣传材料里，处处可见建设无限美好的未来的加纳青年工人面带微笑的照片。新城镇不仅仅建造了模范城市——它们还为民主国家造出了模范民众。

　　正是这种引人入胜的意象吸引了聚集在康斯坦丁诺斯·多克夏迪斯本人及其城市与区域规划运动周围的幻想家的想象力。现代特马的愿景可以在"世界性都市带"的全球景观中一再重现：一个适合全人类的城市，未来的理想城市聚居地。多克夏迪斯在一系列名为"反乌托邦与乌托邦"的讲座中解释道："现在的城市——没有理性，没有梦想——会导致反乌托邦与灾难。"唯一的前进之路是走向乌托邦，这一理想将为即将到来的"世界性都市带"——适合全人类居住的城市——提供切实可行的形式。构建这样的城市"依赖于对当下，即1966 年现状的科学而系统的认知"。它是"腾飞的坚实基础"：这样的城市既"能让梦想家满意，也能为科学家所接受"，并且可以通过规划来实现。① 它将建立在一个合理的社区单位层次之上，每个单位都是城市乌托邦的缩影。只有在这样的地方，"我们才能把人从即将压垮他的城市中拯救出来：正是在这样的地方，社区才能完全自由地表达自己的观点，人才能自由地生活"。② 这个新的城镇概念与拥有理想的邻里单位的田园城市概念大相径庭。多克夏迪斯的理论标志着早期社会改良主义式的新城镇概念的转变。他的未来之城是在一个完

---

① Doxiadis，*Between Dystopia and Utopia*，50 – 53. See also C. A. Doxiadis，"Ecumenopolis：The Settlement of the Future，" in *ACE Publication Series*，*Report no. 1*（Athens：Athens Center of Ekistics，1967），157 – 64.

② Doxiadis，*Between Dystopia and Utopia*，59.

全不同的规模上构想的，与发展现代主义和全球主义的元叙事密切相连，几乎完全是由社会科学技术驱动的。

这些概念，法国地理学家让·戈特曼在探究他所称的"大城市连绵带"（megalopolis），即美国东海岸沿线、底特律周围的五大湖区城市群，以及东京的东海道城市群时也思考过，他和多克夏迪斯也曾对这些地方有过探讨。戈特曼揣测，在未来建一个"世界性都市带"也许并非不可能。按照这种模式，"可以设想一个横贯欧洲大陆的大都市带，从地中海到北海和爱尔兰海……。我们可以想象一个从罗马（抑或那不勒斯？）到南部的威尼斯，再到阿姆斯特丹和汉堡的"城市化地峡"，它甚至可以跨越多佛海峡，将英格兰的大部分地区包括在内。由此形成的地貌可能需要一个新的术语来表达，比如"巨型城市"（megistopolis）。[①] 为这样一个庞然大物般的城市做规划，是城市未来主义者们无休止讨论的话题，而新城镇则是这个未来景观的试验场。

---

① Jean Gottmann and Robert Harper, eds. , *Since Megalopolis*：*The Urban Writings of Jean Gottman* (Baltimore：Johns Hopkins University Press，1990)，157.

第四章

控制论城市

特马、伊斯兰堡、科朗吉——康斯坦丁诺斯·多克夏迪斯似乎无处不在地推销着他的全球城市与区域规划品牌。20 世纪 60 年代，他曾在联合国关于人类住区的会议上大声疾呼，告诫与会者必须保护人类的未来，否则，猖獗的城市化和重要资源的耗尽只会给人类带来厄运。在某种程度上，正是因为联合国在回应他提出的观点时磕磕巴巴的态度令他感到沮丧，促使他组织起了自己的圈子。

德洛斯研讨会始于 1963 年夏天，当时多克夏迪斯在爱琴海的一艘游轮上迎来了一批名人，他们讨论了人口快速增长和城市化带来的紧迫问题。在福特基金会资助下，该研讨会举办了 12 次（最后一次是在 1975 年），不但声名鹊起，也形成了完整的未来主义思想。这些研讨会也是多克夏迪斯职业生涯的顶峰。与会者包括：国际现代建筑协会的建筑师西格弗里德·吉迪恩和杰奎琳·蒂尔维特、费城规划委员会主任埃德蒙·培根、历史学家阿诺德·汤因比、未来学家巴克敏斯特·富勒和马歇尔·麦克卢汉、人类学家玛格丽特·米德。大城市连绵带规划的名人让·戈特曼、著名的城市规划师科林·布坎南，以及英国的新城镇设计师理查德·卢埃林-戴维斯等也在此行的顶级专家之列。罗伯特·马修（主持过许多英国新城镇项目）与英国新城镇的狂热支持者、经济学家、记者芭芭拉·沃德也在受邀之列。每天上午，德洛斯研讨会的与会者就"人类住区危机"、"未来之城"和"区域规划实践"（图 4.1）等议题展开激烈辩论，下午则在纳夫普利翁、米科诺斯和伊兹拉①聚餐放松，见见新老朋友。②

4.1 1964 年德洛斯研讨会期间在游轮上的会议。左起：康斯坦丁诺斯·多克夏迪斯、理查德·卢埃林-戴维斯勋爵、罗伯特·马修爵士、玛格丽特·米德（背对镜头）。康斯坦丁诺斯·多克夏迪斯档案馆提供。©康斯坦丁诺斯和艾玛·多克夏迪斯基金会

---

① 此三处皆为希腊小岛。——编者
② 参见德洛斯研讨会第三期的与会者的描述：Grady Clay in the *ATI-ACE Newsletter* (Athens, Greece: Athens Technological Institute, Athens Center of Ekistics) 1, no. 10 (April 15, 1965): 4–6. 关于德洛斯研讨会，亦可参见 Philip Deane, *Constantinos Doxiadis, Master Builder for Free Men* (Dobbs Ferry, NY: Oceana Publications, 1965), and Pyla Panayiota, "Planetary Home and Garden: Ekistics and Environmental-Developmental Politics," *Grey Room* 36 (2009): 6–35.

多克夏迪斯的客人是一群有远见卓识的超级明星，他们以对未来的令人如痴如醉的憧憬而闻名，这些憧憬与 20 世纪 60 年代的兴奋又焦虑的气氛相呼应。他们的看法与沃尔特·罗斯托在其著作《经济增长的阶段》（1960）中的观点和西方的进步模式相一致。他们认为，各个国家，尤其是穷国，可以通过现代化实现繁荣。多克夏迪斯及其圈内那群经常出现在人前的知识分子在反思人类居住环境的演变，对于科学技术的力量、民主和现代化以及通过全球合作来创造他们想象的明日世界抱有共同的信念。他们还怀有巴克敏斯特·富勒所称的一种世界主义的"激进理想主义"，相信原子能、计算机和电信预示着一个充满无穷无尽可能性的未来。城市将与大自然保持平衡。环保主义和对科技的热情在他们的思想中已融为一体。社会变革将自动地从土地使用规划中产生，能让子孙后代和平和谐地生活。

富勒和媒体理论家马歇尔·麦克卢汉在 1963 年的德洛斯研讨会上首次见面。后者刚刚出版了《古登堡星汉璀璨》（*The Gutenberg Galaxy*，1962）一书，他在书中假设通信技术和电子媒体构成了一种新的意识。电子时代将打破时空界限，将全球统一为一个单一的、和谐的系统。两人都提出了地球村的概念，并将世界理解为一个由电子设备和即时信息流连接的单一空间。在这个时代咒语里，我们都将被连在一起——成为"一个世界"。在这种精心构建的预言氛围之中，多克夏迪斯自己也将未来之城设想为一个生物形态的有机体，它遍布地球，直至最终成为一个连接在通信网络中单独的行星般"世界性都市带"。

富勒和其他聚集到德洛斯研讨会上的理想主义者及不愿墨守成规者一起把 20 世纪 60 年代的思想带到了一个行星层面。作为这种全球意识的一部分，他们宣讲着对太空时代的承诺保持坚定不移的热情。

太空——无论是在地球上还是在天上——都是想象力的画布，宇宙是人类终极的环境家园。这颗行星在银河系中飞驰而过的卫星图像以及将人类送入宇宙的技术魔法，成为了文化上的一个个定影。人们相信，技术诀窍可以战胜任何挑战。

早期的太空任务登上了《全球目录》（*The Whole Earth Catalog*）杂志的封面，它是斯图尔特·布兰德伟大的反文化宣言①。富勒创造了"地球太空船"（Spaceship Earth）这个词。地球本身就是一个太空定居点——他宣称："我们在太空中，从没去过其他任何地方，我们已然是一个太空殖民地了。"② 富勒一心一意要摆脱对陆地的依赖，因而有了对庞大的漂浮城市的想象。"九霄云外"（Cloud Nine）是他给空中栖息地（habitat）取的名字，这些栖息地由巨大的测地线球体构成，通过将空气加热到高于环境温度而悬浮于太空之中。

这是一种太空竞赛和冷战的乌云笼罩下的乐观而大胆的信念。反乌托邦的影子就在这乐观的预言身后。人们同时感到了乐观和恐惧，对新城镇的憧憬也介于期冀和厌恶这两极之间。世界生活在可怕的核末日威胁之下。"生存"与"拯救地球"的言语贯穿于整个20世纪60年代的思想之中。人们对人口爆炸、粮食短缺、资源枯竭、放射性沉降物、空气和水污染、环境退化的担忧日益强烈。

---

① 这份杂志的诞生，不仅影响了包括苹果创始人乔布斯、维基百科创始人吉米·威尔士以及亚马逊创始人贝索斯等人，更启迪了无数科技精英。在乔布斯眼中，《全球目录》是他们那个年代的《圣经》，是"纸质版"的谷歌。——编者

② See Buckminster Fuller, "Worlds Beyond," Omni 1, no. 4 (January 1979): 102. Always good is his *Operating Manual for Spaceship Earth* (New York: E. P. Dutton, [ca. 1963] 1972). 关于美国的环保主义和《全球目录》，参见 Andrew Kirk, "Appropriating Technology: *The Whole Earth Catalog* and Counterculture Environmental Politics," *Environmental History* 6, no. 3 (2001): 373–94, as well as Fred Turner, *From Counterculture to Cyberculture: Stewart Brand, the Whole Earth Network, and the Rise of Digital Utopianism* (Chicago: University of Chicago Press, 2008)。

地球任由科学和技术的恶果摆布。一旦地球被这一连串近在咫尺的灾难摧毁，殖民太空就成为一种生存策略。发达国家对于资源的浪费性过度消费的悲剧，不能在正奔向现代化的第三世界国家重演。如果没有规划，地球村可能会堕入深渊。规划师必须保证人类的生存。为此，参加德洛斯研讨会的这群人在 1963 年的航程结束之际，在一个烛光仪式上庄严地签署了《德洛斯宣言》（*Declaration of Delos*）。该宣言以国际现代建筑协会的《雅典宪章》为蓝本，由杰奎琳·蒂尔维特和芭芭拉·沃德起草。该宪章宣称："我们是一个世界城市的公民，受到了这个城市自身急剧扩张的威胁。从这个层面上讲，我们的关注和承诺是为了人类自身的利益。"城市危机将比核战争以外的所有其他问题更严重。但是，"人类可以采取行动来应对这场新的危机……现代技术允许以全新的规模调动物质手段"。[①] 如果没有理性的、动态的规划，就会产生不可饶恕的浪费、破坏社会秩序和破坏文明的现象。因此，《德洛斯宣言》呼吁拯救地球。

控制论和系统分析正是对这个呼吁的回应。它们是超越国家文化和政治界限，具有国际轰动效应的方案。控制论的定义有很多种，但简而言之，它是对系统的发现和研究，无论是机械系统、物理系统还是社会系统。20 世纪 60 年代，控制论在沟通与反馈机制、计算和应用数学理论以及计算机建模中展示了它的智慧。这些工具允许对系统进行分析、控制并使其自动化。本章探讨了控制论对城市规划和新城镇的乌托邦理想的影响，以及它如何被纳入冷战双方的这些项目的，此处所谓的冷战双方，即美国、苏联、作为东方集团一员的波兰、德

[①] 有关《德洛斯宣言》和德洛斯研讨会的诸多报告，可在罗萨里奥大学网站的世界城市与区域规划档案里找到：http：//www. urosario. edu. co/cpg-ri/WorldSocietyforEkistics/archivos/Delos-Declarations-(One-to-Six). pdf。Accessed June 21，2015。

意志民主共和国。

控制论的兴起也是太空时代的基础。计算机化系统在控制论科学中的理论化，是将人类送入宇宙所需的复杂机械的后盾。[①] 宇宙飞船是机载计算机的代名词，用于监测数据和管理其复杂的制导、指挥和控制系统。其结果是，控制论显露出了对计算机和机器人、宇航员和航天员以及功能类似太空船的未来城市一种幻觉般的异想天开。

在 60 年代的科学思想中，人们的设想是兑现太空旅行承诺的技术突破也可以用来拯救"地球太空船"。冷战时期对立的双方都认为，控制论和系统分析是激活社会、经济转型的通用公式。城市乌托邦可以借助于信息理论和数字运算计算机打造出来。新城镇成为土地利用和交通模式的试验场，并且也是一个通过全系统数据分析和控制产生理想城市的试验场。由帕特里克·盖迪斯开创的规划勘测传统已提倡使用可以测量、分类和绘成地图的可量化数据。这些数据反映了居住模式的简况。随着控制论的革命，规划学进入了一个新的阶段。关于城市生活的论述被改写成了数学与计算机的语言。这种诊断能力不仅为城市的合理布局，也为大型都市圈乃至整个区域的合理布局开辟了前景。它标志着一个新城镇远离传统田园城市模式的重大转变。就连以邻里单位作为社区生活主要来源的理想，也让位于控制论矩阵所选择的新城镇生活的积极参与模式。

所有这些技术都与冷战和军工复合体深度纠缠在一起，从而提高了美国智库和规划学院的声望。这些技术热浪一股脑出口到西欧、苏联和共产主义的东方，并从那里传遍了全世界。简而言之，控制论在

---

① 关于这一点，参见 Christopher Johnson，"Analogue Apollo：Cybernetics and the Space Age，"*Paragraph* 31，no. 3（2008）：304 - 26。Also David Mindell，*Digital Apollo：Human and Machine in Spaceflight*（Cambridge，MA：MIT Press，2008）。

20 世纪 60 年代成为进步和理想主义的新通道。其结果是新城镇的规模和复杂性显著扩大，社会改良及其在城市形式中的表现也引发了激烈的争论。

一、核战争与美国研究体制

战后初期，美国人的心一直笼罩在核毁灭的威胁的阴影之中。在 20 世纪 50 年代和 60 年代的美国电影和电视节目、小说、报纸以及伪科学报道中，随处可见城市废墟阴燃的噩梦般的景象。[1] 对核灾难的恐惧强化了人口分散的论点，自 20 世纪初以来，人口分散一直是战争时期与新城镇之间内在联系的一部分。它们还激发了军事战略家、城市改革者和政府官员之间更深层次的合作。其结果是，处于发展初期的冷战安全国家与一批新的城市专家之间建立了密切联系。历史学家詹妮弗·莱特（Jennifer Light）说，最初用于军事防御的创新设计成为了"解决城市问题和维护一国城市安全的战斗中的首选武器"。[2]

---

[1] See Matthew Farish, "Disaster and Decentralization: American Cities and the Cold War," *Cultural Geographies* 10 (2003): 125 - 48. 关于这一时期的概览，参见 Richard Lingeman, *The Noir Forties: The American People from Victory to Cold War* (New York: Nation Books, 2012)。

[2] Jennifer S. Light, *From Warfare to Welfare: Defense Intellectuals and Urban Problems in Cold War America* (Baltimore: Johns Hopkins University Press, 2003), 6. See Nils Gilman, *Mandarins of the Future: Modernization Theory in Cold War America* (Baltimore: John Hopkins University Press, 2007); Paul Boyer, *By the Bomb's Early Light: American Thought and Culture at the Dawn of the Atomic Age* (New York: Pantheon, 1985). See also Paul N. Edwards, *The Closed World: Computers and the Politics of Discourse in Cold War America* (Cambridge, MA: MIT Press, 1996). And lastly, Walter A. McDougall, *The Heavens and the Earth: A Political History of the Space Age* (New York: Basic Books, 1985).

例如，在 1945 年 8 月广岛和长崎的原子弹爆炸后不久，出版了一本名为《开启原子时代》（*The Atomic Age Opens*）的畅销小册子，它预言："我们熟知的城市文明即将终结……未来城市可能不得不向下而不是向上挖掘，并且它将会是分散的，而不是集中的。"然而，如果原子弹的高浓缩铀是个可怕的破坏者，那它同时也是"可以用来制造人类孜孜以求的梦想的乌托邦"。它"将造成我们的城市遍布乡村地带，甚至蔓延到目前无法居住的不毛之地……。人类很可能会形成一个单独的、统一的社区，所有人将成为共同居住在这个地球表面的邻居"，加州理工大学一位物理学家如是说。[①] 这是一幅类似于康斯坦丁诺斯·多克夏迪斯的行星般"世界性都市带"的图景，也与让·戈特曼的"大城市连绵带"的意象如出一辙。人称"氢弹之父"的核物理学家爱德华·泰勒在 1946 年写道，破除原子弹威胁的唯一办法是把人口从拥挤城市的死亡陷阱中疏散出来，并将他们安置在集群或网格状排列的小镇上。[②]

美国城市规划师特雷西·奥古尔是声音最响亮、最著名的人口分散理论的鼓吹者之一。他反复强调说，空间才是对付炸弹的最佳军事防御，他还援引英国的田园城市愿景作为最有效的分散战略。事实上，他在战前的职业生涯中一直致力于推广区域规划和田园城市的概念。他曾与克拉伦斯·斯坦因、美国区域规划协会以及田纳西河谷管理局合作，担任过该局的诺里斯新城的规划总监，并曾为橡树岭规划出谋划策。对奥古尔来说，将濒临灭绝的人群分散到被开放的乡村隔

① Donald Porter Geddes, ed. , *The Atomic Age Opens* (New York: Pocket Books, 1945), 165, 79.

② Jacob Marshak, Edward Teller, and Lawrence R. Klein, "Dispersal of Cities and Industries," as described in Robert H. Kargon and Arthur P. Molella, "The City as Communications Net: Norbert Wiener, the Atomic Bomb, and Urban Dispersal," *Technology and Culture* 45, no. 4 (2004): 766.

开的、每 5 万居民为一组的卫星城镇，不仅可以保护国民，还可以"为生活和工作提供比普通公民现在所梦想的更好的环境"。①

克拉伦斯·斯坦因和刘易斯·芒福德仍然为区域性城市这一事业积极开展活动，他们不时地在美国国会作证说，国土安全为联邦政府支持的新城镇项目提供了机会。他们将华盛顿对原子弹和朝鲜战争的担忧视为一个机会，认为可以争取到联邦政府对他们长期以来的区域主义计划的支持。斯坦因坚持认为，将工业分散到被开放的乡村包围的低密度社区是唯一现实的防止原子弹袭击的保护措施。

芝加哥大学社会学家威廉·奥格本（William Ogburn）以其《社会学与原子》（*Sociology and the Atom*）一文加入了这一大合唱。他在文章中称，如果有规划得当的小城镇，城市文明会更上一层楼。他说："我们可以拥有更健康的身体，更少的交通事故，更宽阔的车道，更多的停车位和直升机停机坪，更充足的阳光，建更大的花园空间、更多的公园，更少的烟雾污染，更舒适的家，更高效的工作场所。一句话，更多的美好生活。"这是对新城镇乌托邦的幻想，实际上，与英国同时期的米尔顿-凯恩斯镇的堂·吉诃德式规划图大同小异（见第五章）。但对奥格本来说，这些新城镇的确切的物理设计不如交通设计那样重要，因为"城市的任何重新划分都意味着交通的再分配"。他坚称，"需要对交通和新城市的位置进行大量的研究"，以此暗示什么将很快成为区域规划学家的首要任务。②

---

① Tracy B. Augur，"The Dispersal of Cities as a Defensive Measure," *Journal of the American Planning Association* 14，no. 3（1948）：32. 美国科学家和城市规划人员写过许多关于城市防御的文章，对它们的讨论亦可见于 Michael Quinn Dudley，"Sprawl as Strategy：City Planners Face the Bomb," *Journal of Planning Education and Research* 21（2001）：52 - 63。

② William Fielding Ogburn，"Sociology and the Atom," *Journal of Sociology* 51，no. 4（1946）：271.

　　与英国新城镇运动的情况一样，战争和军事防御赋予了以规划来分权的理想官方合法性和紧迫感。无论在美国还是英国，新城镇运动使国家利益和强大的国家机构能够担起城市和区域改革的事业继续下去。然而，在美国，人们仍然对原子弹的威胁感到焦虑，将心存恐慌的人口分散到乡村也没有起到立竿见影的效果。美国人并没有像英国人那样开始一场新的城镇运动，而是成千上万人坐上了汽车前往郊外。在20世纪60年代，那里到处都是千篇一律的小房子（1962年的一首抗议歌曲里的"小盒子"［little boxes］），除了房地产开发带来的利润外，没有依据任何线条或理由向远处延伸。对于城市改革者来说，毫无章法的扩张的可怕前景只会带给他们一连串的焦虑，使正在削弱这个国家的城市危机更加严重。

二、控制论与系统革命

　　不过，还有另一种解决方案。1948年，数学家诺伯特·维纳（曾供职于中央情报局的前身——战略情报局）出版了他的经典著作《动物与机器中的控制和交流》（*Cybernetics or Control and Communication in the Animal and the Machine*）。控制论这一块在第二次世界大战期间兴起，它与能够计算输入并产生反馈的自动防空雷达和火炮系统相关，用以准确预测作战目标。维纳将控制论定义为对系统及其如何通过信息和网络进行交流、如何与其他系统进行交互的研究。一切有意义的东西都可以从信息的模式和流动中收集到。他的世界观无所不包：机器、人脑、城市和社会都是相互关联的系统。

　　控制论和信息论一出台立即引起轰动，为塑造美国战时经济向民用经济的转变出了份力。控制论被誉为"一次伟大的飞跃"，是一门可以应用于多个领域的元科学。研讨控制论革命的梅西会议（Macy Conferences）享有盛誉，一位与会者认为，这场革命"注定要为人类的一切开辟新的前景，并帮助解决许多有关人与人类的令人不安的开放性问题"。①

维纳在《人类对人类的利用》（*The Human Use of Human Beings*，1950）一书中认为，控制论革命将引发一场思维革命。现在终于有可能创造出可以通过信息流进行"思考"和智能运作的新的城市和城市系统了。为了证明这一点，维纳为美国的城市起草了一份临时民防计划，以减轻人口和工业的密集程度，他认为这两点都容易被原子弹攻击。1950 年 12 月，该计划的一个简要版作为采访内容的一部分出现在了《生活》杂志上。维纳提出了一个富有远见的方案，即在大都市外围建立新的城镇，每个城镇都被一条由道路支线、公路和铁路线组成的"生命带"（life belt）所包围，这些既是通信网，也是逃生路线。新城镇都将建造在网格沿线最大的压力点上。据维纳预测，城市是"铁路、电话和电报中心的汇聚点，也是思想、信息和货物的交流之地"。② 民防的目的就是保护这些信息和通信网络。

---

① Steve Joshua Heims，*The Cybernetics Group*（Cambridge，MA：MIT Press，1991），28. 梅西会议在约西亚·梅西基金会的赞助下，于 1940 年代末和 1950 年代初在纽约举行。这些会议均为讨论控制论及其在社会科学中的适用性的跨学科论坛。与会人员包括人类学家玛格丽特·米德、社会学家劳伦斯·弗兰克和保罗·拉扎斯菲尔德。

② "How U. S. Cities Can Prepare for Atomic War：MIT Professors Suggest a Bold Plan to Prevent Panic and Limit Destruction，" and "The Planners Evaluate Their Plan，" *Life*，December 18，1950，77 - 86. 引文在第 85 页。这篇文章及其所依据的未出版手稿在以下著述中有详细的讨论，见 Kargon and Molella，"The City as Communications Net，" 764 - 65。

在 1964 年出版的《上帝与傀儡》（*God and Golem*）一书中，维纳进一步指出，这些系统是可以复制。构成城市生活的复杂组件可以像机器一样运作，然后分析、操纵和复制——这是知识一体化和从一个视角把握城市体验全局的梦想。借助计算机集成和处理有关城市系统的行为与业务模式的数据的能力，规划者可以解决问题、预测结果，并控制城市的未来。

科学家、工程师和规划者借助控制论梦想的力量，热情洋溢地跳进了城市的漩涡，开发了模拟城市系统行为的投入—产出分析和数学模型。一旦那些变量和数据被输入计算机，规划者就可以预测政策决策的模式及其流动、社会和经济后果。计算机不仅是一种工具，更是一种环境模型。交互式城市组件的数学方程和图形描述，构成了规划者关于城市的思考，并为城市政策创建了概念框架。城市就像机器一样，能以可预测的方式设计和建造，并根据编程方式来运作。控制论定义了一种新的规划语法，并提供了一种可能性，即规划者可以创建一个理想的城市类型——一个智慧城市或一个"智能城市"的早期版本，然后可以在整个景观中进行复制。这一体系的话语的产生和传播，对 20 世纪 60 年代规划界的合法性和权势至关重要。总之，控制论通过运用前所未有的科学工具和技术，提供了一种将乌托邦的愿望具体化的机制。

新近培养出系统思维的城市规划者，在兰德公司的军事战略家身上找到了类似的精神。兰德公司是冷战初期从道格拉斯飞机公司和美国陆军航空部队发展起来的新智库。除了工程师、数学家和经济学家，兰德还雇用了一系列社会科学专业人士，系统分析是他们研究的核心。其目的是发展一门战争科学，并在物理和社会科学前沿研究的基础上建立一个完整的国防体系。这项调查是在美国发现苏联引爆了第一颗原子弹时起步的。这和 1957 年苏联发射的第一颗每 95 分钟绕地球一周的人造卫星"斯普特尼克一号"一样，对美国是一次巨大的冲击。美国军方突然之间意识到计算机对国防至关重要。

作为回应，兰德公司的研究人员积极开发计算机工具，如线性与动态编程、系统模拟、博弈论和人工智能等。① 像兰德公司这样的专家技术官僚集团的崛起（美国和苏联都是如此），是为了应对太空竞赛的挑战和利用技术创新为国家服务。兰德公司成为系统方法和计算机建模带来的惊人的快速分析的代名词，所有这些都意味着美国被赋予了决定性的军事优势。

尽管兰德公司继续作为国防承包商，但它于 1948 年与道格拉斯飞机公司和航空部队分道扬镳，因而战争已不再是该机构的重要使命。兰德公司的科学家开始将他们的专业知识用在解决国内的城市问题上，向焦头烂额的政府提供"作为规划和决策的科学方法"的系统分析。② 这是一个尚未开发的市场，可以确保兰德公司的未来。毕竟，按照其思维方式，不断升级的城市危机是一个事关国家安全的紧急事件。美国城市糟糕的状况似乎削弱了保卫国家免受攻击的准备工作。最初的城市规划尝试集中在交通和土地利用上。系统分析似乎已经准备就绪，可以对城市和区域围绕车辆循环和流动的发展模式进行模拟。

---

① 关于兰德公司的来历，参见 David Hounshell，"The Cold War, RAND, and the Generation of Knowledge, 1946 - 1962," *Historical Studies in the Physical and Biological Sciences* 27, no. 2 (1997)：237 - 67。

② David R. Jardini, "Out of the Blue Yonder: The RAND Corporation's Diversification into Social Welfare Research, 1946 - 1968" (PhD diss., Carnegie Mellon University, 1996), 112. See also "The City Meets the Space Age," *Architectural Forum* 126, no. 1 (January 1967)：60 - 63，它描述了 1966 年美国住房和城市发展部（HUD）赞助、在马萨诸塞州伍兹霍尔举办的研讨会，会上讨论了美国航空航天计划如何适应城市规划的问题。

其结果是，兰德公司成了地理学量化革命和美国空间科学兴起的温床。正是在 20 世纪 50 年代末和 60 年代的冷战期间，该机构迎来了其鼎盛时期，并且加强了形式化数学模型、硬性数据以及尖端技术在这些学科中的运用。经济地理学家艾拉·洛瑞（Ira S. Lowry）是计算机模拟模型的最早倡导者之一，该模型使规划者能够评估和预测土地利用模式。洛瑞于 1963 年加入兰德公司，加入了其城市交通研究项目，并就土地利用规划、住房和人口等方方面面的问题，撰写了一系列报告。联邦政府资助的匹兹堡的社区重建计划为他提供了首次在现实世界中试验他的各项技术的机会。具有里程碑意义的洛瑞模型完成于 1962—1964 年，是第一个投入运行的大规模区域模拟模型。这是区位理论和定量增长模型的突破性成果。

在解释他报告中所称的"大都市模型"时，洛瑞站在了研究社会互动及大众行为的经验法则的"社会物理学家"一边。他的模型从零开始建立大都市，并试图模拟"复杂的物理、生物和社会系统"[1]，以便了解公共开支决策对于匹兹堡都市圈人口分散和零售业的影响。这是"一组联立方程，其解代表了土地利用模式、就业和人口分布的'平衡'"状态。[2] 换言之，该模型在稳态模式下创造了城市和城市系统。对于疲于应付城市治理和政治困境的政策制定者及政府官员来说，这是一个了不起的工具。作为基于计算机的位置分析的一个转折点，洛瑞的模型立即引来了大批模仿者。他们通过子模型和复杂的矩阵公式稳步升级并提高了模拟性能。

---

[1] Ira S. Lowry, "A Model of Metropolis"（Santa Monica, CA：RAND Corporation, August 1964），133. 匹兹堡的尝试是美国政府"社区更新计划"的一部分，该计划为消除城市病提供资金。它由兰德公司和福特基金会资助，匹兹堡区域规划协会执行。

[2] 同上，8。

正如在匹兹堡的"社区更新计划"中一样，兰德公司与联邦政府携手合作，将系统分析开发为城市规划的工具。1963 年，在洛杉矶举行的第一届城市规划信息系统和项目会议上，兰德公司的分析师爱德华·赫勒（Edward Hearle）注意到控制论带来的语义上的突变。规划官员的词汇最近才被"长期、发展、增长、更新"等词语刷新，现在最常重复的词已经变为"系统、模型、集成、模拟和界面"等。[1] 城镇规划方式已经转向了可计算的方程组、抽象逻辑图和流程图。这些方程式本身被视为审美对象，等同于它们被想象为代表的空间。城市生活的整个交织结构被简化为一组功能组件，以一个个单位的形式呈现在图表中，并通过流动、反馈循环和循环因果关系相互关联，成为连贯的实体。

逻辑图表是这门新科学的视觉符号。他们破译了一套精心设计的数学修辞，并赋予了它近乎神奇的品质。这种系统的认知方式阐释了现实，以便超越现实。它起到了乌托邦式的"跳出现实"的作用，是对城市生活的一种另类甚至颠覆性的认知。[2] 一种夸张的形式主义扎根于此。这是与 20 世纪中叶那代人所创造的作为艺术的物质形态规划传统的残酷决裂，甚至是与重建时期最先进的测绘技术的决裂。城市的物理特征及其布局已经没有那么重要了。到了 20 世纪 60 年代初，人们认为那种有了年头的论述已经过时，不足以应对眼前的城市危机。规划者用惯了的、装满空间图解的工具箱要么已不再有用，要

---

① Edward F. R. Hearle, "Information Systems for Urban Planning"（Santa Monica, CA: RAND Corporation, July 1963）, 1. See in particular the analysis of Francis Ferguson, *Architecture, Cities and the Systems Approach*（New York: George Braziller, 1975）.

② 关于这一点，参见 Paul Ricoeur, *Lectures on Ideology and Utopia*, ed. George H. Taylor（New York: Columbia University Press, 1986）, 16 – 17。See also W. J. T. Mitchell, *Iconology: Image, Text, Ideology*（Chicago: University of Chicago Press, 1986）.

么它本身已被改变。

　　也许，最能说明视觉感知的转变的是数学家和城市理论家克里斯托弗·亚历山大的作品。他在 1965 年发表了他的一篇代表作，题为《城市不是一棵树》，文章直截了当地谴责了"人造城市"，并指出一些最著名的田园城市和新城镇就是最糟糕的范例：马里兰州的格林贝尔特和哥伦比亚新城、艾伯克隆比和福肖的大伦敦规划、柯布西耶在印度的昌迪加尔项目、卢西奥·科斯塔的巴西的巴西利亚项目，以及保罗·索莱里（Paolo Soleri）在亚利桑那州的梅萨城项目。在他的审视之下，这些城市一一被轻蔑地否定。他把他们的设计方案描述为一棵棵"树"，城市的各种功能可悲地相互脱节，并导致其作为城市是一种失败。树木结构的简洁性"就好比对整洁和秩序的强迫性渴望"。相较于此，他提供的城市愿景，是在一个复杂而全面的城市系统中具有重叠子集的半格状结构。[1]

　　亚历山大使用数学标准将数据组织成集合，然后将集合组合成一个整体结构。在复杂的信息处理和计算机的帮助下，城市设计变得数学化，并以一种模式化语言呈现出来。最终，亚历山大对计算机科学发展的影响超过了对建筑学的影响。他的推理对 20 世纪 60 年代的程序语言设计和软件工程产生了巨大的推动作用。最重要的是，像亚历山大这样富有创造力的思想家能够看到建筑、城市和系统理论之间的共同之处，并在计算机化的示意图中将其可视化，这是系统革命的重要特征。他认为，这种方法将使城市设计最接近理想中的"自然城

---

[1] Christopher Alexander, "A City Is Not a Tree," originally published in *Architectural Forum* 122, no. 1 (April 1965): 58 – 61. See also his *Notes on the Synthesis of Form* (Cambridge, MA: Harvard University Press, 1964).

市"的自发性和丰富的复杂性。

权威从建筑师转向了新空间科学领域的少壮派，并最终转向了数学和计算机编程领域的专家——以亚历山大为例，他在这三个领域都是专家。他们进行了控制论和系统分析，作为 20 世纪 60 年代与国家技术官僚当局和美国研究机构联手形成的前卫技术-未来主义。城市规划中处处可见控制论和系统理论的类比，反映出那些年对团队协作的高度重视。总之，这一专业知识体系共同展示出了对科学技术和城市范围内条理清楚的设计的深厚信心。

现代化信条催生了一种理性化的想象和理想主义，并在城市体系中找到它的实践场地。1963 年在洛杉矶举行的城市规划信息系统和项目会议上，曾在兰德公司工作并担任约翰逊政府的管理与预算办公室主任的查尔斯·兹威克发表了讲话，试图缓和年轻的控制论英才们将早期规划斥为"前达尔文主义"的不公平做法。尽管如此，他还是为系统分析和新系统文化摇旗呐喊。关于正式模型，他指出，"我们关心的是抽象出高度复杂现象的基本相互关系，希望当我们面对某特定环境或情景模型时，这个模型将以接近现实世界中的城市变化过程的方式来运作".[①] 据此，就可以向政府官员提供最佳政策方案。这种形式主义和建模系统立即将人们的注意力从给人凌乱的生活体验的城市环境中转移开来。城市规划成为了一个技术专长、计算机模拟、对大都市地区进行设计以对其优化并使利益最大化的问题。由此也产生一个包罗万象的愿景，即从零开始建设并且能够自动嵌入任何大都市景观的标准化的智慧城市。

---

① Charles J. Zwick, "Systems Analysis and Urban Planning" (Santa Monica, CA: RAND Corporation, June 1963), 9.

三、理性想象：城市体系与高速公路

兹威克以交通规划作为恰如其分的例子。随着美国人购买汽车的数量达到创纪录的水平，并纷纷移居到郊区，土地利用规划的整个性质发生了改变。数百万人每天兴高采烈地上路。人们普遍对老旧道路上混乱的交通、拥堵和污染，以及行人和驾车者之间乱哄哄的你争我抢很恼火。但汽车是未来，是移动的杰作，需要一个新的空间秩序来适应它。1956 年的《联邦公路法》颁布后，美国各地建立了 42500 英里的州际公路网。这种现代化的公路系统大大促进了美国的发展。这是一个巨大的公共工程项目，从根本上改变了这个国家的地理形态。公路网覆盖了整个国家的大都市圈，国家领土因此变得连贯而高效。如今，一个单独的新城，甚至一组新城，作为一个与世隔绝、风景如画的世界的想法已毫无意义。相反，新城理想被固定在了一个开放和流动的区域关系中的公路系统里。

早在 1957 年，在布卢姆菲尔德的新康涅狄格通用人寿保险总部举行了的一次会议上，人们就开始研究公路建设对城市和大都市地区的影响。题为"新公路：对大都市地区的挑战"的这次会议汇集了美国城市思想家中的精英。刘易斯·芒福德出席了会议，此外，与会者还有维克托·格鲁恩、卡尔·费斯、阿尔伯特·迈耶和詹姆斯·劳斯。会议记录以图书形式于 1959 年出版，书名为《汽车时代的城市》（*Cities in the Motor Age*）。会议的副标题为"我们如何通过国家公路项目提高城市的效率和宜居性？"。毫无疑问，正是公路项目导致了郊区无序拓展，每个城市都被郊区所包围。但对与会者来说，这根本不是效率或宜居的标志。他们"完全同意公路建设和其他公共工程应按

照大都市地区的总体规划进行"。[1] 公路项目将是一个重新设计城市环境的机会——并将证明对整个大都市区采取的综合交通和土地利用战略是获得 1962 年《联邦公路法》所提供的资金的先决条件。这一战略将从区域系统入手建设新城镇。

美国的公路项目是国家推动的现代化与科学研究之间建立密切联系的一个显著例子，其发展进程与作为专业学科的地理学和区域规划上的革命同步。区域科学与国家项目平行而生，并被纳入了领土合理化的实践之中。[2] 经济学家沃尔特·伊萨德（Walter Isard）是 20 世纪 50 年代和 60 年代美国空间科学的主要倡导者。他将定量地理学与德国区位理论以及精明务实的新古典经济学相结合，创建了区域科学这样的专业学科。他的《区位与空间经济：与产业区位、市场区域、土地利用、贸易和城市结构相关的一般理论》（*Location and Space Economy：A General Theory Relating to Industrial Location，Market Areas，Land Use，Trade and Urban Structure*，1956）一书的出版，成为区域分析学的一个关键性时间节点。该研究由社会科学研究委员会（现代化理论的主要推动者之一）和著名智库未来资源研究所[3]（最初由福特基金会提供支持，并与杜鲁门政府有密切联系）资助。与伊萨德的开创性研究同样重要的是，他在 1954 年成立了区域科学协会。他在宾夕法尼亚大学进行的研究以及他在 1958 年创办的《区域科学

---

[1] Wilfred Owen，*Cities in the Motor Age*（New York：Viking Press，1959），145. See as well Owen Gutfreund，*Twentieth-Century Sprawl：Highways and the Reshaping of the American Landscape*（Oxford：Oxford University Press，2005）.

[2] 关于这一点，参见 Sheila Jasanoff，"The Idiom of Co-production," in *States of Knowledge：The Co-production of Science and Social Order*，ed. Sheila Jasanoff（London：Routledge，2004），3。

[3] Resources for the Future，简称 RFF，美国的一个非营利组织，1952 年成立，总部设在华盛顿特区，主要针对环境、能源、自然资源、经济和其他社会科学等问题进行独立研究，是资源经济学的先驱。——编者

杂志》(*Journal of Regional Science*),让这所大学成为了一个科学研究中心,也成为培养有志于进行区域规划者的热土。宾夕法尼亚大学的研究人员是著名的宾夕法尼亚-泽西岛土地利用模型的幕后推手,该模型是计算机模拟得出的城市系统分析中的一个杰作。它将整个费城大都市经济系统规划为一个由活动、节点和流量组成的网络,然后对未来的土地利用做出预测。需要提一下的是,它是由宾夕法尼亚州及其公共道路局直接资助的。

许多大学实验室进行着各种都市圈交通研究和建模。它们是对城市运作方式的计算机模拟,[1] 并将大都市区域变成了供人、货物和服务流动的开放矩阵。在分析城市交通系统和将数据编码到计算机以预测合理的土地利用模式方面,《底特律都市区研究》(*The Detroit Metropolitan Area Study*,1955)和《芝加哥地区交通研究》(*Chicago Area Transportation Study*,1956)取得了开创性的成就。诸如洛登·温戈的《交通与城市土地》(*Transportation and Urban Land*,1961,由未来资源研究所资助)和威廉·阿隆索(William Alonso)的《位置与土地利用》(*Location and Land Use*,1965,宾夕法尼亚大学的研究成果)等研究,建立了一个完整的区域科学定量研究、系统分析和建模的语料库。技术官僚的专业知识、建模实践和计算机的使用,以及区域科学的真正意义和话语,都是与政府政策结合在一起构建的,政府政策本质上充当了国家地理合理化和现代化的政治代理人。

在定量地理学、区域科学和交通建模的辉煌岁月里,乌托邦式的

---

① 迈克尔·巴蒂的研究对于理解城市建模至关重要。参见其著作 *Urban Modelling*:*Algorithms*,*Calibrations*,*Predictions*(Cambridge:Cambridge University Press,2010),1976 年首次出版。See also Batty's *Cities and Complexity*:*Understanding Cities with Cellular Automata*,*Agent-Based Models and Fractals*(Cambridge, MA:MIT Press,2005)。

幻想喷薄而出。毕竟，美国人在 20 世纪 60 年代对汽车文化和公路的热爱是前所未有的。① 汽车带来了解放和进步。未来的高速公路和喷气机时代的汽车令美国大众着迷。1964 年的纽约世界博览会上，福特汽车公司和通用汽车公司的展馆为人们展示了一个机动化的未来。在福特公司的"神奇天路"（Magic Skyway）展览上，车迷们踏进了一辆时髦的野马敞篷车，在"明天的收费公路"上兜风。通用汽车公司在 1939 年的世界博览会上以其最新版本的"未来奇观"展馆大获成功。一座由诸多灯光闪烁的摩天大楼组成的城市模型里面是电脑控制的纵横交错的高速公路。大批的筑路工人在最恶劣的环境中开辟出了横跨各大陆的公路系统。展览传达的信息很明确：高速公路带来了进步、繁荣和前途无量的未来。他们创造的是一个运动的、变动不居的、连通的世界。

"未来奇观"展的场景在流行杂志和漫画中一再重现，诸如阿瑟·拉德堡②（Arthur Radebaugh）在每周日的漫画连载《比我们想象的更近》。拉德堡曾为底特律汽车巨头和汽车工业杂志工作，他为 20 世纪 60 年代风靡一时的太空时代电视动画片《杰森一家》（*The Jetsons*）设计出了其中的梦幻汽车。他的漫画吸引了 1900 万观众，他对未来的描绘让大众如痴如醉。1965 年，《国家地理》杂志制作了一份两页全彩的宣传画，描绘了一座璀璨的"明日之城"。③ 这是一

① 有关汽车文化史的论述众多，可参见 Brian Ladd，*Autophobia*：*Love and Hate in the Automobile Age*（Chicago：University of Chicago Press，2008），以及 Cotten Seller，*Republic of Drivers*：*A Cultural History of Automobility in America*（Chicago：University of Chicago Press，2008），还有 John Heitmann，*The Automobile and American Life*（Jefferson，NC：McFarland，2009）。

② Closer Than We Think，著名插画艺术家拉德堡 1958 年到 1963 年的一系列"未来交通"主题的未来主义插画。——编者

③ *National Geographic*，April 1965，520 - 21.

场展示都市魅力的视觉盛宴。闪烁的城市灯光、平滑的公路、火箭汽车①——一个源自汽车文化和太空时代的浪漫未来。城市和公路将征服世界并殖民银河系。

在美国住房和城市发展部（HUD）题为《明天的交通：城市未来的新系统》（*Tomorrow's Transportation：New Systems for the Urban Future*，1968）的报告中，正式展示了这个乌托邦式的精湛构思。② 这是一项由大学研究人员和交通工程师进行的大规模科学研究，它评估了约300个为未来设计的可行性项目。其目的是利用"交通系统来加强和改善整个城市系统".③ 不过，研究结果关注的不是交通技术的突破，而是实施系统分析和计算机模拟，以更好地规划城市和大都市地区。这些工具将打开在世界博览会上和《国家地理》杂志上展示的梦幻世界的之门。该报告描绘了连接城市和郊区的"个人快速交通系统"。由计算机控制的交通系统监控的公路。自动化单轨电车、豆荚车（pod cars）和行人穿梭于闪闪发光的高楼之间。时尚的中转站点迎送着乘客。所有这一切都需要一个区域视角，想象公路和交通网络像丝绸一样从中心城市延伸到郊区的发展中心和卫星城。公路设计的视点高远，角度广阔。

艾伦·鲍特威尔（Alan Boutwell）、迈克尔·格雷夫斯（Michael

---

① rocket-cars，这是当时按利比亚领导人卡扎菲的意愿设计制造的一款汽车，以庆祝利比亚革命胜利40周年，并改善本国交通问题和车祸频发的状况。它外形像火箭，长17英尺，宽超过6英尺，拥有3升的V6汽油发动机，还有安全气囊、电子防御系统、可折叠的保险杠、防起火装置等预防车祸、降低危险系数的设备。——编者

② Office of Metropolitan Development，US Department of Housing and Urban Development，*Tomorrow's Transportation：New Systems for the Urban Future*（Washington，DC：US Department of Housing and Urban Development，1968）. 这种图景以及对个人快速交通（PRT）的兴趣，在以下著述中再次强调：William F. Hamilton and Dana K. Nance，"Systems Analysis of Urban Transportation," *Scientific American*，July 1969，19–27。

③ Office of Metropolitan Development，HUD，*Tomorrow's Transportation*，2.

Graves）和彼得·艾森曼（Peter Eisenman）等美国先锋派建筑师创作的梦幻般景象，再现了这一官方认可的图像。他们用画笔描绘了沿公路走廊延伸的连绵不断的线性城市，以及奇妙的有着巨型结构的公路城镇。建筑本身变得灵活多变，能够模仿科幻小说扣人心弦的未来场景中的那种线性公路。艾伦·鲍特威尔的《连续城市：美国》（*Continuous City — USA*，1969）一书中的城市，沿着 20 世纪 60 年代修建的 80 号州际公路的确切路线横跨北美大陆，从纽约一直延伸至旧金山。建筑师迈克尔·格雷夫斯和彼得·艾森曼则沿着拟建的 I‑95 公路延伸段设计了一座线性城市，将新泽西州的新不伦瑞克和特伦顿连接了起来（图 4.2）。这项名为"泽西走廊项目"（1964—1965）的设计发表在《生活》杂志的特刊《美国城市——它的伟大岌岌可危》（*The U. S. City — Its Greatness Is at Stake*）上。[①] 格雷夫斯和艾森曼设想了连绵无尽的巨型建筑物，它们最终将与沿东海岸自缅因州到迈阿密的类似线性延伸连接起来，形成一个连续的系统。工业将位于公路沿线的一侧，由住宅、商店和服务业组成的"无尽的市中心"将位于另一侧。与它们一起在《生活》杂志的页面上出现的，是一个由伊利诺伊大学的建筑师们为几个巨大的台地城镇设计的奇妙景观，这些城镇坐落在自芝加哥向外辐射的公路沿线凸起的位置。在康奈尔航空实验室运输专家的未来构想中，自动驾驶的"城市汽车"（urbmobiles）和"世纪巡洋舰"以每小时 100 英里的速度沿高速公路奔驰。标新立异的建筑界和大学科学家的愿景在令人眼花缭乱的乌托邦公路剧场表演中融为一体。

　　加州对这种公路的憧憬最为活跃，没有哪个地方像南加州这样有

---

① *Life*，December 24，1965.

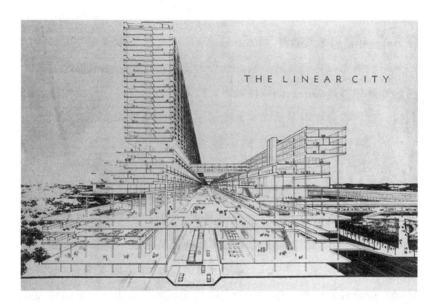

THE LINEAR CITY

4.2 彼得·艾森曼和迈克尔·格雷夫斯的"泽西走廊项目",1964—1965 年。发表于 1965 年 12 月 24 日《生活》杂志。ⓒ艾森曼建筑事务所

这么多官方的新城建设项目。在 1969 年美国住房和城市发展部列出的加州 21 个官方新社区中,15 个位于该州南部,主要位于洛杉矶和奥兰治县。[1] 与此同时,作为《联邦公路法》的一部分,加州启动了 12500 英里的高速公路建设项目(图 4.3)。每座新城镇都被一条主要高速公路一分为二、沿着城镇修建与之毗邻。高速公路设计已经成为一种艺术形式。四叶式立体交叉和意大利细面条式的互通立体通道,带有立交桥、弧形分流车道、弯曲的入口和出口匝道的五层高速公路

---

[1] New Communities Division, US Department of Housing and Urban Development, "Survey and Analysis of Large Developments and New Communities" (Washington, DC: US Department of Housing and Urban Development, February 1969),4 - 5. 关于洛杉矶,参见 Wim De Wit 和 Christopher James Alexander 所编的展览目录:*Overdrive: L. A. Constructs the Future, 1940 - 1990* (Los Angeles: Getty Publications, 2013)。关于加州新城镇以及它们与公路和供水项目的关系,参见 Edward Eichler and Marshall Kaplan, *The Community Builders* (Berkeley: University of California Press, 1967)。

矩阵，重申了对未来的幻想，与之一起使用的是建筑和设计中充满诗意的空气动力学语言。

4.3 洛杉矶市中心圣莫尼卡高速公路和海港高速公路交会处，1962 年。戴夫·帕克伍德摄。©南加州汽车俱乐部档案馆

他们是世界博览会"神奇天路"的现实版。系统分析的视觉语言既是数学的，又是表现主义美学的。20 世纪 60 年代现代主义的流线型、曲线式魅力是一种系统建模的符号学。在 20 世纪 70 年代的高速公路奋起之前，这些公路一直被认为是精湛的工程奇迹———一种充满活力与诱惑力的设计表现。司机们可以尽情享受空气动力学规则、几何学和速度带来的快感。公路工程师已经成为城市的美容师。

洛杉矶南部奥兰治县欧文牧场占地 130 平方英里的新社区，是加州高速公路矩阵中最引人注目的城市发展案例（图 4.4）。该社区始建于 20 世纪 60 年代初，预计人口近 50 万，是由美国联邦政府资助的最大的新城项目。拥有该地产并进行开发的欧文公司与艾森豪威尔政府关系密切（1960 年，该公司的总裁曾是艾森豪威尔的海军部长）。这一总体规划由洛杉矶传奇建筑师威廉·佩雷拉（William Pereira）设计。他热爱科幻小说，并因以此为灵感设计出的未来主义巨型结构建筑而闻名于世。他深受南加州丰富的太空时代文化的影响。洛杉矶机场的主题建筑、阿纳海姆的迪士尼乐园酒店以及旧金山的泛美大厦，都展现了佩雷拉的标志性风格。他也成为最多产的新城建设者之一。

欧文公司是加利福尼亚一个新工种的推手：总体规划师。佩雷拉是粗犷的个人主义者的缩影，是一心推动美国城市走向未来的梦想家———这一形象使他登上了 1963 年的《时代》杂志封面。这是欧文从零开始设计一个乌托邦城市的前所未有的机会：它是"一款神一般的游戏"。[①] 佩雷拉的总体规划是将城镇的功能扩展为沿圣安娜、圣地亚哥和纽波特高速公路及其支线的"活动走廊"和"住宅村"。对

---

① *Time*，September 6，1963.

4.4　1964年，威廉·佩雷拉（中）向加州大学欧文分校校长丹尼尔·奥尔德里奇（左）和欧文公司总裁查尔斯·托马斯（右）展示加州欧文牧场的规划，约1964年。欧文公司提供

区域交通网络的研究以及基于土地利用场景的出行负荷计算机建模，决定了城市的发展。[1] 高速公路入口和地区机场建设立即吸引了众多

---

[1]　Nathaniel M. Griffin, *Irvine: The Genesis of a New Community* (Washington, DC: Urban Land Institute, 1974), 18.

的企业，加州大学新建的欧文分校校区也是如此。最终，欧文牧场包含了 11 个不同的城镇，并与奥兰治县公路系统相接。这是开发商梦寐以求的结果。然而，它似乎在很大程度上贯彻了城市规划师凯文·林奇（Kevin Lynch）在《城市形象》（*The Image of the City*，1960）中提出的著名理念，因为它从根本上遏制了洛杉矶盆地的郊区扩张。每个村庄都设计了自己的景观和建筑特色，以赋予其独特的环境和"想象空间"。[1] 老练的营销策略面向单身人士、家庭、年轻的已婚人士、离异人士、空巢老人、行动自如的退休人士展开——每一类人在"明日之城"中都可以有自己的住房选择。

城市和城镇被想象成交通和信息网络中的节点或单元。整个大都市区被设想为由环流连接起来的互联系统。加州大学伯克利分校城市与区域发展研究所所长梅尔文·韦伯（Melvin Webber）是传播这一系统思想的最具影响力的城市理论家之一。正如佩雷拉和他的新城市欧文一样，韦伯倡导被称为加州汽车文化和新型网络社会的理念，他的理念很快被规划界所采纳。他指出，"准未来主义科学"得到了诸如未来资源研究所、福特基金会和兰德公司等众多新研究机构的支持。他承认，预测未来是一项由来已久的追求。但 20 世纪 60 年代版本的不同之处在于，它以"一种合法的、有组织的活动出现，它明确地致力于对潜在的未来历史进行系统和规范的解释"。[2]

韦伯对这个预言的主要贡献是"非场所领域"（non-place

---

[1] Ann Forsyth and Katherine Crewe, "New Visions for Suburbia: Reassessing Aesthetics and Place-Making in Modernism, Imageability and New Urbanism," *Journal of Urban Design* 14, no. 4 (2009): 430. 这片 130 平方英里土地的好几块地方在战争期间被征用为海军陆战队的空军基地，而航空工业对新城的设计和经济产生了重大影响。

[2] Melvin M. Webber, "Planning in an Environment of Change: Part I: Beyond the Industrial Age," *Town Planning Review* 39, no. 3 (1968): 181. 另请参见加州大学交通研究中心出版的 *Access* 期刊上关于韦伯的特刊（2006—07 年冬季刊）。

realms）。以洛杉矶和旧金山等大都市区为例，他认为城市规划者必须抛弃旧有的场所概念，转而专注于将各个城市区域像一个巨大的电话交换台一样绑在一起的物质和信息的联结。未来的城市将是依靠通信、交通和信息流关联起来的分散的居住区。韦伯在他的《后城市时代》（*The Post-City Age*，1968）一书中预言，"一种新型的、越来越独立于城市的大规模城市社会正在出现"。曾经将定居点维系在一起的黏合剂正在溶解。而他预见到了一个未来的"关系松散的社区"，这是他最初在某次未来资源研讨会上创造的一个短语。通信技术的进步，从电视和长途电话服务到计算机和实时信息，距离概念正在缩短，人口密集的城市变得没有必要。[①] 城市将变成信息流和电子交通的虚拟空间。韦伯对未来城市网络化的想象引起了新城市规划者的注意，比如马里兰州哥伦比亚大学的詹姆斯·劳斯和威廉·芬利（William Finley）、得克萨斯州伍德兰大学的乔治·米切尔（George Mitchell），以及英国米尔顿-凯恩斯大学的理查德·卢埃林-戴维斯（见第五章）。

大学和研究基金会是专家们修修补补最新的土地利用模型和计算机程序的作坊。为了捕捉每个城市和大都市区域的所有过程，模型们变得越来越复杂。先对系统的现有状态进行盘点：人口、就业和家庭收入、工业和服务业、土地租金、交通流量等。然后，输入数据进行分析：计算机程序计算参数输出并模拟系统的行为。这些模型是由经济和工程驱动的，并将规划转向了城市发展的企业模式。社会阶层被定义为具有收入和消费限制的家庭，这些限制可能影响迁移和交通流。

---

① Melvin M. Webber, "The Post-City Age," *Daedalus* 97, no. 4（1968）：1098.

在这些早期模型中，城市系统被认为是自我平衡的。城市活动被简化为其基本形式，聚集起来并在空间上呈现出来。在 20 世纪 60 年代的政治动荡和社会动荡中，系统分析似乎提供了预测能力和控制能力的幻想。人们坚信统计测量和数学公式能够代表现实。乌托邦式的关注点从理想的城市转向理想的规划过程，其结果是产生一个最优化的城市方案。这是一种通用的配方，可拿去广泛复制。这种组织逻辑像编程一样被编入了城市本身的实质中。在芝加哥大学，研究这种新技术的美国著名地理学家布赖恩·贝里（Brian Berry）认为，符号模型"提供了合理制定和验证的科学理论的理想化表述，这些理论与城市以及被视为空间系统的城市集合有关"。系统理论和计算机革命意味着"以虚拟的方式消除了问题构想和结果评估之间曾经漫长的差距，尖锐地提出的问题，启动并完成了在早期技术条件下难以想象的规模的实验"。[1]

数据的可信度和失真问题在很大程度上被搁置在一旁，或者通过增加模型的复杂程度来处理。不必要的外部性没人去理会。城市及其居民被理解为纯粹的被动方，而规划则是主动的。有人对这种辉煌的科学表现提出了批评，其中最主要的是刘易斯·芒福德。1965 年，芒福德警告说："抽象智能，在其自我限制的领域里，以其自身的概念装置运作，这实际上是一种强制手段：是完整的人类人格中傲慢自大的零碎，决意用自己过于简化的术语来改变世界。"[2] 世界将因此变为一片贫瘠的沙漠。宾夕法尼亚大学城市与区域规划系主任布里顿·哈里斯（Britton Harris）在其 1968 年的一篇文章中，对显而易

---

[1] Brian Berry, "Cities as Systems in Systems of Cities," *Papers of the Regional Science Association* 13, no. 1 (1964): 147 - 48.

[2] Lewis Mumford, "Utopia, the City and the Machine," *Daedalus* 94, no. 2 (1965): 278.

见的事实提出警告。他说，模型的好坏变成完全由编码到模型中的数据说了算。哈里斯将计算机的发明与火和轮子等技术创新相提并论，与此同时也指出，复杂的城市系统实际上是非线性的，科学家们不但没有改良创造性的解决方案，反而在根据机器来形成问题和产生想法。

哈里斯对此进行了纠正，写成的文章发表在了康斯坦丁诺斯·多克夏迪斯的《人类聚居学》杂志的一期名为"为人类聚居学服务的计算机"的特刊上。① 玛格丽特·米德和沃尔特·伊萨德等重量级人物也为这期特刊贡献了论文。每篇文章都展示了计算机技术所带来的高超的分析能力。伊萨德的案例研究模拟了马萨诸塞州普利茅斯湾一个拟建的 20 万人口的新城对休闲和生态的影响。他在投入产出分析中，将社会和生态系统均描述为商品。

从基本意义上讲，即使是多克夏迪斯的"沿交通干线有计划发展的城市"也是一个基于有序的层级制的复杂系统，而他的"世界性都市带"则是一个由居住单元、交通和通信流交织而成的网络。1962年，他开始使用计算机来开发自己的聚居理想的数学模型。计算机编程和建模成为他在雅典研究院的主要工作，在那里，他将所有调查数据都打印到穿孔卡片上，并输入计算机，以发现模式和流程。

到 20 世纪 60 年代末，美国计算机大师杰伊·弗雷斯特（Jay Forrester）开发了一个更为动态的模拟模型，用以了解政策制定对城市系统的影响。第二次世界大战结束时，弗雷斯特曾在麻省理工学院林肯实验室工作，他研发了一种先进的飞机飞行模拟器，它后来演变成旋风数字计算机。旋风计算机之后成为北美防空司令部（NORAD）

---

① Britton Harris, "Computers and Urban Planning," in "Computers in the Service of Ekistics," special issue, *Ekistics* 28, no. 164 (1969): 4 - 7.

的核心，而该司令部是针对原子弹攻击的预警系统。1956 年，弗雷斯特转到了麻省理工学院斯隆管理学院工作，在那里，他的研究应用于组织决策领域，开创了诸如 SIMPLE 和 DYNAMO 等早期计算机建模语言的新局面。

之后，他又与波士顿前市长约翰·柯林斯合作，将他的计算机建模技术应用于解决美国城市的困境。他们的这项研究是在 1968 年进行的，当时的内城正被骚乱和抗议包围，那是一个明显的信号，表明迫切需要更好的城市政策。柯林斯和弗雷斯特的研究成果以一本书的形式问世，名为《城市动力学》（*Urban Dynamics*），是系统分析领域的一个里程碑。该书展示了作为城市科学的方方面面。传统观点认为城市衰败是由人口激增、财政资源减少和郊区扩张等因素造成的，因为这些因素都已超出了市政府的控制范围，弗雷斯特对此予以了驳斥。他的论点完全基于他的计算机模拟模型，他提出，大多数城市问题都源于城市自身内部发生的复杂而相互关联的过程。

弗雷斯特的模型是动态的，因为它模拟了城市政策随着时间的推移而发挥作用的过程。它可以揭示出系统中阻碍政策或产生有害副作用的隐藏模式。例如，当职业培训计划加入他的模型中时，这些计划就会导致失业率上升。相比之下，最初看起来不正确或不明智的政策选择往往会产生最佳结果。弗雷斯特认为，低收入住房造成了贫困，而拆除贫民窟和公共住房将会改善社区环境与生活水平。这本书立即引发了波士顿黑人社区在政治上的反弹和愤怒。为了平息民怨，麻省理工学院与美国住房和城市发展部在波士顿地区资助了一系列案例研究，对该模型进行验证。[1] 当这些研究显示的结果并不稳定时，住房

---

[1] Louis Edward Alfeld, "Urban Dynamics — the First Fifty Years," *System Dynamics Review* 11, no. 3 (1995): 199–202.

和城市发展部拒绝认可该模型。

这场关于弗雷斯特的城市动态的风暴表明，系统分析对规划和政策制定方面有着广泛的影响。这门科学预示着一个全新的时代，在这个时代，人类的所有经验都可以被解读。系统模型是世界的模型。这种普遍的认识论是 60 年代未来主义的特征。从巴克敏斯特·富勒、马歇尔·麦克卢汉到康斯坦丁诺斯·多克夏迪斯和让·戈特曼，这些远见卓识者在全球范围内提出了他们的概念。例如，富勒曾策划了一场控制论意义上的世界游戏，地点就在 1967 年蒙特利尔世博会上他替美国展馆设计的著名的短线程穹顶（Geodesic Dome）内，并建立了一个世界游戏研究所。世界游戏是一个模拟世界治理的策略竞赛，玩家要应对复杂的场景，然后在全球层面寻找解决方案。在他们的商议过程中，可以查阅由计算机驱动的戴马克松世界地图，信息会从海量数据库中源源不断地送出来。①

杰伊·弗雷斯特作为知识界著名的预言家，与富勒和其他梦想家共同站在了这个公共舞台上。他创建了一系列"世界系统"计算机模型，以了解人类面临的各种困境之间的关联。性能逐步增强的世界 1 号、世界 2 号和世界 3 号模型，模拟了世界人口、工业生产、污染、资源和食物之间的相互作用。他们还出版了两本书：《世界动力学》（*World Dynamics*，1971）和《增长的极限》（*The Limits of Growth*，1972）。后一本书一经出版即引起轰动，卖出了几百万册，并被翻译成 30 种语言。如果说弗雷斯特早期的《城市动力学》是宣扬社会进步，那么这些后来的出版物则表现出了这个时代的悲观主义情绪。它

---

① See Felicity D. Scott, "Fluid Geographies: Politics and Revolution by Design," in *New Views on R. Buckminster Fuller*, ed. Hsiao-Yun Chu and Roberto G. Trujillo (Palo Alto, CA: Stanford University Press, 2009), 160 – 75.

们描绘了一幅他的模型所预测的人口指数增长和发展失控所带来的意想不到的后果。结果是灾难性的：自然环境和地球维持人类生命的能力已经土崩瓦解。唯一的出路是恢复人类与地球之间的平衡。

正是在这种对未来充满无限希望的气氛被一种厄运即将临头的阴影所笼罩，才促使人们展开对理想城市的追寻。20世纪60年代的乐观情绪被焦虑萦绕，人们对全球衰退、核毁灭、城市衰败和环境恶化深感担心。控制论优化和计算机是太空旅行令人兴奋的前景的先决条件，但它们也是军事武器系统的幕后推手。原子弹本身就是计算机技术的产物。计算机、现代通信、未来的高速公路和人口流动是社会进步的标志，但城市危机威胁着这一梦想的实现。关于人口过剩、食品短缺、污染、资源枯竭，当然还有核战争的警报此起彼伏。系统分析和诸如杰伊·弗雷斯特这样的先行者的研究似乎为摆脱这场风暴找到了出路。他们用控制论来做有益的事情。社会可以被精心调配和控制。没什么是能靠运气完成的。规划者们将他们的工作与崇尚的道德原则、公共服务和拯救地球免于混乱等联系起来，以此强调其专业知识的重要性。他们动情地向人们解释建设一个新的城市世界的道德义务。

不过，最终，这种乌托邦式的城市系统构想总算赢得了共识和集中决策。梅尔文·韦伯承认，系统规划的非凡能力主要为了输出到国际社会，因为"它似乎需要比这个国家所能容忍的或可能的具有更为集中的权力和控制"。① 尽管强调使用正规模型，强调可以无限复制此模式的城市的自我调节能力，但控制论的应用取决于规划文化的政治方面，以及致力于投资和学习最新计算机技术的国家资源。因此，

---

① Webber, "The Post-City Age," 1107.

控制论和系统分析跨越国界，进行了深刻的修改。每个国家都推广自己的本土版本，并从自己的愿望出发来处理新规划科学的复杂问题。结果引发了一场与乌托邦和一系列新的城市体验之间硕果累累的知识碰撞。

四、未来的苏联城市

尽管控制论在西方引起了极大的轰动，但作为一种元科学，它在苏联发挥的作用最具工具性，并在那里成为了实现社会主义社会的终极手段。从 20 世纪 50 年代中期开始，苏联总理尼基塔·赫鲁晓夫就表示苏联将彻底改变路线，并承诺将赶上并超越西方。这不仅仅是意识形态的较量，更是效率、生产力和技术创新的较量。在这场较量中，系统分析、城市规划中的新技术和住房的大规模生产是重中之重。在这个过程中，苏联成为了新城镇建设无可争议的领头羊，这种系统化的方法则成为社会主义城市（sotsgorod）新理想的主体构架。

令人无法忘记的是，二战后，苏联城市的状况有多么糟糕，而且那种可怕的境况一直持续到 20 世纪 50 年代。战争造成的破坏规模之大难以想象。据历史学家托尼·朱特（Tony Judt）所说，7 万个村庄和 1700 个城镇被摧毁，3.2 万座工厂和 4 万英里的铁路化为废墟。[①] 糟糕透顶的生活条件是苏联各地的一个现实。人们在老旧的破房子里勉强度日，没有水，也没有废物处理系统，几乎没有暖气。在乌拉尔和西伯利亚的广袤土地上，许多家庭都挤在普遍阴暗的宿舍和

① Tony Judt, *Postwar: A History of Europe since 1945*（New York: Penguin, 2005），17.

兵营里。① 如此多的人生活在悲惨的环境中，这使得建造有住房和基础设施的真正城镇成为一件迫在眉睫的事。

赫鲁晓夫在政策上做出了重大的转变，他承诺在 20 年内解决住房危机。建筑上的社会主义现实主义被斥为过分和昂贵，苏联将全力推动标准化的批量生产的住房。唯有加快建设步伐和规模，建设功能性的预制房屋，才能解决住房严重短缺的问题。② 苏共中央委员会发布了一项"关于消除不必要的设计和施工"的决议。"社会主义幸福城市"这一英雄主义的意识形态话语逐渐淡出人们的视野，为年轻工人家庭提供理想化的"微型街区"的想法也随之消失。与西方同行一样，苏联的规划者面对的也是这样一群居民，他们的日常生活对官方思考市民在城市空间中应有的状态几乎没有任何帮助。考虑到建造完美社区所需的精力，面对那些很难推翻的习惯做法，出现了一种颠覆性的不遵从传统规范的声音。这就有了足够的理由放弃优先考虑建造微型街区的想法。

为这个新版本的社会主义城市定下基调的理论家中，尤其值得一提的是斯坦尼斯拉夫·斯特鲁米林和鲍里斯·斯维特利奇尼（Boris Svetlichny）。斯特鲁米林（苏联经济学院院长之一）早些时候将"微型街区"概念引入了苏联的城市规划中。他在斯大林的肃反清洗运动

---

① 关于战后城市生活状况，参见 Donald Filtzer, *The Hazards of Urban Life in Late Stalinist Russia* (Cambridge：Cambridge University Press，2010)。

② See R. W. Davies and Melanie Ilic, "From Khrushchev (1935 – 1936) to Khrushchev (1956 – 1964)：Construction Policy Compared," in *Khrushchev in the Kremlin：Policy and Government in the Soviet Union*, *1953 – 64*, ed. Jeremy Smith and Melanie Ilic (New York：Routledge Press，2011), 202 – 30. See also Steven E. Harris, *Communism on Tomorrow Street：Mass Housing and Everyday Life after Stalin* (Baltimore：John Hopkins University Press，2013), and Marina Balina and Evgeny Dobrenko, eds., *Petrified Utopia：Happiness Soviet Style* (London：Anthem，2011).

中幸存下来，成为了国家计划委员会（Gosplan）和科学院的高级官员。斯特鲁米林在其颇有影响力的《未来社会中的家庭和社区》（*Family and Community in the Society of the Future*，1961）一文中，设想了集体的"宫廷公社"（palace communes），它能提供每一项服务满足年轻家庭的需求，并满足"愉快的同志间交流"的需求。学校、医院、体育场馆和剧院以及游泳池和溜冰场，将为城市增添光彩。它们将发挥一个"经济和社会有机体"的作用。① 城市居民将生活在现代化的宽敞的住宅中。斯特鲁米林的描述将赫鲁晓夫的建筑方案美化为人间天堂。这是媒体宣传战的一部分，突出了社会主义城市不同于西方受压迫城市的鲜明特征。然而，不论政治姿态如何，对社区和凝聚力的想象是新城镇运动的普遍主题，一如对美好生活的向往。

鲍里斯·斯维特利奇尼是苏联国家计划委员会的副主席，也是赫鲁晓夫改革的主要吹鼓手。他在 1959 年发表的《未来的城市》（*City of the Future*）一文中捕捉到了官方对这个新方针的热情。他从马克思和恩格斯最初对资本主义城市的谴责开始阐述了他的乌托邦理想，提出了共产主义城市作为人类居住新阶段的梦想。被资本家的贪婪所吞噬的臃肿的大都市已经完蛋了。取而代之的由大大小小的理想的城市组成的城镇体系，才是城市化的最佳形式。这指的是在莫斯科、列宁格勒和苏维埃共和国其他大都市的卫星城，或他们所称的斯普特尼克。即使在苏联广阔领土上的最偏远地区，新城镇也会促进发展。每一个崭新的地方都建起一系列的房屋，那里会光线充足、空气清新和绿意盎然。这些住宅将通过预制和标准化施工技术向所有人开放：城

---

① Stanislav Strumilin, "Family and Community in the Society of the Future," *Soviet Review* 2, no. 2 (1961): 17, 19.

镇和工人社区新建 1500 万套公寓，农村地区新建 700 万套住房。斯维特利奇尼称赞俄罗斯专家发明了最先进的预制房屋，只不过苏联的建筑严重依赖于法国的大型预制板式建筑系统，比如凯伊涅式体系建筑（Coignet）或卡莫斯式体系建筑（Camus）。但是，定制的建筑设计、明快的色彩和各种各样的纹理会让每一栋建筑都独具特色且美轮美奂。加热过的玻璃通道可以为每天在公共餐厅和服务场所漫步的居民保暖防寒。绿化带和花园将会让一幢幢住宅免受工业污染和汽车吵扰。①

为了追求这些乌托邦式的幻想，在 20 世纪 50 年代末和 60 年代，苏联国家计划委员会每年都会推出大约 25 到 30 个新城镇，其中一半以上建在西伯利亚。这一努力完全符合战后资源格局的发展战略。新城镇是工业生产、原材料开采以及对苏联经济产出至关重要的大型水电和核电项目的前沿。石化城镇、冶金城镇、机床城镇都有通用的规划。其中许多地方是高度专业化的军事和科研设施。大多数新城镇都是由已有的小聚居点和劳工营建成的，然后在国家的支持下，成为正式的新城镇。大约三分之一是在完全空置的地方从头开始建造的。

到 20 世纪 60 年代中期，苏联建造了大约 900 至 1000 座各式"新城市"（novy gorod）的事已经人尽皆知，尽管对新城市的定义尚不明确。不过，此举还是表明苏联已经向东进行了大规模的重新安

---

① Boris Svetlichny, "Les villes de l'avenir," *Recherches internationales à la lumière du marxisme* 7 - 10, no. 10（1959）：208 - 29. See also Svetlichny's "The Future of Soviet Towns," *Town and Country Planning*（1962）：80 - 82, as well as "City-Planning Processes and Problems of Settlement," *Problems of Economic Transition* 18, no. 3（1975）：23 - 30. 关于苏联的卫星城镇，参见 Gary Joseph Haus-laden, "Regulating Urban Growth in the USSR: The Role of Satellite Cities in Soviet Urban Development"（PhD diss., Syracuse University, 1983）。

置。新城镇占苏联城市面积的 60％以上。大约 3000 万人生活在这些新兴的城市世界中，其中大多数人居住在被称为"赫鲁晓夫楼"（khrushchyovka）的狭长低矮的五层公寓楼里。[1] 这些新城镇被视为一个崭新而光明的共产主义未来，其间的社会进步将永不停歇，最遥远的乌托邦理想也可以成为现实。有些城镇的人口膨胀到 25 万，而另一些人口仍然较少，从 10 万下降到 2.5 万，还有一些除了尘土飞扬的十字路口外空空如也。无论规划成功与否，它们都构成了一个横跨西伯利亚和伏尔加-乌拉尔地区，延伸到哈萨克斯坦和中亚南部的整体城市体系。作为新城建设的领跑者，苏联于 1964 年主办了联合国新城镇建设物质规划技术研讨会，1968 年再度举办。

这是一个大胆的新路线。这也意味着要借鉴西方的控制论经验。苏联在控制论和系统分析方面的工作具有里程碑意义：它被宣布为构建共产主义梦想的关键工具。计算机（在苏联被称为 EVM）就是进行实验的一个场地。"这是一个无限乐观的时期，"苏联计算机先驱安德烈·埃尔绍夫（Andrei Ershov）和米哈伊尔·舒拉-布拉（Mikhail Shura-Bura）写道，"一种计算机带来的欣快感——一种儿童疾病，它

---

[1] 苏联新城镇的统计数字波动剧烈。此处的数据来自莫斯科的中央科学研究与设计规划院的 Ilia Moiseevich Smoliar [Smolyar]，她是苏联最重要的新城镇研究者之一。参见 I. Smolyar et al., "The Experience of the USSR in the Planning and Construction of New Towns" in United Nations, *Report of the United Nations Seminar on Physical Planning Techniques for the Construction of New Towns: Moscow, USSR, 2 - 22 September 1968* (New York: United Nations, 1971), 9 - 16. Also, I. M. Smoliar, ed., *New Towns Formation in the USSR* (Moscow: Central Scientific Research and Design Institute of Town Planning, 1973). 参见以下著述中提供的早期统计数据：Jack A. Underhill, "Soviet New Towns, Planning and National Urban Policy: Shaping the Face of Soviet Cities," *Town Planning Review* 61, no. 3 (1990): 272 - 73. 关于苏联新城镇的定义，参见 Catherine Chatel and François Moriconi-Ebrard, "Définir les villes nouvelles en Russie," *Revue Regard sur l'Est* 47 (2007). Available online at http://www.regard-est.com.

像流行病一样席卷了世界上所有国家。"[①] 在诸如《控制论问题研究》(*Problemy Kibernetiki*) 这样的科技期刊上，以及波列塔耶夫(I. a. Poletaev) 的畅销书《信号》(*Signal*，第一本有关计算机的畅销书) 中，苏联被描绘成一个由智能计算机和机器人管理的动态有机体。苏联媒体开始将计算机称为"共产主义的机器"。[②] 整个经济被视为一个复杂的控制论系统。投入—产出分析、自动化和人工智能让那些准备使用新工具在全国范围内进行规划的专家绞尽脑汁。1962年，数学家谢尔盖·索博列夫(Sergei Sobolev，他是阿卡杰姆戈罗多克[Akademgorodok] 科学城建设的幕后推手) 在反思那些超越人类思维能力的机器时预言："在我看来，控制论机器就是未来的人类。"[③]

最能体现这幅图景的是宇航员的形象。对太空飞行的狂热和宇航员的崇拜，甚至比起西方对宇航员尼尔·阿姆斯特朗和约翰·格伦的崇拜有过之而无不及。1957年10月苏联发射人造卫星，1961年4月尤里·加加林的首次载人航天飞行、首次太空行走，以及火星探测

---

① Andrei Ershov and Mikhail Shura-Bura, quoted in Paul Josephson, *New Atlantis Revisited*: *Akademgorodok*, *the Siberian City of Science* (Princeton, NJ: Princeton University Press, 1997), 123. See Patrick Major and Rana Mittner, eds. , *Across the Blocs*: *Exploring Comparative Cold War Cultural and Social History* (London: Frank Cass, 2004), as well as Dick Van Lente, ed. , *The Nuclear Age in Popular Media*: *A Transnational History*, *1945 - 1965* (New York: Palgrave Macmillan, 2012) .

② Benjamin Peters, "Normalizing Soviet Cybernetics," *Information and Culture*: *A Journal of History* 47, no. 2 (2012): 165. See also Paul R. Josephson, "Rockets, Reactors, and Soviet Culture," in *Science and the Soviet Social Order*, ed. Loren R. Graham (Cambridge, MA: Harvard University Press, 1990), 180 - 85. Lastly, Eva Maurer, ed. , *Soviet Space Culture*: *Cosmic Enthusiasm in Socialist Societies* (New York: Palgrave Macmillan, 2011) .

③ Recounted in Willis H. Ware and Wade B. Holland, "Soviet Cybernetics Technology: I. Soviet Cybernetics, 1959 - 1962," in *United States Air Force Project RAND* (Santa Monica, CA: RAND Corporation, June 1963), 11.

器，都是苏联的胜利。航空航天的这些惊人进步都依赖于控制论。计算机和复杂工程系统的自动化使太空舱成为可能。它们与飞船上的宇航员合体成为一个控制论人机，这是一种既能与复杂的自动计算机系统交互又能实际驾驶航天器的人类自动装置。这样的超人宇航员成为了新苏联人的原型。这艘自我调节、完美设计的宇宙飞船是新苏联人将要居住的新城镇的模型。控制论是通向共产主义乌托邦的道路，也是通往人人都能有尊严地生活的世界的道路。这是一种技术主义美学，一种在20世纪60年代的先锋派中共享的半人半机器仿生幻想。

与其西方同行一样，20世纪60年代的苏联规划者也相信，控制论和系统论思维可以彻底改变城市生活。这是控制资源、优化城市化和生产力、实施赫鲁晓夫改革路线的策略。不仅可以建立单个城镇，就连建立由通信和交通网络连接的城镇体系似乎也触手可及。在《理想的共产主义城市》（*The Ideal Communist City*）中，阿列克谢·古特诺夫、伊利亚·莱扎瓦以及莫斯科大学一批年轻建筑师组成的一个名为"定居新元素"（NER）的组织，接受了挑战。他们试图通过将马克思主义的社会关系概念与控制论、信息论和人类工程学相结合，对共产主义生活模式进行科学预测。一个动态的城市定居系统将会颠覆资本主义国家的城市的无序发展。合理规划的区域（工业、科学、住宅）的出现，将表明"我们已经进入了一个有意识的城市发展的新阶段，最终目的是将地球统一成一个与新型的社会组织和不断增强的现代技术潜力相对应的单一系统"。① 这种叙述与诸如巴克敏斯特·

---

① Alexei Gutnov et al. , *The Ideal Communist City*, trans. Renée Neu Watkins（New York：George Braziller, 1971），101. 此书以 *New Elements of Settling* 一名1967年出版，1968年修订后再版。1968年先被译为意大利语，后被译为英语和西班牙语。

富勒和康斯坦丁诺斯·多克夏迪斯这样的西方未来主义者的观点并行不悖。

这幅理想的共产主义城市的肖像作为《今日建筑》(*L'Architecture d'Aujourd'hui*) 杂志的特刊传到了法国。[①] 它把每个城市想象成一个完整的单位,具有确切的规模和人口。这些城市聚落是分布于交通网络沿线的微型聚落 (corpuscular colonies) 或细胞。苏联规划者在将城镇描述为社会经济空间中的"多维细胞"和"神经节"时会采用这个词汇。它们将作为有生命的、自我调节的"控制论人机"发挥作用。[②] 新城镇变得如同科幻小说一般,也成为苏联大获成功的太空计划中的空间站的隐喻。

这种技术未来主义象征着共产主义的胜利。这些神经节被安置在苏联各地的一系列聚落系统中,并且都建立在新城镇的基础上。它们从伏尔加河上的纳贝列日诺-切尔宁斯卡亚系统延伸到远东的阿巴卡诺-米努辛斯卡亚系统,以及西伯利亚的阿钦斯科-伊塔茨卡亚系统。西伯利亚是典型的聚落体系,并且提振了苏联的城市规划。所有这些土地利用规划最终形成了《苏联领土定居结构的总体方案》(1975),该方案旨在通过城镇的科学布局使苏联广阔的地理环境更为合理化和均衡化。它详细描述了苏联意识形态的空间结构,并通过国家计划委员会对其进行神化和控制。与此同时,将研究中心和专业组织、工厂

[①] "Architecture Soviétique," special issue, *L'Architecture d'aujourd'hui* 147 (December 1969-January 1970).

[②] "细胞"和"神经节"之说出现在俄罗斯城市地理学家 Yakov G. Mashbits 的 "Interdependence of Urbanization and Development of the Territorial Structure of National Economy" 一文中,载于 *Geographia Polonica* 44 (1981): 27。"控制论人机"之说出现在 Slava Gerovitch 的 "'New Soviet Man' inside Machine: Human Engineering, Spacecraft Design, and the Construction of Communism" 一文中,载于 *Osiris* 22 (2007): 143。

和建筑工地连接成一个"共和国计算机中心网络"的计划，将使整个苏联经济系统化。[①] 交通运输将完全自动化。城市网络将成为信息与通信的超未来共生流。对于苏联的规划者来说，系统化思维解决了城市与乡村、自然环境与建筑环境之间的不协调问题。《理想的共产主义城市》一书的第一作者、建筑师阿列克谢·古特诺夫声称，这些庞大计划的直观结果可以在20世纪50年代末和60年代的实验性巨型建筑物（见第六章）中找到，而苏联也完全认同这一点。[②]

在很大程度上，苏联城市规划的权威不再是创意迭出的建筑大师，而是国家工程师和科学专家。城市系统是由中央城镇和区域规划研究所利用投入—产出分析和最先进的计算机建模来制作的。苏联的规划者已沉浸于系统思维。他们十分迷恋杰伊·弗雷斯特的城市动力学。[③] 新城镇被视为尝试充实控制论和系统分析原理的实验室，而不是斯大林时代社会主义城市理想的僵化的意识形态版本。1968年在莫斯科举行的联合国新城研讨会上，苏联专家夸口说，"数学方法和电子计算机已经应用于人口分布、土地利用、经济优先事项、交通运输网络、文化和福利服务系统等问题上"。未来需要的是对社会进程和社会交流、团体和协会以及休闲时间的计算研究。"运用统计推断的现代数学技术有助于建立数学模型，从而确定不同规划模式下城镇

① Dorothy McDonald and Wade B. Holland，"Recent News Items，"*Soviet Cybernetics* 3，no. 3（1969）：3. *Soviet Cybernetics* 由兰德公司出版、Wade B. Holland 编辑。See also Slava Gerovitch，"InterNyet：Why the Soviet Union Did Not Build a Nationwide Computer Network，" *History and Technology* 24，no. 4（2008）：335 – 50.

② Alexei Gutnov，"L'URSS：Vers la ville socialiste；Problèmes actuels de l'urbanisme Sovietique，"in *URSS 1917 – 1978：La Ville，l'architecture*，ed. Jean-Louis Cohen，Marco De Michelis，and Manfredo Tafuri（Paris：L'Equerre，1979），356.

③ See for example Y. V. Medvedkov，"Dynamics of Urban Spaces Conditioned by Hu-man Ecology，" *Geographia Polonica* 44（1981）：5 – 17.

居民可能的行为方式。"①

这些想法在一个由秘密城市（ZATO）② 组成的非同寻常的网络中接受了考验，这些秘密城市是对冷战和核毁灭恐惧的直接回应。它们是航空航天基地或导弹基地、军事和空间监视设施或原子研究中心，每一个都连到了专用的计算机网络中。③ 在任何官方地图上都找不到它们的位置，它们都建在苏联版图上非常隐蔽之地：大多（尽管不知道有多少）位于乌拉尔山脉以外西伯利亚和远东地区人迹罕至的地方。秘密城市不为公众所知，或多或少受到了严格的监管，只有经过特许才能进入。从乌托邦的字面意义上讲，它们是不同政权控制下的幽灵城市，是有治外法权的地方。按照历史学家芭芭拉·恩格尔（Barbara Engel）的说法，这些城市被俗称为"蓝色城市"。这个词因苏联电影《两个星期天》（*Two Sundays*）中的一首歌而流行起来，歌中描绘的是人们梦想在东部新城过上更美好的生活的情景。④

秘密城市屹立在荒野中如同神话里的灯塔，那里有着无穷无尽的可能性。当地居民（苏联一部分最好的科学家、工程师和技术人员）获得高额的工资和大量的特权，其代价是被限制与外界接触。这些地

---

① I. Smolyar et al. , "The Experience of the USSR in the Planning and Construction of New Towns"; United Nations, Report of the United Nations Seminar on Physical Planning Techniques for the Construction of New Towns. Moscow, USSR, 2 - 22 September 1968 (New York: United Nations, 1971), 20 - 21.

② Zakrytoe administrativno-territorial'noe obrazovanie (Closed Administrative-Territorial Formation), or ZATO.

③ See Richard Rowland, "Russia's Secret Cities," *Post-Soviet Geography and Economics* 37, no. 7 (1996): 426 - 62. Also Michael Gentile, "Former Closed Cities and Urbanisation in the FSU: An Exploration in Kazakhstan," *Europe-Asia Studies* 56, no. 2 (2004): 263 - 78.

④ See the remarkable study by Barbara Engel, *Öffentliche Räume in den Blauen Städten Russlands* (Berlin: Wasmuth, 2004), 16 - 17. See as well Kate Brown, *Plutopia: Nuclear Families, Atomic Cities, and the Great Soviet and American Plutonium Disasters* (New York: Oxford University Press, 2013) .

点被严格地标准化，并根据特定的气候区对其城镇规划和建筑类型进行了细致入微的设计。在美国，田纳西州的橡树岭、新墨西哥州的洛斯阿拉莫斯、华盛顿的汉福德都是与原子研究和军备竞赛有关的秘密城市，加拿大的深河镇也是。

秘密城市也是资源城镇，旨在发掘苏联稀有的自然财富，发展采掘业。其中一个例子是，在 1948 年，为了钻探石油矿藏，苏联在西伯利亚东部的泰加（Taiga）地区建起了石油化工城安加尔斯克（Angarsk）。安加尔斯克由列宁格勒规划研究所的一个团队设计，作为安加拉河沿岸的线性城市样板，其住宅区被一条狭长的绿化带保护起来，以免受到庞大的石化综合设施的影响。这是尼古拉·米留廷最初的社会主义城市的翻版，曾被用于马格尼托戈尔斯克（见第一章）的规划中，它见证了苏联线性设计的悠久传统。到了 20 世纪 60 年代，一个市中心建有列宁广场和卡尔·马克思大道，以及精致的长廊、公园和公共空间的城市安加尔斯克，成为了苏联公民的梦想之城。这座城市最初是为 3 万人建造的，后来迅速发展到 20 多万居民。[1]

在西伯利亚东部深处的安加拉河上，还有一座名为布拉茨克的新城。它起源于横跨帕顿峡谷的一座 3 英里长的大坝和巨大的布拉茨克水电站（图 4.5）。镇上的年轻工人从 5 万人迅速增加到 20 多万。该水电站的发电量为 300 万千瓦，是当时世界上最大的发电站。西方著名的政策制定者和记者被请到那里进行正式访问，望着这个象征共产主义国家科技实力的庞然大物，他们目瞪口呆。其规模和容量、投入建设的人力资源，以及在它周围兴起的新城（图 4.6）——所有这一切都是苏联新世界的象征。苏联诗人叶夫根尼·叶夫图申科是 60

---

[1] Engel, *Öffentliche Räume in den Blauen Städten Russlands*，83 - 88.

4.5 建造中的布拉茨克水电站，苏联，1962 年。尼古拉·I. 珀克摄。布拉茨克联合城市博物馆和布拉茨克州立大学提供

4.6 苏联布拉茨克新城，约 1960 年代初。尼古拉·I. 珀克摄。布拉茨克联合城市博物馆和布拉茨克州立大学提供

年代的代言人，他于 1966 年为这座传奇的布拉茨克新城写下了著名的颂歌。他听到了社会革命的历史在发出轰鸣：

> 看啊——
>
> 在我的涡轮机叶片上，
>
> 泡沫在翻腾，
>
> 闪烁，
>
> 炸裂，
>
> 再聚集，
>
> 相互推搡，
>
> 消失又升起，
>
> 在蓝色的低鸣声中
>
> 在浪花里展现出
>
> 一个又一个
>
> 美丽的幻境……①

　　在爱沙尼亚的芬兰湾上建造秘密城市锡拉迈埃（Sillamäe）②，是希望当地的页岩油能够产出珍贵的铀矿。乌兹别克斯坦塔什干地区的铀矿附近形成了一个封闭的城镇扬吉阿巴德（Yangiobod）。这两个定居点在任何地图上都没有出现，城镇规划图上也没有这样的地名。然而，这些都是原子时代的社会主义梦境。用历史学家阿西夫·西迪奇

---

① Yevgeny Yevtushenko, *New Works：The Bratsk Station*, trans. Tina Tupikina-Glaessner and Geoffrey Dutton（Melbourne：Sun Books, 1966），35 - 36.

② Andis Cinis, Marija Drémaité, and Mart Kalm, "Perfect Representations of Soviet Planned Space：Mono-industrial Towns in the Soviet Baltic Republics in the 1950s - 1980s," *Scandinavian Journal of History* 33, no. 3（2008）：229.

（Asif Siddiqi）的话来说，这些秘密城市"代表了理想化的空间和理想化的城市形态，那里的日常生活看起来丰富多彩"。[1] 这些城市的不为人知，强化了对科学和作为一种新型人类的科学家的崇拜。

演员阿列克谢·巴塔洛夫回忆说，1960 年拍摄了一部关于核物理学家生活的影片，当时，"拍摄地点是在一个以前无人知晓的世界……没有人知道……他们如何生活、如何工作或是在谈论些什么"。[2] 就在这一幻境的背后，工人们在为建造一个禁止入内的天堂而辛勤劳作。这是一个平行的系统，野外移动定居点和工作营地并存，人们在集装箱和帐篷中生活了 5 到 10 年，在恶劣的环境中建造着工业基地，建设着理想的社会主义城市。这是一个隐秘的反乌托邦世界，它总是隐藏在乌托邦野心的表面之下——活在神秘莫测的形象的影子里。但秘密城市作为香格里拉的地位赋予了它们在俄罗斯想象中的神话的地位。

莫斯科西北部的泽拉诺格勒（Zelenograd）和西伯利亚的阿卡杰姆戈罗多克这两座部分封闭的科学城市尤其如此，它们与苏联的计算机和控制论文化息息相关。泽拉诺格勒 1958 年建于列宁格勒公路沿线，目的是发展微电子和计算机。这个地方已经是克里科沃早期模范社区和克里科沃殖民地模范监狱的所在地，西方游客经常被带去那里参观。乌托邦在一片草甸和松林中显露出了它的阴影。这个地方既有好的一面，也有坏的一面，但都充分展示了苏联国家权力。泽拉诺格勒是莫斯科的卫星城，引起共鸣并非偶然。像泽拉诺格勒这样的新城

---

[1] Asif A. Siddiqi, "The Secret Cities," in *ZATO — Soviet Secret Cities during the Cold War*, ed. Xenia Vytuleva（New York：Harriman Institute, Columbia University, 2012），7.
[2] Recounted in Vladislav Zubok, *Zhivago's Children：The Last Russian Intelligensia* (Cambridge, MA：Harvard University Press, 2011), 132.

曾被设想为进入太空时代的苏联的一部分，它们是苏联宇宙飞船的画面中的机器城镇（machine town）。

电子工程师和科学家开始了他们的工作，在现代主义预制建筑的乌托邦景观中建造着新的研究设施和巨大的埃利翁电子厂（Elion）。这些设施和工厂是由佐布林工人大队施工的，他们是一支年轻的劳动大军，是共产主义建设的标志。人们在一种新版本的斯达汉诺夫[1]式革命干劲的指导下，将预制板用螺栓固定在钢筋混凝土骨架上，此法使施工时间缩短了一半，劳动生产率提高了 40%。这座城市的高度上升，建筑物加高至 12 层和 14 层。这座城市的行政大楼矗立在购物中心和高速公路交会处旁边的高架广场上。周围的预制房和现代研究实验室是赶超西方的象征，也是苏联版硅谷的隐喻。到 20 世纪 70 年代末，泽拉诺格勒生产的计算机芯片已经与英特尔的产品不相上下。

类似的事还有，计算机科学家米哈伊尔·拉夫伦特夫（Mikhail Lavrentev）提议，将阿卡杰姆戈罗多克城建在人造鄂毕海镇（Ob Sea）的西伯利亚森林中，作为展示控制论的舞台（图 4.7）。到 1964 年，近 1.4 万名科学家和研究人员来到了这座新城镇。人们认为，这是一个田园诗般的乌托邦，一扫传统学术机构沉闷的官场氛围。[2] 科学家可以接触到西方的出版物和同行，还可以出国旅行。

---

[1] Stakhanovism，苏联早期以斯达汉诺夫命名的社会主义竞赛性质的群众运动。1935 年 8 月 30 日，顿涅茨克矿区采煤工人斯达汉诺夫创造了在一个班次的工作时间内用风镐采煤 102 吨的纪录，超过定额 13 倍。由此引发了一次政治运动，在宣扬"革命干劲"的同时忽略了客观规律。——编者

[2] See the excellent analysis by Josephson, *New Atlantis Revisited*. Also excellent is Alexander D'Hooghe, "Science Towns as Fragments of a New Civilisation: The Soviet Development of Siberia," *Interdisciplinary Science Reviews* 31, no. 2 (2006): 135 - 48. 关于赫鲁晓夫时代和阿卡杰姆戈罗多克，参见 Francis Spufford, *Red Plenty* (Minneapolis: Graywolf Press, 2012)。

4.7 1959年，苏联总理赫鲁晓夫参观了西伯利亚流体力学研究所的阿卡杰姆戈罗多克的规划。拉希德·易卜拉希莫维奇·艾哈迈罗夫摄。西伯利亚流体力学研究所的拉夫伦蒂耶夫档案馆、西伯利亚图片档案馆提供，网址：www.soran1957.ru

1967年，《纽约时报》的一名记者获得官方允许参观了阿卡杰姆戈罗多克，他描述了"那些热爱西方音乐和英国侦探小说的年轻科学才子"。① 这座城镇是60年代那代受过良好教育、才华横溢的专业人士聚集地，他们时髦、酷，被奉为新苏联人。它拥有14个科研机构，包括国家科学院的西伯利亚分部和数学研究所及其计算机中心，这里为人们提供了一个自由思考、文化移植和科学研究的独特环境。在当地的学生俱乐部，这位记者"迎面遇上一个蓄着胡子的年轻人，腿上

① Walter Sullivan, "Soviet Union's 'Academic Cities' Symbolize New Efforts in Science," *New York Times*, October 16 1967.

放着吉他，弹着一首关于抗议的美国民谣摇滚歌曲"。有一刻，他以为自己回到了伯克利。[1]

数学与计算过程是阿卡杰姆戈罗多克作为一个新城的方法论黏合剂，也是其城市愿景的核心。这座城市是采用最新的预制量产技术建造的——苏联建在西伯利亚的最大的混凝土工厂，生产现成的预制板，组装成新房屋。阿卡杰姆戈罗多克的规划充分利用了周边的桦树和云杉的自然景观，是未来的新城设计的上佳之作。学术机构和微型街区的线性拱肋从鄂毕海海岸线列队而上排好。一条宽阔的林荫大道脊柱般将其一分为二。一边是著名的文化之家、一家酒店和以宽屏电影院为特色的一座购物中心；另一边是党政机关大楼。市中心最显眼的地方是有着自己的图书馆和各种俱乐部活动室的科学家俱乐部大楼，以及新西伯利亚大学的建筑。城里街道的名称（海洋街、珍珠街、科学街、航海大道［图 4.8］）以及那些公共汽车站的站名（流体力学站、核物理学站、经济学站）都在告诉大家，这里是科学天堂。

当然，事情从来都不会这么简单，无论是在按黄金标准设计的泽拉诺格勒和阿卡杰姆戈罗多克，还是在边境苔原地带的普通资源城镇。苏联城市主义的身体力行意味着对新城镇的巨大期望和愿景的部分失败——这一事实在当时的日报上被公开讨论。美国规划师罗伯特·奥斯本和托马斯·雷纳（Thomas Reiner）在撰写关于苏联城市规划的文章时指出："商讨和批评的过程——通常是创意选出的过程——在这个［规划］组织内进行，尽管其表面上看起来风平浪静。"从莫斯科到地方，各级政府层面都爆发了地盘之争和政治斗争，地方

---

① 同上。亦可参见 Denis Kozlov and Eleonory Gilburd，*The Thaw：Soviet Society and Culture during the 1950s and 1960s*（Toronto：University of Toronto Press，2014）。

4.8 苏联阿卡杰姆戈罗多克的航海大道，1970 年。安纳托利·波利亚科夫摄。西伯利亚档案展览中心和西伯利亚图片档案馆提供，网址：www.soran1957.ru

政府与从事建筑业的工业公司之间也发生了小规模冲突。这意味着"当体育场馆建起来的时候，城市迫切需要的其实是一些诸如公共浴室和洗衣房等最基本的生活设施"。[1] 规划者一直低估了住进他们建造的城市的人口。水泥还未干透，一些新城镇就迎来了 2 到 3 倍于他们预计数量的居民。于是出现了不可避免的工期延误和成本超支，缺

---

[1] Robert J. Osborn and Thomas A. Reiner, "Soviet City Planning: Current Issues and Future Perspectives," *Journal of the American Institute of Planners* 28, no. 4 (1962): 240–41.

乏熟练的建筑工人和质量控制员，服务能力跟不上等。而维护这件事几乎不存在。苏联新城镇的质量只达到了半成品水平，惨淡的房地产，日常生活中缺东少西的可悲境况，都成了共产主义失败的道德教训。理想与现实之间的差距是一颗难以下咽的苦果。

然而，正如历史学家埃尔克·拜尔（Elke Beyer）所说，"数百万平方英尺的生活空间和庞大的基础设施被创造了出来，数百个苏联城市的规划和基础设施也奠定了基础。在一个全球知识西学东渐的过程中，苏联的城市规划者们研究了城市现代主义的基本原理和 20 世纪 60 年代流行的许多未来愿景"。[1] 那些公寓当然很朴素，建筑景观也很单调乏味。但与过去可怜的集体宿舍和军营宿舍相比，它们简直就是奇迹。数以百万计的家庭享受着有厨房和浴室的廉价住房，附近有配套的学校、操场和医疗诊所。对阿列克谢·古特诺夫来说，理想的共产主义城市即真正实现"社会主义社会及其平等和社会正义的原则"。[2] 作为可能意味着什么的梦境，像泽拉诺格勒和阿卡杰姆戈罗多克这样的新城镇是苏联有进步意义的规划最成功的遗产。

五、波兰新城镇和阈值分析法

控制论和系统分析像一股文化热潮席卷了整个东方集团。伟大的波兰科幻作家史坦尼斯劳·莱姆（Stanisław Lem）在其轰动一时的小说《宇航员》（*The Astronauts*，1951）和《索拉里斯星》（*Solaris*，

---

① Elke Beyer, 'The Soviet Union Is an Enormous Construction Site,' in *Soviet Modernism 1955 - 1991: Unknown History*, ed. Katharina Ritter et al. (Zurich: Park Books, 2012), 258.
② Alexei Gutnov, "L'URSS," 366.

1961）中对控制论推崇备至。莱姆以诺伯特·维纳的《人类对人类的利用》一书作为他小说的基础，尤其是书中那些控制论者，他们是他的共产主义乌托邦未来幻想图景中的主要人物。《索拉里斯星》将人类描写为存储数据信息的控制论系统。这是东西方描写控制论和计算机的浪漫小说中共有的一个意象。网络极客、宇航员和有远见卓识的规划者：他们是人类的未来。他们有能力在地球和外太空创造新的世界。在20世纪60年代，这种规模的乌托邦思想有着实际的意义。科技未来的幻想可以付诸实践，完美的城市可以通过计算机的魔力创造出来。投入—产出分析和仿真模型可以预测出一个地理区域的城镇的最优布局方案。

华沙城市规划与建筑研究所的波兰建筑师、城市学家博莱斯拉夫·马利兹（Boleslaw Malisz）是东方集团最负盛名、也是最多产的新系统规划倡导者之一。他属于20世纪中期那代人，在五六十年代进入职业成熟期，他们决心切断与过去的联系，开创城市形态的新篇章。20世纪30年代末，他以波美拉尼亚地区规划经理的身份开始了自己的职业生涯，并在战后担任波兰国家规划办公室主任，之后成为该国首席城市规划师。1961年，马利兹参加了在斯德哥尔摩举行的极具影响力的联合国大都市区和新城规划会议，在会上，见到了康斯坦丁诺斯·多克夏迪斯和狂热支持英国新城建设的芭芭拉·沃德。他也与弗吉尼亚州雷斯顿市的城市规划者和社区活动家保持着联系。他们的来往信件，尤其是马利兹关于控制增长的理论，以及数据收集和计算机分析在新城开发中的应用，代表了跨越冷战边界①的思想交

---

① Carol Lubin, community planner, Reston, Virginia, in letter to Bolesław Malisz, October 25, 1966. Carol R. Lubin Papers, 1960 – 81, Special Collections and Archives, George Mason University Libraries, Fairfax, Virginia.

流。1964 年，在莫斯科举行的联合国新城专题讨论会上，他首次提出了自己的规划方法——阈值分析法。

马利兹作为《波兰建设新城市》（*Poland Builds New Towns*）一书的作者出席了会议，此书为国家城市发展设定了议程。20 世纪 50 年代的头等大事是重建首都华沙，那里一片狼藉，几乎被彻底摧毁。用波兰共产党领导人博莱斯拉夫·贝鲁特的话说，这将是"我们为建设一个更美好的明天、一个更好更幸福的世界作出的巨大贡献"。① 但政府还为维斯图拉河流域以及该国北部地区设想了一个大规模的现代化计划。波兰声称，从 1946 年到 1960 年，在该国城市人口翻番之时新建了 49 个城镇。诚然，并非所有这些地方都是新的，因为有些之前是非正式定居点，如今最终被赋予了正式的市政地位。但仍有大量的定居点是从零开始建的。未来最著名、最具代表性的城市是诺瓦胡塔和蒂黑。令马利兹兴奋的恰恰是"新城镇的质量发生了变化……城市的新概念，以及实现这一概念的可能性和方法"。② 他的书提供了一次巡视 20 世纪 50 年代波兰新城，并将其与英国、法国、荷兰和西德的规划概念作比较的机会。他承认，刘易斯·芒福德是他的知识引路人。

马利兹的阈值分析是一个有关定居系统的雄心勃勃的理论，也是评估城市状态及其运作的手段。规划者可以使用这些信息来模拟未来的规划情景。这个规划技术需要对一系列令人瞠目结舌的社会经济变

---

① Bolesław Bierut, quoted in Jacek Friedrich, " '... A Better, Happier World'： Visions of a New Warsaw after World War Two," in *Urban Planning and the Pursuit of Happiness： European Variations on a Universal Theme*（18th – 21st Centuries）, ed. Arnold Bartetzky and Marc Schalenberg（Berlin： Jovis, 2009）, 112.

② Bolesław Malisz, *La Pologne construit des villes nouvelles*, trans. Kazimiera Bielawska（Warsaw： Editions Polania, 1961）, 5.

量以及必要的流量和反馈回路进行综合分析。波兰规划者的想象力充满了数学模型和抽象规划技术。定量方法和系统理论为人们照亮了前进的道路。首先也是最重要的是，这些计算产生了用以评价城市发展是否合理的效率指数。这些指数则优化了公共投资。[①]

到了 20 世纪 60 年代末，波兰规划的重点是融资和运营成本；社会平等和平衡地区增长的幻想被搁置一旁，尽管这并非没有政治争议。[②] 新城开发被纳入了利用规模经济和资本节约的综合区域发展计划。20 世纪 50 年代，蒂黑和西里西亚的其他新城镇都是围绕着煤矿建造的奢华产物。然而，到了 20 世纪 60 年代，煤炭工业在衰落中，几乎没有什么办法能挽救该地区的经济萧条和失业状况。对于西里西亚，规划者们转向了一种更为系统的方法，其中包括对定居点等级结构和经济活动多样性的建模。马利兹的阈值理论为选择最佳投资策略提供了一种合理的定量方法："问题不在于我们是否应该建设一个新城镇，而在于如何提供一个功能性的居住系统。"[③]

1968 年，马利兹作为联合国专家在希腊工作，他在那里将阈值分析法应用到了亚得里亚海南部的区域规划之中。与此同时，他的理论被他的学生，也是他的合作者杰兹·科兹洛夫斯基（Jerzy

---

① Bolesław Malisz, "Threshold Analysis as a Tool in Urban and Regional Planning," *Papers in Regional Science* 29, no. 1 (1972): 167 - 77, as well as his "Physical Planning for the Development of Satellite and New Towns: The Analysis of Urban Development Possibilities" (Warsaw: Institute Papers, Research Institute for Town Planning and Architecture, 1963).

② 关于这番变化，尤可参见 I. S. Koropeckyj, "Regional Development in Postwar Poland," *Soviet Studies* 29, no. 1 (1977): 108 - 27。

③ Bolesław Malisz, "Physical Planning for the Development of New Towns," in United Nations Department of Economic and Social Affairs, *Planning of Metropolitan Areas and New Towns*, papers presented at Stockholm, September 14 - 30, 1961, and Moscow, August 24 - September 7, 1964 (New York: United Nations, 1969), 208.

Kozłowski）用于苏格兰的两个重要项目：中央区边区（Central Borders）的规划和格兰杰茅斯-福尔柯克的规划。（格兰杰茅斯和福尔柯克位于爱丁堡以东的福斯河畔。）杰兹·科兹洛夫斯基为格兰杰茅斯-福尔柯克调研制作的阈值分析示意图和模型本身就具有审美意义（图4.9）。它们将设计方法形象地描绘为一种信息流，从定义任务到解决过程再到解释模型输出。[①] 这些图纸的存在是为了复制计算机生成的图表，这与塞德里克·普莱斯的"欢乐宫"（1961）和丹尼斯·克罗普顿（Dennis Crompton）的"计算机城"（1964）有着惊人的相似之处，它们本身就是对控制论和系统思想的即兴描绘（图6.4）。

这种视觉语言在都市先锋派中的反复出现非同寻常。逻辑图和流程图是构建多维问题并使之合理化，然后设想以计算机技术来解决问题的一种手段。作为城市设计模式，它们是抽象的，忽略了地方的特殊性和独特性。观者面对错综复杂的真实情境，可能会退缩不前，却可以理解形式和色彩的象征性语言。

阈值理论1967年传到南斯拉夫，1969年传到爱尔兰，用以预测两国不同地区的旅游业发展潜力。到了20世纪70年代，阈值理论在整个欧洲的城市中得到广泛应用，并传到加拿大、乌干达和印度的科钦地区。科兹洛夫斯基为联合国编写了《阈值分析手册》，并将这一概念传到了澳大利亚，他在那里的昆士兰大学任教。东方集团的规划者把系统分析作为一个开创性领域，这赋予了他们专业权威和国际影响力。

---

① Jerzy Kozłowski，"Threshold Theory and the Sub-regional Plan，" *Town Planning Review* 39，no. 2（1968）：99-116.

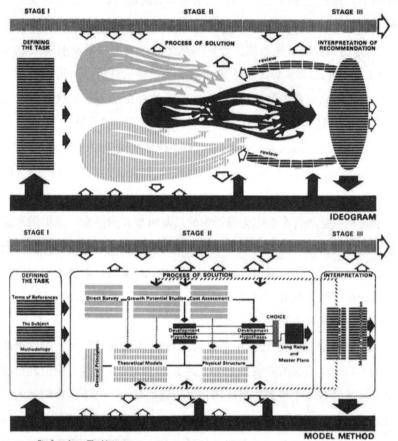

Fig. 2 — above. The Ideogram
Stage II in the diagram shows the 'process of solution' and its three main analytical streams: the direct physical analysis (orange), the process of synthesis (black) and the model structure (vertical hatched orange). The authorities (black and vertical hatched black) are shown to influence the whole of the planning process.

Fig. 3 — below. The Model Method
Diagram showing the more detailed application of the ideal theoretical framework in Fig. 2.

4.9 杰兹·科兹洛夫斯基的阈值分析示意图和模型方法，苏格兰的格兰杰茅斯–福尔柯克计划。首发于《城市规划评论》（1968 年 7 月第 2 期第 39 页）的《阈值理论与次区域规划》一文中。图片经利物浦大学出版社许可使用

六、东德的计算机城

在东德，成本效率、合理化和控制论也成为了官方流行语。20世纪 50 年代，失败的五年计划导致了新经济体系（NOS）的出现，这一体系使得科技创新成为重中之重：瓦尔特·乌布利希总统高呼："要坚持创新与学习！"[1] 民主德国成为东方集团在科学管理方面的领跑者，为新一代技术官僚精英与新经济体系就位铺平了道路。他们采用认为只有在先进的社会主义国家才能完全实现的控制论和系统论。哲学家格奥尔格·克劳斯（Georg Klaus）在 1961 年断言，控制论是对辩证唯物主义最令人印象深刻的证明。技术专家被请到统一社会党（SED）担任顾问。未来的规划将取决于科学模型，而不是意识形态目的驱动的指令。1967 年 4 月，在第七届统一社会党大会上，乌布利希开始公开谈论系统思维和诺伯特·维纳的研究。一个先进的社会主义社会可以看作一个由自我调节的子系统组成的整体系统。信息和数据处理使得科学管理这些复杂的社会结构的"民治、民享"思想得以实现。用乌布利希的话说，"在这种情况下，我们将充分利用控制论"。[2]

为了响应统一社会党对建立先进社会主义制度的号召，德国建筑

---

[1] Walter Ulbricht, speech, December 16, 1965. Available at German History in Documents and Images: http://germanhistorydocs.ghi-dc.org/index.cfm. Accessed June 23, 2015. Source: Walter Ulbricht, *Zum Neuen Ökonomischen System der Planung und Leitung* [*On the New Economic System of Planning and Management*]. Berlin: Dietz, 1966, pp. 668 – 76.

[2] 1968 年 5 月，乌布利希在庆祝马克思诞辰 150 周年活动上的讲话，引自 CIA Intelligence Report, "The Prussian Heresy: Ulbricht's Evolving System," Reference Title ESAU XLVI/70, June 29, 1970, 23。

学院在会议和出差考察中，展开了关于"城市规划的新阶段"的辩论，建筑学媒体也发表了大量相关文章。城市化的科学以四个因素为基础，其中第一个就是"原子能、自动化和控制论作为新生产力"。上述这些，再加上生产力的提高、城市化以及对历史和环境的尊重，将造就"更大、更具差异化、更复杂、更密集、更高、流动性更强、更有活力、更都市化、更人性化"的城市。当然，这些进步的思想只有在社会主义城市才能蓬勃发展，在那里，精心规划已经取代了营利动机。社会主义规划者们应该提出的问题之一，是他们的工作如何才能转化为数学形式，以及如何运用国际概念。① 由此得到的结果是巨大的：东德各地被重新设想为统一的生产体系，城镇被安排在规划的交通走廊上。

此外，每个新城本身都被规划成一个由精心布置的建筑、空间和交通干线组成的统一系统。德国建筑学院的规划人员开始开发计算机化的"沉降结构模型"（settlement structure models），分别称为 MTTKOS、PET 和 KOMS。② 城镇不再是早期斯大林城那样有着自己内在逻辑的离散的、有边界的地方，而是现在这样人、物和信息流通的节点。城市是按照它们在区域乃至国家经济体系中的职能作用而形成的。

理查德·鲍立克（图 4.10）是东德首屈一指的新城建设者。作为民主德国的主要建筑师之一，其建筑理念在霍耶斯韦尔达、施韦德特和哈勒-诺伊施塔特等新城镇得到了实施。鲍立克开始采用系统思维之前，有很长一段职业生涯都是在遵循 20 世纪中期最具影响力的规划传统。他进入职场时在包豪斯的德绍校址担任沃尔特·格罗皮乌

---

① Reinhard Sylten, "Zur Prognose und Analyse im Städtebau," *Deutsche Architektur* 17, no. 4 (April 1969): 217.

② 关于这些建模的解释，参见 Gerold Kind, "Modelling of Settlement Systems for Regional Planning," *Geographia Polonica* 44 (1981): 33–43。

斯的助手，当时正值现代主义是建筑设计前沿。他参与了"新建筑"（Neues Bauen）建筑风格的实验，为位于卡尔斯鲁厄的达默斯托克住宅区和金属样板房担任设计工作。

4.10　1959 年 6 月 30 日，理查德·鲍立克（中）带领波兰议会议员参观东德的霍耶斯韦尔达。图片 183 – 65512 – 0001/埃里希·祖尔斯多夫摄。©德国联邦档案馆

　　1933 年，德国国家社会主义党掌权，鲍立克逃到了上海。他是首位在中国大学担任城市规划学教授的人，他通过研究克拉伦斯·佩里的邻里单位概念为战后世界做了准备，这一概念在当时已经成为世界范围内的专业标准。鲍立克与上海城市规划办公室合作，为中国国民党政府启动了该市第一个全面的都市规划。该规划围绕田园城市和

邻里单位的理念构建，类似于帕特里克·艾伯克隆比的《大伦敦规划》。① 他 1949 年回到欧洲后，在法国和意大利短暂旅行了一段时间，然后于 1950 年到达了支离破碎的柏林。在适应了德意志民主共和国反复无常的城市政策后，他被迅速晋升为德国建筑学院副院长。

鲍立克的天才之处在于他能够将最新的规划技术融入民主德国的城市政策中。他是一位国际主义者，对西方和苏联的最新建筑趋势都能接受，是民主德国最早和最坚定的大规模生产住房的倡导者之一。用预制构件组装的住宅（Plattenbau）在民主德国遍地开花，重现了 20 世纪 50 年代中期遍布欧洲以及苏联新城镇的建筑景观。用作墙壁、地板及屋顶的大尺寸面板和板材直接在工厂里批量生产。它们会通过卡车运往建筑工地，然后被大型起重机安装到建筑骨架上。就像变戏法一样，整个公寓楼就出现了。那是战后欧洲最令人欢欣鼓舞的景象之一：人们终于有了像样的家。

东德的新城是这些系统性建造的建筑技术的试验场，全国住房短缺问题由此得到了快速而成本低廉地解决。国家对预制板材的需求量巨大，而霍耶斯韦尔达、施韦德特和哈勒-诺伊施塔特拥有东德最大的全新预制件库存。它们是将整个城市规划为一个具有凝聚力的系统的重要一步。从预制房屋到在设计中使用计算机，鲍立克的每一个新城镇都展示了这种系统理念的逐步整合。

霍耶斯韦尔达新城是这种系统性建造住房最早的试点项目，也是德意志民主共和国第二个五年计划（1956—1960）中最大的建设项目之一。该城位于东德与波兰的新边界附近的劳西茨地区，那里曾是西

---

① 关于东德建筑师逃亡所造成的后果，参见 Jay Rowell, "L'exil comme ressource et comme stigmate dans la constitution des réseaux des architectes-urbanistes de la RDA," *Revue d'histoire moderne et contemporaine* 52，no. 2（2005）：169 - 91。

里西亚的一部分。霍耶斯韦尔达的老城在战争中被侵入的红军严重破坏，人口减至仅有 7000。然而，该块地方的价值在于附近丰富的褐煤矿藏。1955 年，为东德大部分地区提供天然气的黑泵电厂（Schwarze Pumpe）的燃煤发电站在那里建成，并设想在老城废墟东北部建造一座可容纳约 4.8 万人的新城镇。

霍耶斯韦尔达将展示社会主义新社会的规划和技术力量。该新城的人口预测是用最新的计算机程序计算出来的。"在资本主义制度下，"鲍立克写道，"城镇的选址是基于行政人员和白领的需求……。而在社会主义社会中，这些因素都不在考虑范围内。我们不仅能够调节生产力的发展，而且能够根据科学原则以合理的计划在国家各地区间调配生产力，并能够根据劳动人口的需要，合理安排他们的住房。"① 建造城镇的建筑工人和黑泵电厂发电站的技术工人将改变该地区的社会构成。这里将变得现代化。

奠基仪式于 1955 年 8 月举行。该镇的新发电站包括煤气厂和配电设施、行政大楼、餐厅和员工俱乐部，其中大部分由建筑师赫尔曼·埃普勒（Hermann Eppler）遵循"新建筑"形式主义的传统而设计。《德国建筑》（*Deutsche Architektur*）和《民主德国建筑》（*Architektur der DDR*）津津乐道地描述了霍耶斯韦尔达的预制住宅建筑群（图 4.11）的最新技术标准。②

---

① Richard Paulick，"Hoyerswerda — eine sozialistische Stadt der Deutschen Demokratischen Republik，" *Deutsche Architektur* 9，no. 7（July 1960）：365. 关于施韦德特新城，参见 Philipp Springer，*Verbaute Träume：Herrschaft，Stadtentwicklung und Lebensrealität in der sozialistischen industriestadt Schwedt*（Berlin：Verlag，2007）。

② See for example Hans-Georg Heinecke，"Die neuen Typengrundrisse für die Wohnbauten in Neu-Hoyerswerda，" *Deutsche Architektur* 5，no. 1（1956）：27 – 29，as well as Helmut Mende，"Das Grossplattenwerk von Hoyerswerda，" *Deutsche Architektur* 5，no. 2（1956）：62 – 69. And Rudolf Dehmel，"Die neuen Typengrundrisse für Gross-plattenbauweise in Hoyerswerda，" *Deutsche Architektur* 5，no. 9（1956）：410 – 14.

4. 11 1962 年，东德霍耶斯韦尔达的科特布斯住宅区。5 年内，霍耶斯韦尔达的人口增加了 3 倍。图片 183 – 94925 – 0001/霍斯特·斯特姆摄。©德国联邦档案馆

　　东德第一家全机械化、大型板材和面板制造商 Groß-Zeißig 公司在霍耶斯韦尔达开始生产，并签订了每年交付 7000 套公寓的合同。鲍立克接管了该项目的领导工作，他的目标是建立一个完全工业化的城市：“我们建设霍耶斯韦尔达的目标是将技术生产和组装过程一体化。霍耶斯韦尔达的建设是经济、结构、技术和建筑规划的一次实验……。整个城市都将是预制的。”①

　　七个独立的住宅群中的每一个都作为一个完整的城市体系发挥作用。每个城市都有自己的商店和服务系统，中心地带有自己的公共场

---

① Wolfgang Thöner and Peter Müller, eds. , *Bauhaus-Tradition und DDR-Moderne*：*Der Architekt Richard Paulick* (Berlin：Deutsche Kunstverlag 2006)，126.

所和花园，边缘有学校。尽管鲍立克在研究霍耶斯韦尔达的过程中开始发展一系列关于社会主义设计的理论假设，但他也在追随城市改革者的脚步，从克拉伦斯·斯坦因到瑞典社会学家阿尔娃·缪达尔和建筑师斯文·马凯利乌斯（见第二章）。他认为，住房（或公寓）是社会结构的最小单位，其意义不仅在于它的物理布局，而且在于它所维系的艺术、文化，尤其是社会生活。住宅群理想通过为其辖区内提供日常生活的一切需要，实现了社会主义对妇女的解放。公寓楼将通过严格的分区和防护隔开噪音、交通，防止污染，维护公众健康。有了新鲜空气和户外活动的绿地，它将把城市与乡村最好的一面融为一体。最重要的是，将其解读为一个系统建设的住宅群，它将解决资本主义造成的长期住房短缺问题。

其结果是，霍耶斯韦尔达的七个高矮长短各异的公寓楼组成的线性住宅区，沿诺伊施塔特的鲍岑大道串联起来，成为由开放空间隔开的离散实体。它们之间水平平面形成的隔离确保了每个地区的独特性。市中心布局也映证了这一总体观。在民主德国战后著名的新城镇斯大林施塔特，奢华的仪式广场这种昔日随处可见的社会主义景观被弃之如敝屣。理查德·鲍立克转而从瑞典的瓦林比乌托邦寻找灵感。和瓦林比一样，霍耶斯韦尔达的中心地带规划为一个开放式广场，位于火车站和黑泵电厂设施的主要大道的十字路口。这个"扁平中心"将被大型百货公司、专卖店和"在全方位发展的社会主义社会中提供一个完整的产品系列"的服务设施所包围。与之配套的还有电影院、咖啡馆、餐馆，以及文化之家等。[1] 尽管计划建一座马克思-恩格斯

---

[1] Paulick, "Hoyerswerda," 357. Excellent material on the design of Hoyerswerda can be found in Thomas Topfstedt, *Städtebau in der DDR 1955 – 1971* (Leipzig: E. A. Seemann, 1988), 31 – 36.

纪念碑作为新城中心，但社会主义新城的设计越来越像西方城市。

为霍耶斯韦尔达和哈勒-诺伊施塔特制作的全尺寸模型、图表和插图非常特别。建筑师在一张白纸上画出了像多米诺骨牌一样的预制住房。它们的空间构成似乎对新城的成功起到了决定性作用：住宅区以平行线、直角、对角线和正方形的形式在虚构的城市景观中伸展。这是一个图解美学和伦理学的问题。这个非等级结构代表了一个合作社会，在社会主义城市体系中，所有人将平等地分享和参与。凡此种种，皆为纯粹的梦想、出离现实的工具，也是乌托邦式的装置。[①] 东德建筑师专注于设计一个能够创造社会凝聚力的空间领域——在 20世纪下半叶，建筑师和规划师们都痴迷于此。由此产生了大量精心绘制的、将规划定义为专门知识的图纸和图表。

图形插图是一种新的符号语言。设计幻想有了自己的生命——可以作为未来的视觉文本被制作和复制出来。它们还塑造了一个共同的未来都市生活的想象。在《民主德国建筑》杂志上，英国新城镇米尔顿-凯恩斯的插图与宏大如史诗般的霍耶斯韦尔达的插图同时出现。[②] 绘制插图的是艺术家赫尔穆特·雅各比（Helmut Jacoby），两者都是有着迷人的海市蜃楼的开放城市，对未来有着无限畅想的道路遍布整个地区。霍耶斯韦尔达就是这个梦想的社会主义版本。

具有讽刺意味的是，尽管人们为建造一个社会主义天堂付出了巨大的努力，但霍耶斯韦尔达的预制住宅群却比其他任何东德建筑群都更象征着现代主义的失败。尽管鲍立克致力于系统性建造的社会环境，但千篇一律的预制混凝土建筑却是一片单调乏味的景观。为了

---

① 关于这些，参见 Anthony Vidler, "Diagrams of Diagrams: Architectural Abstraction and Modern Representation," *Representations* 72 (2000): 1 - 20。

② "Milton Keynes — eine neue Stadt in England," *Architektur der DDR* 24 (December 1975): 742 - 45.

"社会主义秩序原则"，葬送了多样性。① 每个住宅群都有大约 4500 人和 5500 人居住，而第一个游乐场直到该镇成立 10 年之后才建成。

东德作家布里吉特·雷曼（Brigitte Reimann）于 1960 年搬到了霍耶斯韦尔达，成为黑泵电厂发电站的实验室助理。她的畅销小说《弗兰齐斯卡·林克汉德》（*Franziska Linkerhand*）② 是对社会孤立、冷漠和暴力的强烈控诉，这些都成了这种住宅区的症状。在这部小说中，一位在当地设计办公室工作的年轻绘图员对住房政策发起了挑战，并发现自己的观点与该镇的首席建筑师、用以影射鲍立克的沙夫霍特林（Schafheutlin）的观点相左。弗兰齐斯卡生活在一个与他系统性建造的理想城镇完全相反的反乌托邦式城镇——一个贫瘠、沉闷的地方，到处是垃圾和凹凸不平的足球场。规划中的奇思妙想与日常生活中令人沮丧的现实之间的冲突可能是霍耶斯韦尔达最显著的特征，当然也是其最臭名昭著的特征。

造成这些情况的原因之一是大量人口涌入该市，在黑泵电厂找工作。计算机对霍耶斯韦尔达的人口预测值太低了。到 20 世纪 60 年代中期，那里的人口已达 3.5 万人，而建筑工人还在不断地往建筑框架上安装预制板。到 1968 年，这一数字跃过了 5.3 万人，到 1980 年，达到 7.3 万人。咖啡馆和市中心广场周边的露天平台这样的城市便利设施，不过是画板上的幻影和梦境。住房建设优先于一切。在这个过程中，恶劣的环境使得预制住宅群甚至还在建造时命运就注定了。

最终在 1968 年，中央百货公司举行开业庆典。在那里，消费者

---

① Paulick，"Hoyerswerda，" 366.
② Brigitte Reimann，*Franziska Linkerhand*（Munich：Kindler，1974）. See also Hunter Bivens，"Neustadt：Affect and Architecture in Brigitte Reimann's East German Novel *Franziska Linkerhand*，" *Germanic Review* 83，no. 2（Spring 2008）：139 – 66.

可以买到所需的家庭用品，尤其是新冰箱、洗衣机，收音机和电视机这些东西在东德终于也可以买到了。有时尚意识的人可以看到东德最新款式的服装。即使在最糟糕的情况下，霍耶斯韦尔达仍然是消费胜地和商业区的试验场，这些地方正在取代工厂，成为一个社会主义公共空间。

　　然而，最有意识地根据系统逻辑设计和建造的城市是哈勒-诺伊施塔特（最初被称为哈勒-韦斯特）（图4.12）。从交通基础设施意义上说，这是一个堪称一流的网络城市。哈勒-诺伊施塔特是一个主要的交通枢纽，铁路、公路和内河航道的连接像静脉一样遍布整个东德。它是一个流体循环系统的心脏，一个被想象为有机体的网络生物，但由机器创造和运行。该项目计划在制造业城市哈勒郊区的鲁纳化工厂和布纳化工厂周围进行，哈勒位于萨克森-安哈尔特的萨尔河沿岸。民主德国总统瓦尔特·乌布利希和统一社会党官员直接参与了有关新城市形态的决策。理查德·鲍立克召集了包括城市规划师和建筑师、经济学家、社会学家、工程师和计算机专家在内的多个团队，就一项从区域角度整合了城市生活和基础设施的方方面面的总体规划进行咨询。数学家和计算机工程师仔细研究早期计算机程序中输入的技术数据，以预测交通流量并创建设计模型。意识形态被束之高阁。就像在西方一样，系统分析将决策转向成本效益分析和如何最有效地配置稀缺资源。①

---

① See for example H. Kowalke et al. , "A Study of the Settlement Structure of Agglomeration Regions in the GDR with Special Reference to the Halle-Leipzig Agglomeration," *Geographia Polonica* 4（1981）：171 – 78. Jay Rowell, "Les Compétences professionnelles et la production de la ville," *Les Annales de la recherche urbaine* 105（2008）：149 – 50.

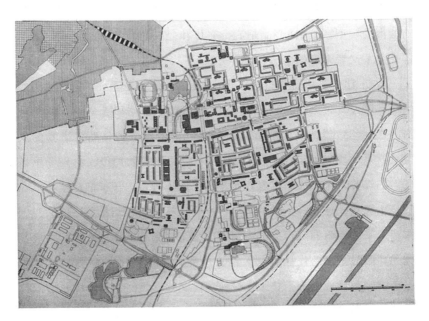

4.12 东德哈勒-诺伊施塔特的规划，日期不详。摄影技术工作室（Fototechnicsche Werkstätten）摄。莱布尼茨区域发展和结构规划研究所提供

哈勒-诺伊施塔特受到了狂热追捧。这是民主德国最大的城镇规划方案之一，涉及 100 家公司和大约 4000 名工人。波兰、捷克斯洛伐克、保加利亚和南斯拉夫的技术专家应邀来参加。每到这种时候就会出现的青年劳动大军埋头苦干，劲头十足。正是在建造哈勒-诺伊施塔特时，阿图尔·贝克尔公司的年轻工人接受了最新的建筑和工程技术的训练。在展览和电影短片、官方出版物和媒体文章中，这座城市被标榜为一个即将成为现实的未来派景象。菲德尔·卡斯特罗于1972 年来访，访问过该城的还有北越、巴勒斯坦解放组织、西尼日利亚和法国的代表团。最壮观的一幕发生在 1965 年 10 月乌布利希和苏联宇航员阿列克谢·列昂诺夫访问期间。在报纸和电视上出现的一

张官方照片中，列昂诺夫满面灿烂的笑容，低头凝视着正在展出的梦幻城市的模型。① 图像制品是流行文化和公共教育的一种形式，表明了社会主义者未来的生活和工作方式。

哈勒-诺伊施塔特实打实体现出的是儿童和年轻人享受着他们的生活环境及其带来的益处。官方出版物《哈勒-诺伊施塔特：化工城市的规划与建设》高调地宣称："哈勒-诺伊施塔特是新生事物的象征。这是一块吸引年轻人的磁石。"书中的那些照片里，游乐场里孩子们的笑脸，年轻夫妇推着婴儿车在公园里漫步，孩子们在植树、在喷泉里嬉戏、在步行上学的路上，社会乌托邦的梦幻景象在他们身上鲜活起来。该市的综合技术高中破土动工时举行的象征性的新镇奠基仪式，凸显了新一代社会主义者的形象。这份出版物还写道："这座城市已经发展成为一个集工作、住房、文化、贸易、行政以及适应技术和组织需求于一身的综合体……这就需要形成城市结构的和谐相融。"在资本主义时代，创造出这样一个集成的体系是不可能的。在社会主义条件下，这个目标才有可能有史以来第一次实现。②

和在霍耶斯韦尔达一样，鲍立克将住宅区沿着主要公路和铁路线的直线路段布置。住宅区是由开放空间隔开的独立实体。与早期的新城镇相比，位于哈勒-诺伊施塔特的公寓建筑群（Wohnkomplex）规模庞大，每一片可容纳约 1.5 万名居民。庞然大物般的建筑工地和标准化公寓成为常态。至于建筑材料，鲍立克和他的建筑师团队尝试了各种材料，从砾石和陶瓷，到诸如玻璃纤维和铝这样的高级材料。他们为公共建筑屋顶测试了彩色塑料、可移动的模块化墙板和双曲线形

---

① See the visits and quotations in *Architektur der DDR* 23 （June 1974）：326.

② Büro für Städtebau und Architektur des Rates des Bezirkes Halle, *Halle-Neustadt：Plan und Bau der Chemiearbeiterstadt* （Berlin：VEB Verlag für Bauwesen, 1971），41.

状的预制混凝土外壳。凡此种种都是共产主义获取和借用西方先进技术的具体表现。鲍立克在《民主德国建筑》杂志上热情洋溢地撰写了有关美国建筑技术的文章。[1]

每个建筑群的布局都是由巨大的预制板材建筑所包围的内部空间构成的。对于鲍立克来说，这些空间对于维持集体生活至关重要。例如，一号公寓建筑群的街区中心（图 4.13）是一个时尚、现代、紧凑设计（Kompaktbau）的购物中心，由钢筋混凝土砌成，周围环绕着花园和游乐场。紧凑设计型建筑以其经济性、功能性以及精致的风格而备受推崇，它能提供日常生活所需的所有服务：超市和餐厅、邮局、药房和医务室、美发师和清洁工、俱乐部和礼堂等。步行就可以

4.13 位于东德哈勒-诺伊施塔特的一号公寓建筑群，以及建筑师埃里希·豪舍德设计的伯拉蒂诺幼儿园，日期不详。图片 183 - H0909 - 0009 - 001 - 1/摄影师不详。
©德国联邦档案馆

---

[1] Richard Paulick，"Rationelle Technologie für die Modernisierung von Wohnbauten in den USA，" *Deutsche Architektur* 16，no. 2（February 1967）：117 - 18.

到达大楼里的每个公寓。它不仅仅是一个购物中心，更是社区的集体中心。建筑师埃里希·豪舍德（Erich Hauschild）在附近设计的圆盘状的伯拉蒂诺幼儿园用的是弧形的玻璃墙，散发出 20 世纪 60 年代的太空时代审美。该建筑整体上讲是对鲍立克公寓楼（或称邻里社会环境）的完美诠释——这一理想吸引了整个 20 世纪的新城市规划者。这些设计"会自己形成一种意识，并促进人们与环境的情感认同"。官方在对哈勒-诺伊施塔特的描述中，引用了凯文·林奇的《城市形象》（1960）中的内容，这让人们看到了一种希望：通过正确的设计，林奇所描述的和谐、亲密的邻里关系可能会遍及整个城市。[①]

然而，最清楚地体现了系统思维及其与共产主义新路线的融合的，正是哈勒-诺伊施塔特市中心如梦似幻的景观。它散发出高楼大厦、购物中心以及有咖啡馆和餐馆的精致都市生活带来的高度现代化气息。[②] 这是一个为消费文化，而不是为政治意识形态而建造的享有盛名的场所。从 20 世纪 60 年代中期开始，汽车生产和高速公路成为衡量民主德国经济成就的标尺。因此，哈勒-诺伊施塔特的城镇中心被高速公路和复杂的道路系统、立交桥和环岛所包围。这些再延伸至周围地区。在城镇中心的建筑图中，公路从光滑的步行广场和设有自动扶梯的多层购物中心旁穿过。这些图画构成了一个华丽炫目的现代画廊——展示了一个结合了都市主义和科幻小说的乌托邦世界。这座城市的生活就这样在一个全新的公共领域闪闪发光的玻璃高塔之间流淌着。

哈勒-诺伊施塔特与 20 世纪 60 年代英国和法国的新城如出一辙，

---

① Büro für Städtebau Halle, *Halle-Neustadt*，143.
② See the illustrations of Halle-Neustadt in *Deutsche Architektur* 16，no. 4（April 1967）：196 – 216，and *Architektur der DDR* 23（June 1974）：326 – 73.

并基于被规划者奉为科学信条的控制论而建，是现代主义者眼中的尤物。控制论在冷战时期的两边阵营都成为城市的未来。无论是美国的威廉·佩雷拉，还是东德的理查德·鲍立克，它都让人联想到由建筑大师指挥自上而下建起的乌托邦。他们身边有大批规划专家、计算机操作员和建筑工程师。他们的新城镇幻想依赖于国家在住房、交通和有形基础设施方面的大规模投资。

基于控制论建起的城市不仅代表了严格的科学方法，也代表了一种广泛的智力生产。它塑造了一种以数学和图表的形式呈现大都市地区的虚拟知识。对于控制论和系统分析的最狂热支持者来说，设计城市完全是一项机械任务，是目的和手段之间的线性对应。设计、预测和评估的整个过程可以在一个称为"末端缩减"（end-reduction）的认知过程中完成，不需要在策略之间做出决定。理想的计划将由机器智能提供。人类居住区将进入一个新的优化时代。在机器内部构建城市乌托邦的能力，想来如同一台控制论机器，令人着迷。它给城市建设注入了新的严谨性，并极大地扩大了规划者自身的权威。它给规划创造出了一种如硬科学一样的神秘感，把规划者变成了一种类似数学家的大师。控制论过程中涉及的精确和纯逻辑造就了权力感和控制感。从这一门新科学中衍生出了对城市、社会和经济现代化、区域和城市研究以及最终对未来生活方式的愿景。

第五章

明日之城

在新的系统动力学的推动下，国际规划学在20世纪60年代迎来了全盛时期。一个由会议和研讨、项目合作和专业机构组成的小型行业应运而生，为规划者们创造了学习最新开拓性技术的机会。这个全球生产网络作为一个有专业身份的劳动人口和现代化制度的关键轴心运作。在这里，新城镇被注入了几乎是神一般强大的变革力量。

米歇尔·福柯认为，现代化进程既是整体化的，也是同质化的。建设现代城市的国家政策、规划类型和等级制度是一个规训机器（disciplinary apparatus）。它们是使城市环境规范化的现代方式。事实上，新城似乎正是福柯所认定的无限权威的象征，它在全球范围内以一种可能令人瞠目结舌的雷同被不断重申。拥有最强大的国家机器的国家实施了最完整版本的新城理想，苏联就是最佳例子。但即便是在美国等避自上而下的政府规划的国家，新城理念也大受欢迎。

尽管普遍推崇这种千篇一律的乌托邦，但当时的规划和现在一样，在执行之中都要与当地的环境相适应。一旦这些项目表面的一致性被打破，即使是新的城镇也会因地形地貌而异。白手起家的做法风靡全世界，涌现出了各种独特的修改版。本章介绍了20世纪60年代英、法、印、美四国"明日之城"的经验，以及系统逻辑在土地利用规划中的应用。其范围是全面而广泛的，跨越了被想象为信息和通信流控制网的区域。它将新城镇运动直接置于地区主义思想的背景之下。

从帕特里克·艾伯克隆比 1944 年的《大伦敦规划》出台以来，人们就一直推崇并实施地区主义和大都会规划。然而，系统革命的影响是深远的，当它从空中视角跨地区向人们展示时尤其如此。广阔的领域将显示出其最大的可见性和可控性。以英国和法国为例，新城镇成为区域土地利用规划的节点，越来越像计算机主板中的电路和突触。在印度，孟买新城的建立是为了扩大城市领土并使之系统化。在美国，现代化逻辑和新城开发的足迹则被打上了私人地产利益的烙印。

从思想史的角度来看，这四个例子揭示了产生新城镇的国际知识流是如何通过当地环境进行过滤，从而服务于不同的政治和社会利益的。规划者及政策制定者在共享的概念和模型以及他们自己规划的城市的偶发事件之间来回穿梭。每个地方都形成了自己独特的乌托邦品牌。与此同时，这些为本地定制未来的实验都经过了仔细斟酌，并被卷入了全球规划知识的漩涡之中。就像芬兰的塔皮奥拉和瑞典的瓦林比一样，本章讨论的新城镇是这场运动的超级明星。20 世纪 60 年代的人们将这些城镇视为未来景观，满怀热情地研究它们。创造它们的建筑师和规划师一举成名。作为城市未来的具体体现，新城的理想成为科学交流和行使专业权力的工具。因此，新城镇既是乌托邦的梦想，又是科技的目标。这一切的结果是，新城镇代表了一系列规划专家和机构在综合规模上的成就，有地方的、国家的还有国际的。这种知识的交流和流通产生了千变万化的经验。

　　最重要的是，这种知识生产是由具有进步意识的国际组织进行的。联合国定期安排关于区域发展和新城镇的会议及专题研讨会。1961 年在斯德哥尔摩举行了第一次"都市规划与发展专家组会议"。①1964 年在莫斯科举行了第二次"新城规划与发展专题研讨会"。1966 年在日本名古屋、1973 年在伦敦相继举行了关于新城镇和土地利用政策的联合国首脑会议。这些都是讨论最新规划政策和技术的伟大聚会，与会者来自世界各地，包括共产主义国家一方。来自西方、拉丁美洲、印度和亚洲发展中国家的新城镇狂热支持者们济济一堂，在研讨会、演讲会、鸡尾酒会上共叙志同道合的情谊。来自贫穷国家正在努力推行城市改革的本地规划人员，与新城镇运动中那些有头有脸的精英并肩作战。康斯坦丁诺斯·多克夏迪斯、詹姆斯·劳斯、理查德·卢埃林-戴维斯、德里克·沃克和芭芭拉·沃德都是联合国会议的常客。作为新城镇规划星系中最耀眼的明星，面对如痴如醉的听众，他们滔滔不绝地讲述他们对城市未来的憧憬。

　　这些会议的重点是管理全球人口，特别是发展中国家人口的爆炸性增长。联合国正在拟定其关于城市化的基本信息："世界人口现在不仅翻了一番……而且这一增长中的很大份额流向了已经城市化的地区，最集中的去向是大都市。"保罗·埃利希和安妮·埃利希于 1968 年出版的国际巨著《人口炸弹》（*The Population Bomb*）助长了对"人口爆炸"的巨大恐慌，此书预测，由于人口过多，20 世纪 70 年代和 80 年代将出现灾难性的动荡和大规模饥荒。城市将陷入一片混乱。此外，城市过度拥挤和基础设施的过度使用等突出问题似乎在所有改善的努力面前都徒劳无功。贫困与贫民窟是数百万人的常态。根

---

① 这些会议由举办该活动的国家政府（本例中为瑞典政府）、联合国以及世界卫生组织和国际劳工组织等国际组织联合主办。

据联合国的说法，补救办法是现代技术和科学，它为人口控制提供了前景，并"为人口和居住区的配置以及提高生活水平提供更广泛的可能性"。国家和区域的全面规划为改革提供了共同基础："我们的世界社会必须学会指导城市化进程。"①

在 1964 年联合国莫斯科新城镇研讨会上，芭芭拉·沃德的演讲强调了即将到来的剧变和迫切需要的对策：

> 城市的罪恶，如果不加以遏制，可能意味着结束这些罪恶所需的经济增长必须依赖的稳定的框架会遭到破坏。由于贫困而陷入绝望的城市暴民，可能成为导致国家混乱无序的一个因素，理性的政府本身也会受到阻碍。现代化要求一定的稳定性、合理性和连续性。任由城市堕入绝望的深渊，国家可能永远无法走出困境。②

这既是将人类从灾难边缘拯救出来的呼吁，也是沃德对自己所说的"世界城市化政策"寄予的希望。

沃德出生于英国，婚后成为男爵夫人，是一名经济学家和记者，也是公认的发展中国家权威，尤其是在印度和西非。在其开创性著作《地球太空船》（*Spaceship Earth*，1966）中，她主张采取一种整体性方式共享世界资源，并主张发达国家应将其国民生产总值的一部分用于援助第三世界。沃德是城市与区域规划协会成员，也是美国和英国

---

① United Nations Department of Economic and Social Affairs, *Planning of Metropolitan Areas and New Towns*, papers presented at Stockholm, September 14 – 30, 1961, and Moscow, August 24-September 7, 1964 (New York: United Nations, 1969), 1 – 2, 6.

② Barbara Ward, "The Processes of World Urbanization," 同上，17。

政策制定者的顾问，正处于事业巅峰的她，是新城镇运动中最直言不讳的布道者之一。她和出席在斯德哥尔摩和莫斯科举行的联合国首脑会议的专家们提议在每个国家设立一个中央规划机构。他们游说建立新城镇，以此作为在地方、地区和国家层面系统地分配人口的方法。沃德还提议将一些发展中国家指定为新城镇规划战略的官方试验点。这些项目将以源源不断的国际援助和规划专家的技术支援为基础。莫斯科会议赞同沃德的呼吁，并建议设立规划研究中心，以"系统地收集和分析数据"并"汇集经济、社会、公共卫生、工程、物质规划和建筑等各方面的专家"。[①]

　　这些联合国会议显示了新城镇运动的巨大能量。由于担负起了科学的责任，城市规划者被赋予了巨大的权力。他们被要求解决世界上一些最棘手的问题，而新城镇是他们最有力的工具。系统分析已经跨越了冷战边界，进入了发展中国家，并成为全世界现代化的通用工具。20世纪70年代中期，国际新城协会（INTA）成立，总部设在海牙。它是专业人员将新城规划作为科学学科进行实践的主要机构。国际新城协会组织了一系列集会，出版了一系列著述，作为"一个论坛，讨论和解决所有参与国家级和地方级新城镇的构想、规划、建设、融资、管理和发展的人员所面临的问题"。[②] 例如，1977年12月在德黑兰举行了国际新城协会的第一届国际会议，议题为"如何建设一座新城"，会上，来自波兰和匈牙利的规划者就新城战略问题，与美国新社区管理局成员、美国新城开发商詹姆斯·劳斯以及来自米尔

① United Nations, Report of the United Nations Seminar on Physical Planning Techniques for the Construction of New Towns. Moscow, USSR, 2 - 22 September 1968 (New York: United Nations, 1971), 39 - 40.

② International Association of New Towns, letter by Michel Boscher, chairman of the ad hoc Working Party, n. d. New Towns Institute Archive, INTA box 1 - 15, folder 8, Almere, Netherlands.

顿-凯恩斯新城的英国规划界人士进行了辩论。

一、英国新城镇体系：自由实验

尽管英国可以炫耀其在重建时期所建的最著名的一些新城镇，但到了 20 世纪 50 年代末，英国已普遍对乌托邦项目冷眼相待。战后初期，人们对从头开始建设新城镇热情高涨，但当一系列令人眼花缭乱的规划纷纷落空后，人们对此产生了严重的怀疑。这些大规模基础设施建设的逻辑和资金筹措立即招致政敌的质疑，更不用说公众的疑虑了。新城镇的雄心壮志催生了狂热的科学研究、大量的规划研究，以及随之而来的专题研讨会和会议。大学出现了新的研究方向，开设了新的规划课程。然而，重建时期建造第一代新城镇时的大胆策略显然已经令人失望且不合时宜。尽管在重新分配工业方面做出了巨大的努力，但经济增长仍向东南部和伦敦的中心地带倾斜，而北部地区经济则萎靡不振——其结果是，战后的新城因未能刺激经济分权和解决地区差距日益扩大的问题而走向失败。到了 20 世纪 50 年代末，著名的区域地理学家戈登·切里（Gordon Cherry）发现，英国的规划陷入了"低谷……这位规划师本人也变得不受欢迎，人们也不再关注他们的主要工作……20 世纪 40 年代的灵感已经消失了"。[1]

然后，英国政府突然于 1961 年开始划定第二批新城镇，接着于

---

[1] Gordon Cherry, *The Evolution of British Town Planning*：*A History of Town Planning in the United Kingdom during the 20th Century and of the Royal Town Planning Institute*，*1914 – 74*（New York：Wiley，1974），161，as cited in H. W. E. Davies，"Continuity and Change：The Evolution of the British Planning System，1947 – 97," *Town Planning Review* 69，no. 2（1998）：142.

1967 年又开始划定第三批。政治舆论再次转向支持为英国社会现代化而进行全面规划。从保守党首相哈罗德·麦克米伦到工党首相哈罗德·威尔逊（两人都曾在 20 世纪 60 年代领导政府），英国政坛的两派都明白，整个英国都需要加强经济发展，促进技术创新。对工党而言尤其如此，在这个国家正走向衰退的地区刺激新的经济活动是他们思想意识的核心。威尔逊呼吁各地区"拥抱炙手可热的科技"，将生产转向塑料、电子和汽车工程等新兴行业。[①]

促使更多新城镇出现的另一因素是英国不断增长的人口和婴儿潮一代已成年。作为青少年和年轻人，他们对商品和服务的需求非常旺盛。重建时期的配给制和节制心理已经被物质消费[②]所取代。从购物中心、电影院、餐馆到娱乐和体育设施，这一系列城市设施已经成为人们的正常需求。信息技术革命尚处于起步阶段，但它对日常生活的巨大影响已经在人们抢购电话、电视和家用电子产品的热潮中显现出来。

对于政府来说，依靠新城镇来实现经济增长和满足新一代人对城市生活方式的需求只是权宜之计。这些变化迫使人们重新关注实验性的城市形态。最终，在 20 世纪 60 年代，英国在英格兰、苏格兰和威尔士共设立了 15 个新城镇。另一些条件良好的城镇也建造了起来，尽管它们没有被官方正式赋予新城地位。这些城镇共同构成了一个全新的城市景观。

然而，在土地利用的全景中最系统的变化是汽车带来的。与意大

---

① 关于英国第二代新城的引述与探讨，参见 Anthony Alexander, *Britain's New Towns: Garden Cities to Sustainable Communities* (London: Routledge, 2009)，41‑43。英国于 1965 年制定了第一个国家级规划。
② material consumption，消费一般分为物质消费与象征消费。物质消费是指为满足日常衣食住行等有关生活物品和劳动资料方面的消费，以物质性满足为主要目的，注重商品的内在质量特性。——编者

利或德国不同，英国在发展国家公路系统方面起步较晚。乌泱泱的汽车在老旧的道路上缓慢行进，交通永远处于拥堵状态。伯明翰和格拉斯哥附近的公路交会处的交通堵塞是远近闻名的。汽车时代改变了城市的日常生活，使得行人和驾车者争夺道路的控制权，互不相让。这对道路基础设施提出了很高的要求，这样的现实问题在 1955 年由英国道路联合会主办的一次关于城市公路的全国会议上提了出来。来自西欧与美国的交通和规划专家参加了这次会议，其中包括罗伯特·摩西，他认为公路对商业和财产价值以及公共安全都有利。M1 公路的一小段终于在 1959 年通车，但这充其量只是为了改善普遍恶劣的状况而进行的一次微不足道的尝试。

1963 年的《布坎南报告》揭示了这种情况，该报告的正式名称为《城镇交通：城市地区交通的长期问题研究》（*Traffic in Towns：A Study of the Long Term Problems of Traffic in Urban Areas*）。该报告最初是受保守党麦克米伦政府的交通部长欧内斯特·马普莱斯委托，由一个工作小组在著名的城市规划师科林·布坎南的启发下撰写的。该报告被迅速一抢而空，并很快制作删节版，以原书的主书名《城镇交通》为名再版。[1] 它立即成为头条新闻，在世界各地的规划者中几乎有着法宝般的地位，并很快被公认为 20 世纪末最重要的规划文本之一。

《城镇交通》出版之时，恰逢交通部开展媒体宣传活动，说服国家投资公路基础设施建设。1963 年 11 月，英国广播公司（BBC）在

---

① *Traffic in Towns：A Study of the Long Term Problems of Traffic in Urban Areas；Reports of the Steering Group and Working Group Appointed by the Minister of Transport*（London：Ministry of Transport, 1963）. 此书的删节版为 Colin Buchanan, *Traffic in Towns*（Harmondsworth, UK：Penguin, 1964）. 2015 年由劳特利奇出版社再版，历史学家 Simon Gunn 作序。

广受欢迎的全景电视节目《我们被扼杀的城市》（*Our Strangled Cities*）中发出警告说，如果不采取措施，城市会崩溃，环境会遭到破坏。[①] 布坎南本人曾前往德国研究高速公路，也曾前往美国，亲眼见到汽车对洛杉矶造成的可怕影响，他也警告说汽车文化对英国生活结构有潜在的威胁。他提出的摆脱这些灾难的方法很简单，认为应该通过公路设计和土地利用规划使交通合理化。《城镇交通》使得人们有理由把人与车明确分开，这是在汽车时代生存的唯一途径。

《城镇交通》中处处可见肯尼斯·布朗（Kenneth Browne）绘制的令人惊叹的交通建筑插图，他是在《建筑评论》杂志工作的著名艺术家。艺术家们创造出了一个多层次城市的视觉景观，人行天桥盘旋于高速公路上方，勇往直前的通衢飞驰于乡野之间。建筑师杰弗里·杰利科（Geoffrey Jellicoe）在伦敦郊外的米德尔塞克斯的莫托比亚新城的规划中，也清楚表现出了对公路实验主义的狂热追捧。那是一个梦幻般的景象：高架公路配上螺旋形环岛，交通干线加了防护罩直接进入建筑物，如同排水管和水一般。在"未来的玻璃城市"里，汽车将在屋顶上行驶。地面上铺展的人行道将行人与头顶的汽车交通隔开。杰利科为自己的城市创建了一个三维模型，这一模型被英国百代公司拍成短片在影院放映。[②] 这幅图景迅速掠过大西洋各地，多亏了插图画家阿瑟·拉德堡的画笔，才让美国人一睹了莫托比亚的风采。

---

① 参见以下著述对《布坎南报告》的精彩讨论：Simon Gunn, "The Buchanan Report, Environment and the Problem of Traffic in 1960s Britain," *Twentieth Century British History* 22, no. 4（2011）：521 – 42。Also useful is Gunn's "People and the Car: The Expansion of Automobility in Urban Britain, c. 1955 – 70," *Social History* 38, no. 2 （May 2013）：220 – 37。

② G. A. Jellicoe, *Motopia: A Study in Evolution of the Urban Landscape*（New York: Frederick A. Praeger, 1961）. 新闻短片 *Glass City of the Future* 1959 年由英国百代公司推出（1：04, Film ID 97. 21；在以下网址可见：http://www. britishpathe. com/video/glass-city-of-the-future）。

在他的周日连载漫画《比我们想象的更近》中，他为这座轰动四方的城市绘制了太空时代版。

英国的规划者抓住了这一时机。《布坎南报告》和系统分析成为一个动手兴建第二代新城镇的振奋人心的计划。城市变成了网络和系统、速度和流体循环的一种发明。英国对系统分析的使用得到了福特基金会的支持，也从美英规划者与政策制定者之间的频繁合作中获益。人们广泛阅读诸如布里顿·哈里斯和梅尔文·韦伯等美国规划师的作品，并经常向他们咨询。在福特基金会历时 5 年的资助下，英国政治家理查德·克罗斯曼（城乡规划部部长）与大卫·唐尼森和理查德·卢埃林-戴维斯于 1966 年在伦敦大学学院建立了环境研究中心（CES）。[①] 它是英国城市和环境研究一个枢纽性质的聚集地。规划第二代新城镇是其主要目标之一。

卢埃林-戴维斯是支持环境研究中心的一位主力，也是英国最著名的建筑师之一。作为世纪中期一位杰出的城市改革者，他坚信社会科学是解决长期存在的城市问题的方法。虽然他是一位现代主义者，但他反对许多前卫建筑理念，而是专注于综合性的城市规划，以此作为前进的方向。[②] 1964 年，卢埃林-戴维斯成为工党红人，同时也是伦敦大学学院巴特利特建筑学院院长，还经营着一家生意兴隆的建筑公司，在国际项目方面取得了令人羡慕的业绩。1965 年，他成为世

---

① 关于环境研究中心以及福特基金会的支持，参见 Mark Clapson, *Anglo-American Crossroads: Urban Research and Planning in Britain, 1940 – 2010* (London: Bloomsbury, 2013), 41 – 48。

② 卢埃林-戴维斯家在英国知识精英阶层中有很深的根基，与比阿特丽斯·韦布、伯特兰·罗素和布卢姆斯伯里集团关系密切。理查德·卢埃林-戴维斯也是剑桥大学秘密社团"使徒社"的成员，其他成员包括伦纳德·伍尔夫、朱利安·贝尔和约翰·梅纳德·凯恩斯。关于他生平，参见 Noel Annan, *Richard Llewelyn-Davies and the Architect's Dilemma* (Princeton, NJ: Institute for Advanced Study, 1987)。

界城市及区域规划协会主席。在整个 20 世纪 60 年代，他对新城思想产生了深远的影响，是系统规划的主要倡导者之一。

在 20 世纪 60 年代和 70 年代期间，卢埃林-戴维斯也成为美英在新城规划方面紧密合作的关键人物。他游走于美国各地，在普林斯顿大学高级研究所待了一年，在职场上和个人生活中都结下了深厚的友谊。卢埃林-戴维斯联合公司就马萨诸塞州阿默斯特市的新社区项目为纽约州城市开发公司提供了咨询，并不时就其在马里兰州哥伦比亚市新城镇的问题请教詹姆斯·劳斯。卢埃林-戴维斯与美国社交名媛玛丽埃塔-特里的婚外情也让他直接与支持变革的民主党权威人士建立了关系。此外，她还帮助推广并资助了他的许多美国项目，陪同他参加了备受追捧的德洛斯巡回研讨会。① 因此，卢埃林-戴维斯对于巩固英美在新城镇方面的伙伴关系发挥了重要作用。

梅尔文·韦伯在环境研究中心待了一年，并与理查德·卢埃林-戴维斯一起参加了一个研究英国未来的城市化模式的工作组。美国社会学家、美国郊区研究名著《莱维敦人》（*The Levittowners*）的作者赫伯特·甘斯（Herbert Gans）受邀加入了环境研究中心，他呼吁人们在城市规划中采用社会科学方法。不过，这样的专业网络并不局限于环境研究中心；他们的想法也在 1968 年的英美新城会议等聚会上得到了磨砺。英国环境部（DOE）和住房部与美国住房和城市发展部签署了关于思想和人员交流的协议。英国环境部还主办了 1973 年 6

---

① Marietta Tree worked closely with Llewelyn-Davies until his death in 1981. See Caroline Seebohm, *No Regrets: The Life of Marietta Tree* (New York: Simon and Schuster, 1997)。关于卢埃林-戴维斯在各国的影响，可参见 Clapson, *Anglo-American Crossroads*, chapter 6。

月在伦敦举行的联合国新城镇问题研讨会，①卢埃林-戴维斯在会上作为参加对话的代表发挥了重要作用。

战后的第一代英国新城镇基本上被想象成一个个独立的社区，即使它们即将启动区域振兴计划。相比之下，20世纪60年代的新城镇被视为区域基础设施和经济生产网络中的强大增长点。它们被并入综合性的土地利用计划之中，并沿着英国高速公路系统的不断扩张进行着。为了利用规模经济，20世纪60年代的新城镇也比战后一代大得多，被称为"新城市"。

这一更为雄心勃勃的设想通过系统分析成为可能，英国规划者满腔热情地采用了这种方法。他们进行了一系列引人注目的区域规划研究，一马当先的是由环境研究中心为英国住房和地方政府部（Ministry of Housing and Local Government）编写，关于伦敦大都会区的《伦敦东南部研究：1961—1981》（1964）。这项研究预测，到1981年，伦敦大都会区的人口将再增加350万至450万，并建议新一代的新城镇可以容纳约100万至150万人。环境研究中心还完成了米尔顿-凯恩斯和斯蒂夫尼奇新城的规划研究，以及一项分析伦敦大都会区拟建第三个机场的影响的研究。接着是《西米德兰兹：一项区域研究》（1965）和为格拉斯哥-爱丁堡都市区所做的苏格兰《洛锡安地区调查与规划》（1966）。这些成就促使北爱尔兰政府在1965年制订了自己的新城计划，并最终制定出了《北爱尔兰发展规划》（1970—1975）。

①　关于这次大会期间英美专家的讨论内容，参见 Jack A. Underhill, *General Observations on British New Town Planning：A Report Written following Participation in the United Nations Seminar on New Towns*，London，June 4 - 19，1973（Washington，D C：Office of International Affairs，US Department of Housing and Urban Development，1973）。

规划者试图通过将这些综合土地利用规划报告定性为继承了帕特里克·盖迪斯的传统使之合法化。但是这些新城镇是针对拥有汽车的情况而建的，所以高速公路工程师在这些大都市地区的交通规划中扮演了重要的角色。规划者假设每两个人就有一辆车，这远远超过了早期新城镇对每十人拥有一辆车的估计。城镇系统特别适合于规划国家、地区和地方道路的现代网络。

例如，卢埃林-戴维斯就伦敦郊外的纽伯里-斯温顿地区所做的报告建议，围绕当地道路和新的高速公路设计一个具有凝聚力的新社区网络。每个社区都将拥有自己的城镇中心，但所有社区都将相互依赖，以便全面利用城市便利设施。[1] 卢埃林-戴维斯为英格兰东北部华盛顿新城的规划遵循了同样的逻辑。该设计围绕当地道路和高速公路制定方案，通过数学建模计算出交通负荷和出行预测。[2] 1971 年，卢埃林-戴维斯为英国道路联合会完成了一项关于伦敦新高速公路的环境影响的广泛研究。他通过应用一种称为排队论[3]的新计算机模型，将交通运输直接纳入城市设计之中。[4] 之前亲密的、自给自足的社区概念被以拥有汽车为中心的城市系统所取代。卢埃林-戴维斯把洛杉矶作为他的汽车城原型。因此，在他为华盛顿制订的计划中，公路周围散布了许多村庄和地方中心，其中心地带有一个购物中心、一

① Llewelyn-Davies Weeks and Partners，*A Study of Urban Development in an Area including Newbury*，*Swindon and Didcot*（London：Ministry of Housing and Local Government，1966），85.
② 费尔文霍士组合顾问工程公司是华盛顿新城项目的交通顾问。*Washington New Town Master Plan and Report*（London：Washington Development Corporation，1966），115–21。
③ queuing theory，是研究系统随机聚散现象和随机服务系统工作过程的数学理论和方法，又称随机服务系统理论，属于运筹学的一个分支。——编者
④ Llewelyn-Davies，Weeks，Forestier-Walker，and Bor，and Ove Arup and Partners，*Motorways in the Urban Environment*，British Road Federation Report（London：British Road Federation，1971）.

个市民中心以及一个体育馆。

在苏格兰，《洛锡安地区调查与规划》围绕格拉斯哥-爱丁堡都市区延伸了近 100 英里，包括若干高速公路、一个机场、一个海港，以及几条铁路、工业激励措施和四个新的大学校园。所有这些区域土地利用规划无论在规模上还是在综合性上都有别于之前的规划。它们都是从空中俯瞰完全可以观察到的空间，如梦似幻，是一种使广阔区域变得清晰、可理解并可控的力量机制。

《洛锡安地区调查与规划》为格拉斯哥-爱丁堡地区确定了 8 个地区增发点，其中 5 个将成为新城镇。其中，位于爱丁堡西部阿尔蒙德谷的利文斯顿新城，将成为苏格兰人"在各个方面都可以为之骄傲"的"皇冠上的明珠"。[1] 事实上，利文斯顿成为了一年一度的英国新城国际考察之旅中备受期待的一站，成百上千个来自世界各地的团体前去参观。1972 年 7 月，从一艘苏联邮轮上下来的乘客坐了 6 辆大客车来到利文斯顿，一睹这座正在建造中的未来主义城市。1976 年的宣传片《利文斯顿——为生活而做的规划》（*Livingston-a Plan for Living*）上映，影片开场是年轻的规划者坐在办公桌旁的一组镜头，他们在仔细研读材料，在创造乌托邦世界，在那里"没有什么事可以靠运气"。阿尔蒙德河沿岸的小镇为年轻家庭提供了一切可以想象的东西。成人课程在无数的闲暇活动中提供自我提升和个人充实的机会。业余爱好和娱乐活动填充了时间和空间。城市规划成为了社会管理机制，决定着人们的生活中会发生什么。"这就是社区的意义所在。"影片的画外音对着一个展望理想城市世界的未来家庭如是说。

---

[1] Interview with Peter McGovern, member of the Lothian Regional Survey and Plan team and assistant chief planner, 1963 - 67, in *The New Towns Record*, *1946 - 1996: 50 Years of UK New Town Development*, ed. Anthony Burton and Joyce Hartley, CD format (Glasgow: Planning Exchange, 1997).

人们聚在一起，"没有比这里更快乐的地方了"。[①]

　　正如影片中所描绘的，利文斯顿并不是苏格兰乡村的怀旧幻想。它是一个拥有数百个新兴产业的繁华的地区首府。它是个具有生产力和流动性的城市。凭借其交通网，"整个英国就在脚下"。它是一个随时准备塑造苏格兰未来的增长点。利文斯顿的城市设计是一个与孤岛式社区的旧理想决裂的决定性举措。取而代之的是，这里在空间上呈开放状态，围绕着人行道、地下通道和道路布局，其中包括"苏格兰最现代化的高速公路"。[②]

　　一系列较小的社区随后在利文斯顿的城市周围铺开。《洛锡安地区调查与规划》预测，格拉斯哥-爱丁堡地区广布的这种增长点，将拓展为一个依赖于汽车的多核城市网络。格拉斯哥大学的规划师、洛锡安调查小组成员德里克·戴蒙德（Derek Diamond）在1972年的一篇文章中写道，这个概念"与埃比尼泽·霍华德的'社会城市'概念没有本质上的区别"。新城开发的结果将是，"到1980年，苏格兰中部的整个生活模式将与1945年至1965年的生活模式截然不同"。[③]

　　关于英国20世纪60年代新城镇的夸张预测，与系统分析的预测相吻合，两者都与现代化的理想主义和抱负相呼应。那十年英国城市榜样中最受欢迎的是英国的米尔顿-凯恩斯。它是媒体的宠儿——放眼20世纪的城市规划，它是媒体报道最多、视觉曝光度最高、最受赞誉的地方之一。米尔顿-凯恩斯是城镇的未来：一个光明的、崭新

---

① Michael Alexander, dir. , Films of Scotland and Livingston Development Corporation, producers, *Livingston — a Plan for Living* (Glasgow: Pelicula Films, 1976), celluloid, 20: 13.
② 同上。
③ Derek Diamond, "New Towns in Their Regional Context," in *New Towns: The British Experience*, ed. Hazel Evans (London: Charles Knight, 1972), 63.

的、潜力无限的世界。这座新城是环境研究中心的规划团队作为"伦敦东南部研究"的一部分构思的。它将迎来大约 25 万名新城镇拓荒者，他们将生活在一个汽车和消费主义的天堂。该城位于白金汉郡北部，[1] 是当时英国最大的新城镇，并将作为伯明翰、伦敦、牛津和剑桥之间的区域性首府发挥其作用。

无论从字面上还是从比喻上讲，米尔顿-凯恩斯都处在英格兰东南部的交叉路口。它将成为新兴电子和 IT 公司的孵化器，尤其是那些与拟建的伦敦第三个机场有关的公司。更进一步讲，其概念规划（concept plan）明确地侧重于社会目标和减轻贫困。这座城市将致力于为包括少数族裔在内的所有成员谋福祉。居民的社会需求和愿望将通过科学测量进行仔细监测和评估。每一个梦想，每一个抱负都与米尔顿-凯恩斯有关。它被视为一场乌托邦式的极限挑战，显然也是最具争议的冒险之一。

在决定如何设计一座拥有这些神奇力量的城市的漫长过程中，理查德·卢埃林-戴维斯坚持认为，设计的目的是考虑"未来的城市状况的一些可能的形式元素"。大批专家被请来为这座城市的概念提供建议，并帮助说服公众相信这些建议的价值。专家中有来自加州大学伯克利分校的梅尔文·韦伯，他对即将发生的改变所发表的看法让人们着迷。知识产业，包括信息处理和系统分析，将是经济增长的关键。韦伯口若悬河地说："从某种意义上讲，米尔顿-凯恩斯将成为城

---

① See Ministry of Housing and Local Government，*The South East Study*，1961 - 1981 (London：Her Majesty's Stationery Office，1964)，and the South East Joint Planning Team，*Strategic Plan for the South East* (London：Her Majesty's Stationery Office，1970). See also Pat Blake，"South East：Strategy or Hypothesis？，"*Town and Country Planning* 36 (March 1968)：179 - 82. 米尔顿-凯恩斯新城的范围包括布莱切利、斯托尼斯特拉福德和沃尔弗顿现有的村庄。

市文明这一变革阶段的先锋。"①

　　并不是每个人都相信或理解这种堂·吉诃德式的想象。《观察家报》的一位记者在回忆起一次关于米尔顿-凯恩斯规划的会议时调侃道："这门语言包含了如此故弄玄虚的政治、统计和社会学方面的东西，让许多所谓的专家感到困惑不解。"系统分析不适合外行。尽管如此，"在那些神秘术语抛出的巨大烟幕背后，可能存在一个基点，即有一天它可能是个有趣的地方"。②

　　该镇中心区最初的设计理念是处于前沿的现代主义，符合 20 世纪 60 年代城市巨型结构的理想（见第六章）。一座壮观的多层建筑将会把交通分隔成数个水平面，为居民提供各种服务，并且可以俯瞰风景如画的湖泊。四条未来主义风格的单轨环路穿过中心地带。白金汉郡的建筑师弗雷德里克·普尔利（Frederick Pooley）设计了米尔顿-凯恩斯的第一幅梦幻景观。对它推崇备至的人宣称，这个城市将"比巴西利亚更新，比纽约规划得更好，比巴黎更方便，对英国的威望来说，将比几十枚没有命中目标的导弹或十几次登月失败更有利"。③ 这是带着民族主义自豪感的大胆声明，不幸的是，对普尔利来说，这也暴露了伴随着乌托邦式生产而来的斗争。普尔利的计划优先考虑公共交通，其次才是小轿车的使用，而米尔顿-凯恩斯的总体计划的目标是敞开怀抱欢迎汽车的到来。

　　普尔利的大胆设计被卢埃林-戴维斯和沃尔特·博尔的理念抢了

---

① Stephen Gardiner, "Villages for Thousands: Milton Keynes, a Look at the Plans," *Observer* (London), April 26, 1970.
② 同上。
③ "Professor Parkinson wants a 'British Brasília,'" *Daily Telegraph* clipping quoted in Guy Ortolano, "Planning the Urban Future in 1960s Britain," *Historical Journal* 54, no. 2 (2011): 478.

风头，后两者将城市设计为一个松散的网络，一个沿着自然景观轮廓起伏的高速公路网格（图 5.1）。英国建筑师罗伯特·麦克斯韦尔（Robert Maxwell）赞道，这是一个"严谨的几何"形象，其"形式之纯粹令人惊叹"，他将这个"美丽的城市"与法国的城市传统或弗兰克·劳埃德·赖特的"广亩城市"① 概念相提并论。② 在对未来的非

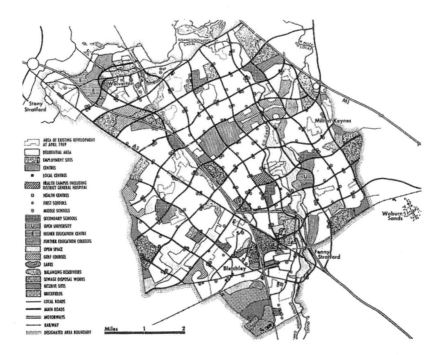

5.1 英国米尔顿-凯恩斯总体规划图，作者是理查德·卢埃林-戴维斯和沃尔特·博尔。米尔顿-凯恩斯开发公司委托，1970 年。由伦敦的卢埃林-戴维斯和休斯敦的卢埃林-戴维斯·萨尼提供

---

① Broadacre City，这是赖特在 20 世纪 30 年代提出的城市规划思想。他认为，随着汽车和电力工业的发展，已经没有必要把一切活动集中于城市，分散（包括住所和就业岗位）将成为未来城市规划的原则。——编者
② Robert Maxwell，"Milton Keynes, the Beautiful City，" *Architectural Association Quarterly* 6，no. 3/4（1974）：6.

城市（non-city）刻意进行的低密度构想中，新城镇的城市功能并不是集中于一个地方或一个巨型结构中，而是在一个美国式的高速公路网格中不确定地分散开。这是一种宽松的、可扩展的设计，可以通过夹在矩阵上的建筑围护结构或模块来延伸。[1] 米尔顿-凯恩斯将成为流行文化时代的城市。

交通运行模式直接融入城市形态之中。居民将充当一个移动网格的角色，往来于城市各点之间，像控制论的脉冲一样，在四车道的公路上以每小时70英里的速度快速行驶，随心所欲地行走和选择他们的商家和服务。随着米尔顿-凯恩斯响应了越来越多的需求，规划人员可以在网格沿线具体的十字路口精确地定位开发。在计算机时代，这座城市在地下广布有线电缆。换言之，米尔顿-凯恩斯充满了超现代性和时髦的消费观。

这座城市没有明确的中心，低密度，视野开阔、绿意盎然。购物中心建筑群由钢铁和花岗岩建成，使用了大片玻璃，与开放的庭院和拱廊交织在一起（由德里克·沃克、斯图尔特·莫斯克罗普和克里斯托弗·伍德沃德设计；见图5.2）。那是一个气候条件可控的步行区，也是当时英国最大的购物中心。总的来说，米尔顿-凯恩斯的设计是非等级制的，灵活地适应了居民消费者的个性化需求。

这与早期的新城镇信条是背道而驰的，后者在60年代受到了严厉谴责。离经叛道的现代主义者雷纳·班汉姆、保罗·巴克、彼得·霍尔和塞德里克·普莱斯在1969年发表的开创性文章《去规划：关于自由的实验》（*Non-Plan：An Experiment in Freedom*）中得出结论："整个规划概念……已经走歪了。"文章直指早期的新城镇，称：

---

① This imagery is recounted in Richard Williams, *The Anxious City* (New York：Routlege，2004)，58 – 59.

5.2 英格兰白金汉郡米尔顿-凯恩斯中心区购物中心。约翰·多纳特摄。©约翰·多纳特/英国皇家建筑学院图书馆

"斯蒂夫尼奇已经成为瘾君子的据点……哈洛则一直靠周围社区生存。"文章呼吁人们不要任专业人士去掀起最新的规划狂潮，而是要塑造自己的生活和工作环境。它的实现可以通过新的美国社会科学技术，通过控制论的视角将自然环境想象成人、货物与信息的流动。"去规划"挥舞着控制论的大旗，称之为"我们思维方式的一次重大革命"，说它将淘汰传统的规划。[1] 机器逻辑将构建城市社会。尽管"去规划"主张完全不进行规划，但在它对城市活力和自发性的渴望

---

[1] Reyner Banham et al. , "Non-Plan: An Experiment in Freedom," *New Society* 20 (March 20, 1969): 435, 39, 42. 关于"去规划"造成的影响，参见 Jonathan Hughes and Simon Sadler, eds. , *Non-Plan: Essays on Freedom, Participation and Change in Modern Architecture and Urbanism* (Oxford: Architectural Press, 2000)。

与它对接入电脑、系以某种方式提供自决权的公式之间，存在着明显的紧张关系。问题的关键仍然是作为社会、经济和城市改革的媒介的规划本身。卢埃林-戴维斯发问，有没有可能"设计一个可以向四面八方发展"，并且可以接受改变的新城镇？[①] 米尔顿-凯恩斯就是这个问题的答案。

由建筑插画家赫尔穆特·雅各比创作的关于米尔顿-凯恩斯的堂·吉诃德式图景（图 5.3、5.4），成了未来城市的视觉符号。他的画仍然是 20 世纪乌托邦最重要的实物之一。雅各比出生于德国，后移民美国，就读于哈佛大学设计学院，专攻图形设计。他的插图是 20 世纪 60 年代现代主义的视觉记录。雅各比对米尔顿-凯恩斯的描绘将其塑造成了城市梦幻景观。他那一览无余的空中视野捕捉到了这座城市开阔、灵活多变、令人兴奋的几何空间。这是一个充满诱惑和刺激的未来世界，高速公路和大型立交桥组成的网络系统将城市向外延伸，与周边地区连接起来。最热门的汽车和灵便的私人直升机无缝融入日常生活。米尔顿-凯恩斯的居民是太空时代的公民。其自然环境被诠释成一个可以将城镇置于其中的景观框架。

建筑师诺曼·福斯特（Norman Foster）在附近的林福德伍德（Linford Wood）设计了一个由玻璃和钢材构建的汽车综合体，由汽车经销商、展览馆和休闲中心组合而成。尽管福斯特设计的方案从未建成，但雅各比的插图中呈现的树木繁茂的环境将在米尔顿-凯恩斯的高科技现代主义规划中登场。绿化是使现代主义建筑适应当地自然环境的一种构成机制。为米尔顿-凯恩斯规划的娱乐设施，如沃尔弗顿-阿戈拉和格拉纳达剧院，都是极具影响力的现代主义建筑，带有超大

---

① Richard Llewelyn-Davies, "Town Design," *Town Planning Review* 37, no. 3（1966）: 165–66.

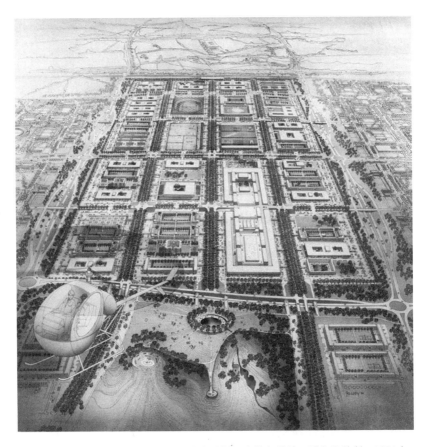

5.3 英格兰米尔顿-凯恩斯中心区，由建筑插画家赫尔穆特·雅各比绘制，1974 年。
受米尔顿-凯恩斯开发公司委托，由德里克·沃克、斯图尔特·莫斯克罗普和米
尔顿-凯恩斯中心区团队设计。©德里克·沃克与家庭和社区署。图片由米尔顿-
凯恩斯城市发展中心提供

5.4 米尔顿-凯恩斯的女王苑,建筑插画家赫尔穆特·雅各比绘制的购物中心,约1970 年代,受米尔顿-凯恩斯开发公司委托。由德里克·沃克、斯图尔特·莫斯克罗普和米尔顿-凯恩斯中心区团队设计。©德里克·沃克与家庭和社区署。图片由米尔顿-凯恩斯城市发展中心提供

广告位和超平面立面。这种技术乌托邦主义是未来之物。

英国首屈一指的前卫设计杂志《建筑设计》（*Architectural Design*）也加入了为米尔顿-凯恩斯代言的媒体战和城市形象塑造，该杂志也是 20 世纪 70 年代为系统方法摇旗呐喊的重要喉舌之一。1973 年，该杂志用了整整两期来讨论米尔顿-凯恩斯。文章都是由该市的首席建筑师、规划师德里克·沃克和他极具潜力的年轻设计师团队所撰写的，他们的年龄都不到 40 岁。沃克称他们为一群"特立独行之人"，在周一晚上的设计会议上，或是在与巴克敏斯特·富勒等知名人士的研讨会上，他们会对自己的项目进行深入研究。① 那是一个令人振奋的时期。米尔顿-凯恩斯是"摇摆的 60 年代"② 年轻的专业人士的精神食粮。他们在新城镇项目中逐渐崭露头角。

赫尔穆特·雅各比和城市设计师安德鲁·马哈迪（Andrew Mahaddie）的迷人画作，以及约翰·多纳特（John Donat）拍摄的米尔顿-凯恩斯的照片，在各种国际建筑刊物上频频出现。就像塔皮奥拉和瓦林比一样，华丽的营销活动，高额预算的电视广告和宣传片使米尔顿-凯恩斯的名字家喻户晓。一则电视广告上，一个小男孩在新城找寻回家的路，经过两分钟的温馨旅程后，旁白轻柔地说："如果所有的城市都像米尔顿-凯恩斯那样，不是很好吗？"还有为这个镇上时髦的购物中心所做的电视广告，其中的歌曲朗朗上口，它唱道："你从来没有见过这样的东西：你从来没有到过这样的地方。"米尔顿-凯恩斯被标榜为"有益于健康"的城市。它是"你希望你的家人

---

① Derek Walker, "New Towns," *Architectural Design* 111（1995）：7. 有关米尔顿-凯恩斯的设计的完整图景和描述，参见 Walker's *The Architecture and Planning of Milton Keynes*（London：Architectural Press, 1982）。

② Swinging Sixties, 是发生在 1960 年代中后期的英国，以伦敦为中心的一场由年轻人推动、强调现代性和享乐主义的文化革命，其间艺术、音乐和时尚蓬勃发展，披头士乐队就是其中之一。——编者

在其中成长的那种城市"。①

反对者则批评米尔顿-凯恩斯的设计是将加州风格的郊区汽车文化引入英国的一种尝试，该镇后来被称为白金汉郡的洛杉矶。审查人员对梅尔文·韦伯及其影响力嗤之以鼻。历史学家马克·克拉普森（Mark Clapson）认为，这座城市"成为了英国最具加州特色、因此也是最具美国特色的城市"，而且是一座早期的"边缘城市"。② 但米尔顿-凯恩斯的目标远不止如此。规划界精英们试图在一个由技术、交通和通信系统驱动的非场所（non-place）城市领域创造一种全新的、不同的生活方式。

二、法国新城镇："美丽的冒险"

人们对法国新城镇的研究可能甚至比对英国的研究还要多。除了官方与非官方历史外，还有数量惊人的口述史和回忆录，是由那些参与设计和建造巴黎周边的样板城市的人所撰写的。这些都清楚地表明了参与这个"美丽的冒险"③、为法国打造城市理想的人所享有的声望。新城镇的建设是由保罗·德鲁瓦（Paul Delouvrier）（图 5.5）和巴黎新行政区领导的，也许还归功于系统理论的最终应用。

---

① 米尔顿-凯恩斯最有名的电视广告是《红气球》（Cogent Elliot 广告公司）和《米尔顿-凯恩斯中心区》（两者均在此处被引用）。它们是为米尔顿-凯恩斯开发公司制作的，都可在 MK Gallery 网站上找到：http：//www. mkgallery. org/information/about/milton _ keynes/. Accessed June 24，2015。

② Clapson，*Anglo-American Crossroads*，79. See also Clapson's *The Plan for Milton Keynes* (London：Routledge，2013) as well as his *A Social History of Milton Keynes*：*Middle England/Edge City* (London：Frank Cass，2004) .

③ 比如，此言出自负责埃弗里新城规划的建筑师米歇尔·莫特兹的回忆录，参见 Michel Mottez，*Carnets de campagne*：*Evry，1965 – 2007* (Paris：L'Harmattan，2003)。

5.5　关于巴黎大都市圈规划方案的会议，与会者有巴黎行政长官保罗·德鲁瓦（中）
　　　和塞纳-马恩省行政长官莫里斯·道布勒；警察署长让·维迪尔（左）、莫里斯·
　　　格里莫德和塞纳-瓦兹省省长（右），1967 年。摄影师不详。法兰西岛规划院提供

　　作为法国总统戴高乐的长期助手，德鲁瓦被任命为法国首都的首
席政策制定者。他遵循戴高乐的指示，基于 1965 年具有里程碑意义
的《巴黎大区发展与城市规划指导纲要》（简称《纲要》或 SDAU）
来清理巴黎大区的混乱状况。尽管《纲要》遭到了巴黎市议会和当地
政治人物的严厉批评，但它仍然是有史以来尝试过的最宏大的区域土
地利用计划之一。[①] 它预计巴黎的人口将从 1962 年的 850 万增加到

---

① 关于围绕规划的政治斗争及德鲁瓦在戴高乐政府的作用，参见 Eric Lengereau,
　 L'Etat et l'architecture 1958‒1981：Une poli-tique publique?（Paris：Picard，2001），
　 119‒21。关于规划和新城镇的口述史，参见 Alessandro Giacone, ed., *Les Grands
　 Paris de Paul Delouvrier*（Paris：Descartes，2010）。

2000 年的 1400 万，而巴黎将作为新的欧洲共同市场最重要的首都获得其应有的地位。更重要的是，巴黎将成为一个全球城市。此规划雄心勃勃，人口预测过于夸张，紧迫感也太过强烈。

该地区的发展将集中在塞纳河和马恩河流域的两条主轴线上的五个主要的卫星新城，而不是杂乱无章地向郊区扩张。这五个卫星新城是：马恩-拉瓦雷、默伦-塞纳尔、埃弗里、圣昆廷-伊夫林和塞吉-蓬图瓦兹。① 每个城镇规划都伴随着一场媒体战。人们将施工过程记录了下来，城市建设的迅速开展受到了盛赞。几十部电视纪录片和电影在为它们欢庆，在谈论它们。每个城镇都要容纳 30 万到 100 万人口，这样巴黎就将成为一个多中心地区。这些城镇通过复杂的公路系统、一个新的 160 英里长的区域快速交通系统（RER）以及铁路线与首都相连。每个城镇都有工作机会提供，也有自己的行业。以新的城镇标准衡量，每个城镇的规模都很大。此外，拉德芳斯的一个大型建设项目将成为巴黎市中心的延伸，那里还将打造一个世界级的商业中心。这是最终的土地利用计划。

为了实现这一宏伟愿景，德鲁瓦召集了一批年轻的建筑师、规划师、工程师、经济学家和地理学家，组成了一个区域规划智囊团，它被称为"巴黎城市与区域规划研究院"（IAURP）。他们是 Team

---

① 有关法国新城镇的最新最权威的历史著述，参见 Loïc Vadelorge, *Retour sur les villes nouvelles*：*Un Histoire urbaine du XXe Siècle* (Paris：CREAPHIS Editions，2014)。See also Kenny Cupers, *The Social Project*：*Housing Post-war France* (Minneapolis：University of Minnesota Press，2014)。关于马恩-拉瓦雷新城，参见 Antoine Picon and Clément Orillard, *De la ville nouvelle à la ville durable*，*Marne-la-Vallée* (Paris：Parentheses，2012)。另外四个新城镇项目在法国最权威最有影响的规划机构——领土整治与区域开发司（DATAR）的指导下由各省制定实施。
Another four new town projects were laid out in the provinces under the auspices of the French state's most powerful and authoritarian planning agency, the Délégation à l'aménagement du territoire et à l'action régionale (DATAR).

10①那代人，这些建筑师和规划师摒弃了对城市主义的僵化态度，一反 CIAM 的现代正统观念，尤其是 CIAM 在 20 世纪 50 年代和 60 年代初于臭名昭著的大型整体公共住房项目中所实践的那种观念。作为年轻的专业人士，他们抨击过时的法国建筑文化，在那种文化中，一个无所不能的建筑师仅凭个人喜好就可以预测和控制一个项目。取而代之的是，"从社会科学中借用的概念和城市建设的新方法几乎成为官方规则"。②

　　IAURP 团队分为十几个跨学科小组，对新城项目进行调查和可行性研究，并对巴黎大区的方方面面进行分析。此举旨在吸引高科技公司和跨国公司的子公司入驻新城。每个城镇都被视为一个有凝聚力的城市体系，然后整个巴黎大都市圈将成为一个相互连接的区域系统。作为法国人对新城意识形态和设计兴趣的一个衡量标准，主要专业期刊《技术与建筑》（*Techniques et Architecture*）、《今日建筑》和《城市评论》（*Revue Urbanisme*）的版面上满是有关塔皮奥拉、瓦林比和米尔顿-凯恩斯的文章。1963 年英国交通部出版的《城镇交通》一书于 1965 年在法国翻译出版，法国规划者一直将其作为参考书，希望在巴黎的全面区域规划中制订出一个有雄图大志的新城计划。

　　保罗·德鲁瓦及其技术官僚团队启程对伦敦、哥本哈根、斯德哥尔摩和赫尔辛基周边的新城进行了一次大规模的考察。他们还去了东

---

① 这是一个从 CIAM 的内部逐渐成长起来却又质疑其理念和原则的较为松散的建筑师小组。Team 10 最初由一群青年建筑师酝酿于 1953 年 7 月，最终在 1959 年荷兰奥特洛的 CIAM 大会上与其决裂。Team 10 的成立，也是对以柯布西耶和吉迪恩为首的 CIAM 组织由参与到质疑再到重塑的过程。其时代使命是反思并质疑机器生产和理性规划的不可动摇，倡导人本主义的回归。——编者

② Jean-Louis Voileau, "Team 10 and Structuralism：Analogies and Discrepancies," in *Team 10：1953 - 81, in Search of a Utopia of the Present*, ed. Max Risselada and Dirk van den Heuvel (Rotterdam：NAi, 2005), 283.

京、巴西利亚和纽约。德鲁瓦在其众多的口述史中讲述了乘直升机飞越著名的伦敦绿化带，前往斯蒂夫尼奇新城的经历。正是在空中，他意识到了早期英国新城规划的错误：这些城镇离伦敦太远、面积太小、就业机会太少。法国人对英国的新城镇持怀疑态度，他们经常将其与巴黎郊区的大型居住区作比较。规划人员指出了英国城镇之间有竞争之虞，质疑居民是否真的能找到工作，并感叹它们单调的建筑和空间以及过于受技术官僚影响的规划导致城镇失去活力。[①] 巴黎大区的新城镇方案正是通过对这些国际城镇的比较后制定出来的。它们的规模比英国的大得多，而且是被小心地整合到一片区域中，每个城镇的多样化经济基础成为优先考虑的问题。

IAURP 的第一位科学主管皮埃尔·梅林（Pierre Merlin）在其编辑的一系列出版物中，记录了这次考察之行。梅林是一位不拘一格的城市学家，曾就读于法国多所学校，从巴黎综合理工学院，到一些专攻人口统计学和统计学的学院，再到索邦大学等。他最终成为法国城市研究院的创始人和校长。梅林在新城镇运动中发挥了巨大的国际作用，他主编或撰写了大约 60 本书以及数百篇文章和报告，以此传播理论模型、信息和思想。20 世纪 60 年代，他与 IAURP 团队一起穿梭于欧洲、美国和亚洲，他的研究成为每个国家新城项目的重要资源。他的每一份报告都充满了复杂的规划图、区域地图、中心城市模式、社会经济数据表，以及对新城发展的行政、财务、规划和运营方面的解读。它们是名副其实的新城镇建造实用手册。[②] 对冷战时期的

---

① Lion Murard and François Fourquet, eds., *La Naissance des villes nouvelles* (Paris: Presses de l'école nationale des Ponts et Chaussées, 2004), 105 – 8. See also A. Suquet-Bonnaud, "Les Villes nouvelles en Grande-Bretagne: Progrès récents," *L'Information du bâtiment* 3 (March 1964): 2 – 14.

② 此处仅举其中一例，参见 Pierre Merlin, *Les Villes nouvelles françaises*, Notes et Etudes Documentaires, nos. 4286 – 88 (Paris: La Documentation française, May 3, 1976)。

东方集团国家尤其如此，梅林的研究是它们重要的知识来源之一。[1]

梅林在德国、美国和瑞典，特别是瓦尔特·克里斯塔勒、沃尔特·伊萨德和托斯滕·哈格斯特朗（他开发了用于解读瑞典空间经济创新的统计技术）等人的研究中找出了区域科学和新地理学的准确起源。法国的地方主义者们克服了反美情绪，发现了地理学的定量革命（quantitative revolution）。早在 1958 年，区位理论和系统分析就通过经济学家克劳德·庞萨德（Claude Ponsard）的研究被介绍到了法国，[2] 法国对新模型的研究一直持续到 20 世纪 60 年代和 70 年代。梅林帮助引入了兰德公司的系统分析研究、宾州-泽西研究以及北卡罗来纳大学的计算机建模，对法国规划者颇多助益。

但包括梅林在内的许多法国人仍然犹豫不决。由于 IAURP 制订的计划充满了复杂的数学方程式和对计算机生成模拟的初步尝试，梅林和地理学家菲利普·潘什梅尔（Phillip Pinchemel）都表示要谨慎对待。通常情况下，地方规划机构的资源有限，这意味着他们对计算机的使用不系统，而且对统计分析和简化建模技术的一些有问题的组合很依赖。错误和遗漏猛增。梅林和潘什梅尔等批评家建议，了解当地地理的真实情况以及地方在定性和定量上的整体性，可以避免单纯依赖于抽象推理的危险。[3] 为了实现这一目标，法国开始进行半参与式

① 比如，波兰诺瓦胡塔的建筑师通过梅林的成果研究了匈牙利的多瑙新城。Anna Biedrzycka, *Nowa Huta — architektura i twórcy miasta idealnego*; *Niezrealizowane projekty* (Crakow: Muzeum Historyczne Miasta Krakowa, 2006), 17。See also Pierre Merlin, "Aménagement du territoire et villes nouvelles un Hongrie," *Cahiers de l'IAURP* 20 (1970)。

② Claude Ponsard, *Histoire des théories économiques spatiales* (Paris: Armand Colin, 1958).

③ Pierre Merlin, *Géographie humaine* (Paris: Presses universitaires de France, 1997), 20 – 28, and his *Modèles d'urbanisation* (Paris: IAURP, August 1967). Philippe Pinchemel, preface to Peter Haggett, *L'Analyse spatiale en géographie humaine* (Paris: Armand Colin, 1973), 5 – 7.

的规划实验，其间，将来自 IAURP 团队的年轻员工与当地行政人员和民选官员匹配起来进行实地实况调查。计划在某种程度上是民主的。但高调的地方赋权主张却是信口开河。事实上，新城镇经常面临当地居民的强烈反对。为了避免房地产投机，决策是在 IAURP 的技术官僚的办公室里做出的，而且通常是秘密进行。新城镇规划被批评者称为法国国家专制主义的又一例证。

总体规划图运用了控制论和系统理论的视觉符号，将巴黎大区变成了一个活动的、流动的和动态连接的复杂矩阵（图 5.6）。新城镇

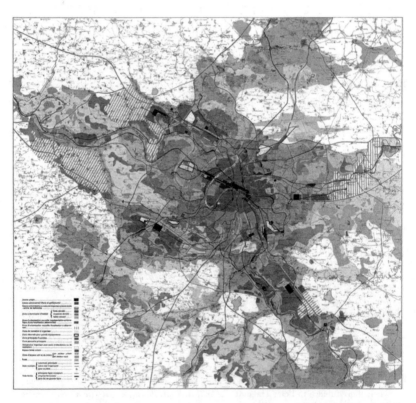

5.6　巴黎大区和城市规划研究所制定的巴黎大区总体规划，1965 年。法兰西岛规划院提供

被设想为城市地区的抽象区域地理中的节点或核心。在新城镇里，通勤的体力消耗和日常生活中你死我活的竞争将不复存在。它们会为即使是收入微薄的家庭提供机会，让他们在大自然中享受天堂般的便利生活，远离大城市的喧嚣。建成后的环境将是快乐的源泉。

与饱受诟病、设备简陋、生活条件差的巴黎郊区相比，这些新城镇简直是奇迹。尽管它们成为了政治的牺牲品，并且在接下来的20年里只有部分目标得以实现，但是创造这个梦幻的文档、图表、地图和逻辑图却是非同寻常的。海量的宣传材料从国营出版机构印发出来。规划是作为一门专业学科产生的，其中充满了专业词汇和暗语。这些官方文本中的视觉密码证明了城市形象环境的扁平化、抽象化和压抑感。它们也代表了先锋派乌托邦主义与法国国家现代主义城市未来战略的融合（见第六章）。巴黎大都市圈的规划图与网络城市或计算机城市的前卫幻想有着惊人的相似之处。

抽象意味着与日常城市生活实实在在的物质性的疏远。但与此同时，IAURP团队完成了每个居住区的现场调查，调查重点为居住区的景观和环境。地方的独特性将赋予每个新城独特的个性和辨识度。然而，具有讽刺意味的是，这些地点在很大程度上仍被想象为一片空白的地貌，作为一个乌托邦项目的城市可以在这里被书写出来。规划了马恩-拉瓦雷新城的一位怒气冲冲的规划师这样描述了城市系统里的"乌托邦主义者，说他们认为在全球范围内进行这种设计是可能的也是可取的，这种设计定义了经济、政治、社会和文化目标，甚至是空间的细节处理，然后把政策的任何调整都留给了未来"。[①]

---

① Maurice Piau, "Programmation urbaine et immobilière," in *Vingt-cinq ans de villes nouvelles en France*, ed. Annick Jaouen, Chantal Guillet, and Jean-Eudes Roullier (Paris: Economica, 1989), 276.

这个理想系统的原型是塞吉-蓬图瓦兹和埃弗里的新城镇。它们对城市中心性和社交性予以的关注是压倒一切的，而这些在法国规划者看来能将一个真正的城镇与一个单纯的郊区区分开来。两个城镇都被指定为各自所在行政区划的政治中心。塞吉-蓬图瓦兹位于巴黎西北30公里外瓦兹河畔的一个弯道处，其设计意在与当地地形融为一体。但这座城市与其环境之间的冲突之处也显而易见。该地点被设想为从埃菲尔铁塔到拉德芳斯的轴线的延长线。这座城市被赋予了与一个"交流场所"相关的所有设施，"其影响力向外辐射并融入一个与其他城市广泛连接的系统中"。[1] 塞吉被安置在一个由三条高速公路、两条铁路线和一条新的通向巴黎的区域快速交通线组成的交通网络中，而且计划开行一趟直达新戴高乐机场的列车。交通干道汇聚于市中心一个由著名的布伊格建筑集团建造的大型三层空中走廊（pedestrian deck）之下。这个走廊，或称为"平台"，为城市的设计提供了一种正式的、统一的连贯性。用这家引以为豪的地方规划机构的话来说，它"为当地居民和游客打造了一个强烈的中心城市形象。它象征着集体生活的诞生"。[2] 国家建筑和市政厅、写字楼、一家地区购物中心、一所大学、包括两家电子工厂的工业区，甚至是瓦兹河上的一个小港口，都额外为住房、休闲和娱乐提供了各种选择。

作为一个精心设计的视觉标志系统，塞吉是它的核心，新城的模板。该城市的公共建筑由一群法国建筑师设计，采用了大量有自我意识的超现代风格，尽显了这座城市作为未来之灯塔的官方姿态。如果说米尔顿-凯恩斯的中心城区是完全不确定的，那么塞吉的中心城区

[1] Etablissement public d'aménagement de la ville nouvelle de Cergy-Pontoise, "Dossier: Inauguration du centre ville de Cergy-Pontoise"（Cergy-Pontoise, France: EPA, April 17, 1984），8.
[2] 同上，10。

则是毫无顾忌、展露无遗的。由建筑师亨利·伯纳德（Henri Bernard）设计的省政府大楼是一座清水混凝土的巨大倒金字塔，在这片景观中伸出来，作为国家权力的象征（图5.7）。市政厅由多米尼克·阿尔芒（Dominique Armand）和蒂埃里·梅洛（Thierry Melot）设计，是一座未加装饰的玻璃和钢结构的建筑，具有严格的对称。克劳德·瓦斯克尼（Claude Vasconi）和乔治·彭希亚什（Georges Pencéac'h）建造的市政大楼是20世纪60年代线条流畅的现代主义风格，建筑外墙覆盖着蓝色和绿色的搪瓷面板。亨利·西里亚尼（Henri Ciriani）设计了钢和玻璃结构的法院，而铁、砖和玻璃结构的

5.7 法国塞吉-蓬图瓦兹的省政府广场，有人行天桥、建筑师亨利·伯纳德设计的省政府大楼，以及伦佐·莫罗设计的 EDF 塔，1977 年。由 J. 布鲁切特/法兰西岛规划院提供

市场大厅是安托万·格鲁姆巴赫（Antoine Grumbach）设计的。这些建筑师是国家兴建的新城镇项目所偏爱的精英。塞吉-蓬图瓦兹的中心地带被打造成法国现代主义倾向建筑的展演之地，这些建筑在一个平台上被提升为一个整体，而且相互连接，这个平台本身就是城镇交通网络的焦点。

当地的民选政客们对这个新城一无所知，因此，当这个乌托邦理想的实现发生变故时，他们还在作壁上观。其中一人调侃道："（伯纳德·）赫希（塞吉-蓬图瓦兹规划小组组长）今天说是白的，明天说是黑的。我们没有发言权。事实就是如此。"① 事实上，赫希被迫根据巴黎的政治风向，将其对塞吉-蓬图瓦兹的规划转向不同的方向。郊区的共产党市长们对他们所认为的技术官僚接管了决策权一事怀有强烈的敌意。当地的民选官员组织起来反对总体规划和 IAURP 团队，并开始着手制订自己的计划。他们抗议重新划定地方行政边界，并最终推动了一项变革（1970 年的《波舍尔法案》［Boscher Law］），让地方官员在决策中拥有更多发言权。② 一些人对这项规划听之任之，而另一些人则试图从项目中获得他们所能得到的或者继续抗争。

中心城市的官方落成典礼遭到了当地工会的抗议。著名的城市评论家蒂埃里·帕科（Thierry Paquot）在左翼杂志《空间与社会》③ 上谴责新城计划，称其是一种与资本主义联手打造技术官僚化社会的工

---

① Jean-Luc Bodiguel and Jean-Louis Faure, "Les Villes du Schéma directeur de la région parisienne," in "Les origines des villes nouvelles de la région parisienne (1919 – 1969)," *Cahiers de l'Institut d'histoire du temps présent* 17（1990）：83.

② 以下著作对这场社区叛乱（communal rebellion）进行了很好的讨论，参见：Murard and Fourquet, *La Naissance des villes nouvelles*, 159 - 64。

③ *Espaces et Sociétés*，在完成了《空间的生产》一书的准备工作后，列斐伏尔和苏联现代主义者阿纳托利·柯普（Anatole Kopp）一起创办。——编者

具。① 事实上，吸引公司迁往塞吉-蓬图瓦兹是将该城市作为样板社区进行营销的主要原因之一。"形象至关重要，"该市开发公司的前负责人表示，"形象比生活质量更难营造。"②

这幅图景确实很吸引人。1975 年，法国新浪潮电影制作人埃里克·罗默（Eric Rohmer）执导了一部关于新城镇的四集电视系列片。罗默被它深深吸引，不仅是舞台幕布般的城市景观，还有城市作为一个不断涌现、演变与发展的鲜活实体的理念。他的片子描绘了城市现代化的传奇故事。在第一部《新城的诞生》中，我们可以看到塞吉正在建设之中，城市像幽灵般在一片空旷的土地上冉冉升起。伯纳德·赫希站在一张巨大的规划图前，阐释他的想法。在开发公司办公室里，镜头捕捉到了规划师、建筑师和社会学家弓着腰坐在办公桌前，用计算尺、圆规、图表和模型勾勒出这座城市的模样。③ 他们的工作成果将是一片城市田园。

罗默在他的长篇故事片《我朋友的朋友》（1987）中，展示了四位年轻人在城市天堂塞吉-蓬图瓦兹生活、工作和恋爱的故事。他们享受着特别优待、幸福的生活和完善的社会秩序。对于他们来说，教育资源、好工作、购物和休闲活动，以及与神奇的现代生活有关的欢乐都触手可及。布兰奇、法比恩、莱娅和亚历山大都是从过去的环境中解放出来的摩登青年。他们的生活被限定在了这座城市张扬的现代

---

① Thierry Paquot, "Villes nouvelles une utopie de droite," *Espaces et sociétés* 22 - 23 (1977): 3 - 23.

② Jean-Eudes Roullier, ed., *Cergy-Pontoise: "Inventer une ville." Actes du colloque du* 5 *septembre 2002* (Lyon: CERTU, September 2002), 41. See also Gérard Monnier and Richard Klein, eds., *Les années ZUP: Architectures de la croissance, 1960 - 1973* (Paris: Picard, 2002).

③ Eric Rohmer, dir., *Une Ville nouvelle: Cergy-Pontoise*, Journal télévisé (ORTF, December 16, 1970).

主义景观之中。这部电影是国家规划大手笔的一座纪念碑，也是一座新城镇及其新居民最好的舞台幕布。

三、新孟买的系统逻辑

系统分析似乎是一个万无一失的综合土地利用战略的基础。当应用于发展中国家时，它就成为一种现代化的政治工具，一种可以巧妙地依靠专门科学和抽象模型的工具。大片政治动荡的领土被虚构成一块干净的画布，随时可以填充、组织起来，并以连贯的发展模式相互关联。成功的开发有赖于想出的功能类型和市与镇的等级安排。分类学和类型学术语，以及理想的等级与大小的排序，在这个概念框架中发挥了关键作用。它始于国家层面，每个国家都按其经济体系分类。然后，根据人口和经济功能将城市像金字塔一样划分等级。这一过程建立了从首都到村庄的指挥链、过滤控制和监控。接着对收入群体与社会结构进行分类和有序安排。其理由是，可以将起源于西方职业规划文化的科学知识向外传播给周围的社会。

发展中国家的城镇是当地数据的来源，这些数据随后会按分类进行调整。[①] 联合国和福特基金会都支持这种逻辑，并投入大量资源进行田野调查，后者可纳入分析的系统结构。与其将社会权力结构和城市变迁想象成有机的，不如假设城市形态和类型是固定的，可以通过集中规划来运作。事实上，城市的有机增长被人轻视，认为是有缺陷的，这就是导致如此混乱的过度发展和社会恐慌的原因。它造成了规

① 关于这一点，参见 Raewyn Connell, *Southern Theory: The Global Dynamics of Knowledge in Social Science* (Cambridge, MA: Polity, 2007), 56–68。

划术语中所说的结构性失衡。

其实，城市增长应由专业人士来塑造和调控，因为他们拥有能充分理解复杂的社会经济过程及其空间构成的科学工具。第三世界动荡的大都市地区将受到限制，人口将被分流到中小型地区，后者将被官方批准为新城镇。对于这些新建成的地方来说，确定恰当的人口规模是最让规划者挂心的事；放任人口过剩和交通拥挤是大罪，没有比这更糟的了。每个城镇都按功能分区排列：工业区、住宅区、城镇中心、娱乐区。交通干线将把所有这些元素融合在一起。

新城镇的类型很多：环形城镇、卫星城镇、工业城镇、服务城镇，不一而足。这些定义、规模等级和属性的显著特性，以及对每个新城镇方方面面进行的详细勘查，是一种权力和控制机制。执行这些惯例要求使用靠专业知识运行的设备。它们出口到发展中世界，作为缓解被谴责为超城市化或过度城市化造成的社会病态的一种机制——国际开发机构经常使用这些术语。

印度规划学教授瓦格尔（L. R. Vagale）是 20 世纪 60 年代联合国城市发展首席技术顾问之一。他出版了大约 50 本关于印度和尼日利亚城市与区域规划的著作，并在促进发展中国家的技术教育方面做出了重要贡献。通过瓦格尔等专家，联合国为第三世界的新兴国家制定了一套关于和谐城市的完整叙述。"和谐"一词让人联想到一种道德语言，而且被广泛用于表示规划专家之间的互动、缓解种族冲突和极端社会差异的社会关系，以及大都市地区城镇之间的互动。对瓦格尔来说，一个新的城镇提供了这样一个完美和谐的世界：

> 造一座新城不仅仅是建房屋、工厂、学校和商店；这是一项经过深思熟虑的、有计划的工程，旨在创造尽可能好的物质和人

文环境，有利于个人、家庭和社区获得健康满意的生活，其成功
与否应从改善人们的生活和居住条件的角度来评估。社区的形式
和精神、社区的个性和创造力，以及人们在工作、家庭、闲暇时
的追求和在社会关系中获得的幸福感，都是对一个城镇成功与否
的有效考量。①

　　这幅新城乌托邦的图景由来已久。"如果规划者不被允许建造几
个乌托邦，"瓦格尔说，"他们只会敷衍了事地造出一些既无尊严也无
美感的新城镇。"② 他接下来阐释了一种实现和谐的"综合概要方
法"，其中考虑了城市生活的方方面面，从土地使用和经济活动到自
行车道、街道命名和房屋定门牌等。

　　自相矛盾的是，瓦格尔是与国际机构合作的众多专家之一，而这
些专家已开始攻击西方新城战略存在严重缺陷，与新城理想格格不入。
历史学家吉安·普拉卡什认为，像瓦格尔这样的印度规划者一边将西
方对美好生活的看法本土化，一边又批评它不适合印度国情。③ 到 20
世纪 60 年代，他们当然早已不再对西方的规划战略感到敬畏。

　　战后早期的德里总体规划（由福特基金会赞助、美国和英国顾问

① L. R. Vagale, "Physical Planning and Design Principles in the Development of New and Satellite Towns," in United Nations Economic Commission for Asia and the Far East, *Planning for Urban and Regional Development in Asia and the Far East*, Nagoya, Japan, October 10 - 20, 1966 (New York: United Nations, 1971), 101. 在他的众多著述中，参见 *A Critical Appraisal of New Towns in Developing Countries: Policy Framework for Nigeria* (Ibadan, Nigeria: Polytechnic, 1977), and *Structure of Metropolitan Regions in India: Planning Problems and Prospects* (New Delhi: L. R. Vagale, 1964)。

② Vagale, "Physical Planning and Design Principles in the Development of New and Satellite Towns," 115.

③ See chapter 7, "A Different Modernity," in Gyan Prakash, *Another Reason: Science and the Imagination of Modern India* (Princeton, NJ: Princeton University Press, 1999).

主导）遭到了猛烈抨击，人们认为它行不通。规划中广阔的绿地说得好听是不切实际，说得不好听是西方道貌岸然的明确象征。卫星城并没有阻止席卷德里的城市扩张浪潮。田园城市和邻里单位的概念已经过时，在土地和金钱方面都过于昂贵，不适合亚洲城市的经验。即使为了适应当地条件简化了形式，维持田园城市幻想的成本还是过于高昂。它们就像战后早期的自立运动一样，不过是空中楼阁。其结果往往是一些小房子散落在垃圾成堆的土地上，处于永久失修的状态。这些荒凉的风景竟是建立在众多乌托邦理想之上的，这一点，让事情看起来尤其糟糕。在 1966 年印度一次题为"我们的城市"的研讨会上，一位与会者直言不讳地宣称，孟买的规划者们对"巨型建筑（bhawans）、面子工程、昂贵的平板玻璃、钢铁、混凝土、铝、装饰性的百叶窗和不实用的装饰"不感兴趣……"街道太宽，不适用，公园也享受不来，因为要过街去公园太危险了"。①

尽管第一代印度规划师很容易将邻里单位同化为当地的莫哈拉或传统的印度居民区，但第二代规划师开始将其视为外来概念。他们还与西方同行一样，变本加厉地谴责"邻里"如同咒语，认为它妨碍了明确界定、充满活力的城市中心的发展。1971 年，旁遮普省的首席城市规划师兰巴（N. S. Lamba）认为，要实现"新的生活方式、科学进步、休闲和便捷的生活"，就必须对规划进行彻底的改变。兰巴以苏格兰新城镇坎伯诺尔德为参照（见第六章），他说："没有人会像过去那样每天去两次当地的市中心寻求更多的选择、更好的东西和更多的快乐。"他建议，与其相信一位建筑师会构思出一个城镇设计，

---

① "Our Cities: A Symposium on the Need for a Rational Urban Development," *Seminar*, no. 79（March 1966）: 17, as quoted in Annapurna Shaw, *The Making of Navi Mumbai*（Hyderabad: Orient Longman, 2004）, 73.

跨学科团队不如使用预测方法来确定一个长期计划的先后顺序，并"投射出居住在一个国家或地区的居民的形象"。采用这种办法，"就没必要高薪聘请外国专家，他们不可能在如此短的时间内理解当地的需求"。[1]

依赖西方规划技术所隐含的矛盾日益明显。印度的规划者眼睛盯着西方的现代城镇规划模式，却在努力使之适应自己的国情。福特基金会资助了一项基于系统分析对 17 个印度新城镇的大规模实地调查，还提供了由美国规划专家布里顿·哈里斯和洛登·温戈分别在宾夕法尼亚大学、加州大学伯克利分校创建的模拟模型。[2] 总的来说，印度政府继续采用美国和英国推荐的整套规划方法论和奢侈标准。政府将成本效益分析纳入了土地利用规划。但印度的规划者们还质疑西方新城镇模式的文化权威及其可行性，认为它们太小、太分散，而且成本太高昂。印度城市问题的严重程度与西方截然不同。

即便如此，到 20 世纪 60 年代末，已有 112 个居住区声称获得了印度新城镇的称号。设计和建造这些新城镇让整整一代印度规划师、建筑师、工程师和行政人员绞尽脑汁。向新定居点移民的工作还在进行之中，而且涉及范围很广。在某些情况下，新城的人口激增，远远超出了最初想象的田园城市的规模。鲁尔克拉、比莱和博卡罗都有大约 200 万居民，其中许多人居住在最初规划的中心区域内或周边的贫民窟和棚户区。但其他新城镇大多仍然很小。20 世纪 50 年代末，印度新城镇的人口估计约为 150 万，不到这个国家城市人口的 1%。预

---

[1] N. S. Lamba, "Emerging Capitals and New Towns," *Journal of Institute of Town Planners*, India 67 (1971): 25, 28, 32.

[2] Ved Prakash, *New Towns in India*, Monograph and Occasional Papers Series, vol. 8 (Durham, NC: Program in Comparative Studies on Southern Asia, Duke University, 1969).

计到 20 世纪 70 年代，新城镇的人口只有 250 万到 300 万。[①] 与印度大城市外围贫民窟的人口相比，这数字简直微不足道。

显然，这些新城镇无法跟上人口增长的步伐；它们也没有能力将怀着期待的大规模迁移的人口吸收进城市世界。也许"人口炸弹"时期最令人担忧的预测是，到 21 世纪初，印度的人口数量预计将翻番，其中 70%（约 6.3 亿）生活在城市地区。政府当局清楚地认识到，必须以完全不同的规模开发新的定居点，才能对现状产生真正的影响。因此，印度的第三个五年计划（1961—1966）为城镇的均衡有序发展制定了全面的政策。总体规划成了当时的主流。

没有哪个城市比孟买更能说明问题累积到了什么程度。到 20 世纪 60 年代，大孟买的人口已超过 400 万，已经达到其极限，在规划者的心目中这简直无法忍受。每年都有成千上万的移民蜂拥而至，打算在这座傲慢的婊子城（Bitch City）里碰碰运气。孟买周边有庞大的非正规的棚户区，虽然这些棚户区已经有了自己完整的生活链，但仍未获得官方认可，属于不在官方规划机构的监管范围的非法区域。孟买是现代刺激过度的生活的典型，一个失控的城市杂食动物。官方报告炮制了一连串的罪恶：人口过密、交通拥挤的街道、丑陋的建筑和贫民窟、污秽和污染、疾病、基础设施恶化、有组织犯罪等。孟买病了。这是一座永远遍布危机的城市。

各种政府委员会和官方报告都不遗余力地提议要控制孟买的城市扩张，但这些建议从未付诸实施。尽管一再呼吁改革，但势力强大的既得利益集团有组织地阻止了任何监管控制。1956 年，因反对政府

---

① Ved Prakash, *New Towns in India*, Monograph and Occasional Papers Series, vol. 8 (Durham, NC: Program in Comparative Studies on Southern Asia, Duke University, 1969), 16.

将孟买划为一个独立的联邦政府管辖区而爆发了一轮暴力冲突，引起了一系列罢工和要命的骚乱。民意广泛反对改革并迫使其流产。马哈拉施特拉人与古吉拉特人两大族群发生的大规模抗议和暴力冲突，持续在孟买和新马哈拉施特拉邦的领土和语言构成中产生政治影响。马哈拉施特拉人占该市人口的大多数，而贸易和工业控制在古吉拉特人手中。到了 20 世纪 60 年代中期，民粹主义右翼政党"湿婆神军党"（Shiv Sena party）出现，开始在孟买（新更名为马拉地语的 Mumbai）捍卫马哈拉施特拉邦的权力。孟买最终被纳入新马哈拉施特拉邦（于 1960 年正式成立）就是源于残酷的地方冲突。新孟买被认为是解决旧城中恶性循环的种姓、阶级以及腐败问题的办法。这是面向普通百姓的城市：社会改革的象征。

大孟买地区的总体规划大纲，早在 1948 年就由美国建筑师阿尔伯特·迈耶和工程师莫达克（N. V. Modak）制定好了。这是战后初期土地利用规划的一个经典案例：一个被绿化带包围的封闭的城市中心和一系列花园卫星城镇。尽管这一设想从未付诸实施，但在整个 20 世纪 50 年代和 60 年代初，这一愿景仍然激励着孟买的规划者，他们梦想通过现代化途径来解决印度的落后状况。不过，1954 年和 1964 年的一系列孟买发展法案为重塑大都市地区的未来提供了机会。然后在 1965 年，印度三位最重要的城市改革者查尔斯·科雷亚（Charles Correa）、普拉维纳·梅塔（Pravina Mehta）和谢里什·帕特尔（Shirish Patel）在颇具影响力的设计杂志 MARG 的特刊《孟买：规划与梦想》上为这座城市发表了一份宣言。科雷亚毕业于美国的密歇根大学和麻省理工学院，是当代印度建筑界的重要人物。帕特尔是出自剑桥大学的土木工程师，而团队的另一名成员梅塔就读的也是美国大学。这三人都是年轻一代现代主义者中的代表人物，属于 20 世纪 60 年代先锋潮流的一代。

 MARG 杂志的这本特刊形成了与旧孟买抗衡的一道分水岭。在其华丽的插图页面中，埃比尼泽·霍华德久经考验的三磁体示意图与光彩夺目的土地使用地图，以及描绘孟买的"辉煌与苦难"的精美照片一起出现。但这一次，田园城市理想被认为不合时宜而弃之一旁："在有大都市中心的地方——比如孟买——这些小型卫星城的分布杂乱无章……不可能胜任为之设计的角色。"① 它们规模太小，无法与孟买的强大吸引力分庭抗礼，而且建设成本高得离谱，基础设施多而无用。相反，*MARG* 杂志上的那份宣言在设计和规模上提出了一个激进的替代方案：在塔那河（Thane Creek）的另一侧建造一座全新的、自给自足的城市，面积大到足以将人口、商业和工业从拥挤不堪的老孟买岛吸引过来。它将以一条新的东西轴线重新平衡孟买的南北走向。虽然这片低洼的沼泽地已经被十几万农业工人和渔民占据，却被视为一片空地，充满了现代幻想。新的城镇将"让居民……尽可能地过上更充实、更富裕的生活，摆脱通常与城市生活有关的物质和社会压力"。②

 新孟买将反映印度不断变化的经济状况。尽管旧孟买仍然是该国银行业和金融业的中心，但到了 20 世纪 60 年代中期，其历史悠久的纺织厂和传统工业已纷纷倒闭。该市的经济基础正在转向轻工业和石化工业，以及日益增长的商业电影工业。新城将迎来这些具有前瞻性的企业以及一个新港口和一个新机场。

 MARG 杂志上的主要提议是从老城区穿过塔那河建一个远近闻

---

① "Bombay: Planning and Dreaming," special issue, *MARG* 18, no. 3（June 1965）：35，52.

② City and Industrial Development Corporation of Maharashtra Ltd. （CIDCO），"Navi Mumbai," www. cidco. maharashtra. gov. in. Accessed June 25，2015.

名的商务中心，以尖端金融和商业服务以及高科技公司为特色。彬彬有礼、受过良好教育的白领打工人出现在这一梦幻画面里。新孟买意在成为一个高层办公楼和高端设施组成的迷人地带。这座为新的商业阶层建造的城市，将成为一个国际化大都市。占据了 *MARG* 杂志整版的洛克菲勒中心照片展示了印度曼哈顿中城的幻想。城市随后将从这个中心商业区辐射出三条线路。人们设想出了人行天桥、地下铁路、单轨系统和快速渡轮。

吉安·普拉卡什将新孟买计划（图 5.8）称为"一个绘满梦想的文本。一场有着制作精美的地图、进度表和曲线图的视觉盛宴"。[1] 这是一幅未来的梦幻场景，充满了一连串豪华的规划地图，全彩色覆盖图，并引用了刘易斯·芒福德和林登·约翰逊的名言。这样的筹划，使孟买的未来作为一个经过严格规划的空间作品清晰地呈现出来。作为视觉表现和奇观的规划是一种诱人的幻象，是新城镇的生命线。无论印度的规划者对外国的影响有什么疑虑，被称为"双城"的新孟买的愿景都是 20 世纪 60 年代的现代主义产物。然而，正是科雷亚对自然环境和当地地理位置的敏感性，该规划才能和本土情境水乳交融。新孟买不是西方乌托邦式愿望的简单转移，而是由本土景观塑造。这种杂合是通过当地的生态、海港的作业以及"海上城市"的愿景形成的。新的天际线将逶迤绵延覆盖群山，并一直延伸至海滨。那样，人们在日常生活中就可以感受到壮观的河口和塔那河的美景。[2]

---

[1] Gyan Prakash, *Mumbai Fables* (Princeton, NJ: Princeton University Press, 2010), 267.

[2] 可参见以下著述中对于环境的描述："Twin City on the Sea" and "Alternative Plan," *Times of India* (Mumbai), March 29, 1964。

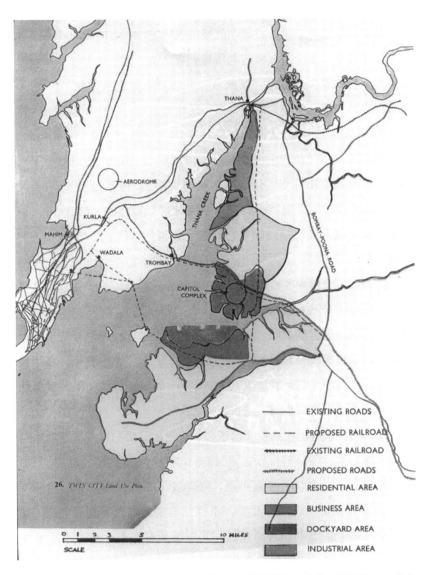

5.8 双城土地利用计划：摘自查尔斯·科雷亚、普拉维纳·梅塔、谢里什·B. 帕特尔的《孟买规划》，*MARG* 特刊，18 期 3 号（1965 年 6 月）。引自 *Bombay to Mumbai：Changing Perspectives*，edited by Pauline Rohatgi, Pheroza Godrej, and Rahul Mehrotra（Mumbai：Marg Publications, 1997）。ⓒ查尔斯·科雷亚建筑事务所

新孟买是世界上最雄心勃勃的城市规划之一。它的参与者满怀着从零开始创建一个全新城市的激动与兴奋之情：查尔斯·科雷亚描述了"大无畏的新世界理念，以及从一开始就有的满腔热情"。[①] 这个官方项目的规模几乎与大孟买相当，并计划引来约 200 万人入城。但乌托邦式的幻想通常会偏离其初衷，*MARG* 杂志上的提案就是如此。到 1966 年，政府的加吉尔委员会（Gadgil Committee）的规划专家重新安排了土地使用计划，计划将新城的大约 12 到 15 个乡镇纳入其中，每个乡镇有 5 万到 20 万居民。对于拥在旧孟买拥挤地区的人群来说，他们就像一块反磁铁。它们是可能世界（Possible Worlds）的一种模式。

这些城镇像珍珠一样串在公共交通和公路沿线。每个城市都有自己的标志性火车站及独特的带有学校、购物中心和服务的城镇中心。公路支线通往可容纳 2500 至 10000 居民的各邻近村庄。对城市类型的痴迷，即根据人口和功能进行分类排列，占据了主导地位。乡镇及其社区、交通网络都被安排成一个完整的、流动的系统。随着城市的壮大，新的城镇可以被纳入城市矩阵之中。

这一大型项目的控制权交给了公私合营的马哈拉施特拉邦城市与工业发展公司（CIDCO），该公司拥有该项目地块上 95％ 的财产权。公司组建了一个多学科规划小组，并开发了预测模型。实际建成了 13 个乡镇。瓦希（Vashi）是第一个也是前期最大的带商业中心的城镇。贝拉布尔是市中心的商业区，艾罗里和科帕卡兰恩是市工业中心，那瓦舍瓦则是新的集装箱港口所在地。住房选择的范围从富人和

---

① Charles Correa, interviews with Alain Jacquemin, quoted in Alain R. A. Jacquemin, *Urban Development and New Towns in the Third World: Lessons from the New Bombay Experience* (Aldershot, UK: Ashgate, 1999), 246.

中产阶级的高层公寓及联排住房到最贫穷家庭的自助小屋，应有尽有。新孟买将是一个开放的城市，没有社会和种族飞地，也没有贫民窟。这是一座改革之城，它展示了印度的未来。

科雷亚认为，来自"外部"（意思是西方）的神话般的城市形象必须加以内化和重塑："这是流于表面的"搬用"和更根本的、我称之为"转化"之间的关键区别。"他以贝拉布尔镇的房屋为例（图5.9）。地块大小大致是公平的。为工薪家庭提供的是简单的低层住房，其设计和建造目的是让业主使用当地材料来逐步改善它们。这一概念顾及了高密度，同时也吸收了印度传统的模式，即住房围绕着私密的庭院建造。这些住宅群随后形成"模块"，进而形成了"社区空间"。城市等级将产生"对亚洲人的生活方式至关重要的开放空间"。①

科雷亚在援引自助自立的理想时，依赖的是成熟的第三世界国家发展话语。这是他将新孟买建成一个自助城市的远大目标的一部分。这种叙述开始融入可持续发展的理念。1974年，科雷亚在斯德哥尔摩举行的联合国人口、资源和环境会议上发表演讲时指出，城市是有机的、类似生物的实体："一旦你开始建造一个城市，你就开始了一个过程。"它们应该建立在"人的自然生活方式"之上。新的城市不仅仅是提供一座房子，还将考虑"一个家庭的空间需求的复杂系统"。传统的家庭再利用和回收技术将传递给整个城市，以实现"健康和可持续的发展"。灵活而非僵化的总体规划将为未来提供多种选择，并

① Charles Correa, "Transfers and Transformations," in *Design for High-Intensity Development*, ed. Margaret Bentley Sevcenko (Cambridge, MA: Aga Khan Program for Islamic Architecture, 1986), 11. See also Correa's *The New Landscape* (Bombay: Book Society of India, 1985) as well as his article "Housing: Space as a Resource," *Times of India* (Mumbai), June 22, 1975.

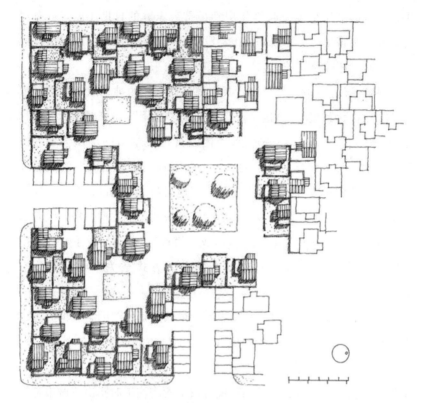

5.9　查尔斯·科雷亚，新孟买贝拉布尔住宅区的共享社区空间层次展示。©查尔斯·科雷亚藏品部/英国皇家建筑师学会图书馆图纸和档案收藏部

使城镇可以作为一个有效益的环境发展和存在下去。科雷亚认为，这些理想是"一个新城市的 DNA"，将激励人们参与并创造一种新的公民文化。新城镇是一个"巨大的突飞猛进"的机会，也是一个——用巴克敏斯特·富勒的话说——"重新布置安排风景的机会"。[1]

---

[1] Charles Correa, "New Bombay: Self-Help City," speech delivered at the United Nations Conference on Population, Resources and the Environment, Stockholm, 1974; *Architectural Design* 44, no. 1 (1974): 48–51.

可是面对孟买社会经济风暴的现实时，这些梦想注定会破灭。事实上，这座新城经历了长时间的缓慢增长和停滞。与旧孟买之间的交通不畅是主要原因。很少有政府或商业机构愿意跨过塔那河，将新孟买打造成印度版的曼哈顿中城。到 1995 年，孟买人口仅徘徊在 70 万左右。更糟糕的是，它与孟买巴克湾纳里曼点（Nariman Point）争夺大规模土地复垦和办公区项目，而后者很快成为了"孟买的曼哈顿"。[1] 随着优先事项的转变，CIDCO 将新孟买的土地私有化，以支付这座在建城市的基础设施建设费用。所以城市建设灵感更多来自私人开发商，而不是规划者。

最终，这座崭新的城市实际上并没有治愈孟买所谓的城市顽疾。它对大孟买都市区的影响微乎其微：它的存在无助于缓解臭名昭著的贫民窟问题，而且事实上还使贫民窟问题更严重了。在新孟买的那瓦舍瓦港周围，甚至其华丽的火车站附近，穷人如洪水般聚集，形成了大量的非正式聚居地。新孟买的确提供了宝贵的中产阶级住房——尽管城市居民因当地石化工业的烟雾和污染而喘不过气来，纵使他们为生活在这座乌托邦城市付出了巨大的代价。印度特有的社会和种姓分化问题一如既往的棘手。批评者认为，查尔斯·科雷亚的计划不过是"在社会上层进行了财富再分配"。[2] 新孟买逐渐独立于旧城，尽管它缺乏旧孟买城市氛围的刺激和喧嚣。本意是为所有人设计一片乐土，结果只是一个单调而无特色的地方，对岸城市可怕的影子而已。

---

[1] 关于孟买的众多发展项目，参见 Florian Urban, *Tower and Slab: Histories of Global Mass Housing*（New York: Routledge, 2012），chapter 6. See also the collection of articles in R. N. Sharma and K. Sita, eds., *Issues in Urban Development: A Case of Navi Mumbai*（Jaipur: Rawat Publications, 2001）。

[2] Comment by B. K. Boman-Behram in "Mayor Not in Favor of Correa's Modified Plan," *Times of India*（Mumbai），April 2, 1975.

四、美国新社区

要在美国实现像新孟买这样规模的项目，可能性总是微乎其微的。美国人对新城理想的态度，往好了说是矛盾的，往坏了说是敌对的。尽管梅尔文·韦伯在他的《后城市时代》一书中预见了规划的系统模型由此发挥了重要作用，但这位城市理论家充其量只能寄希望于"可能会有一个全国性的共识，让我们能够有针对性和深思熟虑地追求一些共同的目标"。[①] 毋庸置疑，这个国家有着悠久的受人尊敬的地区主义和田园城市思想的传统。美国的城市知识分子刘易斯·芒福德、克拉伦斯·斯坦因、克拉伦斯·佩里和凯瑟琳·鲍尔都声名卓著，令人钦佩。为了推动城镇建设计划，他们前往华盛顿特区，利用自己的名声向国会施压。斯坦因说过，他相信"建造新社区比重建老旧破败的城市成本低。如果更加科学地分配……物力和人力，在美国从事工商业活动的总成本将大大降低"。[②] 但是，人们对于这种规模的城市规划的讨论却置若罔闻。冷战时期的政治家们将其视为一种渐进式的社会主义。美国新城镇运动的著名人物、城市规划学教授詹姆斯·克莱普（James Clapp）在他 1971 年出版的一本关于新城的著作中开

---

① Melvin M. Webber, "The Post-City Age," *Daedalus* 97, no. 4 (1968): 1107.

② Clarence Stein, quoted in Tom Vanderbilt, *Survival City: Adventures among the Ruins of Atomic America* (Chicago: University of Chicago Press, 2010), 76. See Greg Hise, "The Airplane and the Garden City: Regional Transformations during World War II," in *World War II and the American Dream*, ed. David Albrecht (Washington, DC: National Building Museum; Cambridge, MA: MIT Press, 1995), 150. See also the excellent analysis in Kristin Larson, "Cities to Come: Clarence Stein's Postwar Regionalism," *Journal of Planning History* 4, no. 1 (2005): 33–51.

篇就写道，提及新城这个词是结束谈话的最快方式。建新城的想法
"枉然无益"。①

　　即便如此，在 20 世纪 50 年代和 60 年代，无论是在美国还是加
拿大，人们对大都市土地利用规划和建立新社区的可能性都热情高
涨。城市改革者继续进行改革。在美国建筑师协会（AIA）的会刊
（*AIA Journal*）上，著名建筑师兼规划师卡尔·费斯训斥同事："新
城的概念并不复杂。唯一复杂的问题是找出新城理念不被美国公众接
受的原因。"费斯是 AIA 新城镇工作团队的负责人，并担任了田纳西
州的特利科（Telico）和大巴哈马岛的卢卡亚新城的总规划师。据他
估计，一系列"社区凝固剂"——大型郊区购物中心、高速公路立体
交叉道和大型公立学校——都可以作为新社区的支柱。② 同样，建筑
评论家艾达·路易斯·哈克斯泰伯在《纽约时报》上向广大读者介绍
了欧洲的新城镇运动。她在 20 世纪 60 年代初发表的多篇关于塔皮奥
拉、瓦林比和坎伯诺尔德的文章中，描述这些新社区"设计和规划的
复杂巧妙、经济和协调，而且常常展现出建筑的典雅和美丽，评论家
们认为这些都让富裕的美国社会蒙羞"。除了读到她的赞美之词，读
者们还沉浸在那些令人瞠目结舌的天堂般的美照中。塔皮奥拉展示出
"一个优雅清晰、赏心悦目、表达明确的规划社区无与伦比的优点"，
也是"美国当前做法的反面"。③

① James A. Clapp, *New Towns and Urban Policy*: *Planning Metropolitan Growth*（New York: Dunellen, 1971）, xi. See as well Steven Conn, *Americans against the City*: *Anti-Urbanism in the Twentieth Century*（Oxford: Oxford University Press, 2014）.
② Carl Feiss, "New Towns for America," *AIA Journal* 33, no. 1（1960）: 86-88.
③ Ada Louise Huxtable, "Western Europe Is Found to Lead U.S. in Community Planning," *New York Times*, November 22, 1965, and "Architecture: Virtues of Planned Community," *New York Times*, October 24, 1963.

　　20 世纪下半叶，规划技术的美国化及其在全球现代化进程中的应用受到了高度重视。但是，规划思想的国际传播是双向的：思想和信息来自其他国家。在建立美国新社区大过程中，来自住房和城市发展部的政府官员、私人开发商、大学研究人员、福特基金会和兰德公司都希望从国际案例中获得启发。随着规划学院在美国著名大学的兴起，新一代专业人士极力主张从地区视角来看待城市发展，并对可能成功的欧洲模式进行探讨。与几乎所有地方的情况一样，研究的起点都是英国新城镇运动，美国人和加拿大人在讨论中经常向埃比尼泽·霍华德致敬。但是，人们共有的经验早已与新城镇运动的发源地莱奇沃思花园城相去甚远。到了 20 世纪 60 年代和 70 年代，通过全世界整个战后一代的新城镇，城市乌托邦的成功和失败已经展露无遗。

　　在 1964 年和 1965 年《建筑实录》（*Architectural Record*）上的一系列文章中，克拉伦斯·斯坦因和阿尔伯特·迈耶继续为综合土地利用规划和新城镇区域星群运动造势。他们的文章构成了《紧迫的未来》（*The Urgent Future*，1967）一书的核心，迈耶将此作为他们智慧结晶的重要表述。正如这一时期的许多城市调查一样，他们的研究内容丰富、表达生动。翻开此书，迎面就是一张奥西普·扎德金（Ossip Zadkine）的公共雕塑作品《垂死痛苦中的城市》的照片，该雕塑是在被炸毁的鹿特丹废墟上创作的，"诉说着与世界性的 20 世纪城市危机同样的惨烈和辛酸"。接下来展示的是美国都市圈各种奇思异想的图表，新城镇被设置为网络化的公路的节点。对于欧洲新城镇的引用比比皆是。迈耶把一张"美国随处可见"的照片（摄于长岛的马萨佩夸无序扩张的郊区）与一张"呈现想象与控制"的理想城市塔皮奥拉的照片并排放，然后反问读者："你更喜欢哪个？"① 自助社区工作的动态以及迈耶在印度使用的社会科学技术被认为是城市更新的萌芽力量。

促使美国人采取行动的是美国城市中铺天盖地的危机感。内城的悲剧、种族主义和社会病态、不断增加的市政赤字、白人的外撤和郊区的扩张，都是城市衰落的幽灵。早在 1956 年，《建筑论坛》的特刊"到 1976 年城市将是什么模式？"便以一系列文章带着一种紧迫感开始探讨了：

> 过去 10 年给我们带来了一个土地利用、土地覆盖率、拥挤和丑陋的混乱局面。但与未来 20 年可能出现的问题相比，这根本不算什么。除非毁灭、极度萧条或者某项更可控的发明来取代汽车，否则我们无法避免这场增长危机。我们别无选择，只能面对它，努力使之文明化。但时间已经不多了。②

其中，凯瑟琳·鲍尔在她自己的文章里演示了 20 年后一个令人毛骨悚然的城市肆意扩张景象：5500 万人生活在大都市地区，其中绝大多数地区已走向发展的尽头。郊区人口将增加一倍，这些数字"耸人听闻"。③ 20 世纪 50 年代和 60 年代将是美国历史上郊区增长最

① Albert Mayer, *The Urgent Future* (New York: McGraw-Hill, 1967), 3 – 12, 15. See also Andrew Friedman, "The Global Postcolonial Moment and the American New Towns: India, Reston, Dodoma," *Journal of Urban History* 38, no. 3 (2012): 553 – 76. Mayer was also working on the new town of Reston in Virginia, where he applied many of the insights gained from working for over a decade with the Nehru government.
② "By 1976 What City Pattern?," special issue, *Architectural Forum* 105 (September 1956): 103. 这一期由凯瑟琳·鲍尔和维克托·格鲁恩编辑。
③ Catherine Bauer, "First Job: Control New-City Sprawl," in "By 1976 What City Pattern?," special issue, *Architectural Forum* 105 (September 1956): 105.

快的几十年。发展毫无理由、毫无节制像变形虫一样蔓延，吞噬土地，吞没农村地区；一时间，成千上万屋外停着汽车的小房子在美国的边陲小镇和各地的公路城镇冒出来。对鲍尔来说，这些房子除了与世隔绝和令人麻木的顺从外，一无是处。更糟糕的是，每一幅大都市地图都是阻碍了决策制定的政治辖区和特殊目的区的疯狂拼盘。新城镇是解决这些灾难的不可抗拒的办法。鲍尔提出了一个假设，即在农村建设 50 万到 100 万人口的新城市，以"重建城市生活中一些传统的普世美德，这些美德现在已经因愚蠢的乡村意识形态和在郊区实行的阶级-种族排外主义而消失殆尽"。①

当白人家庭逃往郊区时，贫穷的黑人社群则被留在了贫民窟。1964 年和 1965 年席卷美国城市的种族骚乱充分证明了这种有毒氛围的存在。纽约市的哈莱姆区、纽约州的罗切斯特、费城北部和洛杉矶的瓦茨都爆发了暴力冲突。美国的城市几乎被夷为平地。1967 年的底特律和纽瓦克骚乱是美国历史上最具爆炸性和暴力性的骚乱之一。南布朗克斯区的彻底遗弃和破坏是公共政策失败的铁证。用建筑评论家唐纳德·坎蒂（Donald Canty）的说法，"两个社会的幽灵"可能是致命的。②

对城市系统和计算机模拟有兴趣的规划专家也对这种赤裸裸的社会不公感到激怒。梅尔文·韦伯在他的《后城市时代》一书中写道："我们一直试图运用城市建设工具来纠正社会混乱，但我们惊讶地发现，这些工具根本不起作用。""下一代美国人注定要享受后工业化、全国城市社会将提供的前所未有的富裕生活。我们现在的国内首要任

---

① Catherine Bauer, "First Job: Control New-City Sprawl," in "By 1976 What City Pattern?," special issue, *Architectural Forum* 105 (September 1956): 111—12.

② Donald Canty, ed., *The New City* (New York: Published for Urban America by Frederick A. Praeger, 1969), 19, 31. 这本书的序言很可能是坎蒂写的。

务是慎重地想出办法，把这样的机会扩大到那些在未来历史中可能会被排除在外的群体。"① 对许多改革者来说，新城镇成为解决种族主义和社会隔离的工具。它将结束穷人所在的城市和中上层阶级占据的郊区之间的分裂，它将构成一个社会公平和平衡的新世界。乌托邦的冲动是由对现实的悲观看法和对完全不同的生活愿望之间的紧张关系所定义的。②

到了 20 世纪 60 年代中期，这种紧迫感和对美国城市地区的批评之声传到了华盛顿特区。林登·约翰逊总统在两次概述其政策的讲话中宣布，联邦政府将对此进行干预：第一次是在 1965 年向国会发表的讲话，题为"中心城市及其郊区的问题和未来"，第二次是在 1968 年发表的演讲，题为"我们城市的危机"。1967 年，美国农业部举办了一场重大活动，即"国家发展政策及其分配：未来社区研讨会"。此次聚会由副总统休伯特·汉弗莱领衔，多位内阁部长、市长、大学专家和新城狂热支持者参加。

这次研讨会被誉为一个历史性的时刻，用农业部部长奥维尔·弗里曼的话来说，一个由成百上千新社区——从小城市、新城镇到不断发展的村庄——组成的美国景观的愿景总算可以实现了。与会者热烈讨论了在全面规划的区域内建立国家城市体系的问题，讨论了这一体系的具体模样以及政府和私营部门如何实施等问题。这些新城镇将不是卧室社区，而是拥有自己的商业和工业的坚实的城镇。

在热心的与会者看来，技术创新和计算机似乎蕴藏着无限的可能

---

① Webber, "The Post-City Age," 1109.
② See Fredric Jameson, *Archaeologies of the Future*: *The Desire Called Utopia and Other Science Fictions* (London: Verso, 2007), 56.

性。新城镇的狂热支持者芭芭拉・沃德表达了对这次聚会的"兴奋之情"，她说"随着计算机的充分使用，来自增殖反应堆［即核反应堆］的能量几乎可能会无限释放，加上我们新的信息处理方法带来的教育爆发，我们正在规划的是一个几乎看不到轮廓的城市"。最具讽刺意味的是，沃德提到在底特律市使用了计算机建模，可那座城市在当年早些时候已经因骚乱、抢劫和纵火以及警察对黑人青年的暴行而四分五裂。尽管如此，她还是言之凿凿地说，计算机是"一种放手让城市做选择的工具，一种手段，如果愿意的话，人们可以以此'从无到有创造'自己城市的未来，甚至可以在一个人口迅速增长已然拥挤不堪的社会中做到这一点"。[①] 接下来，她描述了计算机对底特律地区的预测，它将是一个由建在交通和通信线路沿线的新城镇组成，并以绿地和湖泊为边界的体系，该市因此体系而变得合理。

副总统汉弗莱设想"全新的城市中心将容纳我们预测的人口增长中的大部分"，它们将被安置在阿勒格尼山脉和西海岸之间，"那里的土地很便宜"。[②] 汉弗莱以阿瑟尔斯坦・斯皮尔豪斯（Athelstan Spilhaus）的明尼苏达实验城（MXC）项目（见第六章）为佐证。该项目是首批收到联邦政府新社区计划援助的这类项目之一，它标榜了一种城市建设的全系统方法：所有参数和各子系统在关键接口处相互交会。汉弗莱认为，国家需要关注"城市环境中未来人与人的关系。我们如何才能在同一个社区里将年轻人和老年人、富人和穷人、黑人和白人、赶时髦的人和老派正统的人安置到最好程度？一个实验

---

① US Department of Agriculture, *National Growth and Its Distribution*, Symposium on Communities of Tomorrow, December 11 - 12, 1967（Washington, DC: US Government Printing Office, 1968），26.

② 同上，60。

性的城市可以成为这样一个生活环境的实验场"。① 这些权威人士聚集在"未来社区研讨会"上寻求的，正是这种理想主义城市实验室。

1969 年，新成立的国家城市发展政策特设委员会出了《新城市》一书，这是 20 世纪 60 年代最具影响力的城市文本之一。该委员会成员本身就来自各级政府新城镇倡导者中的杰出人士，得到了包括全国城市联盟、美国市长会议以及华盛顿特区的非营利组织"美国城市公司"（Urban America Inc.）的支持。《新城市》主要由唐纳德·坎蒂编辑和撰写，他是 20 世纪 60 年代的建筑评论家和《建筑论坛》的编辑，还创办了昙花一现的《城市》杂志。② 他是倡导美国社会意识现代主义的主要活动家之一，也是孜孜不倦的新城镇改革者。

《新城市》旨在帮助大众了解新城镇的优势所在。这本书用黑白照片应有尽有地展示了美国最恶劣的城市条件和新城镇的最佳解决方案。坎蒂在字里行间抨击美国的大都市"丑陋至极"。自发的城市化"对城市环境是种浪费和破坏"。③ 照片向大众证实了城市的无序扩张、贫困和污染。为了消除所有这些不愉快，放了塔皮奥拉、坎伯诺尔德以及柏林郊外的马尔基什维特尔新城的照片，作为鼓舞人心的灯塔。

《新城市》提供了公共政策向综合全面规划社区大转变的理由，

---

① Hubert Humphrey, quoted in Walter Vivrett, "Planning for People: Minnesota Experimental City," in *New Community Development: Planning Process, Implementation, and Emerging Social Concerns*, ed. Shirley F. Weiss, Edward J. Kaiser, and Raymond J. Burby; proceedings, New Towns Research Seminar, February 1971 (Chapel Hill: Center for Urban and Regional Studies, University of North Carolina, 1971), 251, 54 – 55.

② 《城市》杂志得到了美国城市公司的支持，该公司是由詹姆斯·劳斯和志同道合的商人及住房业领袖组成的早期城市改造联盟创办的。最初称为"美国社区改善委员会"（American Council to Improve Our Neighborhoods），之后改名为"行动公司"（Action Inc.）；再后来与"城市联盟"合并改称美国城市公司。该机构的大部分工作均由福特基金会资助。

③ Canty, *The New City*, 19.

并以弗吉尼亚州的雷斯顿和马里兰州的哥伦比亚新城为例，说明美国有能力造出新城。该书还迈出了大胆的一步，提出了一个全新的城市发展规模：人口激增不仅需要新镇子，而且需要新城市。威廉·芬利（马里兰州哥伦比亚新城的规划负责人）为这本书撰写了关于国家城市发展政策特设委员会的贡献方面的内容。他在文中说，应对人口激增的最好办法是"建设 20 个新城市，每个容纳 100 万人，200 个新镇子，每个容纳 10 万人"。[①] 委员会建议联邦政府为 100 个新社区和 10 个新城市提供资金，前者平均人口为 10 万，后者每个至少容纳 100 万人。这些加起来可以容纳美国预期人口增长总数的 20%。这项建设计划是必要的，因为"按照目前的趋势发展下去，国家将出现一个接一个的城市危机，这些危机将撕裂整个社会结构"。[②]

人口问题是最来势汹汹和最受媒体影响从而加剧这种危机气氛的问题之一。城市改革者和专家们都在为"人口爆炸"或"人口炸弹"问题绞尽脑汁。坎蒂的《新城市》一上来就语带威胁地指出人口爆炸，以及 2 亿美国人未来将挤在一起生活，而到本世纪末，这个数字将达到 3 亿，另外还有 1 亿人居住在城区。保罗·埃利希的畅销书《人口炸弹》（1968）预测，随着人口增长超过粮食供应水平，将会出现大规模饥荒。美国媒体巨头《时代》周刊和《美国新闻与世界报道》[③] 将人口爆炸列为世界头号问题。[④]

海量的统计数据证明了世界末日即将到来，这引发了公众的担忧。在 1971 年的美国城市更新研讨会上，这个国家一些最优秀的建

---

① William E. Finley, "A Fresh Start," in Canty, *The New City*, 163.

② 同上，171。

③ 简称《美新周刊》，在美国是仅次于《时代》周刊和《新闻周刊》的第三大新闻杂志，其特色是专题报道美国国内外问题及美国官方人物访问。——编者

④ See for example the cover of *Time* magazine addressing the "population explosion," January 11, 1960.

筑师和规划师纷纷到场，与会者都在为努力解决这样一件事："有些人预测，到 2000 年我们的人口将是现在的两倍。换言之，我们将不得不重建整个国家，要么将城市数量增加一倍，要么扩大现有的城市规模。"① 这种煞有介事和末日将近之感反映了冷战带来的焦虑。他们也在携手合作，幻想着建一个没有灾难、无忧无虑的新城镇天堂。

1968 年，这场关于城市未来的史无前例的公开辩论达到高潮。大量的报告从城市活动人士的办公室流出，出现在学生抗议、民权游行、骚乱和暴力活动以及越战引起的政治动荡中。其中包括国家城市问题委员会的《建设美国城市》、政府间关系咨询委员会的《美国城乡：未来发展的政策》以及美国规划师协会的《新社区：今天的挑战》等。兰德公司和福特基金会于 1968 年联合举办了一个城市问题研讨会，与会者为来自学术界、政府和媒体的 56 位著名的城市改革者。城市研究所为约翰逊总统创建，是一个研究美国城市的军事智库。另一个研究基金会——城市土地研究所，则成立了一个"新社区委员会"。福特基金会和美国城市公司赞助纽约市政府官员的一次旅行，让他们前往新城星群的超级明星城市参观，其中包括坎伯诺尔德、阿姆斯特丹附近的阿姆斯特尔维恩、瓦林比、塔皮奥拉和西柏林附近的格罗皮乌斯塔特等。詹姆斯·劳斯和阿尔伯特·迈耶等美国新城镇界名人参加了在伦敦举行的英美新城会议。

1968 年 6 月，哥伦比亚广播公司（CBS）制作的《城市》（*The Cities*）——一期由三部分组成的特别报道在美国各地播出。前两部分对城市灾难进行了尖刻的描述，然后在题为"构建未来"的第三部

---

① Excerpts, "Urban Renewal in America, 1950 - 1970: A Symposium," *Urban Design Quarterly* 85 (1972): 31.

分中，① 资深新闻记者沃尔特·克朗凯特和迈克·华莱士对刘易斯·芒福德、康斯坦丁诺斯·多克夏迪斯、冈纳·缪达尔和阿瑟尔斯坦·斯皮尔豪斯进行了采访。他们给电视观众介绍了作为最前沿技术的系统工程和土地利用模型，尽管它们"比空间站交会对接还要复杂"。多克夏迪斯介绍了他的"沿交通干线有计划发展的城市"（dynapolis）概念，斯皮尔豪斯则描绘了他的明尼苏达实验城。詹姆斯·劳斯在电视上领着观众参观了一次马里兰州的哥伦比亚新城；首席规划师沃尔特·佩雷拉在描述加州的尔湾新城时，称其体现了"一系列创意"。在哥伦比亚广播公司报道的最后一部分里，芒福德、缪达尔和纽约市市长约翰·林赛都预测，如果不开始进行全面规划并将人口分散到新城镇，城市的混乱、灾难和"西方文明的恶化"状况还会加剧。

美国广播公司（ABC）也不甘示弱，于1969年1月制作了特别节目《国际都会——大城市》，② 展示了伦敦郊外的新城斯蒂夫尼奇，以及"神奇四城组"：坎伯诺尔德、塔皮奥拉、雷斯顿和哥伦比亚。节目在播放对现代主义建筑师菲利普·约翰逊和摩西·萨夫迪（Moshe Safdie）的采访时，还穿插了巴克敏斯特·富勒的漂浮城市的镜头，以及他与国家城市问题委员会主席保罗·道格拉斯的讨论。20世纪60年代的未来主义与政府政策的制定相融合。这期特别节目通过采访斯蒂夫尼奇一位"对新城充满热情"的家庭主妇，以及展示"新城创造的美好生活"，向人们清晰地传达了全面区域规划的信息。孩子们与大自然为伴，自由自在、无拘无束地生活。伦敦的"前贫民窟居民"找到了自己的幸福生活。

---

① CBS News Special Report, *The Cities*, part 3: "To Build the Future," June 26, 1968.
② ABC Television Network, *Man and His Universe: Cosmopolis; The Big City*, January 13, 1969.

　　大量的书籍、文章、综合报告、研讨会和会议都在为新城的未来而奔走。正是这种作品的规模及其乌托邦性质，成为了 20 世纪末的新城镇运动的标志，并赋予新城如此神秘的力量。普雷格出版社（Praeger）出了一整套有关新城镇的书籍，展示了这个问题引起的国际关注。[①] 1971 年，美国建筑师协会在华盛顿特区举行了一次关于新社区的会议。第二年，加州大学洛杉矶分校组织了一次关于新社区的国际会议，参加者包括来自英国和以色列的代表。[②] 20 世纪 70 年代中期，美国住房和城市发展部资助了参观巴黎大区和苏联的几次新城镇之旅。杰克·昂德希尔（Jack Underhill）是美国住房和城市发展部的研究员，撰写了无数关于新城镇的报告。他是一位孜孜不倦的活动家，倡导"打开思路以新的方式看待我们的问题，并提出新的解决方案"。昂德希尔与法国的皮埃尔·梅林以及苏联建筑事务委员会的库德里亚夫采夫（A. O. Koudriavtsev）密切合作，这些人本身就是围绕新城方法论形成的大都会规划精英。他们关于新城政策比较的报告[③]为城市发展的各个方面提供了大量的数据。

---

① See for example Albert J. Robinson, *Economics and New Towns: A Comparative Study of the United States, the United Kingdom, and Australia* (New York: Praeger, 1975). Also see Gideon Golany, ed., *Innovations for Future Cities* (New York: Praeger, 1976), and Gideon Golany and Daniel Walden, eds., *The Contemporary New Communities Movement in the United States* (Urbana: University of Illinois Press, 1974).

② Harvey S. Perloff and Neil C. Sandberg, eds., *New Towns: Why — and for Whom?*, Praeger Special Studies Program (New York: Praeger, 1972). 佩洛夫是加州大学洛杉矶分校城市规划研究院院长，并最终担任国家城市政策委员会主席。加州大学洛杉矶分校的大会得到了美国犹太委员会的资助。

③ See Jack A. Underhill, Paul Brace, and James Rubenstein, "French National Urban Policy and the Paris Region New Towns: The Search for Community" (Washington, DC: Office of International Affairs, US Department of Housing and Urban Development, 1980). See also Underhill's "Soviet New Towns: Housing and National Urban Growth Policy" (Washington, DC: Office of International Affairs, US Department of Housing and Urban Development, 1976).

　　规划文件中反复提及美国著名的新城雷斯顿、哥伦比亚和尔湾，将它们视为未来城市的象征。大众媒体上刊登的数百篇文章把全国的注意力集中在这三个社区上。历史学家欧文·艾伦在其 1977 年对美国新城镇运动的概述中，将这种雄心的迸发称为"关于新城的社会目标的大众化与专业性的思考"。[1] 规划已经从实际的土地利用扩展到了完美社会的系统化建设。

　　美国新城镇运动的乌托邦性质最终导致了它的毁灭。新城成为了解决美国城市生活中的每一个社会问题、每一桩罪恶的灵丹妙药。联邦新社区特别工作组在其报告的一开始就振聋发聩地声明："1968 年会是系统方法成功应用于我们国家城市的一年。"报告接着说，"这就是为什么美国需要新城市——在这些地方可以有一个'新的开始'；人们可以在此获得新的社区意识；新城的居民在此不会有身如浮萍之感和孤独感"。[2] 借由经济建模和可行性研究，新城镇规划将变得科学。美国的新城镇将成为社会多元化的社区，人们在其中会和谐相处，没有冲突、犯罪或暴力。住房和城市发展部最终宣布，其首要任务是减少种族隔离，鼓励低收入和少数族裔家庭向上流动。新城镇将改善弱势群体的自我形象。它们将提供社会关系，为年轻人提供激励政策和冒险机会。[3] 贫困家庭将步入一个美好天地，那里有个人幸福，还有社区凝聚力。

---

① Irving Lewis Allen, ed. , *New Towns and the Suburban Dream*: *Ideology and Utopia in Planning and Development* (Port Washington, NY: Kennikat Press, 1977), 114.

② Task Force on New Towns, *Summary Report of the Task Force on New Towns* (Washington, DC: US Department of Housing and Urban Development, October 16, 1967), 1.

③ U. S. /U. S. S. R. New Towns Working Group, *Planning New Towns*: *National Reports of the U. S. and U. S. S. R.* (Washington, DC: Office of International Affairs, US Department of Housing and Urban Development, March 1981), 24.

这一连串兴高采烈的希望最终使人精疲力竭。但有一段时间，所有美国人都对此深信不疑。美国的新城镇运动实际上是通过公私结合的行动来实施的。由政府资助、委婉地称为"新社区"的新城镇计划，是林登·约翰逊总统20世纪60年代倡导的"大社会"的产物。联邦政府对新城镇建设的支持最初是在1964年的住房法案中提出的。艾达·路易斯·哈克斯泰伯在《纽约时报》上说，美国的"新城繁荣时期即将到来"。[①] 但是与欧洲式社会主义规划有关联的污名扼杀了这一提法。两年后，作为1966年《示范城市和大城市发展法》的一部分，国会通过了一项虽经过修订但仍存在争议的新社区法案。该立法为建设大社会样板城市的私人开发商提供了联邦贷款担保。但它受到了重重限制，难以发挥作用。新社区计划随后被扩展为1968年《住房和城市开发法案》第四部分，又在1970年进一步扩展，包括为作为潜在的新城开发商的州和地方政府机构提供贷款担保。

到1973年，已有15个新社区项目获得了联邦资助。住房和城市发展部部长詹姆斯·林恩（James Lynn）充满热情地预测，20年后，这些城市的人口将接近100万。至少20％的黑人人口将从市中心的贫民窟迁到新的定居点。[②] 这些大规模的清理计划将为美国大城市的高档中央商务区的发展开辟空间。流离失所者可以在新社区的外围从零开始，重新来过，它们从战略角度考虑被设置在整个大都市地区。然而，只有一个城市——北卡罗来纳州专为吸引黑人少数族群而建造的灵城（Soul City）——是真正全新的独立城镇。唯一能够达到住房和城市发展部的要求并获得联邦资金的公共机构是纽约州城市开发公

① Ada Louise Huxtable, "First Light of New Town Era Is on Horizon," *New York Times*, February 17, 1964.
② US Congress, Committee of Banking and Currency, Subcommittee on Housing, *Oversight Hearings on HUD New Communities Program*, May 31, 1973, 122.

司，该公司发起了两个项目：纽约市的罗斯福岛和纽约州北部的雷迪森（Radisson）。其余的都是由私人开发商发起、有联邦贷款担保的项目。

联邦政府把新城镇想象成大规模运输、教育和医疗服务的先导，还计划在新城镇测试宽带有线电视和将固体废物转化为燃料的若干方法。明尼苏达州的新城乔纳森提议将电视屏幕变成可视电话。路易斯安那州庞恰特雷恩镇在申请联邦援助时，设想了一种"大规模运输"的传送系统，以每小时40英里的速度运送货物和人员，而拟议中的新罕布什尔州新弗兰科尼亚社区希望建一条单轨铁路，作为一系列"像珠串似的"村庄的"脊柱和主动脉"。① 佐治亚州的谢南多厄市在其建筑物上做了太阳能收集器的试验。纽约州的里弗顿市则想开展一项社区医疗计划。

但新社区计划仍然存在争议；政治上的支持充其量也是半推半就，有时仅仅相当于住房和城市发展部部长与某位开发商之间谈判达成的一项内部协议。② 数十份申请都被尼克松政府否决了，因为这届政府对推进城市改革兴趣不大。由新城市提出的新项目一旦开始建设，往往会因为成本太高或太不受欢迎而迅速缩减规模。没有一个实现了它们最初预期的增长，只有一个有能力偿还联邦贷款。面对20世纪70年代出现的石油危机，这些计划都凋零了，不了了之。随后，

---

① US Congress, Committee of Banking and Currency, Subcommittee on Housing, *Oversight Hearings on HUD New Communities Program*, May 31, 1973, 231. 有关新弗兰科尼亚的描述，参见 Gerald C. Finn, "New Franconia, New Hampshire: New Community Planning and Zoning Process," in *Strategies for New Community Development in the United States*, ed. Gideon Golany (Stroudsburg, PA: Dowden, Hutchinson and Ross, 1975), 94, 96。

② 有关联邦政策的分析，参见 chapter 6 in Carol Corden, *Planned Cities: New Towns in Britain and America* (Beverly Hills, CA: Sage Publications, 1977). More recently, see Roger Biles, "New Towns for the Great Society: A Case Study of Politics and Planning," *Planning Perspectives* 13 (1998): 113–32。

尼克松于 1973 年暂停了联邦政府在城市重建方面的开支，这标志着"大社会"计划的终结。政府资助的新社区计划失败了。[1]

尽管如此，还是取得了一些成就。20 世纪 70 年代末住房和城市发展部进行的一项研究发现，新社区缓解了城市的无序扩张，并对当地的环境质量产生了明显的积极影响。新社区还提供了比其他发展项目更多的住房机会，特别是对低收入家庭而言。[2]

五、私人开发商的乐园

也许新社区立法的最成功之处是它立即被私人开发商接受了。它甚至在那些怀疑政府干预土地利用规划是一种潜移默化的社会主义形式的人中激起了热情。私营部门在美国新城镇运动中的作用通常被视为美国新城镇运动区别于欧洲新城镇运动的特征。私人开发公司涉足新城项目，将美国式的自由市场资本主义带到了有关城市建设的争论的前沿。房地产开发商被新城镇的迷人景象所吸引，是因其规模、对土地和投资的控制力，以及获得巨额利润的潜力。事实上，人们认为利润对于实现更好的生活方式至关重要。当然，伴随着财富梦想而来的是失败的风险。即使资本投资得到了联邦贷款担保的支持，新城市项目也是一场巨大的赌博。这些全面发展计划中的许多都在过度投资与金融破产的暗礁上举步维艰。

---

① 关于联邦政府新城镇计划的消亡，参见 Nicholas Dagen Bloom, "The Federal Icarus: The Public Rejection of 1970s National Suburban Planning," *Jounal of Urban History* 28, no. 1 (2001): 55 – 71。

② Office of Policy Studies, "An Evaluation of the Federal New Communities Program" (Washington, DC: US Department of Housing and Urban Development, 1985), iii – v.

在 20 世纪 60 年代和 70 年代，约有 150 个私人出资的新社区被公之于众，尽管有些社区从头到尾都只是计划而已。大多数新城都在这个国家快速发展的地区，主要位于加州、佛罗里达州、亚利桑那州、纽约州和马里兰州。尤其是加州，那是新城开发的梦想之地。大规模房地产投机的热潮与该州的人口激增和著名高速公路系统的建设有关（见第四章）。这些地方大多不过是被美化的分区，有一些光鲜亮丽的设计元素和一个购物中心。那里无意提供工作机会、市中心或城市特性，新社区与周边地区几乎没有关系。一些城市，如萨克拉门托北部的埃尔多拉多山，被设计成一个完完全全的新城，但到头来只有一个住宅区。其他新城，如巨大的新城尔湾牧场（Irvine Ranch），被誉为总体规划的成功之作。1967 年，福特基金会资助了一项关于加州新市镇的研究，撰写报告的是房屋建筑商爱德华·艾克勒和规划师马歇尔·卡普兰。艾克勒和卡普兰将他们的报告定位为冷静的经济可行性分析，它在很大程度上批评了新城镇。他们得出结论，相对于所涉及的高风险，新城镇所需的巨额资本投资的利润回报率太低了。但这并没有阻止"新一代土地大亨"，[①] 他们在寻求城市乌托邦的过程中嗅到了美元的味道。

加州大学伯克利分校的经济学家威廉·阿隆索对区位分析所做的研究对美国的区域科学曾发挥过重要作用，此时他对加州的新城现象提出了更广泛的批评。他认为，尽管新城很诱人，但"在加州城市化的未来发展中给它们分配一个核心位置是有误导性的"。据阿隆索估计，它们给出了"一种崭新的愿景，可以重新开始，不必背负历史的

---

① Edward Eichler and Marshall Kaplan, *The Community Builders* (Berkeley: University of California Press, 1967), chapter 4.

包袱和过错。它们就好似传说中的卡梅洛特①，为美学、社会学、经济和技术的突破奠定了基础。总的来说，对新城镇的论证更像是对有良好意愿之人的罗夏测验②，而不是对利弊的理性评估".③ 事实上，某些开发商也的确免不了要受到乌托邦式幻想的影响，或者受到诱惑想成为慷慨激昂的城市建设者。一马当先的是詹姆斯·劳斯，他不顾成本高昂，建成了马里兰州的哥伦比亚新城，而它立即被誉为美国的未来。美国最成功的新城镇都与富有远见卓识的商人有关，他们代表着美国有社会意识的资本主义精英。罗伯特·西蒙理想中的弗吉尼亚州雷斯顿小镇，以及菲利普·克鲁兹尼克在伊利诺伊州的公园森林（Park Forest）就是这样。而社会企业家则包括匹兹堡的理查德·梅隆，纽约市的威廉·泽肯多夫④和大卫·洛克菲勒也是如此。

作为一个白手起家的百万富翁和商业地产大亨，詹姆斯·劳斯的故事就是美国成功故事的缩影。在他漫长而成果卓著的职业生涯中，大部分时间都在为建设更好的城市而奋斗，最终在 1981 年以总规划师的身份登上了《时代》杂志的封面。从他的三十几家购物中心到波士顿的法尼尔厅市场（1978），以及巴尔的摩的节日港广场（1980），劳斯从他的项目中看到的不仅是有利可图的房地产生意，也是富有成效的城市更新方式。他既是企业家，也是拯救美国城市的布道者，他的方法被热烈地追捧和效仿。劳斯所建的马里兰州哥伦比亚新城，曾经（现在仍然）被认为是美国最完整、最成功的新城，也是世界上备

---

① Camelots，英国亚瑟王传奇中亚瑟王的王宫所在地。——编者
② 国际著名的人格测验方法之一。——编者
③ William Alonso, "Urban Growth in California: New Towns and Other Policy Alternatives"(paper presented at the Symposium on California Population Problems and State Policy, University of California, Davis, May 1971), 2 - 3.
④ 美国著名的地产大亨之一，曾为他工作过 7 年的贝聿铭评价他是"最有想象力的开发商"。——编者

受赞誉的新城之一。城市学者安·福赛斯（Ann Forsyth）将 20 世纪 60 年代哥伦比亚城开发的第一个阶段称为"初级卡梅洛特"（Early Camelot）和"高级卡梅洛特"（High Camelot），并认为其创新氛围在美国新社区运动中无与伦比。[①]

劳斯最初的城市改革尝试始于 20 世纪 50 年代和 60 年代，他利用在巴尔的摩和华盛顿特区的人脉，为建设更好的城市大做宣传。他是第一批致力于改善城市的全国性非营利组织之一——以商业为导向的美国社区改善委员会（ACTION）的组织者，并为其提供指导。在福特基金会的支持下，劳斯热情洋溢地在全国各地发表了关于城市重建的必要性的演说。他组织了一次与城市专家的巡回研讨会，以帮助指导这个国家的大都市中心的决策。[②] 他成为了市长、州长和总统的顾问，也是美国城市主义在国际上有重要影响力的人物。劳斯作为一名终身民主党人和虔诚的基督教徒，支持一项社会福利议程，并将其与源自大众需求的城市规划相结合。例如，他提议在 1964 年的纽约世博会上举办一个名为"美国城市的新形象"的展览，展示最先进的规划技术，它可以作为全国城市全面重建项目的催化剂。正如他所言："与我们现在在美国各地继续建设分散、支离破碎、毫无意义的城市相比，建设行之有效的新城更容易、更快、更有利可图。人人都知道那样做很荒谬。谁也无法为今天美国城市的这种扩张方式辩解。"[③]

劳斯对理想社区的早期构想，是在他为洛克菲勒家族设计其位于

① Ann Forsyth, *Reforming Suburbia: The Planned Communities of Irvine, Columbia, and the Woodlands* (Berkeley: University of California Press, 2005), 108.
② "Ford Grant Aids Urban Renewal," *New York Times*, October 19, 1958.
③ James Rouse, quoted in US Department of Agriculture, *National Growth and Its Distribution*, 67.

纽约市北部哈得孙河谷的波坎蒂科山庄园时提出的。接到了洛克菲勒家族委派的这项任务后，劳斯召集了一个由规划专家和社会科学家组成的团队，以研究"人们的需求，以及在一个规划良好的社区中最好地满足这些需求"。尽管这项计划从未付诸实施，但波坎蒂科山风景如画的山村品质，很大程度上来自田园城市的传统，将成为他未来愿景的一部分。20 世纪 50 年代末和 60 年代初正在建设的早期郊区企业园区也是如此。劳斯认为，康涅狄格州布卢姆菲尔德的康涅狄格州通用人寿保险总部（由 SOM 建筑设计事务所[1]设计，野口勇[2]负责景观美化）是一种转型的生活方式，它汲取了美国小镇最好的品质。

他早期建的购物中心也有同样的潜力。遵循规划帅维克托·格鲁恩开创的概念（见第六章），他将购物中心作为重塑 20 世纪 60 年代美国小镇的社交和社区氛围的场所。劳斯和格鲁恩都不停地思考如何将设计用于建设性的社会目的，如何用购物中心来改变郊区环境。劳斯认为，"规划周到、管理良好的购物中心不仅仅是一个新的零售拓展计划。它意味着城市社区的大规模重组"。[3]

劳斯的许多演讲和著作都经由规划文件和学术文本流传于世，正是因为他以这样的才华阐述了自己对未来城市的思考。它值得思考，特别是从全球视角来看，因为它们在乌托邦意象的表达中具有极其重要的作用。在他题为"乌托邦：有限还是无限"的演讲中，劳斯描述了他浩瀚的梦想：

---

[1] Skidmore, Owings and Merrill（斯基德莫尔、奥因斯和梅里尔三人），世界上最大、最具影响力的建筑、室内设计、工程和城市规划事务所之一。迪拜的哈利法塔就是其作品之一。——编者

[2] Isamu Noguchi，20 世纪美国现代主义设计的最重要艺术家之一。——编者

[3] James Rouse, quoted in "Pleasure Domes with Parking," *Time*, October 15, 1956.

　　设想一个运转正常的城市，人们有工作，有能力应付生活开支，生活的社区提供医疗服务，那里的人受过良好的教育，出行有合理的公共交通系统，环境美丽而健康，城市充满活力：现在，我们并非没有能力做到这些。①

　　这就是哥伦比亚新城，马里兰州的象征。它代表了劳斯理想的融合。这是一个淳朴的郊区愿景，它建立在社区生活的优点、街区与田园城市理想，以及改善困于内城的穷人生活需要的基础之上。哥伦比亚新城从一开始就实行种族融合，将黑人人口保持在20％左右。② 这是一个有助于解决这个国家的社会和种族不和的方案。尽管如此，从新城开发所需的巨额投资中获利仍是放在第一位的。经济预测模型、财务可行性和营销研究是系统技术的一部分。哥伦比亚是一个令人心动的房地产一揽子规划，它将因为提供优质生活而卖出好价钱。对于其他开发人员来说，好好地复制这种方式将会带来足够的利润。简而言之，哥伦比亚将会"一传十十传百"。

　　劳斯致力于将社会科学技术用于自己对未来愿景的构建之中，人们认为这是哥伦比亚项目最具开创性的一面。他组建了一个由城市规划师威廉·芬利和莫顿·霍彭菲尔德领导的多学科工作组。与许多被

---

① James Rouse, "Utopia: Limited or Unlimited," speech given at the National Housing Conference, Inter-Religious Coalition for Housing, Interchurch Center, New York City, November 14, 1979. 劳斯最好的传记中提到了这句话，参见 Nicholas Dagen Bloom, *Merchant of Illusion: James Rouse, American Salesman of the Businessman's Utopia* (Columbus: Ohio State University Press, 2004), 27。
② 统计数据摘自 Forsyth, *Reforming Suburbia*, 10。哥伦比亚的成败在以下著述中有详细记载：Gurney Breckenfeld, *Columbia and the New Cities* (New York: Ives Washburn, 1971)。

招募来开发新城镇的建筑师和规划师一样，他们作为专业精英在公共和私营部门工作。人们认为该项目组自由、新潮、思想开放。他们中的一些人是"太空学员"（Space Cadets）的成员，这群人从心理健康和行为角度研究城市化。团队主管唐纳德·迈克尔是一位心理学家和系统分析专家。他指出，"我们与其问'高中应该设在哪里？'……不如先问'城市能在个人成长中扮演什么样的角色？'"。[1] 整个项目都包含了系统思维。按照劳斯的说法，"我们必须摆脱割裂地看待城市生活和诸多城市问题。每个领域……必须视为相互制约的系统"。[2] 劳斯称这一战略为"生活系统"，并在 1967 年"明日社区"研讨会的主题演讲中强调了这一点。10 年后，他在德黑兰举行的国际新城大会上再次强调：

我们请来了一群人，包括医生、牧师、教师、心理学家、精神病学家、社会科学家……在讨论中，我们分享了许多生活经验，这些讨论对物理规划的细节产生了影响，但最重要的是，在人们对社区的需求上达成了共识：对地方的要求，希望有一种带来支持感的轻松关系，要能感到归属感和存在感，想让男人、女人和孩子都能从这个基础上走向世界。[3]

对新城的想象已经从提供住房、工作和一个稳定的社区转变为一种整体的、心理上的乌托邦式生活构想。在哥伦比亚新城的设计中，

① Donald N. Michael, "The Planning Workgroup," in *Creating a New City：Columbia，Maryland*, ed. Robert Tennenbaum (Columbia, MD：Perry, 1996), 11.

② James Rouse, quoted in Thomas Goldwasser, "New-Town Builder," *New York Times*, August 28, 1977.

③ James Rouse, "Living in a New Town," in *International New Towns Congress，Tehran，Iran，9 - 15 December 1977*, ed. INTA [l'Association Internationale des Villes Nouvelles], 138 - 40. Carton 16, New Towns Institute Archive, Almere, Netherlands.

劳斯"想看看我们能想到的最佳方案是什么。在一个拥有 11 万人口的城市里，我们能想到的最好的教育系统是怎样的？最好的卫生系统是什么？最好的交通系统是什么？孤独和犯罪的根源是什么？幸福的根源是什么？"。①

尽管哥伦比亚新城有美国资本主义血统，但它的起源在一定程度上是国际性的。和大多数热爱新城者一样，劳斯和他的团队成员也义无反顾地前往欧洲的新城镇朝圣，并参加了各种欧洲新城会议。霍彭菲尔德受塔皮奥拉的启发尤其明显，它成为了哥伦比亚新城的榜样之一，英国的新城也是如此。然而，劳斯和他的团队给新城镇的知识分子群体带来了明显的美国色彩。在 1964 年向弗吉尼亚州霍华德县提交的新城规划中，劳斯描述了围绕一个中心区域设计的、2500 到3500 个家庭组成的马赛克式村落群。这些村庄采用的是四叶苜蓿形结构，每片花瓣都是一个封闭的居民区，都围绕一个中心广场和环路布置了自己的商业和服务设施（图 5.10）。按照克拉伦斯·佩里的邻里单位传统，社区生活的焦点是小学和社区中心。这是一种规划仪式的表演。哥伦比亚新城的设计流露出一种感伤之情，希望"其生活格局能让人怀念那些构成美国丰富遗产的小镇"。整个系统将通过道路、公交线路以及步道和自行车道连接起来。人们对这块地方的每英亩土地进行了树木、斜坡、溪流和"需要注意的"自然特征的分析。② 与塔皮奥拉一样，自然环境被诠释为风景和娱乐环境。

哥伦比亚城为不同收入群体提供了一系列住房选择，从高密度公寓到独栋住宅，尽管都是按社区划分的。低收入家庭的住房由联邦政

---

① James Rouse, quoted in US Department of Agriculture, *National Growth and Its Distribution*, 67.
② Tennenbaum, *Creating a New City*, 3.

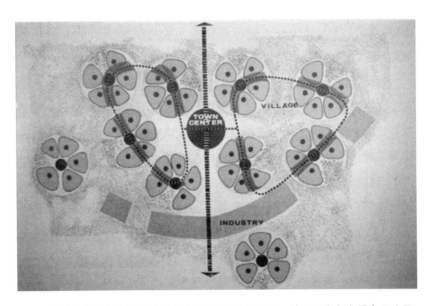

5.10 马里兰州哥伦比亚新城村庄"社区豆荚"示意图。社区研究与发展有限公司，罗伯特·坦南鲍姆摄。哥伦比亚档案馆提供

府提供补贴。哥伦比亚启动了一项商业发展计划，吸引了通用电气、丰田、壳牌和辉瑞等国际企业。劳斯为新城镇设想了一个密集的市中心，餐馆、酒店、办公室、剧院和音乐厅以及一所大学和医院排得满满当当。市中心挨着一个人工湖，"傍晚时分，湖边的餐馆和热闹的咖啡馆的灯光与声音将吸引人们出来享受夜生活"。它的中央是一个封闭的"全空调"购物中心，有100多家商店。[1]哥伦比亚购物中心于1971年开业，是劳斯建造的最大的购物中心项目。它登上了《建筑实录》的封面，说它创造了"一个城市般的世界"。其裸露的钢铁

[1] Community Research and Development Inc. ，"Columbia: A New Town for Howard County; A Presentation for the Officers and Citizens of Howard County," Baltimore, November 11，1964.

和玻璃是购物中心的"纹章符号"。[1] 购物中心的彩灯、绿植、飞溅的喷泉以及迷人的设计，使得在此购物成为一种诱人的奇幻乐园体验。

新城镇前景无量。人们将它想象成一幅巨大的空白画布，在上面可以从头开始构建梦境。虽然哥伦比亚城不是没有它的问题，尤其是财务问题，但它确实是一个特别的美国成功故事。随着詹姆斯·劳斯成为新城镇运动的国际焦点，哥伦比亚也成为了可移植的形象，并加入了乌托邦式城市的行列。与米尔顿-凯恩斯相似，它也成为未来的流行偶像，新城镇的忠实信徒聚集的圣地。唐纳德·坎蒂在《建筑论坛》上写道，这项工程"史无前例……几乎每天都在创造新的先例"。[2] 劳斯事务所在第一批街区开启了巴士游览之旅，并设立了一个展览中心。在这些早期的卡梅洛特岁月里，哥伦比亚的规划者和居民将自己视为一项独特的生活实验的先驱。正如一位早期居民在一次采访中所述，"我们中的大多数人都觉得自己身处一场大戏中，这场戏即使不是在世界舞台，也肯定是在全国舞台上演。我们有访客，有人在做相关电视节目，有人在写关于哥伦比亚城的文章。这让你感觉不一样"。[3] 这种对新城镇的热情和渴望，以及作为未来探索者的感觉弥漫着此种类型的风气。踏上新城镇的草皮就是一种自信和大胆的表态。

---

[1] *Architectural Record* 160（March 1972）：113-21.

[2] Donald Canty，"A New Approach to New Town Planning，"*Architectural Forum* 121 （1964）：194.

[3] Interview 0131，quoted in Forsyth，*Reforming Suburbia*，140.

第六章

太空时代的建筑

　　作为未来的标志，新城镇也是 20 世纪 50 年代和 60 年代建筑先锋一个发挥想象的游乐场。发明太空时代的世界——还有可能亲眼见证它们的建造——攫住了这些开拓者的创造力，引发了各种远见的喷薄而出。创建新城镇是对人们源于爱玩、乐观的精神的放纵。它是乌托邦想象与系统思维、太空飞行器和太空殖民地的融合，是一个由计算机控制的世界的前景。控制论是使太空旅行成为可能的复杂工具。它对火箭系统和太空舱、太空时代代表的复杂的尖端技术至关重要。但这门科学也是一门哲学，在建筑先锋的手中，亦是一种艺术形式。

　　本章重点介绍新城镇的建筑和设计。范围集中于建筑环境和建筑师、规划师以及变出了这些大胆新世界的未来学家。他们都坚信城市的物理结构可以改变社会。本章的第一部分考察的是太空时代对他们的设计理论的影响。城市被改造成一个巨型结构的控制机器，可以维系生命并发射到宇宙中。这个想法不仅仅是一个太空梦。这些在国家及其技术官僚团队的支持下建起的新城镇，试图在地球上实现这些乌托邦式的幻想。

　　本章的第二部分考察了这些实际建成的场所的建筑和设计。建造新城镇是经过深思熟虑、极具象征意义的行为。不管它们只是纸上谈兵，还是真的建成，控制论和太空时代都产生了丰富的未来主义城市意象。正是这种关于新城镇的论述的广度和多样性使其成为一场与众不同的运动。这一章聚焦乌托邦式实践的丰富性，并以乌托邦的最终消亡来结束。

一、与技术官僚一起做梦

阿基格拉姆派①、阿基佐姆派②、新陈代谢派③、情境主义者④和GIAP⑤等先锋派团体不因循守旧的表现，通常被学者解读为挑衅或颠覆策略，以此在技术官僚和资本主义消费主义的铁笼之外创造自由。人们认为这些先锋派对20世纪50年代发生的现代化持敌对，或者至少是矛盾态度。先锋派阵营对第一代新城镇进行了严厉的批评，在他们心目中，这些新城镇已经偏离了最初的理想。1959年，情境

① Archigram，也译作建筑电讯派，20世纪60年代在英国形成的一个极度崇拜先进技术的建筑小组，因其出版的同名刊物而得名，核心人物是彼得·库克。——编者
② Archizoom，1966年成立的一个建筑小组，提出了世界是一个无限延伸的空间、城市可以无限扩张和生长的想法，即no stop city。——编者
③ Metabolists，1960年代日本著名建筑团体，提出了一种基于适应性和变化的价值观的新型架构。他们富有远见的设计包括漂浮在海洋中的城市和结构像巨大螺旋或分枝树的模块化塔楼。他们的项目很少建成，但它们让建筑师和设计师以新的方式思考，响应20世纪社会的变化步伐。——编者
④ Situationists，这个名字源于"情境主义国际"（Situationist International，1957—1972），是一个由先锋艺术家、知识分子和政治理论家组成的左翼国际组织。其成员最初大多为先锋派艺术家，包括来自各地的建筑师，致力于以各种方式介入城市，希望以此影响城市环境和城市生活。但其想法从未能通过具体的建筑形式得到表达。——编者
⑤ Groupe International d'Architecture Prospective，著名乌托邦建筑团体，着迷于巨型建筑的国际趋势，1960年代设计了"太空城市"（他们称之为"空间都市主义"），重新定义了在当代城市和未来城市中城市与技术和自然之间的关系。——编者

主义艺术家康斯坦特·纽文惠斯（Constant Nieuwenhuys）将新城镇丑化为"钢筋混凝土的墓地……绝大多数人注定要在那里无聊而死"。[①] Team 10 成员、英国建筑师彼得·史密森（Peter Smithson）将英国新城贬低为城市主义的死胡同。[②] 就连备受宠爱的塔皮奥拉也受到了严厉的批评。年轻一代的芬兰建筑师称其为失败的森林城市，并坚持认为不能再这样造下去了。

离经叛道者的恶作剧意在冲击现代主义正统观念，并鼓励专业人士大胆思考。[③] 他们利用从杂志、漫画到拼贴画和插图等各种形式，制作出了充满流行文化的、令人振奋的城市未来模型。他们的设计带有一种辛辣的玩笑精神，以此嘲笑那些过时的已经不适应现代大都市的做法。静态空间和建筑必须被人员、交通和通信的流动性，以及对变化的适应性所取代。

正如建筑评论家雷纳·班汉姆所说，先锋派是搞"图像"的。自我推销和宣传是他们作品的一部分。建筑插画在低俗小说和科幻小说流派中产生了重要影响，为便于新闻宣传，还将话语转向了恶作剧和荒诞风格。通过在媒体上广而告之他们的项目，他们对未来城市的视

---

① Constant Nieuwenhuys，"Another City for Another Life，" *Internationale Situationniste* ＃3（December 1959）：37－40.

② Peter Smithson，"Capital Cities，" *Architectural Design* 28（November 1958）：437－41；quoted in Jean-Louis Voileau，"Team 10 and Structuralism：Analogies and Discrepancies，" in *Team 10：1953－81, in Search of a Utopia of the Present*，ed. Max Risselada and Dirk van den Heuvel（Rotterdam：NAi，2005），281.

③ See Hadas A. Steiner，*Beyond Archigram：The Structure of Circulation*（New York：Routledge，2009）. 关于先锋派的精彩讨论亦可参见 Jonathan Hughes and Simon Sadler，eds.，*Non-Plan：Essays on Freedom, Participation and Change in Modern Architecture and Urbanism*（Oxford：Architectural Press，2000）. See also Neil Spiller，*Visionary Architecture：Blueprints of the Modern Imagination*（New York：Thames and Hudson，2006），and Dubravka Djurié and Misko Suvakovié，eds.，*Impossible Histories：Historical Avant-Gardes，Neo-Avant-Gardes，and Post-Avant-Gardes in Yugoslavia，1918－1991*（Cambridge，MA：MIT Press，2015）.

觉论述在扩大人们对可能发生的事情的认识，并将公众的意识引向一个过分乐观的未来世界方面起到了重要作用。一派空灵的城市景观在他们的画板上被勾画出来。本章中讨论的梦境——巨大的多层次城市、耸立在平台上的混凝土巨型建筑、怪异的控制论模块——在智力和情感上都非常令人着迷。大众文化时代的乌托邦变成了一系列心血来潮的设计、奇形怪状的工程壮举，以及精巧的电子玩意儿。前卫作品可以被理解为享乐主义的、媚俗的、随意的戏仿和一种社会政治鼓动策略，事实的确如此。它把建筑和空间变成了夸张和奇观。视觉戏剧效果是乌托邦式表达的一部分，这种品质贯穿于整个新城镇运动之中。

　　然而，具有讽刺意味的是，无论这些遥远未来的梦幻城市多么反建制，多么怪异，它们都在与国家权力协作。当先锋派要将想象变成有形之物，将它们具体实现到某个地方时，都需要在国家的支持下进行。乌托邦式的建筑，连同它所依托的尖端技术，都顺应于政治权威。[1] 控制论和计算机革命，以及它们与太空探索之间的重要关联，使得国家支持的科学技术统治应运而生，以实现快节奏的技术创新。规划界和建筑界与这一专业知识体系联合起来，作为实现乌托邦梦想的一种方式。这是一个将他们想象中的未来变为现实的机会。控制论、太空时代城市领域的天马行空之想在激进社会内涵方面只是些许痕迹，实际上是与技术官僚思维并行不悖。尽管乌托邦式生产号称自己与国家计划背道而驰，但先锋派群体从不拒绝作为根基的建筑上与空间上的逻辑。与官方话语相同，他们的逻辑也是坚定地建立在技术、理性组织、灵活性和流动性的基础之上。

---

[1] Manfredo Tafuri, *Architecture and Utopia*: *Design and Capitalist Development* (Boston, MA: MIT Press, 1996), 114.

很快，建筑亚文化发现自己处于一种矛盾的社会政治立场。他们的城市设计最终介于作为持不同政见者的反空间（counterspace）和作为为渴望从项目中获利的统制国家（dirigiste states）和房地产开发商提供便利的资源库之间。更重要的是，作为他们设计灵感来源的太空探索深深地嵌入了军工联合体以及先锋派所鄙视的冷战之中。在自由和挑衅的理想与实现这些理想的现代化框架之间，存在着一种目的冲突，一种根本的断裂。这是一种辩证张力，促进了非凡的创造力。国家技术官僚自己制作的计划和图表散发出一种勇作先锋的美学。实验性的现代主义和幻想城市已经被新城规划者和委托项目的政治精英，甚至是执行项目的开发商和建筑公司内化于心。技术官僚把自己视为先锋派的一员。

他们都是 60 年代年轻一代的成员——一个时尚的具有开拓性的精英时代。他们坚信国家有能力为社会的利益制定进步措施。这样一来，前卫建筑师和技术官僚精英制作的视觉艺术品之间的相似之处就非常显著。他们将对现状的批评，对更好生活方式的向往，传递到政府管理部门和新城开发公司那里，这些公司甚至有能力将不可思议的乌托邦概念付诸实践。具有讽刺意味的是，这种影响力使得建筑先锋们希望破坏的政权变得更加巩固。

20 世纪 60 年代的新城镇往往是这种创造性碰撞发生的地方。创新的建筑形式、巨型建筑和购物中心可以在许多城区找到。但在新城镇的情况下，建筑师和规划师有了一个难以抗拒的机会，可以从零开始设计一座城市，最充分地表达他们乌托邦式的随性。正是在把新城中心看作包罗万象的多层次巨型结构的概念中，我们发现了未来主义城市幻想中隐含的不和谐之声。在 20 世纪 60 年代，巨型建筑是创新设计产生的重要舞台。每一个都是对休闲与消费主义的新城市旋风的革命性诠释，是汽车与人之间冲突的解决方案，是社区生活的革新。这些前卫的中心城市建筑的视觉和宣传盛况，以及它们带来的兴奋和魔力是前所未有的。

　　然而，试图将整个城市环境融入到一个庞大的建筑集群中的狂妄自大几乎立刻显露无遗。在雷纳·班汉姆 1976 年出版其著作《巨型结构》（*Megastructure*）一书时，他就已经将这些巨型建筑称为"现代运动的恐龙"，并在书中揭露了一个建筑师"被迫承认的事实，即设计上千篇一律的'整体建筑'"……会像其他完美的机器一样死气沉沉、缺乏文化底蕴"。[1] 这些蔚为壮观的未来主义庞然大物很快被商业利益集团所侵占，沦为消费宫殿，那里除了购物活动以外，别无他物。乌托邦理想以惊人的速度分崩为先锋派试图打破的催眠般的购物行为，只不过这一次是在被指控破坏了城市生活所有希望的大规模钢筋水泥建筑群中。

二、先锋派的游乐场

　　在颠覆 20 世纪 50 年代旧式新城的前卫概念背后，隐藏着各种异质的，有时甚至是矛盾的因素。首先，也是最重要的，是控制论和迷人的太空旅行和太空殖民地的可能性——以及描绘此类可能性的太空漫画。太空时代的曙光催生了一个令人着迷的乌托邦梦想——把人类扩散到宇宙中去。我们将会在星际间翱翔，在月球上度假。公众对计

---

[1] Reyner Banham, *Megastructure: Urban Futures of the Recent Past* (London: Thames and Hudson, 1976), 7 – 9. See also Louis Wilkins, "Dinosaurs of the Modern Movement," *Building Design*, no. 327 (December 1976): 14 – 15.

算机和高科技设备、火箭和宇宙飞船以及星际旅行有着极大的兴趣。斯坦利·库布里克的《2001：太空漫游》（1968）等电影，以其关于宇宙、空间站和反复无常的 HAL 9000 电脑的迷人视角，在国际上大获成功。城市梦想家们沐浴在这种未来主义的光芒中以及对"地球太空船"的更大益处的关注中，"地球太空船"一词是巴克敏斯特·富勒创造的，后来被芭芭拉·沃德借用，作为其 1966 年出版的一本书的名字。

这种宇宙观进入了对城市形态和功能的幻想之中。英国阿基格拉姆派的建筑师们痴迷于肯尼迪角①。他们相信，城市可以设计成能够升空的飞行器并成为独立的生活实体。他们模仿了美国宇航局关于轨道空间站、月球基地和火星机器人任务等未来构想。阿基格拉姆派也是第一个将"太空舱"一词与"家"联系起来的派别。太空舱与城市母船或城市框架分离开来。它是一个依赖于电子信息流和机载计算技术的自主的、自我调节的有机体。显然，太空探索的影响并不局限于脑子里的天马行空。来自美国宇航局和私人航天公司的科学家及工程师参与了一系列项目，将航空航天技术和系统管理直接应用于处理城市问题。

两位城市理论家，保罗·索莱里和阿瑟尔斯坦·斯皮尔豪斯就是这种影响的典型例子。他们的大型项目展示了 20 世纪 60 年代前卫创意产生的浮华与挑衅意味，然而，两人都得到了代表国家利益的官方认可——乌托邦幻想作为通向未来的道路有了实实在在的意义。远见卓识的意大利建筑师保罗·索莱里曾在亚利桑那州的西塔里埃森②受教于弗兰克·劳埃德·赖特，他是太空时代环保主义最重要的实践

---

① 即卡纳维拉尔角。那里是著名的航空海岸，附近有肯尼迪航天中心和卡纳维拉尔空军基地，美国的航天飞机都是从这两个地方发射升空的。——编者
② Taliesin West，赖特的住宅和学校，那里有工作室、工作坊、宿舍，提供木工、金工、绘画、印刷、摄影、雕刻、陶瓷及模型制作学习等。后来成为西塔里埃森建筑学院的主校区。——编者

者。索莱里把整个城市设计成人口密度极高的超大结构。他的两部著作《生态建筑学：按照人的形象构建的城市》（*Arcology：City in the Image of Man*，1969）和《保罗·索莱里的素描簿》（*The Sketchbooks of Paolo Soleri*，1971）里面全是令人惊叹的插图，建筑学和生态学在其中融为一体。

索莱里呼吁对城市系统进行彻底的生态化。在他看来，城市必须朝着更集中、更有效的形式发展，而且必须是多层次、多维度的，而不是浪费性的分散和无序扩张状态。生态建筑学的理想是在一个庞大的巨型建筑中形成一个自立的、自给自足的社区（图 6.1）。它是一个供生命存在的整体环境——本质上是一个空间站。这种新的城市形式可以通过有启发性的技术和计算机革命来实现。

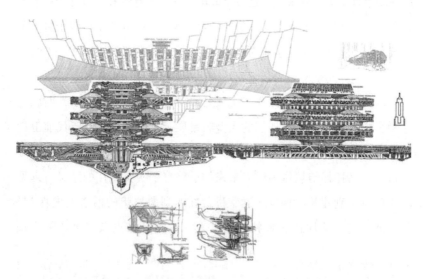

6.1 保罗·索莱里，"第二巴别塔"生态城，人口 52 万。《生态建筑学：按照人的形象构建的城市》第 113 页，麻省理工学院出版社 1969 年出版。©科桑蒂基金会

对索莱里来说，控制论在报应（nemesis）与创世（genesis）之间提供了一种选择，还为人类世界提供了一种新地貌。[1] 他矛头直指康斯坦丁诺斯·多克夏迪斯的漫无边际的"世界性都市带"的想法，认为完全是一种浪费，是错误的计算机预测模型所致。要从这张"令人绝望的地图"[2]——索莱里直接将其描画成了一幅被"世界性都市带"淹没的美国地图——中拯救人类的唯一办法，就是在地球之上建立一个第三维度。他的理论从一开始就与人类在外太空居住的目标联系在一起："阿斯特罗莫（Asteromo）是一颗小行星，人口约 7 万。它基本上是一个有着双层表皮的圆柱体，通过主轴的加压和旋转保持膨胀……它能够在不需要任何动力装置的情况下飞行。面对旋转轴站立的人将被一个坚实的生态系统包围。"[3]

索莱里别具一格的原理图意在带给人感官震撼，实现生态上的突破。他设想了轨道殖民地，城市河流印刻在这颗星球的表面上，还有可容纳数十万人的一座座悬浮式巨型建筑厕身其间。在他的绘画中，殖民地处于失重状态，飘浮在景观之上。与其说这是一种与自然共存的方式，不如说是将人类与自然隔开。这是应对人口爆炸的严峻形势并使各大洲回归其原始状态的唯一途径。人类的生存需要一种集体齐心协力的新措施。忠于这颗星球是一项道德义务。

索莱里对这种超密环境的首次尝试是在亚利桑那州凤凰城附近的

---

[1] Paolo Soleri and Jules Noel Wright, "Utopie e o Revoluzione: Utopia and/or Revolution," *Perspecta* 13/14 (1971): 283. See as well the articles in Sarah J. Montross, ed., *Past Futures: Science Fiction, Space Travel, and Postwar Art in America* (Cambridge, MA: MIT Press, 2015).

[2] 在两篇有关索莱里在华盛顿特区科科伦艺术馆的作品展的文章中，将其与多克夏迪斯进行了比较：Ada Louise Huxtable, "Profit in the Desert," *New York Times*, March 15, 1970, and again in "Soleri Thinks Very Big...," July 26, 1970。

[3] Paolo Soleri, *Arcology: The City in the Image of Man* (Cambridge, MA: MIT Press, 1969), XXX. 第四版 2006 年由科桑蒂出版社出版。

阿科桑蒂[①]定居点，从 1970 年开始。阿科桑蒂被设计成一个庞大的预制混凝土巨型建筑，它以太阳能为动力，完全由计算机控制，可容纳 5000 人。它将耸立在沙漠之上，高达 25 层，是一个由绿色步道、太阳能走廊和气室（air spaces）组成的拱形结构。评论家们指责索莱里沉迷于科幻小说。但这些梦境中有着乌托邦价值的碎片，他的计划得到了学术界和政治机构的支持。1970 年，由美国住房和城市发展部与保德信保险公司赞助，他在华盛顿的科科伦艺术馆展出了自己的作品。

第二个乌托邦项目是明尼苏达实验城，它进一步彰显了控制论和未来城市形态的融合。作为一个官方新社区，此项目得到了三个联邦机构的支持，同时也成为副总统休伯特·汉弗莱和明尼苏达州的宠儿。该实验城得到了许多商业利益集团的支持，包括明尼苏达大学和报业大亨奥托·西尔哈的明尼苏达星论坛公司。[②] 从他们的角度来看，从零开始建的城市意味着就业机会和巨额利润。该项目的指导委员会由福特基金会的巴克敏斯特·富勒和保罗·伊尔维萨克，以及加州大学伯克利分校城市和区域发展研究所的威廉·惠顿担任主席。美国导弹系统的缔造者、前空军系统司令部司令伯纳德·施里弗将军也是成员之一——这表明了系统思维、城市乌托邦主义和冷战军事力量

---

① Arcosanti，美国亚利桑那州的一座实验城镇，位于该州首府凤凰城以北 110 公里、海拔 1130 米的荒漠。1976 年，它被美国《新闻周刊》杂志誉为"我们这个时代进行的最重要的城市实验"。——编者

② 关于这项被遗忘的乌托邦实验，最佳参考是以下博士论文：Todd Wildermuth, "Yesterday's City of Tomorrow: The Minnesota Experimental City and Green Urbanism" (PhD diss., University of Illinois, 2008). See also James R. Prescott, "The Planning for Experimental City," *Land Economics* 46, no. 1 (1970): 68 - 75, as well as James A. Alcott (who was an MXC general manager), "Planning of an Innovative Free-Standing City: The Case of Minnesota Experimental City," in *Innovations for Future Cities*, ed. Gideon Golany (New York: Praeger, 1976)。

之间持续的关系。① 明尼苏达大学一连举行了 14 个研讨会，讨论出了这座城市的基本概念。这座可容纳 25 万人口的城市将建在明尼阿波利斯-圣保罗以北 120 英里的荒野中。

明尼苏达实验城的指路明灯是明尼苏达大学理工学院院长、未来学家和环境科学家阿瑟尔斯坦·斯皮尔豪斯。他有众多身份，其中之一是广受欢迎的漫画《我们的新时代》的作者，该漫画于 1958 年至 1975 年在全球约 110 家周日报纸上连载（图 6.2）。这个民粹主义技术—乌托邦系列作品充满了关于太空旅行、激光、载人飞船和实验城市的最新信息。书中那些博人眼球的场景激发了明尼苏达实验城项目的灵感。对斯皮尔豪斯来说，这个世界的基本"问题是人口太多"和"屈指可数的城市涌入了太多的人"。② 对于每年新增 300 万人口导致的人口爆炸，解决办法就是将新城镇规划优化到最佳程度。

明尼苏达实验城是一个完全封闭的社区，由一个体积巨大的网格球形穹顶覆盖。斯皮尔豪斯把它设计成一台控制论机器。内部环境将由计算机编程，并由传感器来调节。电线直接织入穹顶的外骨骼（exoskeleton）之中。人、食物和货物以及回收的废物，都会穿过一排排管子和隧道。这个概念类似于彼得·库克的"插入式城市"（Plug-In City），其豆荚状单元夹在一个包含城市的电力、水和下水道系统的管状框架上（图 6.3）。城镇变成了科幻小说；明尼苏达实验城是一个太空时代的生活容器，一个可以自行决断、超级智能的半人半机器生物。它是各种网络和涌流的集合，是一个社会科学、人类生

① See Robert B. Semple, "Experimental City Mapped in Midwest," *New York Times*, February 6, 1967.
② Athelstan Spilhaus, "Technology, Living Cities, and Human Environment," *American Scientist* 57, no. 1 (1969): 24, 25.

6.2 阿瑟尔斯坦·斯皮尔豪斯，周日漫画连载《我们的新时代》中的实验城，1966年3月5日。斯皮尔豪斯（阿瑟尔斯坦）文献。得克萨斯大学奥斯汀分校多尔夫-布里斯科美国历史中心提供

态学的全面实验，没有贫民窟、交通堵塞或污染的一项环境工程。① 它很古怪，但这样的项目中表现出来的乌托邦冲劲吸引了企业支持者，因为它对当前的问题和机遇做出了回应。福特汽车公司设计了明尼苏达实验城的交通系统，包括自动化道路、计算机化的小型巴士和活动人行道。居民可以通过电子网络购物、办理银行业务和举行会议。

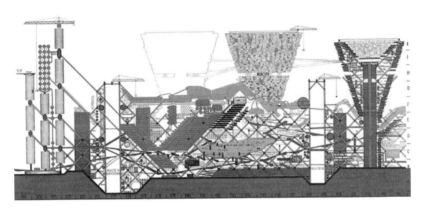

6.3　彼得·库克，插入式城市，分区，最大压力区。ⓒ阿基格拉姆，1964

　　明尼苏达实验城是 20 世纪 60 年代出现的众多理想社区中的一个。这些社区从"返土归田"② 的嬉皮公社到规模宏大、利润丰厚的房地产交易，如詹姆斯·劳斯的马里兰州哥伦比亚新城。乌托邦主义具有正统、真诚的含义。这是一种希望哲学。对于许多在反文化运动中游荡到阿科桑蒂或类似的样板社区的人而言，它们的灵感源于斯皮

① See "The Experimental City," *Daedalus* 96，no. 4（1967）：1129–41.
② back-to-the-land，20 世纪最重要的反城市主义声音就是六七十年代的返土归田运动，在此背景下，北美地区、新西兰和澳大利亚出现了一些嬉皮公社、生态村和理想社区。——编者

尔豪斯的《我们的新时代》、巴克敏斯特·富勒的《地球太空船操作手册》（1969）和斯图尔特·布兰德的《全球目录》。阿科桑蒂和明尼苏达实验城属于同一种乌托邦类型，它将太空时代的城市船（urban vessel）理想与控制论和新兴的环境运动融合到了一起。控制论和计算机控制的巨型建筑被设想为通向集体自由和充实生活、实现生态平衡以及最终维持地球生存的道路。

这些幻想是对当下的一种有针对性的干预。尽管它们具有挑衅的特征，但也显示出了对于原子时代的恐惧。从地球表面起飞是核浩劫之后的生存策略，也是人类在一个封闭的、自给自足的结构中生存的希望。作为乌托邦的原型，它们接受了与这个时代的军工综合体和太空时代探索完全相同的技术政治。不存在任何真正的颠覆性或煽动性内容，这可以从两点中得到证明，一是官方的批准，二是除了最遥远的未来之外，人们无法找到任何可以合理期待的选择。它们是与计算机程序、军事演习和控制论本身具有同样意义的模拟行为。[1]

阿科桑蒂被设计了出来，但资金、材料和人员的短缺使得进展极其缓慢，令人抓狂。它成了60年代乐观主义的半吊子风景，毁誉参半。当地人对明尼苏达实验城项目的反对声甚嚣尘上，认为它怪诞不经。尽管斯皮尔豪斯从20世纪60年代中期就开始着手制订这些计划，但在1973年公布后不出几个月，该计划就夭折了。这两个原型都成为了1973年经济危机和政治转向新保守主义的牺牲品。

正如索莱里和斯皮尔豪斯精心构建的理论所证明的那样，控制论对20世纪60年代的建筑前卫主义和富有远见的未来学产生了深远的

---

① 关于这一点，参见 Paul N. Edwards, *The Closed World: Computers and the Politics of Discourse in Cold War America* (Cambridge, MA: MIT Press, 1996), 14。

影响。① "架构"（architecture）一词也成为描述计算机系统内部组织的常用术语。这不仅仅是一个建筑学对计算机工程和设计的影响或者控制论对建筑的影响的问题，更是共同遵循一种新的认知词语和新的当务之急②的问题，而这个新的当务之急最终成为了设计整个新城镇的框架。

1960 年，雷纳·班汉姆为《建筑评论》策划了一期特刊，名为"科学的一面"，讨论建筑的未来。IBM 公司的 M. E. 德拉蒙德在为其撰写的一篇谈论"计算机"的贡献的文中声称，系统模拟、线性规划和排队论使架构师能够制订并以最佳方式解决多维规划问题。街道规划、高速公路和交通流的数学模型就是他举的例子。③

班汉姆最终对建筑业急于一口吞下控制论和计算机领域的最新潮流生出了警惕，一如他对巨型建筑的态度一样。但那些可能性太令人心旌摇曳。其建筑环境不仅可以完全量化，而且可以想象为一个有生命的机器智能。对于阿基格拉姆派的成员来说，他们能根据计算图表将城市改造成一个拥有自然再生循环和信息系统的巨型建筑容器，一如丹尼斯·克罗普顿的"计算机城"中演绎的那样（图

---

① Andrew Pickering, *The Cybernetic Brain*: *Sketches of Another Future* (Chicago: University of Chicago Press, 2010), especially part 2.
② Reinhald Martin makes this point in "Computer Architectures: Saarinen's Patterns, IBM's Brains," in *Anxious Modernisms*: *Experimentation in Postwar Architectural Culture*, ed. Sarah Williams Goldhagen and Réjean Legault (Montreal: Canadian Center for Architecture; Cambridge, MA: MIT Press, 2000), 153 - 54. See also Felicity D. Scott, *Architecture or Techno-utopia*: *Politics after Modernism* (Cambridge, MA: MIT Press, 2010).
③ A. C. Brothers, "Weapons Systems," and M. E. Drummond, "Computers," in "The Science Side," ed. Reyner Banham, special issue, *Architectural Review* 127, no. 757 (March 1960): 188 - 89. 这一系列文章和班汉姆的回应在以下著作中有详细描述: Anthony Vidler, *Histories of the Immediate Present* (Cambridge, MA: MIT Press, 2008), 128 - 33.

6.4）。康斯坦丁诺斯·多克夏迪斯也开始增加对电子数据的收集。他通过电磁地图以及显示隐藏的网络和有机力场的计算机制图分析了城市的演变。

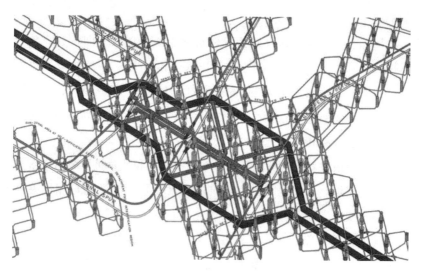

6.4　丹尼斯·克罗普顿，计算机城，轴测图。©阿基格拉姆，1964

　　建筑前卫主义的迸发，还有其他灵感来源，那就是行为科学、社会科学以及媒体。理查德·卢埃林-戴维斯在其为班汉姆策划的《建筑评论》特刊贡献的文章中指出，社会科学"让我们了解了人们需要什么样的建筑。它们给我们带来了希望，让我们可以打破19世纪建筑师'规划'的刻板惯例，并且把对我们的任务的理解回归到更广阔、更富有想象力的状态"。群体动态与建立一幅社会生活图景以及研究其运作方式尤其相关。[1] 集体认同、归属感和人道的社会民主理

① Richard Llewelyn-Davies, "Human Sciences," in Banham, "The Science Side," 189.

想是 20 世纪 60 年代城市理想不可或缺的组成部分。这种观点远没有之前的邻里单位那么怀旧；它更加不惧权威、更加宽容，与 20 世纪 60 年代的解放信条一脉相承。

建筑师对广告和传播、消费主义和汽车文化领域进行了探究。它们不仅提供了新的工具，而且成为了城市环境的模板。建筑形式是为了给人们带来快乐，为了抓住商业主义和大众文化带来的机遇。在建筑中，是允许有快乐和乐趣的。设计上的灵活性符合对不恪守传统、自由精神和创造力的追求。社会系统的设计、作为集体交流直观形式的建筑以及公共生活的解放空间成为了先锋派的宣言。将城市的各个组成部分相互连接、聚集、合成一个融合的建筑形式，这样的挑战吸引了建筑师们。它形成了大众社会时代的社区和城市概念。

三、巨型建筑的梦幻景观

这些影响结合在一起，一种新的规模和纪念碑性（monumentality）应运而生。人们开始痴迷于任何庞大的、巨型的、超级的事物：超人、超级市场、高速公路等。集体的城市生活以不朽的建筑姿态呈现，这将鼓励大众社会的社交。新粗野主义是巨型建筑形式的核心，它是对"人类社会的整体问题以及建筑和社区与它们之间的关系"的一次审视。[①] 粗野主义确立了庞大的结构，将城市社会的功能

---

① Team 10 architects Alison and Peter Smithson, "An Alternative to the Garden City Idea," *Architectural Design* 26（July 1956）: 229 – 31. Quote is from Theo Grospor, "Thoughts in Progress: The New Brutalism," *Architectural Design* 27, no. 4（April 1957）: 113.

合为一个统一的整体。这些结构代表了一种群体形式——用 60 年代的流行语来说就是"同一个世界"。它们是纪念碑般的、堡垒般的一群，其各种结构元素、功能和涌流都暴露在社区生活中。但"巨型建筑"一词不仅仅意味着巨大的规模。巨型建筑被开发出来，毫不掩饰地展示了作为建筑材料的裸露的预制混凝土的美学。它们钢骨嶙峋、棱角分明、形态万千。混凝土柱和钢横梁将这些巨大的建筑抬到了空中。

它们的整个构造模拟了一艘太空时代的飞船，由薄膜、脊椎、管子和板子以及仁慈的力量组成。这些东西由循环管道、楼梯、坡道、升降梯和自动扶梯连接在一起。这个由控制论操控的巨型结构就像空间站一样，容纳并维持生命的存在。在描述巨型结构时无所不在的生物形态词汇中，其属性被概括为"有机的"和"自然的"。有机性体现了先锋派所关注的可塑性和易变性，以及它们与大众社会的互动关系。外形可以重新安排，也可以通过灵活的关节和固定在框架上的分段组件对其进行物理放大。巨型建筑无异于对整个城市世界进行革命性重组的载体。这里没有什么是微不足道的。它是粗野主义的，巨大的。面对这样一种结构，人们的反应要么是敬畏，要么是反感至极。

一系列无穷无尽的不朽思考在建筑画板上炫耀着。它们把一切都推到了极致。其规模与人口数量、数字和密度相呼应，这些都是日本尤其要应对的。早在 1960 年，拥有近 1300 万居民的东京都就已是世界上最大的两个地区之一。交通拥堵和城市扩张正在这座日本首都扼杀人们的日常生活。与关于"人口爆炸"的可怕预言一致的是，人口统计学家预测，东京的人口将在 30 年内翻番。这种严峻的形势，加上日本的住房危机，为前卫的新陈代谢派提供了一个前所未有的实验环境。[①] 作为一支由叛逆的日本建筑师和设计师组成的队伍，新陈代谢派尝试了插入式巨型建筑和预制模块单元建筑，它们可以扩展从而适应大众社会。例如，建筑师黑川纪章（Kisho Kurokawa）将其新城镇菱野（Hishino）和藤泽（Fujisawa）设想为通过复杂的高速公路系统连接的定居点模块网，或者说是集群。由于对当局无力应对东京的膨胀感到失望，新陈代谢派随后提出了一个关于东京的激进的新愿景，使之与日本战后的经济繁荣和该市作为 1964 年奥运会举办地的全球地位相符。在 1960 年的世界设计大会上，建筑师丹下健三（Kenzo Tange）精心制作了一幅巨型结构城市的插图，城市坐落在东京湾上方一个巨大平台之上（图 6.5）。这个围绕着其盘旋的高速公路系统和通信通道设计的城市，可容纳 1000 万人口。巨型结构是经济增长和繁荣的引擎，并会通过新陈代谢的方式实现增长。

丹下健三和他的新陈代谢派同仁深受欧洲现代主义的影响。他多次出席 CIAM 的会议，并且是 Team 10 一员。他加入了康斯坦丁诺斯·多克夏迪斯著名的德洛斯研讨会巡游，还与一群大名鼎鼎的游客就控制论方法对人类社会的益处进行了探讨。他对东海道大城市连绵带（包括东京、大阪和名古屋）的构想建立在让·戈特曼和多克夏迪斯的"世界性都市带"概念的基础上。同样，东京是人类聚居学运动中的一个重要案例，并在多克夏迪斯为巴基斯坦新首都伊斯兰堡的"未来之城"项目中得到了显著体现（见第三章）。

---

① 关于东京的多个规划，参见 Florian Urban, "Case Study III: Mega-Tokyo — zen versus High Tech," in *Megastructure Reloaded: Visionäre Stadtentwürfe der Sechzigerjahre reflektiert von zeitgenössischen Künstlern = Visionary Architecture and Urban Design of the Sixties Reflected by Contemporary Artists*, ed. Sabrina van der Ley and Markus Richter (Ostfildern, Germany: Hatje Cantz Verlag, 2008), 94 – 96。On the Metabolists, see also Zhongjie Lin, *Kenzo Tange and the Metabolist Movement: Urban Utopias of Modern Japan* (New York: Routledge, 2010)。

6.5 丹下健三，东京规划，1960 年。

6.5 丹下健三，东京规划，1960 年。川澄昭夫（Akio Kawasumi）摄。图片由川澄昭夫和丹下健三事务所提供。©川澄昭夫

1961 年，《人类聚居学》杂志上以 10 页的篇幅向西方介绍了日本新陈代谢派和丹下健三的东京湾项目，之后 1964 年英国的《建筑设计》又出了一期特刊介绍了东京的这个"梦一般规划"。到 1967—1968 年，这些巨型建筑的表现达到了顶峰。不过，正是雷纳·班汉姆的《巨型结构》（*Megastucture*，1976）[1] 一书对这一形式进行了解读。班汉姆在其著作中把巨型结构主义描述为一种国际运动，既起源于勒·柯布西耶和俄国未来主义者，也源自日本先锋派。人们还可以追溯到意大利未来主义者安东尼奥·圣埃利亚（Antonio Sant'Elia）的画作《新城市》（*La Città Nuova*）去寻找其根源。20 世纪 60 年代版本的这种形式的与众不同之处在于它与太空时代的关系，还有它在新城镇中的实际应用。虽然巨型建筑在纸上可能已经达到了炉火纯青的水平，但真正引起轰动的却是这种乌托邦式手法的实际表现。

四、流行偶像与新城镇形态

新城镇本身就是基础设施和现代主义剧场的巨型产物。它们致力于将巨型结构的梦想变为现实。在 20 世纪 60 年代的新城项目中，出现了大量巨大的粗野主义建筑。位于西德法兰克福郊区的西北新城就是一个很好的例子（图 6.6）。在宣传中被称为新法兰克福的这座新城，坐落在 20 世纪 20 年代恩斯特·梅建造的旧实验郊区罗默施塔特附近（见第一章）。该城镇的规划和设计由建筑师沃尔特·施瓦根舍特（Walter Schwagenschedit）领导，他很热衷于战前的社会主义住房

---

[1] Reyner Banham，*Megastructure：Urban Futures of the Recent Past*（London：Thames and Hudson，1976）.

改革。他与梅一起参与了最初的新法兰克福项目，并陪同其前往俄罗斯。施瓦根舍特在其著作《太空城》（*Raumstadt*，1949）中谈到了他致力于改变二战后德国，消弭无家可归现象和失落感。西北新城就是为治愈这些创伤而建造的。在 1964 年出版的《西北新城：理想与设计》（*Die Nordweststadt：Idee und Gestaltung*）一书中，他用复杂有趣的线条描绘了梦幻般的幸福家庭场景。[1] 那是一个迷人的城市世界在颂扬集体生活和平凡的日常生活。

6.6 西德法兰克福郊外的西北新城，1968 年。克劳斯·梅尔·乌德摄。ⓒ美因河畔法兰克福大学城市史研究所，S7C1998/37252

---

[1] Walter Schwagenscheidt, *Die Nordweststadt：Idee und Gestaltung = The Nordweststadt：Conception and Design*（Stuttgart：Karl Krämer Verlag，1964）. See also Frank Eckardt, "Germany：Neighbourhood Centres, A Complex Issue," *Built Environment* 32，no. 1（2006）：53 – 72.

这座新城镇的规划充分考虑了 6 万人口的生活——从操场到学校，再到阳光照进房子的角度。在施瓦根舍特的草图中，家家户户在没有汽车来往的令人愉快的街区里漫步。他们一起在庭院、公园和围绕住宅建筑的公共空间里享受休闲时光。汉斯·坎普夫迈耶是法兰克福资深的社会党市议员，是西北新城项目在政治上的支持者，他称该项目为"我们这个时代生活文化的一个里程碑"。它是"一个闪闪发光的白色小镇"，[1] 是一本关于社会改良和乌托邦理想的教科书。

但是，在国际上引起最大关注的是位于该市中心的巨型建筑。1961 年，建筑师奥图·阿培尔（Otto Apel）、汉斯格奥尔格（Hansgeorg）和吉尔伯特·贝克特（Gilbert Beckert）的设计在一场比赛中胜出，该市中心被设计成一个被抬到空中的巨大的混凝土实体（图 6.7）。三层室内步行空间被设计成一种国际化的格调：将会"一天到晚人来人往"。[2] 这座巨型结构成为了一个解锁机制，解放了西北新城的居民，使他们可以无忧无虑地享受现代生活的乐趣。毫无疑问，引入新城镇的第一批购物中心是为了应对 20 世纪 60 年代日益富裕的社会和向大众提供丰富的消费品。但作为一个城市环境，人们设想让西北新城的巨型建筑满足当代市中心的各种功能。这里涵盖了所有的集体生活并且维系着它们。除了商店外，还有咖啡馆、电影院、办公室、室内游泳池、日托中心和老人中心、图书馆、警察局和消防

① "Stadtbau: Frankfurt: Asche und Trabant," *Der Spiegel* 25 (1962): 72. See also Hans Kampffmeyer, *Die Nordweststadt in Frankfurt am Main* (Frankfurt am Main: Europäische Verlagsanstalt, 1968).

② Schwagenscheidt, *Die Nordweststadt: Idee und Gestaltung*, 89 – 90. See also Erich Hanke, "Die Nordweststadt Frankfurt am Main," *Anthos: Zeitschrift für Landschaftsarchitektur = Une revue pour le paysage* 7 (1968): 10 – 15.

局以及带有宿舍的职业学校和室外剧场。① 这是一个热闹的休闲娱乐区。一个由会议厅和健身房、俱乐部房间和工作室组成的两层楼社区中心。这座建筑是一个密集的几何图形堡垒，内部为超现代的玻璃和钢结构。公寓楼在上段，整个综合建筑群就此完结。这座灰色混凝土庞然大物的巨大规模和立体体量具有绝对的视觉冲击力，其垂直面和水平面上都呈现出一种势不可挡的宏伟气派。1968 年的开幕式有数千人出席。

6.7　建筑师奥图·阿培尔、汉斯格奥尔格、吉尔伯特·贝克特设计的西德西北新城市中心，1968 年。塔德乌斯·达布罗斯基摄。©美因河畔法兰克福大学城市史研究所，S7C1998/37639

---

① See "Nordweststadt Centre, Apel & Beckert," *Architectural Design* 36 (1966): 86 - 88, as well as "Nordwestzentrum Frankfurt/Main," *Das Werk* 57 (1970): 574 - 77.

也许说到最著名的（或臭名昭著的，取决于看问题的角度）巨型结构不应忽略了苏格兰坎伯诺尔德新城。和苏格兰所有的新城一样，坎伯诺尔德是格拉斯哥住房危机的解决之道，尽管建造了数千套住房，但这场住房危机依然严峻。旧城是规划者心目中的一个污点。那里最糟糕的贫民窟已经被拆除，但首都几乎已经没有什么空间了，也没有人想在那里建房。在1946年格拉斯哥地区克莱德山谷的原初规划中，传奇规划师帕特里克·艾伯克隆比划了一块占地1.3万英亩的巨大绿地包住了这座城市。贫民窟的居民会在这个警戒线之外的全新城镇——东基尔布莱德、利文斯顿、尔湾和坎伯诺尔德——里找到新的生活。坎伯诺尔德（盖尔语，意为"河流交汇处"）位于格拉斯哥东北15英里处一座2英里长、迎风的山丘上。它将成为7万新移民的家园，其中80％是在20世纪60年代初从格拉斯哥破败的社区迁来此地的。这个数字远高于早期"马克一期"的英国新城的情况。作为发展重点和新城的坎伯诺尔德，代表了城镇建设的新规模。在1970年罗宾·克里奇顿（Robin Crichton）执导的宣传片《坎伯诺尔德：明日之城》中，它被标榜为"未来之城"和"社区生活的新概念"。①

这个新版乌托邦是由城市规划师休·威尔逊（Hugh Wilson）设计的，是他与一批包括物理学家、经济学家和社会学家在内的国际专家合作的成果。它反映了引进系统工程技术和团队精神以解决复杂的城市设计问题的做法。总体规划以7个紧凑、高密度的社区为特色，其中包括苏格兰风格的别墅和公寓。尽管每个社区都配备了必要的公园、学校、社区中心和街角商店，但没有一个社区打算向田园城市邻

---

① 坎伯诺尔德1956年被定为新城。Robin Crichton, dir., *Cumbernauld: Town for Tomorrow* (Edinburgh: Edinburgh Films Production for Films of Scotland/Cumbernauld Development Corporation, 1970), video, 25 min。

里单位传统看齐。相反，它们像祈祷者一样聚集在中心地区周围。道路设计则借鉴了美国的公路设计经验，悠然蜿蜒地穿过小镇。没有道路网，没有十字路口，也没有红绿灯。街道下方和上方有一系列人行道，使居民不受交通的影响。这些人行道随后会延伸到周围的乡村，在那里，有可再容纳 2 万人的卫星村、高科技区和轻工业区。

坎伯诺尔德之所以如此具有开拓性，并吸引了世界各地建筑师、规划师和记者的狂热追捧，是因为市中心的多层模块化巨型结构（图 6.8）。坎伯诺尔德市中心是城市设计的里程碑，由杰弗里·科普卡特（Geoffrey Copcutt）设计，他被誉为英国最耀眼的青年建筑师之一。这座纪念碑式的混凝土结构矗立在坎伯诺尔德最高海拔点之上，这样一来，新城就成了一座"山上之城"。它的揭幕式是对政府资助的新城计划的一次重大宣传活动。州里通过提供一种革命性的替代方案，成功地回应了人们对战后新城的批评。1967 年 5 月 18 日，玛格丽特公主大张旗鼓地为这个作品揭幕，并称它"简直棒极了"。[1] 虽然巨型结构的概念令 20 世纪 60 年代的建筑师们着迷，但大多数情况下，它只是纸上谈兵。坎伯诺尔德是个例外。这是一个实验性的奇思异想成真的范例。建筑评论家沃尔夫·冯·埃卡德为美国《哈珀杂志》撰写了关于坎伯诺尔德的文章，他在文中口若悬河地指出："近 500 年前，列奥纳多·达·芬奇曾设想过这样一个城市：所有的交通工具都在地下移动，人则在阳光下自由活动。"列奥纳多也许应该还构思一幅坎伯诺尔德市中心图景，一个被草地环绕、高耸入云的城堡。[2]

---

[1] News report, "Princess Margaret in Cumbernauld, Scotland," May 18, 1967; Film ID 2031. 04, British Pathé Cinema.

[2] Wolf Von Eckardt, "The Case for Building 350 New Towns," *Harper's Magazine*, December 1965, 93.

6.8　苏格兰坎伯诺尔德市中心模型，约 1963 年。照片由布莱恩和谢尔有限公司摄。北拉纳克郡档案馆提供。©北拉纳克郡档案馆/文化部

坎伯诺尔德市中心部分是建筑设计，部分是环境设计。这是一座实体建筑，展示了钢铁和预制混凝土的可能性。这个阶梯状的立体结构旨在引导人们思考新的社区行为准则。而这种对集体生活的滋养，正是巨型结构的核心精神。除了商店，这一结构还包括一个健康中心、酒店、溜冰场和保龄球馆、图书馆、警局、消防局和救护车服务机构，一所技术学院以及顶层公寓。它是一个巨大的生命体，一个地上太空站。人们穿梭在这座八层建筑内，犹如身处一个由自动扶梯、升降电梯、坡道和楼梯组成的迷宫中。人与整个环境融为一体。开放迎客后不久，市中心就被誉为市政建筑的典范。经过与芬兰的塔皮奥拉新城和瑞典的瓦林比新城的一番竞争，它赢得了美国建筑师协会

R. S. 雷诺兹奖的社区建筑奖。

该市中心成了世界各地建筑方面媒体的宠儿。它时髦、年轻，是摇摆的 60 年代的一种现象级产物（图 6.9）。科普卡特把它想象成一个巨大的终端设施，装饰着万花筒般的广告和波普艺术。罗宾·克里奇顿在其 1970 年的宣传片《坎伯诺尔德：明日之城》中，向观众展示了一个消费和休闲的胜地：自助超市、时尚精品店和餐馆，以及热火朝天的迪斯科舞厅的场景等。坎伯诺尔德的市中心是一场"正在上演"的社会表演，那里发生了很多令人惊叹的事。它是阿基格拉姆派追随者塞德里克·普莱斯想象的欢乐宫的实体版。整个结构是玩乐之源，它通过色彩、空间和设计手法，颠覆性地打破了常规。新潮的年轻情侣们可以在市中心尽情享受和娱乐，然后进入停车场的敞篷车，飞快地驶上高速公路。

然而，如果说坎伯诺尔德市中心的巨型建筑是一个全面的实验姿态，那么它们无疑也在为国家技术官僚和资本主义利益服务。在杰弗里·科普卡特的设计所获的众多荣誉中，其中一项是美国住房和城市发展部颁发的优秀设计奖——这表明，尖端设计是多么容易被先锋派决心要破坏的现状所用。技术官僚们能够认可这样一个具有开创性的项目，就证明了它本身的炫目程度。20 世纪 60 年代的房地产开发商也从占地面积的角度来考虑他们的方案，而巨型建筑占地面积很大。它吸引了广大的使用者和消费者，并使利润达到最大化。坎伯诺尔德开发公司为寻找灵感，曾考察过美国和英国的零售中心。[1] 这种商业逻辑使坎伯诺尔德市中心成为英国第一个购物中心。但从概念的角度

---

[1] This point is made by John Gold, "The Making of a Megastructure: Architectural Modernism, Town Planning and Cumbernauld's Central Area, 1955 - 75," *Planning Perspectives* 21 (2006): 112.

来看，它带给大家的想象远不止于此。巨型结构是 20 世纪 60 年代典型的建筑表现形式。那是一个太空时代，无论从建筑风格还是从生态取向的生活空间的角度来讲。它将汽车文化直接融入了尖端的城市设计。城市变成了一条移动、连通与流动的脉动流。雷纳·班汉姆对坎伯诺尔德市中心大加赞赏，称其为"迄今为止最接近于人们可以真正走进去参观和居住的巨型结构的地方"。①

6.9 杰弗里·科普卡特设计图中的苏格兰坎伯诺尔德市中心，迈克尔·埃文斯绘制，约 1963 年。苏格兰皇家建筑师协会提供。CRCAHMS（RIAS Collection）。授权方：www.rcahms.gov.uk

---

① Reyner Banham, quoted in Nigel Whiteley, *Reyner Banham: Historian of the Immediate Future* (Cambridge, MA: MIT Press, 2002), 287.

巨型建筑的声望渗透到了各种未来主义城市景观方案之中。这种设计作品的规模和激进性质标志着它是一个思想流派。这是一个乌托邦式的冲动向太空时代框架的彻底转变,是对集体城市化和汽车出行的前卫性狂热。粗野主义巨型建筑和意大利面似的高速公路系统并不适合胆小的人。但整个设计理念都围绕它们而生。它源于反抗先锋派的场景,也来自伦敦郡议会那样的城市政府机构。例如,为伦敦郡议会工作的建筑师格雷姆·尚克兰(Graeme Shankland)及其团队为一座以一个骇人听闻的多层巨型结构为中心的新城制作了规划导读①。这一大胆的意象使此书成为一本快速入门读物,到1965年,已经第六次印刷,并被翻译成多种语言。这类出版物为巨型结构的设计和新城理念提供了完整的理论语料。

　　新的挑战再次出现了,这次是在英格兰的伦考恩和苏格兰的尔湾这两个新城镇。它们是休·威尔逊(坎伯诺尔德的首席规划师)和大卫·戈斯林的作品,两人都是英国最著名的新城规划师。戈斯林尤其被巨型建筑作为新城镇意识形态象征的可能性所吸引,他先后在曼彻斯特大学、麻省理工学院和耶鲁大学学习城市规划。他师从凯文·林奇、刘易斯·芒福德以及戈登·库伦,深受20世纪50年代末和60年代《建筑评论》中理论文章的影响。换句话说,像20世纪中叶那一代的许多人一样,戈斯林是城市化先锋派的一员。他具有开创性的著作《零售系统的设计与规划》(*Design and Planning of Retail Systems*,1976),是一座关于商业形式的信息和思想的金矿。他讲述了它们的历史和设计方案的多样性,并阐述了他对零售系统前景的富

---

① London County Council, *The Planning of a New Town: Data and Design Based on a Study for a New Town of 100,000 at Hook, Hampshire* (London: Greater London Council, 1965). See also "New Town Development: The Hook Study," *RIBA Journal* 69 (1962): 45 – 77.

有远见的理论。戈斯林把巨型建筑视为城市规划自然演变的一部分，尽管他承认人们可以将它们解读为乌托邦和未来主义，但他坚持认为它们是对现代城市中心切实可行的、高密度的诠释。①

1968年，戈斯林成为格拉斯哥西南部尔湾新城的首席建筑师和规划师。那是最后一个获得新城地位的城镇（1966），它与众不同之处在于它是由克莱德湾的苏格兰海岸原有的尔湾港扩建的城市。就像苏格兰所有的新城镇一样，它也为逃离格拉斯哥贫民窟的家庭——就这个案例而言大约有12万人——提供了一种新生活。尔湾的设计基于城市的弹性生长和汽车保有量。公路设计师和交通工程师是规划团队中的明星。住宅区（被称为"城市加速单元"）、服务业和制造业都坐落在一条直线公路的主干道旁。镇中心有一个横跨主干道和尔湾河的巨型结构桥面，一直延伸下去与当地火车站和老港区相连接（图6.10）。无论该设计的意图与目的何在，尔湾的巨型建筑都是艾伦·鲍特威尔提议的（从纽约延伸到旧金山的）"美国连续城市"的实物版（见第四章）。修建巨型的庞大的高架桥需要拆除尔湾旧城的历史地段和跨河的旧桥，这一点引起了争议。这个新城的巨型建筑是超然的，飘浮在时间和地点之外——从某种意义上说，是"在空中"。旧建筑将被停用、被挡住、被摧毁，或者被掩埋。

尔湾市中心综合建筑的纵向和横向安排都成为创造公共生活的工具。该结构的设计基于对零售业楼面面积和消费者需求的细致计算，以多种多样的超市、百货公司和专卖店作为经济增长的催化剂。该项目由私营资本（土地证券集团和拉文西地产公司，它们都参与过许多新城镇的开发）与公有尔湾开发公司联合资助。其内部有餐馆、电影

---

① David Gosling and Barry Maitland, *Design and Planning of Retail Systems* (London: Architectural Press, 1976), 80.

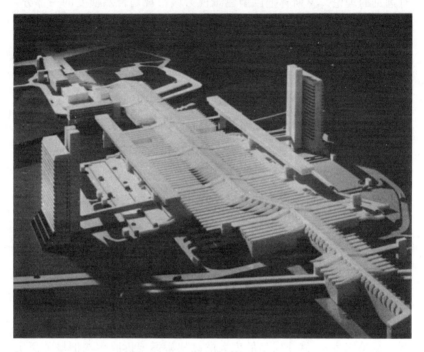

6. 10　来自苏格兰尔湾新城规划的尔湾市中心模型。尔湾开发公司出版，1971 年。图片由罗斯·布朗提供。©北艾尔郡议会

院和自己的中心广场。

　　戈斯林的室内设计图以极具视觉冲击的广告、波普艺术和享受梦中消费世界的现代购物者之间的社会组合为特色。这是一个为满足新的休闲阶层欲望的游乐场，他们在一个精心设计、温度气候可控的环境中享有完全的自由。他的设计草图将巨型建筑诠释为 60 年代年轻中产阶级的乐观主义象征，这种设计策略不仅是为了增强消费主义、交通与沟通，也是为了对抗孤独感和疏离感。另一个有影响力的转折点是，戈斯林曾在巴西生活过，对那里为中产阶级家庭提供的娱乐设

施印象深刻。他把这个新的市中心设想为一个巴西式的社交俱乐部，对所有人开放，无论他们收入多少。其结果是，尔湾的巨型建筑成为了 20 世纪 60 年代的社会力量，是苏格兰西海岸最受欢迎的设施之一。

这一设计经历了多次迭代，增加了购物区楼层的周长，楼板最宽的部分变成了两个平行的购物中心，分别位于尔湾河的两侧。私人开发商的影响力和它们对商业空间的贪婪需求是显而易见的。一个柱-梁系统支撑着外骨骼，外骨骼上装有电线、管道和电路，上面覆盖一个最先进的大跨度钢桁架屋顶，这些钢桁架相互锁扣形成建筑的椎骨。由此形成了一种惊心动魄的太空时代美学。阶梯式步行长廊和商业楼层堆叠在贯穿全镇的主干道上，斜坡通向整修过的海滨、步行道以及一个市民娱乐区。对休·威尔逊来说，它是一个"连贯的系统"，灵活且适应当地的条件，在"社会意义和建筑意义两方面都达到了城镇的顶点"。它是新城镇承诺的象征。①

巨型建筑的权威建立在它的纪念性和纯粹的鬼魅般力量的基础之上。这座建筑像一个巨大的空间站一样盘旋在尔湾上空，好像它脱离了轨道，停靠在地球上，将克莱德湾作为殖民地并使其现代化。它也像一个空间站一样，将生命包裹在其中。它是仿生的：一种可扩展的有机体，随着向外发展，它可以通过附着新的组成部分来生长。它的四肢伸展开来，与线性公路融为一体。尽管它只是部分建成，几乎需要不断地进行维护和翻修，但尔湾巨大的肋形拱顶巨型结构的惊人形象集中展现了 20 世纪 60 年代对于未来的可能性。

尔湾、坎伯诺尔德和西北新城都是变幻莫测的地方。它们令人难

---

① Hugh Wilson and Lewis Womersley, *Irvine New Town: Final Report on Planning Proposals* (Edinburgh: Scottish Development Department, 1967), 76.

以置信的影响体现了统制经济对于 20 世纪 60 年代反文化奇境的解读。建造如此规模的巨型建筑作为整个新城镇的核心，需要规划、巨额资金和物质资源，这涉及资本主义和国家权力的共同运作。建筑先锋派和这个政权结成了一种别扭但又极具创意的联盟。其结果是，他们奇思异想的设计和怪诞的形式变为了实物，而且作为一种规范化配置被无休止地用来象征现代发展的力量。

为了显示堂而皇之的自信，坎伯诺尔德开发公司于 1970 年制作了一部名为《坎伯诺尔德之袭》（Cumbernauld Hit）的恶搞影片。该片模仿詹姆斯·邦德电影，讲述了一个邪恶的女人计划劫持新城的故事。她乘直升机到该城去听迪斯科音乐会，看到这座城市的宏伟蓝图时心血来潮，于是站在一幅规划图前对着这个城市里常人刻板印象中的英国居民大声宣布："坎伯诺尔德！明天已经到来！你是苏格兰乡村的一颗名副其实的宝石！"① 穿过小镇中心的那场追捕戏，展示了那里迷宫般的设计。坏蛋们要抓一位无辜的教授，他们穿过购物走廊、上上下下的扶梯、楼梯和坡道，上了高速公路上的桥。他们在其内部来回穿梭，与建筑的基础设施融为一体，成为一个控制论有机体中的流体、脉动循环。他们还冲破建筑的膜，爬上了屋顶。疯狂追逐的镜头展示了这座巨型建筑万花筒般的成功之处。

五、蜂巢大都会

这些非同寻常的幻想并没有持续多久。体现了诸多太空时代乌托

---

① Murray Grigor, dir., *Cumbernauld Hit* (Cumbernauld, Scotland: Cumbernauld Development Corporation, 1977), video, 45：30.

邦可能性的宏大建筑很快被降格为购物中心。建筑师维克托·格鲁恩的作品便是这种蜕变的最好证明（图6.11）。1938年德国吞并奥地利之后，格鲁恩逃离了奥地利，在洛杉矶成立了一家大型国际机构，很快在美国建筑和设计界展示了自己超凡的魅力。格鲁恩以"美式购物中心之父"而闻名，尽管他咬牙切齿地"拒绝认下那些混蛋的开发项目，称它们毁了我们的城市"。[1] 他痛恨把美国城市包围起来的郊区扩张，还有汽车造成的恶劣影响，他担心这会导致"城市化后人的身心饥饿"。[2] 他将购物中心视为对郊区从众和失范的一种补救措施。

格鲁恩想象中的购物中心不仅仅是一个商业网点，更是一个源自欧洲商业广场或美国城市主街传统的理想的社区空间。购物只是发生在那里的"最广泛的人类体验和城市表达"的一部分。购物中心将充当社交长廊，囊括市政设施和教育设施，并扮演古希腊广场[3]的作用。受埃比尼泽·霍华德、刘易斯·芒福德和简·雅各布斯的影响，格鲁恩完全赞同城市改良主义以及恢复社区归属感的愿望。对他来说，购物中心是现代公共生活的空间。在弥漫着系统思维的生物形态主义看来，购物中心将是"城市的心脏"。他的目的是通过围绕以行人为导向的城市"集群"开发来抵消"无形的郊区主义"。[4] 最适合

---

① Anette Baldauf and Katharina Weingartner, dirs., *The Gruen Effect*: *Victor Gruen and the Shopping Mall* (Vienna: Pooldoks Filmproduktion KG, 2009), video, 54 min. Alex Wall, *Victor Gruen*, *from Urban Shop to New City* (Barcelona: Actar, 2005), 此文无疑提供了有关格鲁恩项目的最佳描述和想象。See also M. Jeffrey Hardwick, *Mall Maker*: *Victor Gruen*, *Architect of an American Dream* (Philadelphia: University of Pennsylvania Press, 2004)。

② Victor Gruen, "How to Handle This Chaos of Congestion, This Anarchy of Scatteration," *Architectural Forum* 105 (September 1956): 130 – 35. Quote is from page 132.

③ Greek Agora, agora 的字面含义是"聚会场所"或"集会"，是古希腊城邦市民集会的广场，是城市运动、艺术、政治生活的中心。——编者

④ Victor Gruen, "How to Handle This Chaos of Congestion, This Anarchy of Scatteration," *Architectural Forum* 105 (September 1956): 132, 135.

6.11 维克托·格鲁恩，日期不详。艾弗·普罗瑟罗摄。维克托·
格鲁恩收藏馆提供，怀俄明州大学美国遗产中心 56 号信箱

这种技术的建筑形式就是巨型结构。格鲁恩指出，坎伯诺尔德是这一理想的最佳范例。由于坎伯诺尔德的各个街区聚集在一起向庞大的市中心致敬，据格鲁恩估计，它比伦敦周边的早期新城"更讲原则，水平也更高超"。①

格鲁恩自己的第一次购物中心设计实验是在底特律郊外的北地中心（Northland Center）和明尼阿波利斯郊区埃迪纳的南谷购物中心（Southdale Mall）。南谷购物中心是一个自成一体、可控的环境——一个配备了最新技术的巨型建筑。正如《建筑论坛》中所描述的那样，这个两层的购物中心"不可思议地传达出了一种大都市市中心的感觉：一种神奇的、无形的信念——这里就是大时代，就是大事发生的地方，就是万事万物的中心"。如果真正的"市中心不是那么嘈杂、肮脏和混乱"的话，南谷就是一个繁忙的、熙熙攘攘的商业区该有的样子。②

格鲁恩与开发商詹姆斯·劳斯合作，在费城郊外的樱桃山购物中心打造了一个既能体现社区设计理念，又能丰富社区生活的商业空间。③进入消费场所是一种社交行为，是挣脱单调的日常生活的一种解放。购物中心不仅仅是商业上的浮华，还是一个梦幻世界。像邻里单位一样，它将支撑和培育集体与个人的心理。它是整体性和综合性的，能对社会做出反应，也令社会有利可图。除了商店和公共庭院，

---

① Victor Gruen, *The Heart of Our Cities*: *The Urban Crisis*; *Diagnosis and Cure*, 2nd ed. (London: Thames and Hudson, 1965), 292.

② "A Break-Through for Two-Level Shopping Centers," *Architectural Forum* 105 (December 1956): 114 - 26. Quote is from page 117. 从冷战来看待南谷购物中心是个有趣的视角，参见 Timothy Mennel, "Victor Gruen and the Construction of Cold War Utopias," *Journal of Planning History* 3, no. 2 (2004): 116 - 50。

③ James Rouse, "Must Shopping Centers Be Inhuman?," *Architectural Forum* 116 (June 1962): 104 - 7. Quotation is from page 7.

樱桃山还有一个社区大厅和一个设有 400 座的礼堂。20 世纪 60 年代，那里举行了各种各样的公民活动，从当地的青少年舞会到民权会议，再到反对越战的示威游行等。[①]

维克托·格鲁恩在 20 世纪 50 年代和 60 年代似乎无处不在，美国电视上有他，报纸杂志上也有他。1961 年，他为位于纽约市东河的罗斯福岛提交了一个巨型建筑项目，该项目被联邦新社区计划定为"城中新城"的典范。格鲁恩设想了一个覆盖整个岛屿的巨大平台，上面将建有 8 座 50 层的塔楼和 3 座巨大的曲线型结构。这些奢侈的计划和他作为"购物中心制造者"的恶名，使他成为媒体名人。1956 年，他作为美国全国广播公司（NBC）的一部电视纪录片《1976》的顾问，阐述了他对未来 20 年的憧憬。该节目由美国石油协会制作，旨在致敬汽车在城市设计中的统治地位。1962 年，格鲁恩登上了《财富》杂志的封面。他还著述颇丰，用文字和视觉图表描绘出自己的设计。

随着时间的推移，格鲁恩的工作规模迅速扩大。他提议将城市区域组织成中型的"蜂巢大都市"（cellular metropoles），并由专门用于娱乐区、公园和交通基础设施的绿色走廊隔开。蜂巢大都市将建立在一个有机的层次结构之上：先是个人和家庭，然后是街区、社区中心和城镇，最后是城市和多中心的都市区。在《我们城市的心脏：危机、诊断与治疗》（*The Heart of Our Cities：The Urban Crisis；Diagnosis and Cure*，1964）一书中，格鲁恩用花形图表描绘了明日大都市：十个城市围绕一个地铁中心，十个市镇围绕一个城市中心，四个社区围绕一个市镇中心，五个邻里单位围绕一个社区中心。外界一

[①] Stephanie Dyer, "Designing 'Community' in the Cherry Hill Mall: The Social Production of a Consumer Space," *Perspectives in Vernacular Architecture* 9 (2003): 269.

片哗然，怀疑他抄袭埃比尼泽·霍华德的田园城市图，他极力否认了这一指控。当然，到了50年代，这种正式的乌托邦式构图已成为规划词汇中常规表达的一部分。格鲁恩是众多将其融入自己概念的人之一。更重要的是，这些视觉作品成为了艺术和科学的定量来源。明日大都市的基础在于一系列精确的表格，这些表格呈现的是每个蜂巢的密度、人口规模以及交通数据。

因此，《我们城市的心脏》一书满是描述统计资料的数学公式和图表。排队论决定了土地利用和交通方式。格鲁恩认为，埃比尼泽·霍华德的观点"必须与时俱进"。斯德哥尔摩周围（瓦林比和法斯塔）的新城系统是"集群化"（clusterization）的典范。① 他根据他规划中的一个他称为"活细胞"的高速公路连接的卫星城系统，为整个美国设计了一个未来的土地利用计划。它们将把美国小镇的优势与美国大城市的城市化和文化机构结合起来。但这个想法似乎与《理想的共产主义城市》中的苏联技术未来主义颇为相似（见第四章）。

格鲁恩为伊朗德黑兰设计的项目展示了对这种城市主义幻想的拥戴是如何与全球地缘政治保持一致的。20世纪60年代末，他与伊朗建筑师阿卜杜勒-阿齐兹·法曼法米安（Abdol-Aziz Farmanfarmaian）合作制定了德黑兰大都会区第一个总体规划，他的蜂巢构想成了该规划的框架。受雇于格鲁恩事务所的城市规划师费雷多恩·加法里（Fereydoon Ghaffari）是其合作伙伴和与伊朗政府之间对话的中间人。该项目是具有广泛影响的"白色革命"的一部分，"白色革命"是由穆罕默德·礼萨·巴列维政权发起的一揽子五年现代化计划。这些计划是在美国、福特基金会等开发机构、联合国，以及众多西方顾问

---

① Gruen, *The Heart of Our Cities*, 286.

（实际上其中许多人是法国和苏联人）的直接指导下实施的。他们的资金是用石油美元，以及世界银行和美国发展基金的巨额贷款支付的。在美国看来，巴列维是最有希望围绕西方发展模式重塑国家认同的人选之一。巴列维政权可以促进美国在中东的外交政策利益，并抵御共产主义的诱惑。

这意味着伊朗将全面实现美国式的现代化，并直接将乌托邦式城市愿景输出到德黑兰。德黑兰的规划向大批美国工程公司和规划公司敞开了大门。为拿到这个项目，格鲁恩与康斯坦丁诺斯·多克夏迪斯和理查德·卢埃林-戴维斯这样的人展开了竞争。正是格鲁恩著名的城市理论，尤其是他在美国的工作，为他赢得了为德黑兰制定规划的合约。

战后德黑兰的扩大是史无前例的：农村移民源源不断地涌入城市，在20年的时间里，城市人口增长了4倍。到20世纪60年代中期，德黑兰的人口已接近300万，而且没有任何真正的计划来指导城市的扩大，这种局势在政治上具有爆炸性。当富裕的中产阶级搬进北部地区街道两旁绿树成荫的现代化高层公寓时，大量的农村移民要么在城市的贫民窟栖身，要么住在首都南部边缘的老工业区拼凑起来的巨大棚户区里。① 比比皆是的失业、贫困和疾病已成为日常生活的一部分，这种状况加剧了对西方支持的巴列维政府的愤怒和抗议。与此

---

① See the excellent analysis in Ali Madanipour, *Teheran: The Making of a Metropolis* (New York: John Wiley and Sons, 1998). See also Talinn Grigor, *Building Iran: Modernism, Architecture, and National Heritage under the Pahlavi Monarchs* (New York: Periscope, distributed by Prestel, 2009). Also useful is Hooshang Amirahmadi and Ali Kiafar, "The Transformation of Tehran from a Garrison Town to a Primate City: A Tale of Rapid Growth and Uneven Development," in *Urban Development in the Muslim World*, ed. Hooshang Amirahmadi and Salah S. El-Shakhs (New Brunswick, NJ: Rutgers University Press, 1993), 109–36.

针锋相对，德黑兰的贫民窟被谴责为共产主义行为和邻国苏联支持的叛乱活动的温床。早在 20 世纪 50 年代末和 60 年代初，伊朗政府控制的建设银行就已经基于严格的社会隔离开发了小规模的新城项目：位于首都东北部的库伊-纳马克面向中等收入居民；纳兹阿巴德和纳马克面向工薪阶层家庭；北部田园城市德黑兰帕斯面向上层阶级。但这些项目对缓解社会矛盾几乎毫无用处。

维克托·格鲁恩参与构想了《德黑兰综合规划》初步概念（图 6.12、6.13）。这些概念是从他在美国的作品中直接引入的一系列城市翻新理念和现代梦境。批评者认为，该规划看起来与洛杉矶规划惊人的相似，到处都是高速公路，而且是以发展意愿为主导。此规划由美国公司和有着西方思维的伊朗精英们共同实施，他们中的许多人（如阿卜杜勒-阿齐兹·法曼法米安）曾在英国或巴黎美术学院学习，也曾在美国工作（如费雷多恩·加法里）。这一代年轻的建筑师和工程师在政治立场上是世俗的、民族主义的，在品味和观点上是西方的。他们那份短命的期刊《建筑师》（Architecte，创办于 1946 年，编辑为伊拉杰·莫什里）是一个关于建筑与规划的前卫论坛，提供了关于新材料和建筑技术的重要信息。

对西方专家的依赖被认为是伊朗现代化的必要条件。与西方国家的精英一样，伊朗的新精英都是城市居民，他们对中心城市以外的无人区，尤其是南部的棚户区知之甚少，也没有什么体验。更有甚者，他们对棚户区的生活方式嗤之以鼻。他们对这个问题的处理方法是抽象的，完全受系统思维所控制。为了合理控制这些地区，他们进行了广泛的社会、经济和人口研究，还对交通流量进行了定量分析。这使得《德黑兰综合规划》多达约五卷。在 25 年内，这座大都市的增长将限制在 550 万人口的范围内，城市的物理结构也将重新排序。德黑

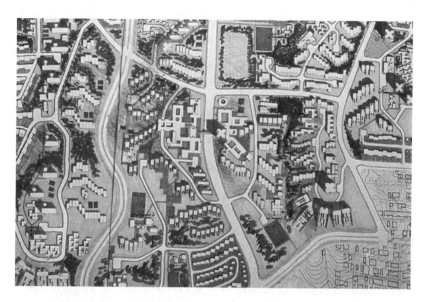

6.12 维克托·格鲁恩事务所和法曼法米安事务所为德黑兰编制的总体规划的示意
图，1966—1970 年。©格鲁恩事务所

6.13 维克托·格鲁恩事务所和法曼法米安事务所为德黑兰编制的总体规划的插图，
1966—1970 年。©格鲁恩事务所

兰市中心拥挤的贫民窟将被清理掉，使城市变得开阔和现代化。旧集市区的周围将建起一个旅游区。这些城市翻新计划将迫使 60 多万德黑兰人迁往郊区。

迎接他们的将是一个由 10 个卫星城市（mantagheh）组成的系统。这些城市将沿着一条东西轴线排列，一个 100 英里长的高速公路系统和嵌入绿色走廊中的快速交通线将会把它们串联起来。① 对公路系统之美进行了绘声绘色的描述，是《德黑兰综合规划》中尤其值得注意的地方之一。规划书的许多页面上都有两旁高楼林立、线条流畅、蜿蜒曲折的公路带插图，令规划书锦上添花。这是现代性的普遍面貌。公路周边的花园和绿地是美国景观设计师伊恩·麦克哈格（Ian McHarg）设计的，是世界生态的微缩景观。根据格鲁恩的集群理论，每个卫星城将由 4 个居住区组成，这些居住区位于一个密集的城市核心区周围，而主导这个核心区的是悬浮在一个多层蛋糕式停车场之上的巨型结构购物中心。这个购物中心是一系列的水平平面，里面布满商店和精品店，西方消费品比比皆是。中心区域被居民区所包围，每个居民区分成 4 个社区，每个社区再分为 5 个街区。城市等级体系中的每个层次都将围绕其中心商业区和学校展开。

位于阿尔博兹（Alborz）山脚下的德黑兰北部地区成为了现代化的新城镇梦幻景观。它们是为伊朗城市精英设计的，灵感源自 20 世纪 60 年代西方享乐主义的生活方式和消费奇观。这座巨型建筑被改造成一个华丽的购物中心，为奢侈品消费主义打造出一个初步的基础。它作为市民中心和遏制社会生活的作用不复存在了。20 世纪 60

---

① 新城镇是由以下现有居住区开发而来的：瓦尔达瓦尔德、拉特马尔·绍马利、坎、阿米拉巴德、谢米兰、阿巴萨巴德和沿德黑兰北郊东西走向的德黑兰帕斯，以及南部的多尚泰佩和沙尔雷伊。

年代初，皇家希尔顿酒店和查塔努加餐厅在阿巴萨巴德新城附近开业，这或许是西化最明显的标志。这种具有西方特色的布局被配有游泳池和网球场的现代化公寓塔楼环绕，公寓内配有电视和冰箱。这些都体现了西化的伊朗精英们的消费欲望。公寓建筑群的建筑风格是20世纪60年代那种直白的现代主义。在德黑兰北部的这些新城镇里，没有一丝热带主义或东方主义的幻想；一切都散发着西方的魅力。与此同时，被困在南部贫民区的少数族裔和农村贫困人口只能羡慕地盯着这片耀眼的风景。对他们来说，维克托·格鲁恩振兴社区生活的理想只是一个残酷的玩笑。他对未来大都市的设想都是为富人准备的。这些新城镇进一步加剧了德黑兰根深蒂固的社会与空间的分裂，以及西方世俗化的伊朗与传统伊斯兰国家之间的冲突。

事实证明，《德黑兰综合规划》不可能全部付诸实施。它试图以一种原型的、过度简化的方式，再现与德黑兰复杂的城市化生活相冲突的美国梦。纵横交错的公路系统得以实施，但商业中心从未成为现实。尽管如此，该计划还是对大都市区的物理形态产生了重大影响，特别是这座城市的北部和西部。它不仅指引了伊朗首都的一些决策，也指引了接下来的10年里伊朗所有大城市的决策。同样重要的是，格鲁恩的愿景只是西方最重要的新城规划者们对德黑兰的一系列乌托邦幻想中的一个。尽管他们提倡科学分析和对当地情况做广泛研究，但每个规划师都准备把自己的理论全盘运用于这座首都的建设。他们的脑子里全是主导城市设计理论的系统逻辑。

1972年，康斯坦丁诺斯·多克夏迪斯来到巴列维统治下的伊朗，他完全无视《德黑兰综合规划》以及格鲁恩的新城集群理论，而是以他的人类聚居学理论为基础，主张按照他的那个沿交通干线有计划地发展城市的设想，将城市像西方那样线性延伸。多克夏迪斯运用计算

机分析来生成和评估德黑兰的数据，并提供科学的计划。1975 年，
理查德·卢埃林-戴维斯及其米尔顿-凯恩斯团队受邀设计位于德黑兰
北部阿巴萨巴德的宏伟的沙赫斯坦·巴列维市政厅建筑群，它最初为
格鲁恩开发的新城之一。该项目反映了巴列维国王对影响广泛的形象
工程的痴迷，而这些形象工程则标志着伊朗正在追赶西方，实现伊朗
"伟大的文明"。

　　实际上，以国家现代化精英为首的私人房地产投机和建设热潮，
与现代德黑兰的形态有更多的关系。该政权的城市政策刻意造成了富
裕且西化的北部地区和南部不断扩展的贫民窟之间的社会隔离。不
过，最终，随着 1978 年至 1979 年的伊朗革命，所有的项目都遭到了
严厉的谴责，被视为可恨的伊朗国王的遗产。用历史学家伯纳德·霍
尔卡德的话说："1978 年，德黑兰人民为自己夺回了自己的城
市。"[①] 城市的奇思异想会如何传达政治权力这一点是非常清楚的，
在像格鲁恩事务所这样的西方知名企业案例中尤其如此。进步的建筑
与国家利益保持一致，也展示了现代化制度。它让实践乌托邦不再是
白日梦，但新城镇很容易沦为精英们的虚荣心工程或处在一场危险的
地缘政治博弈中的外国投资者的金库。

六、"城市的心脏"

　　先锋主义在多大程度上可以为政治议程服务并扩大国家权力，这

[①] Bernard Hourcade, "Urbanisme et crise urbaine sous Mohammad-Reza Pahlavi," in *Téhéran, capitale bicentenaire*, ed. Chahryar Adle and Bernard Hourcade (Paris-Teheran: Institut français de recherche en Iran, 1992), 220.

在法国表现得尤为明显。法国对于长达 10 年的太空时代的痴迷的主要贡献，体现在 GIAP 的工作之中，该团体是城市理论家米歇尔·拉贡（Michel Ragon）于 20 世纪 60 年代创立的。这位法国先锋派人物只是偶尔与来自阿基佐姆派或阿基格拉姆派的各种人物，或是保罗·索莱里、新陈代谢派的人见个面。然而，围绕控制论和太空时代的创造力是如此强大，以至于尽管相对孤立，还是渗透了法国的乌托邦意象。这是一种共有的视觉符号，在当地得到了诠释并由此产生了一系列不同凡响的堂·吉诃德式城市理想。

1962 年，拉贡在《艺术》（*Arts*）周刊上发表了《巴黎未来档案》（*Dossier du Paris futur*）一文，研讨了众多关于巴黎大区未来的前卫思考。① 其中包括对 GIAP 成员、被称为原子时代建筑师的保罗·梅蒙特（Paul Maymont）的绘图的研究。他的"空间巴黎"项目（图 6.14）是为位于拉德芳斯郊区以西的蒙泰松平原而设计的，要以湿地区域为地基，建一座高耸入云、密度极大的圆锥体超级结构建筑群，每座高楼内可居住 1.5 万至 3 万人。航天技术的影响激发人们产生了摆脱对陆地的依赖，生活在巨大的漂浮城市的幻想。梅蒙特构想的场景与保罗·索莱里对太空时代的巨型建筑的设想，以及索莱里将技术-沉降从陆地真正地提升到空中的生态概念有很多相似之处。巨大的圆锥体中的空心柱内将包含电线和管道：电缆将四通八达使能量循环和结构之间互相连通。每座圆锥体城市都分层安置，有悬浮广场、垂直堆叠的铁路和道路系统以及住宅区和商业区。在巴黎大区如科幻作品般的地图上，梅蒙特的圆锥体城市是一个漂浮的美学物体的

---

① Michel Ragon, "Pour la première fois tous les plans proposés par les plus grands architectes: Le Corbusier, Michel Holley, Le Coeur et Serge Menil," *Arts*, February 14, 1962, 14 – 15. See also his "Aventure de la cité futur," *Urbanisme*, no. 92 (1966): 79 – 81.

马赛克图案，通过悬浮的公路相互连接（图 6.15），在卫星城镇的全景中点缀着大都市的景观。

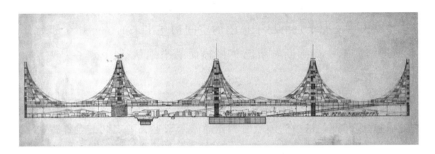

6.14　保罗·梅蒙特的《漂浮城市》；立面图和剖面图。巴黎拓展研究，1962 年。菲利普·米盖特摄。© CNAC/MNAM/Dist. RMN-Grand Palais/Art Resource, NY

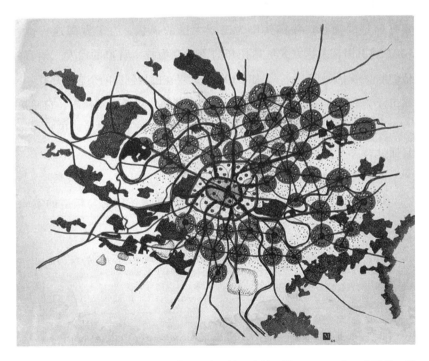

6.15　保罗·梅蒙特的《漂浮城市》；巴黎及其周边地区地图，1965 年。菲利普·米盖特摄。© CNAC/MNAM/Dist. RMN-Grand Palais/Art Resource, NY

为了维持这样的规模和标志意义，建筑成为了自己的幽灵。对于建筑评论家曼夫雷多·塔夫里来说，巴黎成为了一个超技术的乌托邦主义发生地，也成为了一场建筑想象力锦标赛的竞技场。[1] 梅蒙特写道："城市主义完全是由易于描绘的空间构想出来的……并立即为公众所理解。"[2] 由此推断，新巴黎将轻而易举地从插图表意变成实际的建筑环境。

这种幻想出来的城市主义出现之时，正是法国非同寻常的现代化进程中的辉煌时期，这为法国政府和先锋派未来主义者之间的合作提供了前所未有的机会。正是这种结盟将建筑先锋带入了新城镇运动中，并使这些城镇变得如此梦幻。1962 年，拉贡受保罗·德鲁瓦之邀，加入了一个关于巴黎大区未来规划的团队。拉贡认为，政府应该立即采纳 GIAP 富有远见的项目，并将其作为巴黎大区的模板。为了做到这一点，GIAP 将其语言表达方式从乌托邦的语言变为技术官僚的启发式语言。他们的"纸上城市"——正如 GIAP1967 年在巴黎创办的杂志《乌托邦：城市社会学》所称的那样——不仅是视觉代码，更是行动代码。它们是"空间想象的图解式表达，目的是仅仅在新闻层面上传播主要思想，并且通过对这些思想的孕育，让它们最终必定会建成"。[3]

这些视觉叙述的量级出现在 1969 年出版的法国《今日建筑》杂志关于新城镇的一期特刊上。[4] 它将实际的新城镇项目与叛逆的实验

[1] Tafuri, *Architecture and Utopia*, 139. See also Lary Busbea, *Typologies: The Urban Utopia in France, 1960–1970* (Cambridge, MA: MIT Press, 2007).
[2] Craig Buckley and Jean-Louis Violeau, *Utopie: Texts and Projects, 1967–1978*, trans. Jean-Marie Clarke (Los Angeles: Semiotext [e]; Cambridge, MA: MIT Press, 2011), 102.
[3] 同上，104。
[4] "Villes nouvelles," special issue, *L'Architecture d'aujourd'hui* 146 (October-November 1969).

者们脑海里天马行空的想法天衣无缝地融合在一起。保罗·索莱里为一座广阔的海底城市以及他的外太空城市阿斯特罗莫绘制的示意图，与阿基格拉姆派的"即时城市"（Instant city）以及意大利建筑师马西莫·马里亚·科蒂的作品——描绘成一棵巨大的人造树（Dendratom）的乌托邦城市——一起点缀了这期杂志的页面。美国建筑师提议用一个高耸、垂直的超结构作为底特律城的替代方案，用一个伸展的水平面超结构对布鲁克林进行改造。法国建筑师让·雷诺迪（Jean Renaudie）的全彩图《城市是个组合体》（*la ville est une combina-toire*），将城市描绘为一个由同步通信系统连接的有机单元构成的地貌。控制论逻辑图展示了城市形态和结构。

我们可以将所有这些简单地解释为牵强的乌托邦式挑衅。但在这期特刊上，它们与米尔顿-凯恩斯和西北新城等真实的城市交织在一起。而 1965 年总体规划上巴黎大区的 5 个新城镇也被精彩地展示了出来：马恩-拉瓦雷、默伦-塞纳尔、埃弗里、圣昆廷-伊夫林和塞吉-蓬图瓦兹。这样呈现是假定这些非常真实的官方城镇规划是实现特刊前几页上激进的奇思异想的机会。拿雷诺迪来讲，他的"组合城市"成为了诺曼底瓦德勒伊新城的一个提案（图 6.16）。

法国的这些前卫项目与技术官僚思维并行不悖的程度远远超过了学者们的理解。法国发展了一种特殊的空间文化，这种文化在方向上具有地形学特性和准魔幻性。新时代的潜力被建筑师和规划者们从富有远见的社会空间行为方面加以理解。国家建筑和规划竞赛与合同是实现这些幻想的绝佳机会。建筑师和城市设计师获得了许可，可以自由发挥，在广阔的城市领域展现其奇思怪想和创造性。他们表现得像技术官僚，投入巨大的精力来创造奇妙的城市形态。他们将自己的建筑标榜为旨在为法国国家服务，是一种通过有意识的乌托邦行为来实

6.16 让·雷诺迪，法国上诺曼底厄尔省的瓦德勒伊新城，1967—1968 年。为比稿而做的城镇规划方案研究，未实现。亚当·雷泽普卡摄。© CNAC/MNAM/Dist. RMN-Grand Palais/Art Resource, NY

现的未来愿景。[1]

　　这种雄心壮志的一部分是在每个新城的中心建造一个超级结构建筑。将其付诸实施的人们决心要避免一直困扰着巴黎郊区大型住宅项目的疏离和孤立，绝不重蹈覆辙。到 20 世纪 60 年代初，他们已经因计划未能如愿而声名狼藉。法国人一心想找到能替代这些失败案例的方法，这使得他们对城市未来的论述显得格外浮夸。巨型结构架空的露天场地（deck）演变为一个膨胀公式，一个力场，理想化的集体生活将在国家的指导下在这个力场中被锻造成形。巨大的架空露天场地

---

[1] See the conclusion in Thierry Paquot, *Utopies et utopistes* (Paris: Editions La Découverte, 2007).

被解读为开放的、自由的、千变万化的空间。它们是"一个公共生活的场所，居民在此可以有各种偶然的邂逅和获得信息的可能性，也可以提供集体的身份和表达"。它们代表了"一种社交天堂，一种洋溢着乐观和纯真的田园生活"。[①]

这幅图景很引人注目：城市悬浮在高速公路上方宽阔的平台上。这是保罗·梅蒙特的漂浮城市的狂欢版。私营建筑公司与国家规划机构合作，通过大量产出最先进的施工技术和材料来回应这种浪漫景观：钢筋混凝土肋板、大型实心平台、带有特殊 T 形和 U 形钢支撑系统的桥面板，以及不透水天花板结构等。Barets、Beaupère、Camus、Cauvert、Coignet、Estiot、Fiorio、Sproma 以及 SSTP 等土木工程公司成为了表现现代性的英雄。有关它们的设计与建筑成就的华丽文章，在建筑学与建筑业杂志上处处可见。[②] 正是这种反建制的建筑界、国家技术统治和私人资本主义之间的破坏性动态，使得实现未来主义的抱负成为现实。新城镇是他们结盟的醒目标志。具有讽刺意味的是，这些建筑先锋派的工作弘扬了他们批评过的现代化体制的力量。其结果是，整个新城镇运动中弥漫着乌托邦式奇观的表达。

从 20 世纪 60 年代后期开始，对城市生活的社会学思考中就充斥着关于民主和城市权利的争论，在 Team 10 的年轻建筑师中尤其如此。这种与社会科学的接触是对现代主义功能主义僵化的正统观念的一种反应，并由此产生了无数的解释性设计作品。沙德拉赫·伍兹（Shadrach Woods）与 Team 10 的同仁乔治·坎迪利斯（Georges

---

① "Villes nouvelles, l-région parisienne," *Techniques et architecture* 301（1974）：56. 第二个引述来自 1993 年在塞吉-蓬图瓦兹新城举行的著名研讨会，*L'urbanisme de dalles：Cotinuités et ruptures*；Actes du colloque de Cergy-Pontoise, 16 - 17 September 1993（Paris：Presses des Ponts et chaussées, 1995），2。

② See for example *Techniques et architecture* 5（October 1958）：105，108.

Candilis)、阿列克西·乔塞克（Alexis Josic）一起负责了图卢兹郊区的勒米哈伊新城（图 6.17）中有影响力的露天平面设计，他认为当代社会是一个开放的、不分等级的、全民参与的合作社会："今天的空间是整体的，社会是共有的……世界是一个整体，是一个由连续的

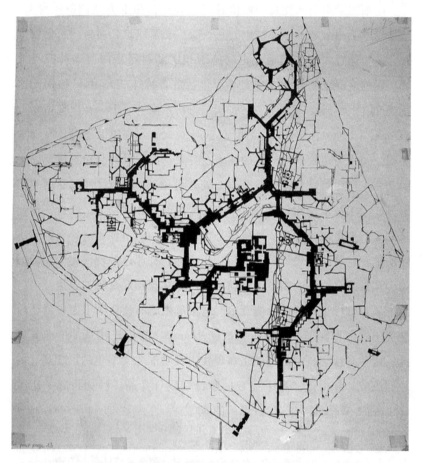

6.17 乔治·坎迪利斯、阿列克西·乔塞克、沙德拉赫·伍兹的行道交通图，法国图卢兹-勒米哈伊，1961 年。菲利普·米盖特摄。© CNAC/MNAM/Dist. RMN-Grand Palais/Art Resource, NY

空间包围的连续的表面……。整个空间和世界一体的社会是相互依存的。"① 勒米哈伊城像迷宫一样的露天平面结构是伍兹的茎概念（stems concept）的一个典范。这是在一个连贯的流动、互动和相遇的系统中连接空间的方式。

20世纪60年代为了寻求适合大众社会的城市形式，各种设计理论大量涌现，有必要将它们加以区分。勒米哈伊代表了乌托邦式作品的丰富多彩。然而，在追求适合集体生活的建筑环境时，先锋派齐齐采用了一种源自系统和控制论逻辑的强大空间语言。伍兹把树木的茎想象成一种灵活柔韧的有机结构或网状物。他将其描述为一种流通系统，在该系统中，住宅可以像插头一样"接入"到"空中的街道"里。② 其结果是，城市成为一个有凝聚力的巨型结构居住环境。至于坎迪利斯，他是拒绝接受"城市只应以尊敬的汽车陛下的名义来构思"这种观点的。在勒米哈伊，他把钢筋混凝土的露天平面比作一个留给行人的公用"客厅"，以免他们被飞驰而过的汽车弄得胆战心惊。汽车被（从字面上和寓意上讲）降格到一个较低的层面。腾空而起的平面将重振线性和"街道的概念"。③

在巴黎东南约20英里的新城埃弗里展开的那场关于作为"城市心脏"的巨型结构空间的对话，尤为引人瞩目。埃弗里在保罗·德鲁

---

① Shadrach Woods, "Urban Environment — the Search for a System," typed essay (1962); box 8, folder 6, Shadrach Woods Archive, Avery Library, Columbia University.

② Shadrach Woods, "Le Mirail, a New Quarter for the City of Toulouse," *Washington University Law Review*, no. 1 (January 1965): 13. See Liane Lefaivre and Alexander Tzonis, "Shadrach Woods, Post War Circulatory Rigourism, Mobility and the 'Stem' and the 'Web,'" in *Team 10: Between Modernity and the Everyday*, ed. Tom Avermaete (Delft, Netherlands: Delft University, 2003), 209.

③ Georges Candilis, *Bâtir la vie: Un architect témoin de son temps* (Paris: Stock, 1977), 256, 62, as well as "Entretiens avec Georges Candilis," *SIA — Ingénieurs et architectes suisses* 26 (December 1994): 497.

瓦的巴黎大都会区总体规划中被定为第一批新城镇之一（见第五章）。它和塞吉-蓬图瓦兹一起被视为一个理想的城市原型。埃弗里的市中心成了一个创造发明的实验场。法国首屈一指的规划智库——巴黎城市与区域规划研究院（IAURP）——以及埃弗里开发公司对该城的规划都十分重视，两个团队为每个细节操碎了心。关于市中心的报告充满了数学方程式和系统图、对公共空间的测算，以及一幅设计出奇境般场景的早期蓝图。

对市中心项目的脑力劳动过剩这一点，立即暴露了埃弗里的竞争局面背后的紧张关系。规划者开始了他们的工作，却是以两种相互对立的模式：新首都巴西利亚的中心城市，和位于巴黎以西全新的Parly 2 购物中心。更复杂的是，他们还看到了商业发展的私人领域和城市空间的公共领域之间的明显区别。如何将这些不协调的元素结合到一起，考验着城市中心的意义所在。

巴黎郊区的新城项目与大型超市和百货公司连锁店在郊区的出现几乎同时发生。典型的巴黎百货公司巴黎春天正尝试在郊区开设分店，并与埃弗里的规划团队接洽，提议将该百货公司作为市中心项目中的零售商标杆。维克托·格鲁恩的美国购物中心项目也闻名遐迩，从 1967 年到 1971 年，他向巴黎城市与区域规划研究院提供过咨询，主要是关于埃弗里市中心的设计问题。这些提议引发了一场围绕中心城市的目的的激烈斗争。埃弗里的策划团队在美国进行了一次巡游，在那里，他们看到的"购物中心除了规模不同，全都一模一样，看得人倒胃口"。[1] 法国人讽刺格鲁恩的理念为美国粗俗的商业主义的缩影。格鲁恩竭力想与这个名声保持距离，他发誓说："我是个国际主

---

[1] Michel Mottez, *Carnets de campagne*: *Evry*, *1965 – 2007*（Paris: L'Harmattan, 2003），63.

义者……我无意盲目模仿美国的经验……事实上，我还告诫人们不要模仿美国的购物中心。"① 但在20世纪60年代，反美情绪弥漫整个法国，这种公开的敌意足以将他推到幕后。

为了解决围绕着埃弗里的设计方案的概念困境，规划者们将目光转向被认为是欧洲城市模式的设计：位于英国贝林厄姆的集会广场（Forum），尤其是由荷兰工程师兼建筑师弗兰克·范·克林格伦（Frank van Klingeren）于20世纪60年代中期为荷兰须德海滨的两座新城德龙滕和莱利斯塔德设计的集市广场（Agora）。从20世纪60年代末到80年代，forum和agora这两个词被广泛用于城镇中心规划意识形态的修辞之中。这种含有特殊意义的术语与格鲁恩对他的多功能购物中心的想法有诸多相似之处。范·克林格伦的Agora概念处于空间设计的前沿，很快激发了人们对它的广泛热情。用范·克林格伦的话来说，那是"每个人遇见其他人的地方，是你可以观察和学习的地方"。它将通过一系列娱乐和文化活动来塑造当地人的身份，并提供一种开放的民主氛围，让"同样的东西能被每个人看到和听到"。② 集会广场被置于一个由9根裸露的钢柱支撑并用玻璃墙面填充的浮顶（floating roof）之下。建成后的广场，被认为是欧洲新城战略中运用得最早也最前卫的融合性城市主义范例之一。

① Victor Gruen, "Les équipements commerciaux dans les agglomérations urbaines et dans les villes nouvelles" (Victor Gruen Associates, n. d.), Médiathèque IAU Ile-de-France, Paris. 关于格鲁恩设计作品的反响，参见 Alexis Korganow, "L'interaction ville-équipement en ville nouvelle: Réception et adaptation de la formule de l'équipement socioculturel intégré," in *Programme interministériel d'histoire et d'évaluation des villes nouvelles françaises*: Atelier 4, Paris, April 6 - 7, 2005 (Paris: Ministère de la Culture et de la Communication, 2007), 10 - 21.
② André Darmagnac, François Desbruyères, and Michel Mottez, *Créer un centre ville*: Evry (Paris: Moniteur, 1980), 84 - 85. See also Corin Hughes-Stanton, "Closed Environment for Living Space," *Design* 245 (May 1969): 40 - 49.

范·克林格伦的 Agora 概念几乎立刻引起了埃弗里团队的注意。这一概念被应用于 1971—1972 年埃弗里一期工程（埃弗里市中心的四个开发区中的第一个）的设计。该项目被交托给了两位出类拔萃的从业者米歇尔·安德罗（Michel Andrault）和皮埃尔·帕拉特（Pierre Parat），他们俩以擅长空间布局和对混凝土的精细处理而著称。他们提议建一个堆叠的塔形住宅建筑群，其设计与摩西·萨夫迪在 1967年蒙特利尔世博会上推出的"栖息地"（Habitat）相似，并在埃弗里的交通枢纽上方建一系列线性行人平台（图 6.18）。最终，这座巨大的上部结构（superstructure）长 400 米，宽 500 米，布满了商业机构和服务机构、办公空间以及连绵两层楼面的公共景观长廊。这是具有

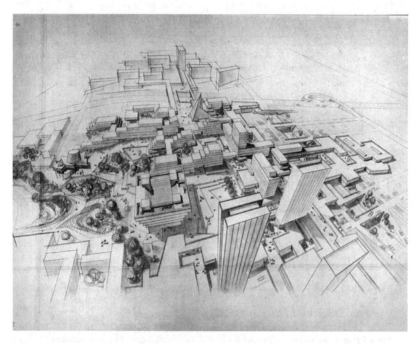

6.18 法国埃弗里市中心广场平台。由 J. 布鲁切特/法兰西岛规划院提供

新城镇信条的特征的充分展示。埃弗里的巨型结构被定义为"城市的心脏"，是一个"可以增强地方感和空间地标性的特权空间……"。[1]

线条流畅的平台像变形虫一般蔓延到周围的住宅楼、市政厅、行政区域、商会、马里奥·博塔（Mario Botta）的复活大教堂和当地的大学校园。下面的多层集市广场拥有丰富的文化和娱乐活动场地，从保龄球馆、游泳池到篮球场、溜冰场、电影院和迪斯科舞厅，还有一个大型购物中心和一个社区中心。法国资深城市规划专家皮埃尔·梅林称平台和集市广场体现了所有新城项目的主要理念："这就是'城市融合'，也就是将城市的不同元素嫁接到一个对所有人开放的互通空间之上。"[2] 对于巴黎东南部那些被忽视的、疏于管理的郊区来说，这个集市广场是一个启示。数千人出席了该城的落成典礼，报刊和电视也对此进行了报道。在这座标志性建筑群的底层，有法国国营铁路公司（SNCF）的火车站和区域快速交通系统。四条林荫大道、公共汽车和自行车道以及停车场纵横交错于整个广场。总之，这是一个华丽而前卫的奇迹，在法国政府支持下成为了现实。

雷纳·班汉姆在他的《巨型结构》一书中指出，尽管在意向上大有不同，但20世纪60年代中期的建筑奇思和诸如坎伯诺尔德、格鲁恩的德黑兰规划以及勒米哈伊或埃弗里这样的项目，存在着真正的共性。[3] 这些建筑物表达了太空时代的美学，以及构建容纳所有城市生活的巨大的水平和垂直形式的能力。这些都展示了未来的可能性。然而，使得对话迅速从绝佳状态变得糟糕透顶的正是新城镇的征兆及其

[1] "Evry, centre urbain nouveau et ville nouvelle," *Cahiers de l'IAURP*, no. 15（May 1969）：48, 58, and Etablissement public d'aménagement, "*Créer à Evry un centre ville attachant . . . ,*" unpublished brochure, 1978, Médiathèque IAU Ile-de-France, Paris.

[2] Pierre Merlin, *Les Villes nouvelles françaises*, Notes et Etudes Documentaires, nos. 4286 – 88（Paris：La Documentation française, May 3, 1976），55.

[3] Banham, *Megastructure*, 74.

包含的所有乌托邦愿景的内涵。模具甚至还未干透，巨型结构的铸件就开始出现裂纹。这些形式一直是堂·吉诃德式的理想。它们起源于不可思议的前卫挑衅的冲击，一种看待社区和城市生活的新视角。它们被想象为仿生的和有控制能力的东西（或半机器人），是实现自由和民主的建筑装置，是大众文化的工具。然而，公共生活创新的舞台的潜力充满了官方赞助与私人开发的商业利益和商业逻辑之间的诸多不协调。这些都需要约束、监管和控制，将巨型结构的使用范围缩小到用于购物行为。这种令人不快的效果几乎即刻显现了出来。

或许，相比真正的新城建设的其他特征，庞大的巨型结构更能代表弗雷德里克·詹姆逊的乌托邦骗局。向未来的飞跃是短暂的。西北新城市中心开放15年后已被认为落伍，是个失败的作品。当坎伯诺尔德市中心在字面上和象征意义上崩塌后，这个小镇被授予"痈疮奖"（Carbuncle Award），成为苏格兰最令人沮丧的地方。这些并不是先锋派建筑师想要的那种荣誉，但它们从一开始就是乌托邦话语的一部分。

坎伯诺尔德的获奖有利有弊。未来主义愿景的阴暗面总是显而易见的。几乎从它破土动工的那一刻起，这座拥有各式步道和神经节式公路的巨型结构就开始失去其前卫的吸引力。直至20世纪70年代初，它一直被视为国家开发项目与私人商业企业合作的首选设计。它的后继者是如今无所不在的被多层蛋糕式停车场环绕的购物中心。

20世纪60年代的建筑师所奉行的太空时代先锋主义变成了一个带有压制性的怪物，通过开发商和奸商夺取了城市。在公共舆论的法庭上，人们认为这几座巨型结构丑陋且令人反感，象征着信誉和信任彻头彻尾的丧失。有远见的建筑师们发现自己因为对技术的迷恋，以及把建筑环境仅仅看作一个模块化的控制论通信系统而受到攻击。

巨型结构给现代主义留下了拒人千里、规模过大、不人道的恶名。计算机化控制的飞船模型即使不是完全令人讨厌，也是毫无作用的。具有讽刺意味的是，巨型结构以摧毁其规划者和设计师们希望达成的目标的方式完工，他们的目标是营造充满活力的集体空间和城市生活。坎伯诺尔德和埃弗里的市中心一片衰败景象的照片传得到处都是。在坎伯诺尔德中心大楼和邻近的公寓里发现了大量的结构断层。生意萧条、企业倒闭。无论是在概念上还是在执行上，这些大型项目的质量都仿佛是一种试错的结果。坎伯诺尔德的市中心被成片拆除，直到只剩下苏格兰最大的超市。到了 20 世纪 90 年代，这座建筑的剩余部分被卖给了一家私人公司，然后被改造成了一个平庸的购物中心。沙德拉赫·伍兹和乔治·坎迪利斯在勒米哈伊的露天平台成了个孤苦伶仃、无人顾及的荒地，其中几部分在 21 世纪第一个十年里被拆除。雷纳·班汉姆认为新粗野主义"作为一幅图像值得人们记住"[1]，而其最重要的表现就是反乌托邦。

马克思主义哲学家和社会学家亨利·列斐伏尔的《新城笔记》（*Notes on the New Town*，1960）一书，是他站在小山上俯瞰法国西南部的新城穆朗（Mourenx）时写的。他对这种奴役的割裂的资产阶级的生活方式表示了无尽的蔑视。但他最终还是考虑到了新城的解放潜力。列斐伏尔对埃弗里的集市广场这样的城市空间的功能感到疑惑，他问："人们会顺从吗，会按照规划者期望的那样在购物中心购物、去咨询处咨询，就像可靠的好公民一样去做市政官员要求他们做的一切吗？"人和人都差不多。一番沉思后，列斐伏尔认为，这种"无聊会激发出欲望、受挫后的疯狂和未实现的可能性。美好的生活就在街

---

① "The New Brutalism," *Architectural Review* 118，no. 708（December 1955）：361.

角，却又很远很远。它在等待，就像蛋糕等待黄油、牛奶、面粉和糖一样。这就是自由的境界"。[1] 在这一点上，尽管列斐伏尔对新城持严厉的保留态度，但他还是愿意认为在真正的先锋派传统中，新城可能具有一些解放人类的潜力。

---

[1] Henri Lefebvre, "Notes on the New Town (April 1960)," in *Introduction to Modernity: Twelve Preludes*, trans. John Moore (London: Verso, 1995), 124.

结语
21 世纪的新城镇

　　1970 年，经济学家兼规划师威廉·阿隆索写下了《新城镇的海市蜃楼》（*The Mirage of New Towns*）一文。他思虑再三后认为，对许多人来说，

　　　　未来的那些卡梅洛特闪闪发光的简单图像集合了美国人对小镇的怀旧之情以及对逃离我们千头万绪的城市问题的残酷现实的渴望。但最重要的是，新城镇的想法具有某种魔力，能激发人们的想象力，激发一些普罗米修斯式的冲动，想去创造一个更好的地方和生活方式，创建一个平静、健康、完美无瑕的社区。

他接下来恼怒地指出，试图将新城镇作为政策来实施是一件愚蠢的事，因为即使是政府决策者也会采纳"建筑师和乌托邦作家那些含义模糊的说辞"。[1]

　　而这正是问题的关键。新城镇一直是彩虹尽头的一罐金子。阿隆

---

[1] William Alonso, "The Mirage of New Towns," *Public Interest* 19 (Spring 1970)：3.

索写这篇文章是为了反驳一种带有普遍性的观点，即美国大部分的人口增长可以通过某种方式转移到新城镇，这足以证明新城镇的神奇力量。在20世纪末，人们对乌托邦主义抱有无限的信心，相信它是通向未来的一种合法途径。新城镇是这一信念的重要组成部分。它们超越了目前的局限性，进入了一个在本质上与现有世界不同的现代城市世界。这确实是一种神奇的想法。

这就是这本书的论点。20世纪中后期的新城镇运动继承了城市乌托邦主义的遗产。这种与未来城市的接触有助于构建关于如何生活的想象，也有助于转变对现代化的态度。新城镇的黄金时代正好与齐格蒙特·鲍曼（Zygmunt Bauman）所谓的"沉重的现代性"相吻合。沉重的隐喻暗示了对辖域化和同质化的驱动力，以及对规模与空间的关注。[①] 城市天堂与重建和更新、国家建设和工业化，也与福利国家和创造幸福的公民生活联系在一起。对庞大的城市建设和基础设施项目的投资是向新的、更美好的未来的飞跃。城镇和地区变得现代化和可管理，并归于国家管控之下。这些进程在西方发生，然后被输出到世界各地的西方势力范围，在那些地方再被因地制宜地塑造，融入当地环境。从这个角度看，新城镇的建立与其说是基于固有的社会主义或资本主义理想，不如说是围绕现代发展来定义这些理想。在最普遍的意义上，新城镇运动通过城市化和现代化推进、组织并再现了20世纪末的发展模式。

尽管怀疑论者可能会问这场新城镇运动是否在20世纪晚期城市化的地震仪上留下了记录，但这些地方的规划、设计和施工实际上都是些令人眼花缭乱的项目，其影响非同凡响。在沉重的现代性体制

---

① Zygmunt Bauman, *Liquid Modernity* (Cambridge: Polity Press, 2000), chapter 2.

下，成就总是出现在未来的某个点上。而新城镇加快了进程，即将步入这个点。这场设计和建造"应许之地"的运动是由建筑师、规划师和城市改革者组成的国际社团发起的。乌托邦式的抱负对他们来说意义非凡。他们鼓起风帆驶向未来，在现在与未来的时空之间穿梭着，寻找城市天堂。

作为一帮跨国知识工作者，他们围绕新城镇的实践创造出了一个兼有文字和图像的幻境。伴随着这些出版物的还有广告、电影、文学和歌曲，以及生活在天堂中的勇敢的新民众形象。媒体的狂轰滥炸把新城镇变成了乌托邦的大舞台。因此，通过这些梦般景观宣扬新城镇运动，其力度不亚于看得见摸得着的建筑对它的传播。它形成了一个充满着了不起的事物的概念机器。观众则以一种乌托邦式的语言来解读他们所看到的一切。有一种感知心理在起作用，它使新城镇成为评价未来的持续性话题。这本书试图捕捉的正是这种乌托邦志向的话语和实践。

也许这种愿景最不切实际的一面是，物理设计是会影响人类的行为和行为标准的。人们相信，通过正确的城市设计和配置，社区、城镇和地区，乃至整个国家的生活方式，都将变得现代化。新城镇规划与现代化制度相结合，成为这项社会工程的实验室。在战后重建时期，田园城市与邻里单位是社会稳定和集体和谐的指导原则。幸福家庭在绿树葱茏的社区享受日常生活的幻象被无限复制，不仅是在北美和欧洲，而且最重要的是，它被作为殖民和后殖民政策的一种形式。正是在非洲和中东的沙漠之中，田园城市的幻想破灭了。

到了 20 世纪 60 年代，书写城市的文本越来越多地采用控制论和系统分析的语言。20 世纪 60 年代是现代化的光辉岁月。都市幻想在前卫的建筑师和规划师的笔下源源不断地涌现。一种新的太空时代的伦理将城市的生命占为已有。新城镇成为了新颖独特的巨大结构、未来的交通与通信网络以及生物形态的配置的试验场。它们都是对未来的猜想。乌托邦变成了一种社会解放，一场奔向科幻小说世界的竞赛。

然而，所有这些都可能形成致命的陷阱。到了20世纪70年代中期，新城狂热已经消退。大换血的理想已经失去了魅力，乌托邦主义也已穷途末路。反对新建城镇的倾向出于一种怀疑态度，即国家是否能够，甚至是否应该对这些志向负责。对理想社会的追求遭到了无情的批评。

乌托邦的概念一直有着数不清的定义和解释。建筑历史学家弗朗索瓦·萧伊（François Choay）将其定义为一种探究、记录和阐述无法解决的社会问题的机制。它是一种政治承诺和社会转型的初步阶段。然而，尽管城市理论家们一直在寻找一种改变社会的建筑形式，萧伊却指责他们抛弃了乌托邦式生产的社会和政治维度，只专注于一种空间模式。这是魔鬼与国家利益和既定权力结构结盟的必然结果。当他们的幻想变成现实时，就像在新城镇那样，他们以压迫的方式这样做，将一种毫无成效的技术秩序强加于世。[1] 而乌托邦冲动的深层张力就在于此：新城既是对20世纪中后期社会的批判，也是对它的复制。

尽管人们的疑虑与日俱增，但直到1973年道格拉斯·李在《美国规划师杂志》上发表其著名的《大型模型的安魂曲》（*Requiem for Large-Scale Models*）一文时，从无到有的城市建设仍然是专业规划

---

[1] Françoise Choay, "Utopia and the Anthropological Status of Built Space," in *Exit Utopia：Architectural Provocations 1956 - 76*, ed. Van Schaik and Otakar Mácel（New York：Prestel, 2005），96，99.

界最强大的高科技工具。并非巧合的是，1973 年出现了第一次全球
石油危机，由此开始国家也不再对资本和基础设施密集型大型项目进
行巨额投资。李指责规划模型存在各种各样的罪过：太大、太复杂、
太昂贵，太容易出现数学错误，以及在推导过程中过于笼统和误入歧
途等。

这些指责最终都指向了现代化体制本身。沃尔特·伊萨德和威
廉·阿隆索的定量地理学和区位理论是新城镇意识形态的基础，但他
们的理论在大卫·哈维、冈纳·奥尔森和多琳·梅西领导的一场反叛
中被推翻。在《对极》（Antipode）杂志上，他们主张用批判的社会
地理学指导前进的道路。规划者们也逐渐意识到，尽管定量模型是解
决棘手的城市问题的好工具，但其结果往往很荒谬，甚至糟糕透顶，
还可能被扭曲、被高度政治化。尽管人们大胆地尝试通过机器智能来
创建城市，让它们像太空舱一样高效运行，但计算机并没能创造出更
好的城市。人们对系统逻辑的反对非常强烈。同样，人们对太空时代
前卫主义的兴趣也逐渐消失了。

新城的风潮留下的实物和人工制品，是现代性的本体论舞台，是
一片被蚀刻在景观中的乌托邦废墟。对许多人来说，新城镇似乎没有
多大意义：说得好是平庸，说得不好只是意识形态，无论如何都以惨
淡的失败告终。然而，新城镇运动体现了大量的乌托邦思想及其影
响，并对城市的构想有举足轻重的作用。

一、新城镇变老了

20 世纪下半叶的新城镇不再是"新"的，尽管有些城镇已经成

功地因为或好或坏的两极评价而声名远播。除了那些成功地登上成功或失败之巅的新城镇之外，还有许多比普通的地方还要普通得多的卫星城和新城镇。这些算不上现代主义梦境的城市是如何度过岁月的，取决于当地的情况，包括公共政策的反复以及日常的维护投资。现代化和现代主义从来都是地方状况的投射。

东德的艾森许滕施塔特就是一个很好的例子。该镇已建造 50 多年，目前正在进行整修，以恢复其作为理想的共产主义城市的魅力。建造这座新城的价值观崩塌，引得人们越来越怀念往昔的乌托邦式美好时光。最初在 20 世纪 50 年代建的住宅区正在按原样翻修。工业经济是艾森许滕施塔特存在的理由，但它早已消失。不过，全球钢铁制造集团安赛乐米塔尔（ArcelorMittal）已经接管了这家著名的钢铁厂，尽管其员工数量远低于其刚投产时的太平盛世。艾森许滕施塔特拥有自己的市中心购物中心、麦当劳和汉堡王，并为 2011 年接待过美国演员汤姆·汉克斯的来访而自豪。这些都是这座城市受外界认可、经久不衰的标志。

瑞典的瓦林比那个著名的市中心也正在进行改造。它现在为当地约 6 万人口服务。这座城市受追捧的住宅区继续吸引着良好的学校、超市、餐馆、公园和娱乐区。瓦林比是真正兑现了新城建设承诺的地方之一。芬兰的塔皮奥拉也是如此。它正被重新想象成一个生态城市，以期保留阿恩·埃尔维的原始设计理念。市中心将翻新为芬兰最大的绿色步行商业区。

到了 21 世纪之初，苏格兰坎伯诺尔德的人口已经超过了 5 万。尽管它仍被称为英国最丑陋的地方之一，但已被联合国定为 20 世纪建筑遗产，并获得了苏格兰设计奖的最佳城镇奖。在被忽视了多年之后，坎伯诺尔德那座似乎无所不能的巨型结构的若干部分被拆除了。

这件事上了电视，人们认为粗野主义最失败的作品之一以象征性的方式结束了。

许多最恶劣的巨型建筑，比如坎伯诺尔德的，或者法国图卢兹郊外勒米哈伊的露天平台等，都已经陷入了毁灭性的境地。不过，许多20世纪60年代的超大规模建筑物在缩小尺寸、翻新为购物中心之后，保留了下来。从一开始这就是他们可预见的未来的一部分——反乌托邦的阴影总是潜伏在天堂乐土的表面之下。尽管它们有着太空时代的血统，但这些巨型建筑只有通过商业投资才能建成。实现乌托邦理想是一件非常现实的事情，涉及由崇高的前卫主义和愚蠢的金融利益组成的不稳定联盟。2007年，坎伯诺尔德市中心的剩余部分以安东尼购物中心之名重获新生，乐购和邓恩百货超市在其开业时入驻。在经历了20世纪80年代的惨淡衰退之后，德国西北新城的购物中心也被投资者接管，作为娱乐和购物场所起死回生。

二、新城返场

虽然在70年代中期以后，新城镇还在继续开发，数量却大大减少。更重要的是，他们失去了大部分的道德权威。在大多数情况下，新城镇的救世主都是自行其是，与任何形式的革命议程都没有勾连。相反，大多数新城镇项目都遵循着房地产开发的标准原则，这些原则披着华丽的外衣，吸引有钱人购买。中东地区一直是新城镇开发最活跃的地区之一，这很大程度上归因于其蓬勃发展和年轻人的数量。

在埃及，围绕开罗和亚历山大港①的尼罗河三角洲出现了星罗棋布的新城镇，这些城镇的灵感来自本书中所描述的西方模式。瑞莫丹城、萨达特城、十月六日城和新开罗都是从零开始建设的新城，它们在沙漠中拔地而起，容纳 50 万到 100 万人口，有着自己的工业、政府办公楼和精心规划的街区。这些城镇包括豪华住宅、高尔夫球场别墅、封闭式社区以及少量的低收入住房。埃及政府和私人开发商为这些项目投入了数百万美元。

然而，尽管这些努力针对的是将开罗的人口分散到安置城里过剩人口的城镇，同时解决严重的住房短缺问题，但到头来只是加剧了社会隔离，收效甚微。新城镇不是普通财力可及的。开罗（现在是中东和非洲最大的城市）约有 30％的居民住在贫民窟和非正式定居点。仅曼施纳赛尔这个巨大的贫民窟就有大约 100 万居民，几乎相当于开罗地区所有新城镇的人口总和。在 2011 年革命期间，成千上万的年轻活动人士涌入解放广场，许多贫民窟居民出现在全球电视屏幕上。目前，埃及政府正计划建一个可容纳 500 万人口的全新首都，其规模有着新城镇梦想中的所有自命不凡：21 个住宅区、600 多家医院、1250 座清真寺和教堂，以及一个面积 4 倍于迪士尼乐园的主题公园。

尽管有这些奇思异想的计划和开发，中东地区整个新城开发的进程仍因政治动荡而遭到破坏。以色列继续在约旦河西岸被占领土上修建定居点，新迁来的犹太人和巴勒斯坦人之间的暴力冲突经常可见。康斯坦丁诺斯·多克夏迪斯扩建的巴格达那部分，现在被称为萨德尔城，那里能找到人们关于新城镇的乌托邦式梦境最悲哀的评论之一。那里旨在为巴格达的城市贫民提供一种新的生活，而事实却雄辩地证

---

① See Dona J. Stewart, "Cities in the Desert: The Egyptian New-Town Program," *Annals of the Association of American Geographers* 86, no. 3 (1996): 459 - 80.

明，仅靠城市规划无法达到社会转型的目的。这是一个拥有300万穷人的巨大贫民窟，也是伊拉克境内"迈赫迪军"① 和什叶派激进主义的发源地。另一个乌托邦式背信弃义的例子在南亚，巴基斯坦卡拉奇郊外那座多克夏迪斯设计的科朗吉镇，已经变成了一个荒凉的世界，那里有自己的贫民窟，公共空间被建筑物所吞噬，宽阔的街道变成了阴暗的沟壑，原来的房子被垃圾和瓦砾掩埋，② 成了激进主义和帮派暴力的滋生地。

萨德尔城、科朗吉、德黑兰周边的卫星城或其他任何不太完美的新城的状况，是否至少部分应归咎于政治极端主义呢？这些周边地区的情况是否与开罗或卡拉奇等大城市的贫民窟和破旧的住宅区有所不同？也许没什么不同——但正是理想的新城镇的乌托邦前景使幻灭变得难以忍受。然而，与其从不间断的失败屡试的视角来看待这些地方，我们或许还可以把它们理解为具有社会与政治颠覆性的舞台。在与当代伊朗政治学者讨论这些问题时，人们指出，德黑兰的卫星城恰恰避开了安全部队的监视和全面监控区域，伊朗年轻人可以在那里享有一定程度的人身自由。

新城镇是如何被政治工具化进而引发政治动荡的，在阿富汗新喀布尔的规划中得到了体现，此地被正式定名为德萨布兹-巴里卡布（Dehsabz-Barikab）。它主要由日本国际协力机构（Japan International Cooperation Agency）出资，具有乌托邦幻想的所有特征。记者马蒂厄·艾金斯在《哈珀杂志》上写道，这座新城的几何形态非常精确，市中心有一个大型公园和一个泪滴形的湖泊：

---

① Mehdi army，什叶派民兵武装。——编者
② Steve Inskeep, *Instant City: Life and Death in Karachi* (New York: Penguin, 2011)，216-17.

　　宽阔的街道呈同心三角形向外辐射，将商业区、住宅区和工业区隔开。老城区的街道拥挤而繁忙，这里的房屋由草坪和整洁的人行小道隔开；这是一座绿城，绿草如茵、绿树成林，城市以可再生能源为动力。郊区有一片从沙漠中开垦出来的农业带，在那里，小型灌溉渠在人行天桥下静静地延伸。①

　　这是 20 世纪末任何一座新城的史册上都可以见到的一幕。乌托邦具有与社会秩序和政治权威密切相关的一成不变的空间形态。新喀布尔很可能会形成一个供阿富汗的新贵们居住的封闭社区。

　　同样，格鲁吉亚总统米哈伊尔·萨卡什维利的梦想是在黑海附近的沼泽地上为 50 万人建造一座新城，这个庞大的建设项目中隐含着威权主义的冲击。拉齐卡（Lazika）的未来计划中包括摩天大楼群、大型货运港和自由贸易区。按其最初的狂热支持者的说法，这些计划将使拉齐卡成为全球贸易中心——黑海上的曼哈顿。② 尽管在本应保护的湿地上仓促上马，但该项目毫不理会对环境造成的影响。这座城市完全是萨卡什维利的小圈子关起门构想出来的。当其政党在 2012 年的选举中被击败后，这些宏伟的计划也随之破灭。无论他们的目标是什么，乌托邦式幻想都会很快烟消云散。

　　这些例子是否意味着新城镇最终只是理想主义的胡编乱造，即老话常说的空中楼阁？我不这么认为。乌托邦理想的特征可能已经改

---

① Matthieu Aikins，"Kabubble：Counting Down to Economic Collapse in the Afghan Capital，" *Harper's Magazine*，February 2013，53.

② Ellen Barry，"On Black Sea Swamp, Big Plans for Instant City，" *New York Times*，April 22，2012. See also Giorgi Lomsadze，"Georgia：Whither the City of Lazika，" Eurasianet. org，October 3，2012，http：//www. eurasianet. org/node/65995.

变，但城市仍然是将其付诸实现的工具。文化、可持续性和智能技术已经成为21世纪理想的基石。至于文化，寻找文化象征意义和"空间制造"是一种新的固定方式，其中大部分是基于记忆的痕迹。迪士尼公司在佛罗里达州的新城欢庆镇（Celebration）就属于这一类。该城于1996年落成，是新城市主义的典范，洋溢着一种新传统主义主题公园的气氛。与其说它是一个理想的未来城市，不如说它展现了过去的瑰丽景象，是白人中产阶级家庭的飞地。但这并不意味着新城镇模式已经僵化，或变成了一个华而不实的宣传。从某种意义上说，乌托邦总是与模拟的空间和时间相关。人们可以轻易得出结论，最初的田园城市也属于这个新传统主义的范畴。

在乌托邦的另一个定义中，加拿大文学和社会评论家诺斯罗普·弗莱将其视为一种契约神话。它是一种恢复社会所丢失、丧失或遭到侵犯的东西的愿望。① 另一方面，对于20世纪伟大的乌托邦理论家之一恩斯特·布洛赫来说，乌托邦是一种"前瞻性启示"；它与当下决裂，站在一个新现实的地平线上。这是一种戏剧性的相异，充满了布洛赫所谓的"意义过剩"，一种对意识形态的过度追求②，以及一种对新的空间和社会世界的激进幻想。正是这种对已经失去的东西的渴望和对未来的向往之间的张力，使得乌托邦式的幻想变成如此戏剧化的城市剧作。新城镇就出现在这个时间的边界上。

最近在亚洲各地如雨后春笋般出现的新城镇，或许是这些乌托邦

---

① Northrop Frye, "Varieties of Literary Utopias," in *Utopias and Utopian Thought*, ed. Frank Manuel (Boston: Houghton Mifflin, 1966), 25 – 49.

② See for example Ernst Bloch, *The Spirit of Utopia*, trans. Anthony A. Nassar (Stanford, CA: Stanford University Press, 2000) and his *The Principle of Hope*, trans. Neville Plaice, Stephen Plaice, and Paul Knight, vol. 1 (Cambridge, MA: MIT Press, 1995).

式特征中最能引人共鸣的例子。① 2001 年，中国宣布计划在 2020 年前每年建造 20 座新城市，以容纳大量涌入城市寻找工作的人口。其中，上海周边的新城在国际上引起了最热烈的反响。2001 年，上海的"一城九镇"计划设想了 10 座新城镇：中等城镇松江加上 9 座紧凑的小城镇。数十万套全新的公寓和庞大的基础设施已经在一个巨大的郊区圈内建成。这个计划充满了对西方城市设计和建筑的想象，被城市学家哈利·登·哈托格（Harry den Hartog）称为"主题公园城市主义"、一种自我殖民化的形式。② 以模拟其他地方和时代而闻名的地方有好几处，泰晤士小镇是维多利亚时代伦敦的典范，罗店是斯堪的纳维亚风格，高桥是荷兰主题，而安亭是一个由"阿尔伯特·斯皮尔及其合伙人公司"规划的德国村庄，这家公司是希特勒最喜欢的建筑师所创建的。秉承其传统，安亭位于大众汽车一家工厂附近，并被规划为中国汽车工业的中心。

对批评家来说，上海的一系列新城是为中国发达起来的新精英们提供一个舶来的欧洲时尚环境。然而，这些历史主义者的梦中场景并非仅仅是西方思想的复制品。借鉴转化的行为本身就是一种对当地需求、理想和幻想的应变和选择。每个新城镇都不是简单的模仿，而是一种经过谈判达成的可能性空间。

承载着乌托邦理想的第二条轨迹是可持续性和生态乌托邦的理想。历史学家通常可以发现一条从 20 世纪初的田园城市通往 21 世纪

---

① See the recent study by Rachel Keeton, *Rising in the East*: *Contemporary New Towns in Asia* (Amsterdam: International New Town Institute; Amsterdam: SUN Publishers, 2011).

② Harry den Hartog, *Shanghai New Towns*: *Seaching for Community and Identity in a Sprawling Metropolis* (Rotterdam: 010 Publishers, 2010), 30 – 36. See also Michael Hulshof and Daan Roggeveen, *How the City Moved to Mr. Sun*: *China's New Megacities* (Amsterdam: Martien de Vletter, SUN Publishers, 2010).

初的绿色城市的直线。景观设计师和环保主义者在新城镇发展中的作用越来越大，20 世纪 70 年代以来尤其如此，这就是这种发展轨迹的证据。得克萨斯州休斯敦以北的伍德兰新城就是这样，它于 1974 年开放，到 2000 年人口已超过 5.5 万。该城的开发商为石油和天然气大亨乔治·米切尔，他将生态和环境规划作为他的城市天堂的框架。著名景观设计师伊恩·麦克哈格利用土地使用适宜性分析和生态数据清单制定出了总体规划。①

对生态乌托邦的追求也追随着建筑先锋们的光辉足迹。最新的田园城市想象，如新加坡郊外的海湾花园，看起来像是电子游戏或詹姆斯·卡梅隆 2009 年的电影《阿凡达》中的电脑布景。② 除了郁郁葱葱的花园和作为自然生态系统一部分而设计的"超级树"之外，海湾花园的特点是钢结构测地线"生物穹顶"。自巴克敏斯特·富勒引入这种结构以来，它们就一直在召唤未来。可持续发展清楚地表明，乌托邦理想几乎没有消失。位于中国中部城市长沙的"天空之城"项目，就尝试在一个巨大的 220 层巨型建筑内建造一个可持续的垂直城市，它由可回收的预制模块连接在一起。作为约 1.7 万人的家园，该建筑将拥有所有必要的城市服务，包括一所医院和五所学校。阿布扎比的马斯达尔市是采用大量的政府融资、由英国著名建筑师诺曼·福斯特设计的经典新城样式建造，提供了一种带有探索性的无车、节能的城市生活模式。这是一个在石油财富的资助下，在高科技生态城市里进行的富有远见卓识的实验。但和所有乌托邦项目一样，自由思想与现实发生了冲突。尽管按照最初预期，个人快速交通系统将取代汽

① On The Woodlands, see George Morgan and John King, *The Woodlands: New Community Development* (College Station: Texas A&M University Press, 1987).

② See for example Robert Reid, "Supersized," *Civil Engineering* 83, no. 5 (May 2013): 46 – 55.

车，但该项目成本过于高昂（即使对石油财富而言也是如此）。马斯达尔将转而依赖清洁能源和电动汽车。

对可持续发展的追求滑入了第三道乌托邦式的弧线，即利用尖端数字技术来拯救世界的"智慧"城市。在全球企业巨头 IBM、西门子和思科的支持下，快如闪电的计算机网络、分布式传感器和机器人技术以及数据分析将创造出超高效的城市场所。[①] 根据 IBM 的说法，智慧城市将培养出"魅力、弹性与活力"。[②] 该公司在网上建立了现在著名的智慧城市模型，将其作为通往未来安全社区、优质学校、经济适用房和畅通交通的门户。在这个乌托邦式场景中，城市成为创新的平台。城市生活将变得更加透明，更加富有创造力：政策制定者将能够分分钟调整选择和资源。可持续性的含义已经转变为弹性和抵御危机（尤其是全球变暖），以及通过建立计算机模型和实时展现未来情景来管控风险的能力。智慧城市的创新将创造一个和平、和谐、平等的闪闪发光的无线星球。这些新技术重新激发了从零开始建造新城镇的梦想。按照麻省理工学院城市规划专家迈克尔·乔洛夫（Michael Joroff）的说法，新一代大规模资本投资和智能设计领域的大型项目近乎构成了一个"新的城市建设产业"。

韩国首尔郊区从头开始建设的智慧城市松岛，是一个完全网络化、自动化的世界，其构思超越了 20 世纪 60 年代前卫发烧友们的想象。印度正计划为未来建设 100 座智慧城市。古吉拉特邦国际金融科技城和托莱拉（Dholera）旗舰项目的效果图展示了高科技设计、闪

---

① See Anthony Townsend, *Smart Cities*: *Big Data*, *Civic Hackers*, *and the Quest for a New Utopia*（New York: W. W. Norton, 2013）, as well as the publication by the editors of *Scientific American*, *Designing the Urban Future*: *Smart Cities*（New York: Scientific American, 2014）.

② IBM Smarter Cities at http://www.ibm.com/smarterplanet/us/en/smarter_cities. Accessed July 27, 2015.

闪发光的塔楼和"智能、绿色的建筑"，它的自动化交通走廊捕捉到了 21 世纪的乌托邦想象。这几个例子证明，从零开始建设的城市，或者用当下的行话来说，"弹出式城市"（pop-up cities）的想象并没有彻底完蛋，也没有被扔进历史的垃圾堆。作为未来宏伟蓝图的新城镇仍然吸引着城市专业人才。它们是快速前进的地方，作为转型的对象以及对当下现实的批判和纠正。每个社会都值得拥有自己的乌托邦。新城镇是潜力与抱负的物质结构，是两个世界之间的边界：一个是现在，一个是未来。

致　谢

　　因为研究新城镇运动史，我去了好多地方，有真实的，也有虚拟的。正因如此，我要感谢许多人给予我的指导和帮助，以及他们提供的思路和资源。十分感谢我收集资料的各个机构的档案管理员和图书管理员。巴黎郊外的拉德芳斯城市规划文献中心的工作人员耐心地满足我没完没了的请求，并在我的夏季研究旅行期间为我找出了所需的文献。该中心"法国新城镇历史与评估的部际项目"的新城镇文献收藏非常精彩。感谢巴黎国家图书馆、柏林联邦档案馆和纽约公共图书馆的工作人员为我查找资料来源提供的宝贵帮助，特别感谢纽约公共图书馆的杰伊·巴克斯代尔特许我进入艾伦馆。感谢荷兰阿尔梅勒的国际新城研究所的让-保罗·巴滕，他允许我在他刚刚归档的一箱箱材料中翻找资料。还要非常感谢塞吉-蓬图瓦兹、艾森许滕施塔特和阿卡杰姆戈罗多克等许多新城镇图书馆的工作人员和网络管理员，他们使收集历史资料的工作变得乐趣无穷。

　　文中的任何不当之处责任都在我，尽管如此，这本书仍是一项集体努力的成果。巴黎城市研究所的朋友和同事们，尤其是蒂埃里·帕奎特和劳伦特·库德罗·德·里尔，他们自始至终都在鼎力支持这个项目。克莱门特·奥里拉德和洛伊克·瓦德洛格贡献了他们对新城镇现象的专业见解。感谢德国埃克纳的莱布尼茨区域发展和结构规划研究所的克里斯托夫·伯恩哈特鞭辟入里的评论。关于东德新城规划的那些绝佳插图来自无与伦比的国税局档案馆。感谢柏林技术大学都市研究中心的同仁和博士研究人员在我研究的各个阶段所提出的宝贵意见，其中特别感谢多萝西·布兰茨和亚历山大·努泽纳尔。感谢布达佩斯中欧大学的同仁对一份关于东欧新城镇的早期报告提出的批评意见。感谢加博·贾尼的建议，感谢利维娅·谢尔帕尔对匈牙利新城镇研究的帮助。

弗洛里安·厄本阅读了早期的几章草稿，珍妮特·沃德和杰夫·迪芬多夫为我的文章撰写了有关东德新城的评论，我的这篇文章收在他们的文集《跨国主义与德国城市》(*Transnationalism and the German City*，New York：Palgrave Macmillan，2014)中。我就本书中的各个章节在多伦多大学、荷兰乌得勒支大学、荷兰马斯特里赫特大学、柏林大都会研究中心、巴黎大学马恩拉瓦莱分校和法国图卢兹大学做过演讲，感谢这些大学为我提供了新城镇问题讨论的良机，从中获得的反馈和见解让我受益匪浅。同样，在纽约公共图书馆和哥伦比亚大学城市研讨会上的发言对我理解新城镇运动至关重要，与鲍勃·博雷格、欧文·古特弗伦德和盖伊·奥托拉诺的讨论也是如此。还有卡罗拉·海因和桑德尔·霍瓦思、米歇尔·普罗沃斯特和皮埃尔·韦德克奈特、罗德里·温莎-利斯科姆，感谢他们慷慨提供的建议和资源。

有了欧洲高等研究院提供的2012—2013年高级研究资金的帮助，我才得以完成了此书的初稿。那年的学术假期间，位于瓦森纳的荷兰人文社会科学高级研究所的同仁给了我持续的支持和建议。特别感谢加博·德姆兹基和阿里·埃莫伦迪克，他们通读了我的手稿并提出了建设性的意见。福特汉姆大学2012—2013年的资助也对我的这项研究提供了支持。我要一如既往地感谢福特汉姆大学的同仁和学生们的热情与建议，尤其感谢阿西夫·西迪奇在苏联时代秘密城市（ZATO）的研究上提供的帮助；参加乌托邦研讨会的一帮学生则帮助我充实了书中的思想。感谢夏洛特·拉比和福特汉姆图书馆馆际互借处的工作人员，无论我需要的文献在何处，无论什么时候，他们都会设法找到；还要感谢瓦森纳的荷兰高等研究院图书馆的埃尔文·诺莱特和丁迪·范马南，他们也为我提供了同样精湛的专业支持。

为确认印在本书中的新城镇图片的来源，我来到了一个同路人社区，我对这群人非常感激。研究当代历史的乐趣在于，运气好的话，你可以与你的研究对象有实实在在的交流。衷心感谢已故的查尔斯·科雷亚，以及丹尼斯·克罗普顿、杰尔兹·科瓦斯基、兰迪尔·萨尼和德里克·沃克，感谢他们帮助我顺利地用上了他们作品的图片。还要感谢不列颠哥伦比亚省基蒂马特市基蒂马特博物馆和档案馆的路易丝·艾弗里、苏格兰皇家建筑师协会的尼尔·巴克斯特、格拉斯哥斯克莱德大学的罗斯·布朗、纽约州沉睡谷洛克菲勒档案馆的卢卡斯·布雷希、英国考文垂华威大学英国石油档案馆的乔安妮·伯曼，以及纽约市艾森曼建筑师事务所的辛西娅·戴维森。感谢巴黎的法国城市化与规划研究所的克莱尔·卡洛平、得克萨斯大学奥斯汀分校多尔夫-布里斯科美国历史研究中心的阿林·格拉齐尔、美因河畔法兰克福大学城市历史研究所的乌尔里克·海尼希、克拉科夫历史博物馆诺瓦胡塔分馆的帕维尔·贾戈，以及世界银行集团华盛顿特区档案馆的钱德拉·库马尔，是他们协助我定位了图片上的地址。感谢苏格兰欧文市北艾尔郡议会的莫琳·埃里希、亚利桑那州梅耶尔市索莱里档案馆的汉娜·苏·基尔希、俄罗斯伊尔库茨克州布拉茨克州立大学的德米特里·科布佐夫、斯德哥尔摩市档案馆的约萨贝斯·莱迪、安大略省渥太华市的加拿大国家研究委员会的史蒂文·勒克莱尔，以及斯德哥尔摩市博物馆的克拉斯·伦德克维斯特等提供的图片。感谢克利夫兰力拓铝业公司的德怀特·马吉、伦敦英国皇家建筑师协会的乔纳森·马克佩斯、苏格兰马瑟韦尔北拉纳克郡档案馆的韦贝克·麦基、英国利物浦大学的林恩·麦高文博士，以及英国米尔顿-凯恩斯市探索中心的凯瑟琳·麦金泰尔。感谢加州尔湾市尔湾公司的马克·蒙福特、洛杉矶格鲁恩协会的马修·帕伦特、希腊雅典的康斯坦丁诺斯·A.多克夏迪斯档案馆的乔塔·帕夫利杜、阿基格拉姆档案馆的代理雪莱·鲍尔、芬兰埃斯波市博物馆的萨利·皮莱宁，以及东京坦格事务所的高桥千色慷慨地提供了图片。感谢罗伯特·坦南鲍姆拍摄的马里兰州哥伦比亚的照片，同时感谢哥伦比亚协会。感谢俄罗斯新西伯利亚的俄罗斯科学院西伯利亚分院索波列夫地质矿物学研究所的伊琳娜·蒂科诺娃、波兰克拉科夫的世界图像基金会的卢卡斯·特兹金斯基提供的照片，以及伯纳德·维尼斯提供的私人照片。同样感谢德国艾森许滕施塔特市档案馆的加布里埃尔·厄本、澳大利亚奎纳纳市奎纳纳公共图书馆的阿德里安·沃勒，以及洛杉矶南加州汽车俱乐部的摩根·耶茨。

感谢芝加哥大学出版社的蒂姆·门内尔和诺拉·德夫林，他们为这项研究提供的宝贵支持确保了此书成功问世。与朋友米歇尔·柯林、蒂埃里·鲍杜因、弗朗西斯·诺德曼和埃梅琳·贝利的讨论，使我的写作没有偏离正轨。我的丈夫汤姆·魏克曼发现自己不断来到一些他闻所未闻的新城镇，好在他乐此不疲。有了他持之以恒的耐心和支持，才有了这本书，这些也一直激励我前行。

精选参考文献

  关于新城镇的出版物和资料非常浩瀚。以下提供的二手资料是对新城镇运动及其作为乌托邦的研究的介绍。单个新城就有数百份文件，它们是这方面信息的基础。有一些书目汇编存世，尽管应对它们进行更新。Gideon Golany编写了《新城镇规划和开发：全球参考书目》（*New Towns Planning and Development：A World-Wide Bibliography*，Bethesda，MD：Washington Land Institute，1973）。皮埃尔·梅林出版了《法国与外国的新城参考文献》（*Bibliographie sur les villes nouvelles françaises et étrangères*，Vincennes，France：Presses Universitaires de Vincennes，1989）。综合书目汇编中存有法国、以色列和加拿大等国的新城镇计划。最完整的国际汇编本和档案收藏存于巴黎郊外拉德芳斯的城市规划文献中心和荷兰阿尔梅勒的国际新城研究所。

Abercrombie，Patrick. *Greater London Plan 1944*. London：Minister of Town and Country Planning，1945.

Abercrombie，Patrick，and R. Matthew. *The Clyde Valley Regional Plan*. Edinburgh：His Majesty's Stationery Office，1949.

Adle，Chahryar，and Bernard Hourcade，eds. *Téhéran，capitale bicentenaire*. Paris：Institut français de recherche en Iran，1992.

Albrecht，David，ed. *World War II and the American Dream*. Washington，DC：National Building Museum；Cambridge，MA：MIT Press，1995.

Alexander，Anthony. *Britain's New Towns：Garden Cities to Sustainable Communities*. London：Routledge，2009.

Allen, Irving Lewis, ed. *New Towns and the Suburban Dream: Ideology and Utopia in Planning and Development*. Port Washington, NY: Kennikat Press, 1977.

Almandoz, Arturo. *Modernization, Urbanization and Development in Latin America, 1900s - 2000s*. New York: Routledge, 2015.

Alonso, William. *Location and Land Use: Toward a General Theory of Land Rent*. Cambridge, MA: Harvard University Press, 1964.

———. "Urban Growth in California: New Towns and Other Policy Alternatives." Paper presented at the Symposium on California Population Problems and State Policy, University of California, Davis, May 1971.

Aman, Anders. *Architecture and Ideology in Eastern Europe during the Stalin Era: An Aspect of Cold War History*. New York: Architectural History Foundation; Cambridge, MA: MIT Press, 1992.

Amirahmadi, Hooshang, and Salah S. El-Shakhs, eds. *Urban Development in the Muslim World*. New Brunswick, NJ: Rutgers University Press, 1993.

Annan, Noel. *Richard Llewelyn-Davies and the Architect's Dilemma*. Princeton, NJ: Institute for Advanced Study, 1987.

Apter, Andrew, *The Pan-African Nation: Oil and the Spectacle of Culture in Nigeria*. Chicago, Ill. : University of Chicago Press, 2005.

Arieh Sharon — Architect website. http: //www. ariehsharon. org. Accessed July 27, 2015.

Askari, Hossein. *Collaborative Colonialism: The Political Economy of Oil in the Persian Gulf*. New York: Palgrave Macmillan, 2013.

Atkinson, Harriet. *The Festival of Britain: A Land and Its People*. London: I. B. Tauris, 2012.

Avermaete, Tom, ed. *Team 10: Between Modernity and the Everyday*. Delft, Netherlands: Delft University, 2003.

Balina, Marina, and Evgeny Dobrenko, eds. *Petrified Utopia: Happiness Soviet Style*. London: Anthem, 2011.

Bamberg, James. *British Petroleum and Global Oil, 1950 - 1975: The Challenge of Nationalism*. Cambridge: Cambridge University Press, 2000.

Banham, Reyner. *Megastructure: Urban Futures of the Recent Past*. London: Thames and Hudson, 1976.

Bannerman, J. Yedu. *The Cry for Justice in Tema (Ghana)*. Tema, Ghana:

Tema Industrial Mission, 1973.

Bardiar, Nilendra. *A New Delhi — Urban, Cultural, Economic and Social Transformation of the City 1947 - 65*. CreateSpace Independent Publishing Platform, 2014. https: //www. createspace. com.

Bartetzky, Arnold, and Marc Schalenberg, eds. *Urban Planning and the Pursuit of Happiness: European Variations on a Universal Theme* (18th - 21st Centuries) . Berlin: Jovis, 2009.

Barth, Holger, ed. *Grammatik sozialistischer Architekturen: Lesarten historischer Stadtebauforschung zur DDR*. Berlin: Dietrich Reimer Verlag, 2001.

Batty, Michael. *Cities and Complexity: Understanding Cities with Cellular Automata, Agent-Based Models and Fractals*. Cambridge, MA: MIT Press, 2005.

Bauman, Zygmunt. *Liquid Modernity*. Cambridge: Polity Press, 2000.

Bender, Thomas, and Alev Cinar, eds. *Urban Imaginaries: Locating the Modern City*. Minneapolis: University of Minnesota Press, 2007.

Bernhardt, Christoph, and Heinz Reif, eds. *Sozialistische Stadte zwischen Herrschaft und Selbstbehauptung: Kommunalpolitik, Stadtplanung und Alltag in der DDR*. Stuttgart: Franz Steiner, 2009.

Bernhardt, Christoph, and Thomas Wolfes, eds. *Schonheit und Typenprojektierung: Der DDR-Stadtebau im internationalen Kontext*. Erkner, Germany: Institut für Regionalentwicklung und Strukturplanung, 2005.

Biedrzycka, Anna. *Nowa Huta — architektura i twórcy miasta idealnego; Niezrealizowane projekty*. Krakow: Muzeum Historyczne Miasta Krakowa, 2006.

Bloch, Ernst. *The Principle of Hope*. Translated by Neville Plaice, Stephen Plaice, and Paul Knight. Vol. 1. Cambridge, MA: MIT Press, 1995.

———. *The Spirit of Utopia*. Translated by Anthony A. Nassar. Stanford, CA: Stanford University Press, 2000.

———. *The Utopian Function of Art and Literature*. Translated by Jack Zipes and Frank Mecklenburg. Cambridge, MA: MIT Press, 1988.

Bloom, Nicholas Dagen. *Merchant of Illusion: James Rouse, American Salesman of the Businessman's Utopia*. Columbus: Ohio State University Press, 2004.

Bosma, Koos, and Helma Hellinga, eds. *Mastering the City: North-European Planning 1900 - 2000*. Vol. 2. Rotterdam: NAI; The Hague: EFL

Publications, 1997.

Boyer, Paul. *By the Bomb's Early Light: American Thought and Culture at the Dawn of the Atomic Age.* New York: Pantheon, 1985.

Bozdogan, Sibel. *Modernism and Nation-Building: Turkish Architectural Culture in the Early Republic.* Seattle: University of Washington Press, 2001.

Branch, Melville Campbell. *Aerial Photography in Urban Planning and Research.* Boston: Harvard University Press, 1948.

Breckenfeld, Gurney. *Columbia and the New Cities.* New York: Ives Washburn, 1971.

Breese, Gerald. *Urban and Regional Planning for the Delhi-New Delhi Area: Capital for Conquerors and Country.* Princeton, NJ: Gerald Breese, 1974.

Brown, Kate. *Plutopia: Nuclear Families, Atomic Cities, and the Great Soviet and American Plutonium Disasters.* New York: Oxford University Press, 2013.

Buchanan, Colin. *Traffic in Towns.* Harmondsworth, UK: Penguin, 1963.

Buckley, Craig, and Jean-Louis Violeau. *Utopie: Texts and Projects, 1967 – 1978.* Translated by Jean-Marie Clarke. Los Angeles: Semiotext (e); Cambridge, MA: MIT Press, 2011.

Buder, Stanley. *Visionaries and Planners: The Garden City Movement and the Modern Community.* Oxford: Oxford University Press, 1990.

Bullock, Nicholas. *Building the Post-War World: Modern Architecture and Reconstruction in Britain.* London: Routledge, 2002.

Burton, Anthony, and Joyce Hartley, eds. *The New Towns Record, 1946 – 1996: 50 Years of UK New Town Development.* Glasgow: Planning Exchange, 1997.

Busbea, Larry. *Typologies: The Urban Utopia in France, 1960 – 1970.* Cambridge, MA: MIT Press, 2007.

Candilis, Georges. *Batir la vie: Un architect témoin de son temps.* Paris: Stock, 1977.

Canty, Donald, ed. *The New City.* New York: Published for Urban America by Frederick A. Praeger, 1969.

Caprotti, Federico. *Mussolini's Cities: Internal Colonialism in Italy, 1930 – 1939.* Youngstown, NY: Cambria Press, 2007.

Carail, Jean. "Exemple de création urbaine au Sahara pétrolier: Hassi-Massaoud,

1956 – 1962. " Mémoire de these, Institut d'urbanisme, Université de Paris, 1962.

Caspari, Emil. *The Working Classes of Upper-Silesia: An Historical Essay.* London: Simpson Low, Marston, 1921.

Centre de documentation sur l'urbanisme. "Villes nouvelles françaises 2001 – 2005. " http: //www. cdu. urbanisme. developpement-durable. gouv. fr/villes-nouvelles-francaises-2001-2005-r8243. htmlcaises. Accessed October 13, 2015.

Chaichian, Mohammad A. *Town and Country in the Middle East: Iran and Egypt in the Transition to Globalization, 1800 – 1970.* London: Lexington Books, 2009.

Chakrabarty, Dipesh. *Provincializing Europe: Postcolonial Thought and Historical Difference.* Princeton, NJ: Princeton University Press, 2000.

Choay, Françoise. *The Rule and the Model: On the Theory of Architecture and Urbanism.* Cambridge, MA: MIT Press, 1997.

———. *L'urbanisme, utopies et réalités: Une anthologie.* Paris: Seuil, 1965.

Chu, Hsiao-Yun, and Roberto G. Trujillo, eds. *New Views on R. Buckminster Fuller.* Palo Alto, CA: Stanford University Press, 2009.

Ciborowski, Adolf. *L'Urbanisme polonais 1945 – 1955.* Warsaw: Editions Polonia, 1956.

City and Industrial Development Corporation of Maharashtra Ltd. (CIDCO), "Navi Mumbai. " www. cidco. maharashtra. gov. in. Accessed July 27, 2015.

Clapp, James A. *New Towns and Urban Policy: Planning Metropolitan Growth.* New York: Dunellen, 1971.

Clapson, Mark. *Anglo-American Crossroads: Urban Research and Planning in Britain, 1940 – 2010.* London: Bloomsbury, 2013.

———. *The Plan for Milton Keynes.* London: Routledge, 2013.

———. *A Social History of Milton Keynes: Middle England/Edge City.* London: Frank Cass, 2004.

Clark, Peter, ed. *The European City and Green Space: London, Stockholm, Helsinki and St. Petersburg, 1850 – 2000.* Aldershot, UK: Ashgate, 2006.

Cohen, Jean-Louis. *Architecture in Uniform: Designing and Building for the Second World War.* Montreal: Canadian Centre for Architecture; Paris: Hazan, 2011.

———. *The Future of Architecture since 1889.* New York: Phaidon

Press, 2012.

———. *Scenes of the World to Come: European Architecture and the American Challenge, 1893 - 1960.* Paris: Flammarion; Montreal: Canadian Center for Architecture, 1995.

Cohen, Jean-Louis, Marco De Michelis, and Manfredo Tafuri, eds. *URSS 1917 - 1978: La Ville, l'architecture.* Paris: L'Equerre, 1979.

Colditz, Heinz, and Martin Lücke. *Stalinstadt: Neues Leben — Neue Menschen.* Berlin: Kongress Verlag, 1958.

Conekin, Becky. *The Autobiography of a Nation: The 1951 Festival of Britain.* Manchester: Manchester University Press, 2003.

Conn, Steven. *Americans against the City: Anti-Urbanism in the Twentieth Century.* Oxford: Oxford University Press, 2014.

Connell, Raewyn. *Southern Theory: The Global Dynamics of Knowledge in Social Science.* Cambridge, MA: Polity, 2007.

Corden, Carol. *Planned Cities: New Towns in Britain and America.* Beverly Hills, CA: Sage Publications, 1977.

Cowan, Susanne Elizabeth. "Democracy, Technocracy and Publicity: Public Consultation and British Planning, 1939 - 1951." Phd diss., University of California, Berkeley, 2010.

Crowley, David, and Jane Pavitt, eds. *Cold War Modern: Design 1945 - 1970.* London: V and A, 2008.

Cupers, Kenny. *The Social Project: Housing Postwar France.* Minneapolis: University of Minnesota Press, 2014.

Dahir, James. *The Neighborhood Unit Plan: Its Spread and Acceptance.* New York: Russell Sage Foundation, 1947.

De Wit, Wim, and Christopher James Alexander, eds. *Overdrive: L. A. Constructs the Future, 1940 - 1990.* An exhibition catalog. Los Angeles: Getty Publications, 2013.

Deane, Philip. *Constantinos Doxiadis, Master Builder for Free Men.* Dobbs Ferry, NY: Oceana Publications, 1965.

DeHaan, Heather. *Stalinist City Planning: Professionals, Performance, and Power.* Toronto: University of Toronto Press, 2013.

Den Hartog, Harry. *Shanghai New Towns: Seaching for Community and Identity in a Sprawling Metropolis.* Rotterdam: 010 Publishers, 2010.

Dey, S. K. *Nilokheri*. London: Asia Publishing House, 1962.

Djurié, Dubravka, and Misko Suvakovié, eds. *Impossible Histories: Historical Avant-Gardes, Neo-Avant-Gardes, and Post-Avant-Gardes in Yugoslavia, 1918–1991*. Cambridge, MA: MIT Press, 2015.

Dobrenko, Evgeny, and Eric Naiman, eds. *The Landscape of Stalinism*. Seattle: University of Washington Press, 2003.

Domhardt, Konstanze Sylva. *The Heart of Our City: Die Stadt in den transatlantischen Debatten der CIAM, 1933–1951*. Zurich: GTA Verlag, 2012.

Dorrian, Mark, and Frédéric Pousin, eds. *Seeing from Above: The Aerial View in Visual Culture*. London: B. Tauris, 2013.

Doxiadis, Constantinos A. *Between Dystopia and Utopia*. London: Faber and Faber, 1966.

———. *Ecumenopolis: The Inevitable City of the Future*. New York: Norton, 1979.

———. *Ekistics: An Introduction to the Science of Human Settlements*. London: Oxford University Press, 1968.

Dufaux, Frédéric, and Annie Fourcaut, eds. *Le Monde des grands ensembles*. Paris: Editions CREAPHIS, 2004.

Eaton, Ruth. *Ideal Cities: Utopianism and the (Un) Built Environment*. Oxford: Thames and Hudson, 2001.

Edwards, Paul N. *The Closed World: Computers and the Politics of Discourse in Cold War America*. Cambridge, MA: MIT Press, 1996.

Eichler, Edward, and Marshall Kaplan. *The Community Builders*. Berkeley: University of California Press, 1967.

Engel, Barbara. *Offentliche Raume in den Blauen Stadten Russlands*. Berlin: Wasmuth, 2004.

Escobar, Arturo. *Encountering Development: The Making and Unmaking of the Third World*. Princeton, NJ: Princeton University Press, 1995.

Estebe, Philippe, and Sophie Gonnard. *Les Villes nouvelles et le système politique en Ile-de-France*. Paris: Ministere de l'Equipement, du Transport et du Logement, 2005.

Evans, Hazel, ed. *New Towns: The British Experience*. London: Charles Knight, 1972.

Ferguson, Francis. *Architecture, Cities and the Systems Approach*. New York: George Braziller, 1975.

Filtzer, Donald. *The Hazards of Urban Life in Late Stalinist Russia*. Cambridge: Cambridge University Press, 2010.

Fishman, Robert, ed. *The American Planning Tradition, Culture and Policy*. Washington, DC: Woodrow Wilson Center Press, 2000.

————. *Urban Utopias in the Twentieth Century: Ebenezer Howard, Frank Lloyd Wright, Le Corbusier*. Cambridge, MA: MIT Press, 1982.

Forshaw, J. H., and Patrick Abercrombie. *County of London Plan: Prepared for the London County Council*. London: Macmillan, 1943.

Forsyth, Ann. *Reforming Suburbia: The Planned Communities of Irvine, Columbia, and the Woodlands*. Berkeley: University of California Press, 2005.

Foucault, Michel. *Security, Territory, Population: Lectures at the Collège de France, 1977 - 1978*. Translated by G. Burchell. Basingstoke, UK: Palgrave Macmillan, 2009.

Freedman, Carl. *Critical Theory and Science Fiction*. Middletown, CT: Wesleyan University Press, 2000.

Freestone, Robert. *Urban Nation: Australia's Planning Heritage*. Clayton, Victoria, Australia: Csiro, 2010.

Gaonkar, Dilip Parameshwar, ed. *Alternative Modernities*. Durham, NC: Duke University Press, 2001.

Geddes, Donald Porter, ed. *The Atomic Age Opens*. New York: Pocket Books, 1945.

Geertse, Michel. *Defining the Universal City: The International Federation for Housing and Town Planning and Transnational Planning Dialogue, 1913 - 1945*. Amsterdam: Vrije Universiteit, 2012.

Ghirardo, Diane. *Building New Communities: New Deal America and Fascist Italy*. Princeton, NJ: Princeton University Press, 1989.

Giacone, Alessandro, ed. *Les Grands Paris de Paul Delouvrier*. Paris: Descartes, 2010.

Gillette, Howard. *Civitas by Design: Building Better Communities, from the Garden City to the New Urbanism*. Philadelphia: University of Pennsylvania Press, 2010.

Gilman, Nils. *Mandarins of the Future: Modernization Theory in Cold War America*. Baltimore: Johns Hopkins University Press, 2007.

Golany, Gideon, ed. *Innovations for Future Cities*. New York: Praeger, 1976.

————, ed. *Strategies for New Community Development in the United States*. Stroudsburg, PA: Dowden, Hutchinson and Ross, 1975.

Golany, Gideon, and Daniel Walden, eds. *The Contemporary New Communities Movement in the United States*. Urbana: University of Illinois Press, 1974.

Gold, John R. *The Experience of Modernism: Modern Architects and the Future City, 1928-53*. London: E. and F. N. Spon, 1997.

————. *The Practice of Modernism: Modern Architects and Urban Transformation, 1954-1972*. London: Routledge, 2007.

Goldhagen, Sarah Williams, and Réjean Legault, eds. *Anxious Modernisms: Experimentation in Postwar Architectural Culture*. Montreal: Canadian Center for Architecture; Cambridge, MA: MIT Press, 2000.

Gordon, Alastair. *Naked Airport: A Cultural History of the World's Most Revolutionary Structure*. Chicago: University of Chicago Press, 2008.

Gordon, Eric. *The Urban Spectator: American Concept Cities from Kodak to Google*. Lebanon, NH: Dartmouth University Press, 2010.

Gosling, David, and Barry Maitland. *Design and Planning of Retail Systems*. London: Architectural Press, 1976.

Gottmann, Jean. *Essais sur l'aménagement de l'espace habité*. Paris: Mouton, 1966.

Gottmann, Jean, and Robert Harper, eds. *Since Megalopolis: The Urban Writings of Jean Gottmann*. Baltimore: Johns Hopkins University Press, 1990.

Graham, Loren R. , ed. *Science and the Soviet Social Order*. Cambridge, MA: Harvard University Press, 1990.

Griffin, Nathaniel M. *Irvine: The Genesis of a New Community*. Washington, DC: Urban Land Institute, 1974.

Grigor, Talinn. *Building Iran: Modernism, Architecture, and National Heritage under the Pahlavi Monarchs*. New York: Periscope, distributed by Prestel, 2009.

Gruen, Victor. *The Heart of Our Cities: The Urban Crisis; Diagnosis and Cure*. 2nd ed. London: Thames and Hudson, 1965.

Gutnov, Alexei, A. Baburov, G. Djumenton, S. Kharitonova, I. Lezava, and S. Sadovskij. *The Ideal Communist City*. Translated by Renée Neu Watkins. New York: George Braziller, 1971.

Gutreund, Owen. *Twentieth-Century Sprawl: Highways and the Reshaping of the American Landscape*. Oxford: Oxford University Press, 2005.

Haffner, Jeanne. *The View from Above: The Science of Social Space*. Cambridge, MA: MIT Press, 2013.

Hall, Peter. *Cities of Tomorrow: An Intellectual History of Urban Design in the Twentieth Century*. New York: Blackwell, 1998.

Hall, Peter, and Colin Ward. *Sociable Cities: The Legacy of Ebenezer Howard*. 3rd ed. Chichester, UK: John Wiley and Sons, 2002.

Hall, Thomas, ed. *Planning and Urban Growth in the Nordic Countries*. London: E. and F. N. Spon, 1991.

Hard, Mikael, and Thomas J. Misa, eds. *Urban Machinery: Inside Modern European Cities*. Cambridge, MA: MIT Press, 2008.

Hardwick, M. Jeffrey. *Mall Maker: Victor Gruen, Architect of an American Dream*. Philadelphia: University of Pennsylvania Press, 2004.

Hardy, Dennis. *From New Towns to Green Politics: Campaigning for Town and Country Planning, 1946 - 1990*. London: E. and F. N. Spon, 1991.

———. *Utopian England: Community Experiments 1900 - 1945*. New York: Routledge, 2012.

Harris, Steven E. *Communism on Tomorrow Street: Mass Housing and Everyday Life after Stalin*. Baltimore: Johns Hopkins University Press, 2013.

Harvey, David. "The Right to the City." *New Left Review* 53 (September-October 2008): 23 - 40.

Hatherley, Owen. *Landscapes of Communism: A History through Buildings*. London: Allen Lane, 2015.

Haumont, Nicole. *Les Villes nouvelles d'Europe à la fi n du 20ème siècle: Recherche comparative internationale*. 2 vols. Paris: Ecole d'Architecture de Paris-la-Défense, 1997.

Haumont, Nicole, Bohdan Jalowiecki, Moira Munro, and Viktória Szirmai. *Villes nouvelles et villes traditionnelles: Une comparaison internationale*. Paris: L'Harmattan, 1999.

Hausladen, Gary Joseph. "Regulating Urban Growth in the USSR: The Role of Satellite Cities in Soviet Urban Development. " PhD diss. , Syracuse University, 1983.

Hayden, Dolores. *Building Suburbia: Green Fields and Urban Growth 1820 – 2000*. New York: Pantheon, 2003.

Healey, Patsy, and Robert Upton, eds. *Crossing Borders: International Exchange and Planning*. New York: Routledge, 2010.

Heims, Steve Joshua. *The Cybernetics Group*. Cambridge, MA: MIT Press, 1991.

Heitmann, John. *The Automobile and American Life*. Jefferson, NC: McFarland, 2009.

Henderson, Susan R. *Building Culture: Ernst May and the New Frankfurt Initiative, 1926 – 1931*. New York: Peter Lang International Publishers, 2013.

Henket, Hubert-Jan, and Hilde Heynen, eds. *Back from Utopia: The Challenge of the Modern Movement*. Rotterdam: 010 Publishers, 2002.

Hertzen, Heikki von, and Paul D. Spreiregen. *Building a New Town: Finland's New Garden City Tapiola*. Boston: MIT Press, 1971.

Higgott, Andrew. *Mediating Modernism: Architectural Cultures in Britain*. London: Routledge, 2007.

Hodge, Gerald, and David Gordon, eds. *Planning Canadian Communities*. 5th ed. Toronto: Nelson, 2007.

Hughes, Jonathan, and Simon Sadler, eds. *Non-Plan: Essays on Freedom Participation and Change in Modern Architecture and Urbanism*. Oxford: Architectural Press, 2000.

Hulshof, Michael, and Daan Roggeveen. *How the City Moved to Mr. Sun: China's New Megacities*. Amsterdam: Martien de Vletter, SUN Publishers, 2010.

Inskeep, Steve. *Instant City: Life and Death in Karachi*. New York: Penguin, 2011.

Irion, Ilse, and Thomas Sieverts. *Neue Stadte: Experimentierfelder der Moderne*. Stuttgart: Deutsche Verlags-Anstalt, 1991.

Isard, Walter. *History of Regional Science and the Regional Science Association International: The Beginnings and Early History*. Berlin: Springer, 2003.

————. *Location and Space-Economy: A General Theory Relating to Industrial Location, Market Areas, Land Use, Trade, and Urban Structure*. Cambridge, MA: Technology Press, 1965.

Isenstadt, Sandy, and Kishwar Rizvi. *Modernism and the Middle East: Architecture and Politics in the Twentieth Century*. Seattle: University of Washington Press, 2008.

Jackson, Iain, and Jessica Holland. *The Architecture of Edwin Maxwell Fry and Jane Drew: Twentieth Century Architecture, Pioneer Modernism and the Tropics*. Farnham, UK: Ashgate, 2014.

Jacquemin, Alain R. A. *Urban Development and New Towns in the Third World: Lessons from the New Bombay Experience*. Aldershot, UK: Ashgate, 1999.

Jameson, Fredric. *Archaeologies of the Future: The Desire Called Utopia and Other Science Fictions*. London: Verso, 2007.

Jaouen, Annick, Chantal Guillet, and Jean-Eudes Roullier, eds. *Vingt cinq ans de villes nouvelles en France*. Paris: Economica, 1989.

Jardini, David R. "Out of the Blue Yonder: The RAND Corporation's Diversification into Social Welfare Research, 1946 – 1968." PhD diss. , Carnegie Mellon University, 1996.

Jasanoff, Sheila, ed. *States of Knowledge: The Co-production of Science and Social Order*. London: Routledge, 2004.

Jellicoe, G. A. *Motopia: A Study in Evolution of the Urban Landscape*. New York: Frederick A. Praeger, 1961.

Johnson, David A. *Planning the Great Metropolis: The 1929 Regional Plan of New York and Its Environs*. New York: Routledge, 2015.

Josephson, Paul. *New Atlantis Revisited: Akademgorodok, the Siberian City of Science*. Princeton, NJ: Princeton University Press, 1997.

Judt, Tony. *Postwar: A History of Europe since 1945*. New York: Penguin, 2005.

Kalia, Ravi. *Gandhinagar: Building National Identity in Postcolonial India*. Columbia: University of South Carolina Press, 2004.

————, ed. *Pakistan: From the Rhetoric of Democracy to the Rise of Militancy*. New Delhi: Routledge, 2011.

Kampffmeyer, Hans. *Die Nordweststadt in Frankfurt am Main*. Frankfurt am

Main: Euro päische Verlagsanstalt, 1968.

Kargon, Robert H. , and Arthur P. Molella. *Invented Edens: Techno-Cities of the Twentieth Century*. Cambridge, MA: MIT Press, 2008.

Keeton, Rachel. *Rising in the East: Contemporary New Towns in Asia*. Amsterdam: International New Town Institute; Amsterdam: SUN Publishers, 2011.

Kidder Smith, G. E. *Sweden Builds: Its Modern Architecture and Land Policy Background, Development and Contribution*. New York: Albert Bonnier, 1950.

King, Anthony. *Spaces of Global Cultures: Architecture, Urbanism, Identity*. London: Routledge, 2004.

Knauer-Romani, Elisabeth. *Eisenhüttenstadt und die Idealstadt des 20. Jahrhunderts*. Weimar, Germany: Verlag und Datenbank für Geisteswissenschaften, 2000.

Kozlov, Denis, and Eleonory Gilburd. *The Thaw: Soviet Society and Culture during the 1950s and 1960s*. Toronto: University of Toronto Press, 2014.

Ladd, Brian. *Autophobia: Love and Hate in the Automobile Age*. Chicago: University of Chicago Press, 2008.

Lang, Jon, Madhavi Desai, and Miki Desai, eds. *Architecture and Independence: The Search for Identity — India 1880 to 1980*. New Delhi: Oxford University Press, 1997.

Laqueur, Walter, and Leopold Labedz, eds. *The Future of Communist Society*. New York: Frederick A. Praeger, 1962.

Latham, Michael E. *The Right Kind of Revolution: Modernization, Development, and U.S. Foreign Policy from the Cold War to the Present*. Ithaca, NY: Cornell University Press, 2011.

Lebow, Katherine. *Unfinished Utopia: Nowa Huta, Stalinism, and Polish Society, 1949 - 56*. Ithaca, NY: Cornell University Press, 2013.

Lenger, Friedrich. *Metropolen der Moderne: Eine europaische Stadtgeschichte seit 1850*. Munich: C. H. Beck, 2013.

Lengereau, Eric. *L'Etat et l'architecture 1958 - 1981: Une politique publique?* Paris: Picard, 2001.

Le Normand, Brigitte. *Designing Tito's Capital: Urban Planning, Modernism, and Socialism in Belgrade*. Pittsburgh: University of Pittsburgh Press, 2014.

Leucht, Kurt. *Die erste neue Stadt in der Deutschen Demokratischen Republik: Planungsgrundlagen und-ergebnisse von Stalinstadt.* Berlin: VEB Verlag Technik, 1957.

Levy, Raphael, and Benjamin Hanft, eds. *21 Frontier Towns.* New York: United Jewish Appeal; Jewish Agency for Israel, 1971.

Ley, Sabrina van der, and Markus Richter, eds. *Megastructure Reloaded: Visionare Stadtentwürfe der Sechzigerjahre reflektiert von zeitgenossischen Künstlern = Visionary Architecture and Urban Design of the Sixties Reflected by Contemporary Artists.* Ostfildern, Germany: Hatje Cantz Verlag, 2008.

Light, Jennifer S. *From Warfare to Welfare: Defense Intellectuals and Urban Problems in Cold War America.* Baltimore: Johns Hopkins University Press, 2003.

Lin, Zhongjie. *Kenzo Tange and the Metabolist Movement: Urban Utopias of Modern Japan.* New York: Routledge, 2010.

Lingeman, Richard. *The Noir Forties: The American People from Victory to Cold War.* New York: Nation Books, 2012.

Llewelyn-Davies, Weeks, Forestier-Walker, and Bor, and Ove Arup and Partners. *Motorways in the Urban Environment.* British Road Federation Report. London: British Road Federation, 1971.

Lu, Duanfang, ed. *Third World Modernism: Architecture, Development and Identity.* New York: Routledge, 2011.

Luccarelli, Mark. *Lewis Mumford and the Ecological Region: The Politics of Planning.* New York: Guilford Press, 1995.

L'urbanisme de dalles: Cotinuités et ruptures. Actes du colloque de Cergy-Pontoise, 16 – 17 September 1993. Paris: Presses des Ponts et chaussées, 1995.

Macdonald, Dwight. *The Ford Foundation: The Men and the Millions.* New York: Reynal, 1956.

Maciuika, John V. *Before the Bauhuas: Architecture, Politics, and the German State, 1890 – 1920.* Cambridge: Cambridge University Press, 2008.

Madanipour, Ali. *Teheran: The Making of a Metropolis.* New York: John Wiley and Sons, 1998.

Madge, John. *The Rehousing of Britain.* Target for Tomorrow. London: Pilot Press, 1945.

Major, Patrick, and Rana Mitter, eds. *Across the Blocs: Exploring Comparative Cold War Cultural and Social History*. London: Frank Cass, 2004.

Malisz, Bolesław. *La Pologne construit des villes nouvelles*. Translated by Kazimiera Bielawska. Warsaw: Editions Polania, 1961.

Mannheim, Karl. *Ideology and Utopia: An Introduction to the Sociology of Knowledge*. New York: Harcourt, Brace, 1954.

Manuel, Frank, ed. *Utopias and Utopian Thought*. Boston: Houghton Mifflin, 1966.

Mattsson, Helena, and Sven-Olov Wallenstein, eds. *Swedish Modernism: Architecture, Consumption and the Welfare State*. London: Black Dog, 2010.

Maurer, Eva, ed. *Soviet Space Culture: Cosmic Enthusiasm in Socialist Societies*. New York: Palgrave Macmillan, 2011.

Mayer, Albert. *Pilot Project, India: The Story of Rural Development in Etawah, Uttar Pradesh*. Berkeley: University of California Press, 1958.

————. *The Urgent Future*. New York: McGraw-Hill, 1967.

McDougall, Walter A. *The Heavens and the Earth: A Political History of the Space Age*. New York: Basic Books, 1985.

McGee, T. G., and W. D. McTaggart. *Petaling Jaya: A Socio-Economic Survey of a New Town in Selangor, Malaysia*. Pacific Viewpoint Monograph, no. 2. Wellington, NZ: Victoria University of Wellington, 1967.

Mears, F. C. *A Regional Survey and Plan for Central and Southeast Scotland*. Edinburgh: Central and Southeast Scotland Regional Planning Advisory Committee, 1948.

Merlin, Pierre. *Géographie humaine*. Paris: Presses universitaires de France, 1997.

————. *Les Villes nouvelles francaises*. Notes et Etudes Documentaires, nos. 4286–88. Paris: La Documentation française, May 3, 1976.

————. *New Towns: Regional Planning and Development*. London: Methuen, 1971.

Miliutin, N. A. *Sotsgorod: The Problem of Building Socialist Cities*. Cambridge, MA: MIT Press, 1974.

Mindell, David. *Digital Apollo: Human and Machine in Spaceflight*. Cambridge, MA: MIT Press, 2008.

Monnier, Gérard, and Richard Klein, eds. *Les années ZUP: Architectures de la croissance*, *1960 - 1973*. Paris: Picard, 2002.

Montross, Sarah J., ed. *Past Futures: Science Fiction, Space Travel, and Postwar Art in America*. Cambridge, MA: MIT Press, 2015.

Morgan, George, and John King. *The Woodlands: New Community Development*. College Station: Texas A&M University Press, 1987.

Mottez, Michel. *Carnets de campagne: Evry, 1965 - 2007*. Paris: L'Harmattan, 2003.

Mumford, Eric. *The CIAM Discourse on Urbanism, 1928 - 1960*. Cambridge, MA: MIT Press, 2000.

————. *Defining Urban Design: CIAM Architects and the Formation of a Discipline, 1937 - 69*. New Haven, CT: Yale University Press, 2009.

Mumford, Lewis. *City Development: Studies in Disintegration and Renewal*. New York: Harcourt, Brace, 1945.

————. *The Culture of Cities*. New York: Harcourt, Brace, 1938.

————. *The Story of Utopias*. New York: Peter Smith, 1941.

Murard, Lion, and François Fourquet, eds. *La Naissance des villes nouvelles*. Paris: Presses de l'école nationale des Ponts et Chaussées, 2004.

Nash, Gerald D. *The American West Transformed: The Impact of the Second World War*. Bloomington: Indiana University Press, 1985.

Nasr, Joe, and Mercedes Volait, eds. *Urbanism: Imported or Exported?* New York: John Wiley and Sons, 2003.

Neufeld, Max. *Israel's New Towns: Some Critical Impressions*. Wyndham Deedes Scholars no. 31. London: Anglo-Israel Association, June 1971.

Newsome, W. Brian. *French Urban Planning 1940 - 1968: The Construction and Deconstruction of an Authoritarian System*. New York: Peter Lang, 2009.

Omeweh, Daniel A. *Shell Petroleum Development Company, the State and Underdevelopment in Nigeria's Niger Delta: A Study in Environmental Degradation*. Trenton, NJ: Africa World Press, 2005.

Owen, Wilfred. *Cities in the Motor Age*. New York: Viking Press, 1959.

Paquot, Thierry. *Utopies et utopistes*. Paris: Editions La Découverte, 2007.

Parmar, Inderjeet. *Foundations of the American Century: The Ford, Carnegie, and Rockefeller Foundations and the Rise of American Power*. New York: Columbia University Press, 2012.

Parsons, Kermit C. , and David Schuyler, eds. *From Garden City to Green City: The Legacy of Ebenezer Howard*. Baltimore: Johns Hopkins University Press, 2002.

Pass, David. *Vallingby and Farsta — from Idea to Reality; The New Community Development Process in Stockholm*. Cambridge, MA: MIT Press, 1973.

Perloff, Harvey S. , and Neil C. Sandberg, eds. *New Towns: Why — And for Whom?* New York: Praeger, 1972.

Peterson, Sarah Jo. *Planning the Home Front: Building Bombers and Communities at Willow Run*. Chicago: University of Chicago Press, 2013.

Phillips, David R. , and Anthony G. O. Yeh, eds. *New Towns in East and South-east Asia*. New York: Oxford University Press, 1987.

Pickering, Andrew. *The Cybernetic Brain: Sketches of Another Future*. Chicago: University of Chicago Press, 2010.

Picon, Antoine, and Clément Orillard. *De la ville nouvelle à la ville durable, Marne-la-Vallée*. Paris: Parentheses, 2012.

Pinder, David. *Visions of the City: Utopianism, Power, and Politics in Twentieth-Century Urbanism*. New York: Routledge, 2005.

Ponsard, Claude. *Histoire des théories économiques spatiales*. Paris: Armand Colin, 1958.

Popper, Karl. *The Open Society and Its Enemies*. Vol. 1. 5th ed. Princeton, NJ: Princeton University Press, 1966.

———. *The Poverty of Historicism*. 3rd ed. London: Routledge and Kegan Paul, 1961.

Prakash, Gyan. *Another Reason: Science and the Imagination of Modern India*. Princeton, NJ: Princeton University Press, 1999.

———. *Mumbai Fables*. Princeton, NJ: Princeton University Press, 2010.

Prakash, Ved. *New Towns in India*. Monograph and Occasional Papers Series, vol. 8. Durham, NC: Program in Comparative Studies on Southern Asia, Duke University, 1969.

Reid, Susan E. , and David Crowley, eds. *Style and Socialism: Modernity and Material Culture in Post-War Eastern Europe*. New York: Berg, 2000.

Reimann, Brigitte. *Franziska Linkerhand*. Munich: Kindler, 1974.

Ricoeur, Paul. *Lectures on Ideology and Utopia*. Edited by George H.

Taylor. New York: Columbia University Press, 1986.

Risselada, Max, and Dirk van den Heuvel, eds. *Team 10: 1953 – 81, in Search of a Utopia of the Present*. Rotterdam: NAi, 2005.

Ritter, Katharina, Ekaterina Shapiro-Obermair, Dietmar Steiner, and Alexandra Wachter, eds. *Soviet Modernism 1955 – 1991: Unknown History*. Zurich: Park Books, 2012.

Robinson, Albert J. *Economics and New Towns: A Comparative Study of the United States, the United Kingdom, and Australia*. New York: Praeger, 1975.

Robinson, Jennifer. *Ordinary Cities between Modernity and Development*. New York: Routledge, 2006.

Rodgers, Daniel T. *Atlantic Crossings: Social Politics in a Progressive Age*. Cambridge, MA: Harvard University Press, 2000.

Roullier, Jean-Eudes, ed. *Cergy-Pontoise: "Inventer une ville."* Actes du colloque du 5 septembre 2002. Lyon: CERTU, September 2002.

Roy, Srirupa. *Beyond Belief: India and the Politics of Postcolonial Nationalism*. Durham, NC: Duke University Press, 2007.

Saarinen, Eliel. *The City: Its Growth, Its Decay, Its Future*. New York: Reinhold Publishing, 1943.

Sackley, Nicole. "Passage to Modernity: American Social Scientists, India, and the Pursuit of Development, 1945 – 1961." PhD diss., Princeton University, 2004.

Sargent, Lyman Tower. *Utopianism: A Very Short Introduction*. New York: Oxford University Press, 2010.

Schaik, Van, and Otakar Mácel, eds. *Exit Utopia: Architectural Provocations 1956 – 76*. New York: Prestel, 2005.

Schneider, Christian. *Stadtgründung im Dritten Reich: Wolfsburg und Salzgitter*. Berlin: Heinz Moos, 1978.

Schwagenscheidt, Walter. *Die Nordweststadt: Idee und Gestaltung = The Nordweststadt: Conception and Design*. Stuttgart: Karl Krämer Verlag, 1964.

Schwarzer, Mitchell. *Zoomscape: Architecture in Motion and Media*. New York: Princeton Architectural Press, 2004.

Scott, Felicity D. *Architecture or Techno-utopia: Politics after Modernism*.

Cambridge, MA: MIT Press, 2010.

Scott, James C. *Seeing Like a State: How Certain Schemes to Improve the Human Condition Have Failed.* New Haven, CT: Yale University Press, 1998.

Seebohm, Caroline. *No Regrets: The Life of Marietta Tree.* New York: Simon and Schuster, 1997.

Seller, Cotten. *Republic of Drivers: A Cultural History of Automobility in America.* Chicago: University of Chicago Press, 2008.

Serdari, Thomai. "Albert Mayer, Architect and Town Planner: The Case for a Total Professional." PhD diss., New York University, 2005.

Sert, José Luis. *Can Our Cities Survive? An ABC of Urban Problems, Their Analysis, Their Solutions.* Cambridge, MA: Harvard University Press, 1942.

Sevcenko, Margaret Bentley, ed. *Design for High-Intensity Development.* Cambridge, MA: Aga Khan Program for Islamic Architecture, 1986.

Shanken, Andrew M. *194X: Architecture, Planning, and Consumer Culture on the American Home Front.* Minneapolis: University of Minnesota Press, 2009.

Sharma, R. N., and K. Sita, eds. *Issues in Urban Development: A Case of Navi Mumbai.* Jaipur: Rawat Publications, 2001.

Sharma, Syresh K. *Haryana: Past and Present.* New Delhi: Mittel, 2005.

Shaw, Annapurna. *The Making of Navi Mumbai.* Hyderabad: Orient Longman, 2004.

Shoshkes, Ellen. *Jaqueline Tyrwhitt: A Transnational Life in Urban Planning and Design.* Surrey, UK: Ashgate, 2013.

Siegfried, Klaus-Jörg. *Wolfsburg — zwischen Wohnstadt und Erlebnisstadt.* Wolfsburg, Germany: Stadt Wolfsburg, 2002.

Smoliar, I. M., ed. *New Towns Formation in the USSR.* Moscow: Central Scientific Research and Design Institute of Town Planning, 1973.

Soleri, Paolo. *Arcology: The City in the Image of Man.* Cambridge, MA: MIT Press, 1969.

Spiller, Neil. *Visionary Architecture: Blueprints of the Modern Imagination.* New York: Thames and Hudson, 2006.

Springer, Philipp. *Verbaute Traume: Herrschaft, Stadtentwicklung und*

Lebensrealitat in der sozialistischen industriestadt Schwedt. Berlin: Links, 2007.

Spufford, Francis. *Red Plenty.* Minneapolis: Graywolf Press, 2012.

Stadsplanekontor, Stockholms Stads. *General Plan För Stockholm 1952 : Förslag uppraattat under aren 1945 - 52.* Stockholm: P. A. Norstedt, 1952.

Stallabrass, Julian. *Gargantua : Manufactured Mass Culture.* London: Verso, 1996.

Staples, Eugene S. *Forty Years : A Learning Curve ; The Ford Foundation Programs in India , 1952 - 1992.* New Delhi: Ford Foundation, 1992.

Stein, Clarence S. *The Writings of Clarence S. Stein : Architect of the Planned Community.* Edited by Kermit C. Parsons. Baltimore: Johns Hopkins University Press, 1998.

Steiner, Hadas A. *Beyond Archigram : The Structure of Circulation.* New York: Routledge, 2009.

Stern, Robert A. M. , David Fishman, and Jacob Tilove. *Paradise Planned : The Garden Suburb and the Modern City.* New York: Monacelli Press, 2013.

Sussman, Carl, ed. *Planning the Fourth Migration : The Neglected Vision of the Regional Planning Association of America.* Cambridge, MA: MIT Press, 1976.

Tafuri, Manfredo. *Architecture and Utopia : Design and Capitalist Development.* Cambridge, MA: MIT Press, 1996.

Tennenbaum, Robert, ed. *Creating a New City : Columbia , Maryland.* Columbia, MD: Perry, 1996.

Thaler, Wolfgang, Maroje Mrduljas, and Vladimir Kulic. *Modernism In-Between : The Mediatory Architectures of Socialist Yugoslavia.* Berlin: Jovis, 2012.

Thöner, Wolfgang, and Peter Müller, eds. *Bauhaus-Tradition und DDR-Moderne : Der Architekt Richard Paulick.* Berlin: Deutsche Kunstverlag, 2006.

Topfstedt, Thomas. *Stadtebau in der DDR 1955 - 1971.* Leipzig: E. A. Seemann, 1988.

Townsend, Anthony. *Smart Cities : Big Data , Civic Hackers , and the Quest for a New Utopia.* New York: W. W. Norton, 2013.

Troen, S. Ilan. *Imagining Zion : Dreams , Designs , and Realities in a Century of Jewish Settlement*. New Haven, CT: Yale University Press, 2003.

Troen, S. Ilan, and Noah Lucas, eds. *Israel: The First Decade of Independence*. Albany: State University of New York, 1995.

Tuomi, Timo, ed. *Life and Architecture: Tapiola*. Espoo, Finland: Housing Foundation and City of Espoo, 2003.

Turner, Fred. *From Counterculture to Cyberculture: Stewart Brand, the Whole Earth Network, and the Rise of Digital Utopianism*. Chicago: University of Chicago Press, 2008.

Urban, Florian. *Tower and Slab: Histories of Global Mass Housing*. New York: Routledge, 2012.

Vadelorge, Loic. *Retour sur les villes nouvelles: Un Histoire urbaine du XXe Siècle*. Paris: CREAPHIS Editions, 2014.

Vagale, L. R. *A Critical Appraisal of New Towns in Developing Countries: Policy Framework for Nigeria*. Ibadan, Nigeria: Polytechnic, 1977.

————. *Structure of Metropolitan Regions in India: Planning Problems and Prospects*. New Delhi: L. R. Vagale, 1964.

Vanderbilt, Tom. *Survival City: Adventures among the Ruins of Atomic America*. Chicago: University of Chicago Press, 2010.

Van der Cammen, Hans, and Len De Klerk. *The Selfmade Land: Culture and Evolution of Urban and Regional Planning in the Netherlands*. Antwerp: Spectrum, 2012.

Van der Wal, Coen. *In Praise of Common Sense: Planning the Ordinary; A Physical Planning History of the New Towns in the Ijsselmeerpolders*. Rotterdam: 010 Publishers, 1997.

Van Lente, Dick, ed. *The Nuclear Age in Popular Media: A Transnational History, 1945 – 1965*. New York: Palgrave Macmillan, 2012.

Venis, Bernard. *Le Sahara — Afrique du nord, Algérie*. http: //alger-roi. fr/ Alger/ sahara/sahara. htm. Accessed July 27, 2015.

Vidler, Anthony. *Histories of the Immediate Present*. Cambridge, MA: MIT Press, 2008.

Vytuleva, Xenia, ed. *ZATO: Soviet Secret Cities during the Cold War*. New York: Harriman Institute, Columbia University, 2012.

Wagenaar, Cor, ed. *Happy Cities and Public Happiness in Post-War Europe*. Rotterdam: NAi Publishers/Architecturalia, 2004.

Walker, Derek. *The Architecture and Planning of Milton Keynes.* London: Architectural Press, 1982.

Wall, Alex. *Victor Gruen, from Urban Shop to New City.* Barcelona: Actar, 2005.

Ward, Stephen V., ed. *The Garden City: Past, Present, and Future.* London: Routledge, 1992.

———. *Planning the Twentieth-Century City: The Advanced Capitalist World.* West Sussex, UK: John Wiley and Sons, 2002.

Webber, Melvin M. *Explorations into Urban Structure.* Philadelphia: University of Pennsylvania Press, 1964.

Wegner, Phillip E. *Imaginary Communities: Utopia, the Nation, and the Spatial Histories of Modernity.* Berkeley: University of California Press, 2002.

Whiteley, Nigel. *Rayner Banham: Historian of the Immediate Future.* Cambridge, MA: MIT Press, 2002.

Widenheim, Cecilia, ed. *Utopia and Reality — modernity in Sweden 1900 – 1960.* New Haven, CT: Yale University Press, 2002.

Wiener, Norbert. *Cybernetics or Control and Communication in the Animal and the Machine.* Cambridge, MA: MIT Press, 1948.

———. *The Human Use of Human Beings.* Boston: Houghton Mifflin, 1950.

Wildermuth, Todd. "Yesterday's City of Tomorrow: The Minnesota Experimental City and Green Urbanism." PhD diss., University of Illinois, 2008.

Williams, Richard. *The Anxious City.* New York: Routledge, 2004.

Yakas, Orestes. *Islamabad: The Birth of a Capital.* Oxford: Oxford University Press, 2001.

Yelavich, Susan, ed. *The Edge of the Millennium: An International Critique of Architecture, Urban Planning, Product and Communication Design.* New York: Watson-Guptill Publications, 1993.

Yevtushenko, Yevgeny. *New Works: The Bratsk Station.* Translated by Tina Tupikina-Glaessner and Geoffrey Dutton. Melbourne: Sun Books, 1966.

Zarecor, Kimberly Elman. *Manufacturing a Socialist Modernity: Housing in Czechoslovakia, 1945 – 1960.* Pittsburgh: University of Pittsburgh Press, 2011.

Zimmermann, Clemens, ed. *Industrial Cities: History and Future.* Frankfurt am Main: Campus Verlag GmbH, 2013.

Zubok, Vladislav. *Zhivago's Children: The Last Russian Intelligensia.* Cambridge, MA: Harvard University Press, 2011

Rosemary Wakeman

Practicing Utopia：An Intellectual History of the New Town Movement

Copyright © 2016 by University of Chicago

图字：09 - 2020 - 398 号

图书在版编目(CIP)数据

实践乌托邦：新城镇运动思想史/(美)罗斯玛丽
·魏克曼(Rosemary Wakeman)著；周平译. —上海：
上海译文出版社,2023.9
(历史学堂)
书名原文：Practicing Utopia：An Intellectual
History of the New Town Movement
ISBN 978 - 7 - 5327 - 9273 - 3

Ⅰ.①实… Ⅱ.①罗…②周… Ⅲ.①城市建设－城
市史－世界 Ⅳ.①F299.1

中国国家版本馆 CIP 数据核字(2023)第 137795 号

实践乌托邦：新城镇运动思想史
[美]罗斯玛丽·魏克曼 著 周 平 译
责任编辑/钟 瑾 装帧设计/柴昊洲

上海译文出版社有限公司出版、发行
网址：www. yiwen. com. cn
201101 上海市闵行区号景路 159 弄 B 座
上海市崇明县裕安印刷厂印刷

开本 890×1240 1/32 印张 14.75 插页 2 字数 377,000
2023 年 10 月第 1 版 2023 年 10 月第 1 次印刷
印数：0,001—6,000 册

ISBN 978 - 7 - 5327 - 9273 - 3/K · 317
定价：72. 00 元